ज्ञानयोग

ज्ञानयोग

स्वामी विवेकानन्द

GYAN

ज्ञानयोग

स्वामी विवेकानन्द

ISBN : 9788121260633 (PB)

भारत में सन् 2022 में प्रकाशित

ज्ञान पब्लिशिंग हाऊस

5, अंसारी रोड, दरियागंज,

नई दिल्ली-110002

वेब साइट: www.gyanbooks.com

ई-मेल: books@gyanbooks.com

Phone : 011-47034999, 9811692060

मुद्रित: ज्ञान प्रेस, दिल्ली

वक्तव्य

श्री स्वामी विवेकानन्द द्वारा वेदान्त पर दिए गये भाषणों का संग्रह, 'ज्ञानयोग' है। इन व्याख्यानों में श्री स्वामीजी ने वेदान्त के गूढ़ तत्त्वों की ऐसे सरल, स्पष्ट तथा सुन्दर रूप से विवेचना की है कि आजकल के शिक्षित जनसमुदाय को ये खूब जँच जाते हैं। उन्होंने यह दर्शाया है कि वैयक्तिक तथा सामुदायिक जीवन–गठन में वेदान्त किस प्रकार सहायक होता है। मनुष्य के विचारों का उच्चतम स्तर वेदान्त है और इसी की ओर संसार की समस्त विचारधाराएँ शनैः–शनैः प्रवाहित हो रही हैं। अन्त में वे सब वेदान्त में ही लीन होंगी। स्वामीजी ने यह भी दर्शाया है कि मनुष्य के दैवी स्वरूप पर वेदान्त कितना ज़ोर देता है और किस प्रकार इसी में समस्त विश्व की आशा, कल्याण तथा शान्ति निहित है। हमें पूर्ण विश्वास है कि वेदान्त तथा भारतीय संस्कृति के प्रेमियों को इस पुस्तक से विशेष लाभ होगा।

इस पुस्तक के अधिकांश भाग का अनुवाद बनारस के श्री ब्रह्मेन्द्र शर्मा, एम. ए., शास्त्री ने किया है और कुछ अंश का श्री अमल सरकार, एम. ए., कोविद, कलकत्ता ने किया है। इन दोनों मित्रों की इस सहायता के लिए हम उनके बड़े कृतज्ञ हैं।

डॉ. पं. विद्याभास्करजी शुक्ल, एम. एस–सी., पी–एच. डी., कॉलेज ऑफ साइन्स, नागपुर के भी हम बड़े आभारी हैं जिन्होंने इस पुस्तक के प्रूफ–संशोधन कार्य में हमें बड़ी सहायता दी है।

नागपुर,

15–6–1950

प्रकाशक

अनुक्रम

ज्ञानयोग

1. संन्यासी का गीत

छेड़ो संन्यासी, छेड़ो, छेड़ो वह तान मनोहर,
गाओ वह गान, जगा जो अत्युच्च हिमाद्रि–शिखर पर–
सुगम्भीर अरण्य जहाँ है, पार्वत्य प्रदेश जहाँ है,–
भव–पाप–ताप ज्वालामय करते न प्रदेश जहाँ है–
जो संगीत–ध्वनि–लहरी अतिशय प्रशान्त लहराती
जो भेद जगत् कोलाहल नभ–अवनी में छा जाती,
धन–लोभ, यशोलिप्सा या दुर्दान्त काम की माया
सब विधि असमर्थ हुई है छूने में जिसकी छाया,
सत्–चित्–आनन्द–त्रिवेणी करती है जिसको पावन,
जिसमें करके अवगाहन होते कृतकृत्य सुधीजन–
छेड़ो, छेड़ो, हाँ छेड़ो वह तान दिव्य लोकोत्तर,
गाओ, गाओ संन्यासी, गाओ वह गायन सुन्दर
ॐ तत् सत् ॐ

तोड़ो जंजीरें जिनसे जकड़े हैं पैर तुम्हारे–
वे सोने की हैं तो क्या कसने में तुमको हारे ?
अनुराग–घृणा–संघर्षण, उत्तम वा अधम विवेचन,
इस द्वन्द्व भाव को त्यागो, है त्याज्य उभय आलम्बन।
आदर गुलाम पाये या कोड़ों की मारें खाए,
वह सदा गुलाम रहेगा कालिख का तिलक लगाए;

स्वातन्त्र्य किसे कहते हैं–वह जान नहीं है पाता
स्वाधीन सौख्य जीवन का–उसकी न समझ में आता।
त्यागो संन्यासी, त्यागो तुम द्वन्द्व–भाव को सत्वर,
तोड़ो शृंखल को तोड़ो, गाओ यह गान निरन्तर–
ॐ तत् सत् ॐ

घन अन्धकार हट जाए, मिट जाए घोर महातम,
जो मृगमरीचिका जैसा करता रहता बुद्धि–भ्रम;
मोहक भ्रामक आकर्षण अपनी है चमक दिखाता,
तम से घनतर तम में वह जीवात्मा को ले जाता।
जीवन की यह मृग–तृष्णा बढ़ती अनवरत निरन्तर,
मेंटो तुम इसे सदा को पीयूष ज्ञान का पीकर।
यह तम अपनी डोरी में जीवात्मा–पशु को कसकर
खींचा करता बलपूर्वक दो जन्म–मरण–छोरों पर।
जिसने अपने को जीता, उसने जय पायी सब पर।
यह तथ्य जान फन्दे में पड़ना मत बुद्धि गँवाकर।
बोलो संन्यासी, बोलो हे वीर्यवान बलशाली,
सानन्द गीत यह गाओ, छेड़ो यह तान निराली
ॐ तत् सत् ॐ

'अपने–अपने कर्मों का फल भोग जगत् में निश्चित'
कहते हैं सब, "कारण पर हैं सभी कार्य अवलम्बित;
फल अशुभ–अशुभ कर्मों के, शुभ कर्मों के हैं शुभ फल,
किसकी सामर्थ्य बदल दे, यह नियम अटल औ' अविचल ?
इस मृत्युलोक में जो भी करता है तनु को धारण,
बन्धन उसके अंगों का होता नैसर्गिक भूषण।"
यह सच है, किन्तु परे जो गुण नाम–रूप से रहता
वह नित्य मुक्त आत्मा है, स्वच्छन्द सदैव विचरता।

'तत् त्वमसि'–वही तो तुम हो, यह ज्ञान करो हृदयांकित,
फिर क्या चिन्ता संन्यासी, सानन्द करो उद्घोषित–
ॐ तत् सत् ॐ

क्या मर्म सत्य का, इसको वे कुछ भी समझ न पाते,
सुत बन्धु पिता–माता के स्वप्नों में जो मदमाते।
आत्मा अतीत नातों से, वह जन्म–मरण से विरहित,
वह लिंग–भेद से ऊपर, सुख–दुख–भावों से अविजित।
वह पिता कहाँ किसका है, किसका सुत किसकी माता ?
वह शत्रु मित्र किसका है, उसका किससे क्या नाता ?
जो एक, सर्वमय शाश्वत, जिसका जोड़ा न कहीं है,
जिसके अभाव में कोई सम्भव अस्तित्त्व नहीं है,
'तत् त्वमसि'–वही तो तुम हो, समझो हे संन्यासीवर,
अतएव उठो, गाओ तुम, गाओ यह गान निरन्तर
ॐ तत् सत् ॐ

चिर मुक्त विज्ञ आत्मा है, वह अद्वितीय, वह अतुलित,
अक्लेद अशोष्य निरामय, वह नाम–रूप–गुण–विरहित,
उसके आश्रय में बैठी संसार–मोहिनी माया
देखा करती है अपने मादक स्वप्नों की छाया;
साक्षी स्वरूप माया का आत्मा सदैव है सुविदित,
जीवात्मा और प्रकृति के रूपों में वही प्रकाशित;
'तत् त्वमसि'–वही तो तुम हो, समझो हे संन्यासीवर,
उच्च स्वर में यह गाओ, यह तान अलापो सुन्दर–
ॐ तत् सत् ॐ

हे बन्धु, मुक्ति पाने को तुम फिरते कहाँ भटकते ?
इस जग या लोकान्तर में तुम मुक्ति नहीं पा सकते;

अन्वेषण व्यर्थ तुम्हारा शास्त्रों, मन्दिर मन्दर में;
जो तुमको खींचा करती वह रज्जु तुम्हारे कर में।
दुख शोक त्याग दो सारा, तुम वीतशोक बस हो लो,
वह रज्जु हाथ से छोड़ो, बोलो संन्यासी, बोलो–
ॐ तत् सत् ॐ

दो अभय–दान सबको तुम–'हों सभी शान्तिमय सुखमय,
है प्राणिमात्र को मुझसे कुछ भी न कहीं कोई भय,
पृथ्वी पाताल गगन में मैं ही आत्मा चिर–सस्थित,
आशा भय स्वर्ग नरक को मेंने तज दिया अशंकित।'
काटो काटो काटो तुम इस विधि माया के बन्धन,
निःशंक प्राणपण से तुम गाओ गाओ यह गायन,–
ॐ तत् सत् ॐ

चिन्ता मत करो तनिक भी नश्वर शरीर की गति पर,
यह देह रहे या जाए, छोड़ो तुम इसे नियति पर;
जब कार्य शेष है इसका है, तब जाता है तो जाए;
प्रारब्ध कर्म फिर इसको अब चाहे जहाँ बहाए;
कोई आदर से इसको मालाएँ पहनाएगा,
कोई निज घृणा जताकर पैरों से ठुकराएगा;
तुम चित्त शान्ति मत तजना, आनन्द–निरत नित रहना;
यश कहाँ, कहाँ अपयश है–इस धारा में मत बहना।
जब निन्दक और प्रशंसक, जब निन्दित और प्रशंसित,
एकात्म एक ही हैं सब, तब कौन प्रशंसित निन्दित ?
यह ऐक्य–ज्ञान हृदयंगम करके हे संन्यासीवर,
निर्भय आनन्दित उर से गाओ यह गान मनोहर
ॐ तत् सत् ॐ

करते निवास जिस उर में मद काम लोभ औ' मत्सर,
उसमें न कभी हो सकता आलोकित सत्य–प्रभाकर;
भार्यत्व कामिनी में जो देखा करता कामुक बन,
वह पूर्ण नहीं हो सकता, उसका न छूटता बन्धन;
लोलुपता है जिस नर की स्वल्पातिस्वल्प भी धन में,
वह मुक्त नहीं हो सकता, रहता अपार बन्धन में;
जंजीर क्रोध की जिसको रखती है सदा जकड़कर,
वह पार नहीं कर सकता दुस्तर माया का सागर।
इन सभी वासनाओं का अतएव त्याग तुम कर दो,
सानन्द वायुमण्डल को बस एक गूँज से भर दो–
ॐ तत् सत् ॐ

सुख हेतु न गेह बनाओ, किस घर में अमा सकोगे ?
तुम हो महान्, फिर कैसे पिंजड़े के विहग बनोगे ?
आकाश अनन्त चँदोया, शय्या धरती तृण–शोभित,
रहने के लिए तुम्हारे यह विश्वगेह है निर्मित;
जैसा भोजन मिल जाए, सन्तोष उसी पर करना;
सुस्वादु स्वाद–विरहित में कुछ भी मत भेद समझना;
शुद्धात्मरूप का जिसमें सद् ज्ञानालोक चमकता,
कुछ खाद्य पेय क्या उसको अपवित्र कहीं कर सकता।
उन्मुक्त स्वतंत्र प्रवाहित तुम नदी तुल्य बन जाओ,
छेड़ो यह तान अनूठी, सानन्द गीत यह गाओ
ॐ तत् सत् ॐ

ज्ञानी विरले, अज्ञानी कर घृणा हँसेंगे तुम पर;
हे हे महान्, तुम उनको मत लखना आँख उठाकर।
स्वाधीन मुक्त तुम, जाओ, पर्यटन करो पृथ्वी पर,
अज्ञान–गर्त–पतितों का उद्धार करो तुम सत्वर;

माया–आवरण–तिमिर में जो पड़ें वेदना सहते,
तुम उन्हें उबारो जाकर, जो मोह–नदी में बहते।
विचरो जन–हित–साधन को स्वच्छन्द मुक्त तुम अविजित
दुख की पीड़ा से निर्भय, सुख–अन्वेषण से विरहित;
सुख–दुख के द्वन्द्व–स्थल के तुम परे महात्मन्, जाओ;
गाओ गाओ संन्यासी, उच्चस्वर से तुम गाओ–
ॐ तत् सत् ॐ

इस विधि से छीजू दिनोंदिन, है कर्म स्वीय बल खोता;
बन्धन छुटता आत्मा का, फिर उसका जन्म न होता;
फिर कहाँ रह गया–मैं तू, मेंरा तेरा, नर ईश्वर ?
मैं हूँ सबमें मुझमें सब आनन्द परम लोकोत्तर।
आनन्द परम वह हो तुम आनन्द सहित अब गाओ,
हे बन्धुवर्य संन्यासी, यह तान पुनीत उठाओ–
ॐ तत् सत् ॐ

2. माया

(लन्दन में दिया हुआ भाषण)

माया शब्द प्रायः आप सभी ने सुना होगा। इसका व्यवहार साधारणतः कल्पना, कुहक अथवा इसी प्रकार के किसी अर्थ में किया जाता है, किन्तु यह इसका वास्तविक अर्थ नहीं है। मायावाद रूप एक स्तम्भ पर वेदान्त की स्थापना हुई है, अतः उसका ठीक–ठीक अर्थ समझ लेना आवश्यक है। मैं तुमसे तनिक धैर्य की अपेक्षा रखता हूँ, क्योंकि मुझे बड़ा भय है कि कहीं तुम उसे (माया के सिद्धान्त को) गलत न समझ लो।

वैदिक साहित्य में कुहक अर्थ में ही माया शब्द का प्रयोग देखा जाता है। यही माया शब्द का सबसे प्राचीन अर्थ है। किन्तु उस समय वास्तविक मायावाद–तत्त्व का उदय नहीं हुआ था। हम वेद में इस प्रकार का वाक्य देखते हैं– "इन्द्रो मायाभिः पुरुरूप ईयते," अर्थात् इन्द्र ने माया द्वारा नाना रूप धारण किये। यहाँ पर माया शब्द इन्द्रजाल अथवा उसी के समान अर्थ में व्यवहृत हुआ है। वेदों के अनेक स्थलों में माया शब्द इसी अर्थ में व्यवहृत हुआ देखा जाता है। इसके बाद कुछ काल तक माया शब्द का व्यवहार एकदम लुप्त हो गया। किन्तु इसी बीच तत्प्रतिपाद्य जो अर्थ या भाव था वह क्रमशः परिपुष्ट हो रहा था। इसके बाद के समय में एक प्रश्न देखा जाता है, "हम जगत् के गुप्त रहस्य को क्यों नहीं जान पाते हैं ?" और इसका इस प्रकार निगूढ़ भाव व्यञ्जक उत्तर प्राप्त होता है–"हम सब व्यर्थ जल्पना करते हैं, हम इन्द्रिय–सुख से परितृप्त होने वाले और वासना पर हैं, अतएव इस सत्य को नीहारावृत करके रखते हैं"– "नीहारेण प्रावृता जल्प्या चासुतृप उकथशासश्चरन्ति ![1] यहाँ पर माया शब्द का व्यवहार तो

---

1. ऋग्वेद–दशम मण्डल, 82 सूक्त, ऋक्।

बिलकुल ही हुआ नहीं, किन्तु इससे यही भाव प्रकट होता है कि हमारी अज्ञता का जो कारण निर्धारित हुआ है वह इस सत्य और हमारे बीच कुज्झटिका के समान वर्तमान है। अब इसके बहुत समय के बाद, अपेक्षाकृत आधुनिक उपनिषदों में माया शब्द का फिर आविर्भाव देखने में आता है। किन्तु इसी बीच में इसका प्रभूत रूपान्तर हो चुका है; उसके साथ कई नये अर्थ संयोजित हो गये हैं; नाना प्रकार के मतवाद प्रचारित और पुनरुक्त हुए हैं। और अन्त में माया विषयक धारणा एक स्थिर रूप प्राप्त कर चुकी है। हम श्वेताश्वतर उपनिषद् में पढ़ते हैं–"मायान्तु प्रकृतिं विद्यान्मायिनन्तु महेश्वरम्।"– माया को ही प्रकृति समझो और मायी को महेश्वर जानो। भगवान शंकराचार्य के पूर्ववर्ती दार्शनिक पण्डितों ने इसी माया शब्द का विभिन्न अर्थों में व्यवहार किया है। मालूम होता है, बौद्धों ने भी माया शब्द या मायावाद को कुछ रञ्जित किया है। किन्तु बौद्धों ने इसको प्रायः विज्ञानवाद[1] (Idealism) में परिणत कर दिया था और माया शब्द इसी अर्थ में साधारणतः आजकल व्यवहृत होता है। हिन्दू लोग जब जगत् को 'मायामय' बताते है तब साधारण मनुष्य के मन में यही भाव उदय होता है कि "जगत् कल्पना मात्र है।" बौद्धों की इस प्रकार की व्याख्या का कुछ आधार है; कारण, एक श्रेणी के दार्शनिक पहले बाह्य जगत् के अस्तित्त्व में बिलकुल ही विश्वास नहीं करते थे। किन्तु वेदान्त में वर्णित माया का अन्तिम निश्चित स्वरूप,–विज्ञानवाद, वास्तववाद[2] (Realism) अथवा किसी प्रकार का मतवाद नहीं है। हम क्या हैं, और अपने चारों ओर हम क्या देखते हैं, इस सम्बन्ध में प्रकृत घटना का यह सहज वर्णनमात्र है। में आपसे पहले ही कह चुका हूँ कि जिनके अन्तःकरण से वेद निकले उनकी चिन्ताशक्ति मूल तत्त्व की खोज में तथा आविष्कार में ही लगी हुई थी। इन सब तत्त्वों का विस्तृत अनुशीलन करने के लिए मानो उन्हें अवसर ही नहीं मिला और उन्होंने इसकी आवश्यकता भी नहीं समझी। वे तो वस्तु–मात्र के अन्तरतम प्रदेश में पहुँचने के लिए ही व्यग्र थे। ऐसा जान पड़ता है मानो उस पार उन्हें कोई बुला रहा था। अतः वे ठहर नहीं सकते थे। वस्तुतः उपनिषदों में

1. हमारी इन्द्रियों से ग्राह्य समस्त जगत् हमारे मन की ही विभिन्न अनुभूतिमात्र है, इसकी वास्तविक सत्ता नहीं है, इसी मत को विज्ञानवाद या Idealism कहते हैं।
2. जगत् केवल हमारे मन की अनुभूतिमात्र नहीं है, उसकी वास्तविक सत्ता है, इस मत को वास्तववाद या Realism कहते हैं।

इधर–उधर बिखरी हुई आधुनिक विज्ञान की विषयीभूत विशेष प्रतिपत्ति बहुधा भ्रमात्मक होते हुए भी उनके मूल तत्त्वों के साथ विज्ञान के मूल तत्त्वों का कोई प्रभेद नहीं है। यहाँ पर एक दृष्टान्त दिया जाता है। आधुनिक विज्ञान का ईथर (Ether) अथवा आकाशविषयक नवीन तत्त्व उपनिषदों में विद्यमान हैं। यह आकाश–तत्त्व आधुनिक वैज्ञानिकों के ईथर की अपेक्षा अधिक परिपुष्ट रूप से पाया जाता है। किन्तु वह मूल तत्त्व में ही पर्यवसित था। वे लोग इस आकाशतत्त्व के कार्य की व्याख्या करते समय बहुत–से भ्रमों में पड़ गये थे। जगत् की सम्पूर्ण जीवनी शक्ति जिसका विभिन्न विकास मात्र है वहीं सर्वव्यापी जीवनी शक्ति–तत्त्व वेद में उसके ब्राह्मणांश में ही प्राप्त हो जाता है। संहिता के एक बड़े मन्त्र में समस्त जीवनी शक्ति के विकासक प्राण की प्रशंसा की गयी है। इसी सम्बन्ध में आप लोगों में रो कुछ को यह जानकर आनन्द होगा कि आधुनिक योरोपीय वैज्ञानिकों के सिद्धान्तों के सदृश इस पृथ्वी के जीवों की उत्पत्ति का सिद्धान्त वैदिक दर्शनों में पाया जाता हैं। आप सभी निश्चय ही जानते हैं कि जीव अन्य ग्रहों से संक्रमित होकर पृथ्वी पर आता है, ऐसा एक मत प्रचलित है। जीव चन्द्रलोक से पृथ्वी पर आता है, किसी–किसी वैदिक वैज्ञानिक का यही स्थिर मत है।

मूल तत्त्व के सम्बन्ध में हम देखते हैं कि उन्होंने व्यापक साधारण तत्त्वों की छानबीन में अतिशय साहस और आश्चर्यजनक निर्भीकता का परिचय दिया है। बाह्य जगत् से इस विश्व–रहस्य के मर्म को निकालने में उन्हें यथा सम्भव उत्तर मिला। और, इस प्रकार उन्होंने जितने मूल तत्त्वों का आविष्कार किया था उससे जगत् के रहस्य की ठीक मीमांसा जब नहीं हो सकी तब, आधुनिक विज्ञान की विशेष प्रतिपत्ति भी उसकी मीमांसा में अधिक सहायक न हो सकेगी, यह निश्चित है। यदि प्राचीन काल में आकाशतत्त्व विश्वरहस्य को भेदने में समर्थ नहीं हुआ तब उसका विस्तृत अनुशीलन भी हमें सत्य की ओर अधिक अग्रसर नहीं कर सकता। यदि यह सर्वव्यापी प्राणतत्त्व विश्वरहस्य के उद्घाटन में असमर्थ रहा तो उसका विस्तृत अनुशीलन निरर्थक है। कारण, वह विश्वतत्त्व के सम्बन्ध में कोई परिवर्तन नहीं कर सकता। मैं यह कहना चाहता हूँ कि तत्त्वानुशीलन में हिन्दू दार्शनिक आधुनिक विद्वानों की भाँति ही एवं कभी–कभी

उनसे भी अधिक साहसी थे। उन्होंने इस प्रकार के अनेकों सुविस्तृत साधारण नियमों का आविष्कार किया है जो आज भी बिलकुल नवीन है, और उनके ग्रन्थों में इस प्रकार के अनेक मत विद्यमान हैं जो कि वर्तमान विज्ञान आज भी मतवाद के रूप में भी प्राप्त नहीं कर सका। दृष्टान्त रूप से दिखलाया जा सकता है कि वे केवल आकाशतत्त्व पर पहुँच कर ही सन्तुष्ट अथवा थकित नहीं हो गये, किन्तु उन्होंने और भी आगे बढ़कर समष्टि मन की भी एक सूक्ष्मतर–आकाश के रूप में कल्पना की है एवं उसके भी ऊपर एक अधिकतर सूक्ष्म आकाश को प्राप्त किया है। किन्तु इससे कुछ भी मीमांसा नहीं हुई। रहस्य का उत्तर देने में ये सब तत्त्व समर्थ नहीं हैं। संसार के सम्बन्ध में व्यर्थ का ज्ञान कितनी ही दूर तक विस्तृत क्यों न हो जाय, इस रहस्य का उत्तर न दे सकेगा। मन में आता है, मानो कुछ थोड़ा–बहुत हमें मालूम हो गया है, कुछ सहस्र वर्ष और प्रतीक्षा करने पर इसकी मीमांसा हो जाएगी। वेदान्तवादियों ने मन की ससीमता को निःसंशय ही प्रमाणित किया है, अतएव वे उत्तर देते हैं, "नहीं, सीमा से बाहर जाने की हमारी 'शक्ति नहीं है। हम देश, काल, निमित्त के बाहर नहीं जा सकते !" जिस प्रकार कोई भी अपनी सत्ता का उल्लंघन नहीं कर सकता उसी प्रकार देश और काल के नियम ने जो सीमा का बन्धन स्थापित कर दिया है उसको अतिक्रमण करने की क्षमता किसी में नहीं है। देश–काल–निमित्त सम्बन्धी रहस्य को खोलने का प्रयत्न ही व्यर्थ है, क्योंकि इसकी चेष्टा करते ही इन तीनों की सत्ता स्वीकार करनी होगी। तब–यह किस प्रकार सम्भव है ? और ऐसा होने पर जगत् के अस्तित्त्व वाद का क्या रूप रहेगा ? "इस जगत् का अस्तित्त्व नहीं है।" जगत् मिथ्या है–इसका अर्थ क्या है ? इसका यही अर्थ है कि उसका निरपेक्ष अस्तित्त्व नहीं है। मेरे, तुम्हारे और अन्य सबके मन के साथ इसका केवल आपेक्षिक अस्तित्त्व है। हम पाँच इन्द्रियों द्वारा जगत् को जिस रूप में प्रत्यक्ष करते हैं, यदि हमारे एक इन्द्रिय और होती तो हम इससे अधिक कुछ नवीन प्रत्यक्ष करते और इससे भी अधिक इन्द्रिय सम्पन्न होने पर हम इसे और भी विभिन्न रूपों में देख पाते। अतएव इसकी सत्ता नहीं है–वह अपरिवर्तनीय, अचल, अनन्त सत्ता इसकी नहीं है। किन्तु इसको अस्तित्त्व शून्य नहीं कहा जा सकता, कारण इसकी वर्तमानता है और इसके साथ मिलकर ही हमें कार्य करना होगा। यह सत् और

असत् का मिश्रण है।

सूक्ष्म तत्त्वों से लेकर जीवन के साधारण दैनिक स्थूल कार्यों तक पर्यालोचन करने पर हम देखते हैं कि हमारा सम्पूर्ण जीवन ही सत् और असत् इन दोनों विरुद्ध भावों का सम्मिश्रण है। ज्ञान के क्षेत्र में भी यह विरुद्ध भाव दिखाई पड़ता है। ऐसा प्रतीत होता है कि मनुष्य जिज्ञासु होने से ही समस्त ज्ञान प्राप्त कर लेगा; किन्तु दो–चार पग चलने के बाद ही एक ऐसा अभेद्य व्यवधान देखने में आता है जिसको अतिक्रमण करना मनुष्य के वश के बाहर है। उसके सभी कार्य एक वृत्ताकार परिधि के अन्दर घूमते रहते हैं जिसको वह कभी लाँघ नहीं सकता। उसके अन्तरतम एवं प्रियतम रहस्य–मीमांसा के लिए उसे दिन–रात उत्तेजित तथा आह्वान करते हैं परन्तु इसका उत्तर देने में वह असमर्थ है, कारण कि वह अपनी बुद्धि की सीमा का उल्लंघन नहीं कर सकता। फिर भी वासनाएँ उसके अन्तर में प्रबल वेग से उठती रहती हैं; किन्तु इस उत्तेजना का दमन ही एक मात्र मंगलकर पथ है, यह भी हम अच्छी तरह जानते हैं। हमारे हृत्पिण्ड का प्रत्येक स्पन्दन प्रत्येक निःश्वास के साथ हमें स्वार्थ पर होने का आदेश करता है। दूसरी ओर एक अमानुषी शक्ति कहती है कि निःस्वार्थता ही एक मात्र मंगल का साधन है। जन्म से लेकर प्रत्येक बालक सुखाशावादी (Optimist) होता है। वह केवल सुख के ही स्वप्न देखता है। युवावस्था में वह और भी अधिक आशावादी हो जाता है। मृत्यु, पराजय अथवा अपमान नाम की भी कोई वस्तु है यह बात किसी युवक की समझ में आना कठिन है। वृद्धावस्था आती है; जीवन केवल एक ध्वंसराशि हो जाता है, सुख के स्वप्न आकाश में विलीन हो जाते हैं और वृद्ध लोग निराशावादी हो जाते हैं। इसी प्रकार हम प्रकृति से ताड़ित होकर आशाशून्य, सीमा तथा गन्तव्य–ज्ञान से शून्य होकर एक ध्रुव से दूसरे ध्रुव की ओर दौड़ते रहते हैं। ललितविस्तार में लिखे हुए बुद्ध चरित का एक प्रसिद्ध गीत इस सम्बन्ध में मुझे याद आता है। वर्णन इस प्रकार है कि बुद्धदेव ने मनुष्यों के परित्राता के रूप में जन्म ग्रहण किया, किन्तु जब राजप्रासाद की विलासिता में वे आत्मविस्मृत होने लगे तब उनको जगाने के लिए देवकन्याओं ने एक गीत गाया था जिसका मर्मार्थ इस प्रकार है,–"हम एक प्रवाह में बहते चले जा रहे हैं, हम अविरत रूप से परिवर्तित हो रहे हैं–कहीं निवृत्ति नहीं है, कहीं विराम नहीं

है।" इसी प्रकार हमारा जीवन विराम नहीं जानता, अविरत चलता ही रहता है। अब उपाय क्या है ? जिनके पास खाने–पीने की प्रचुर सामग्री है वे सुखाशावादी हो जाते हैं और कहते हैं, "भय उत्पन्न करने वाली दुःख की बातें मत कहो, क्लेश की बात मत सुनाओ।" उनके पास जाकर कहो–"सभी मंगल है।" वे कहेंगे, "हम तो निरापद हैं ही; यह देखो, कितनी सुन्दर अट्टालिकाओं में हम वास करते हैं, हमें शीत का कोई भय नहीं है। अतएव हमारे सम्मुख यह भयावह चित्र मत लाना।" किन्तु दूसरी ओर देखिए, शीत और अनाहार से कितने ही लोग मर रहे हैं। जाओ उन्हें जाकर शिक्षा दो कि 'सभी मंड़गल है। किन्तु यह, जो इस जीवन में भीषण क्लेश पा रहा है, वह तो सुख, सौन्दर्य और मंड़गल की बात सुनेगा ही नहीं, वह कहता है, "सभी को भय दिखाओ, मैं जब रो रहा हूँ तो और सब कैसे हँसेंगे ? मैं तो अपने साथ सभी को रुलाऊँगा; कारण कि जब मैं दुःख से पीड़ित हूँ तो सभी दुःख से पीड़ित हो, इसी से मेंरी शान्ति होगी।" हम इसी प्रकार सुखाशावाद से निराशावाद की ओर चले जाते हैं। इसके बाद मृत्युरूप भयावह व्यापार आता है–सारा संसार मृत्यु के मुख में चलता जा रहा है। सभी मरते जा रहे हैं। हमारी उन्नति, हमारे व्यर्थ के आडम्बर पूर्ण कार्यकलाप, समाज–संस्कार, विलासिता, ऐश्वर्य, ज्ञान–मृत्यु ही सबकी एक मात्र गति है। यही सर्वस्व है, यही सुनिश्चित है। नगर के नगर बनते और बिगड़ते जाते हैं।

1. सुवर्ग लोम (Golden Fleece):–ग्रीक पौराणिक साहित्य की कथा है कि ग्रीस के अन्तर्गत संसाली देश में राजवंशी आयामास की पत्नी नेफेल के गर्भ से मिक्सस नामक पुत्र और हेल नाम की कन्या ने जन्म लिया। कुछ दिन के बाद नेफेल की मृत्यु होने पर आयामास ने कैडमस की कन्या ईनो के साथ विवाह किया। ईनो ने सपत्नी की सन्तान के प्रति विद्वेष होने के कारण नाना प्रकार से अपने पति को फ्रिक्सस की देवताओं को बलि चढ़ा देने से सहमत किया। किन्तु बलिदान के पूर्व ही फ्रिक्सस की स्वर्गीया माता की आत्मा उनके सम्मुख आविर्भूत हुई और एक सुवर्ग लोमयुक्त मेंढ़े को उनके निकट लाकर उनको उस पर चढ़कर समुद्र पार भाग जाने का आदेश देने लगी। मार्ग में उसकी बहिन हेल गिरकर डूब गयी–मिक्सस ने कृष्ण सागर की पूर्व दिशा में कलचिस नामक स्थान में उतरकर वहाँ के जिउस देवता को उसी मेढ़े की बलि चढ़ाकर उसकी खाल को मार्स (मंगल) देवता के कुञ्ज में टाँग दिया। एक दैत्य उसकी रखवाली के लिए नियुक्त हुआ। कुछ दिन बाद इस सुवर्ग लोम की खाल को लाने के लिए आयामास का भतीजा जैसन उसके प्रतिद्वन्द्वी पेलियस द्वारा नियुक्त किया गया और वह आर्गो नामक एक बड़े जहाज से अनेक प्रसिद्ध वीर पुरुषों सहित बैठकर नाना प्रकार के बाधा–विघ्नों को पार करता हुआ उक्त सुवर्ण लोम के लाने में सफल हुआ। ग्रीक पुराणों में यह कथा Argonautic Expedition नाम से विख्यात है।

साम्राज्यों के उत्थान और पतन होते हैं, ग्रहादिक खण्ड–खण्ड होकर धूलि के समान चूर्ण बनकर विभिन्न ग्रहों के वायु–प्रवाह में इधर–उधर विक्षिप्त होते रहते हैं। इसी प्रकार अनादिकाल से चलता आ रहा है। इस सबका लक्ष्य क्या है ? मृत्यु ही सबका लक्ष्य है, मृत्यु जीवन का लक्ष्य है, सौन्दर्य का लक्ष्य है, ऐश्वर्य का लक्ष्य है, शक्ति का लक्ष्य है, और तो और, धर्म का भी लक्ष्य है। साधु और पापी दोनों मरते हैं, राजा और भिक्षुक दोनों मरते हैं, सभी मृत्यु को प्राप्त होते हैं। तब भी जीवन के प्रति यह विषम ममता विद्यमान है। हम क्यों इस जीवन की ममता करते हैं ? क्यों हम इसका परित्याग नहीं कर पाते ? यह हम नहीं जानते। यही माया है।

माता बड़े यत्न से सन्तान का लालन–पालन करती है। उसका समस्त मन, समस्त जीवन मानो इसी सन्तान के लिए है। बालक बड़ा हुआ, युवावस्था को प्राप्त हुआ और शायद दुश्चरित्र एवं पशु होकर प्रतिदिन अपनी माता को मारने–पीटने लगा, किन्तु माता फिर भी पुत्र पर मुग्ध है। जब उसकी विचारशक्ति जागृत होती है तब वह उसे अपने स्नेह के, आवरण में ढककर रखती है। किन्तु वह नहीं जानती कि यह स्नेह नहीं है। एक अपरिज्ञेय शक्ति ने उसके स्नायु–मण्डल पर अधिकार कर लिया है। वह इसे दूर नहीं कर सकती। वह कितनी ही चेष्टा क्यों न करें, इस बन्धन को तोड़ नहीं सकती। यही माया है।

हम सभी कल्पित सुवर्ण लोमो[1] की खोज में दौड़ते फिरते हैं। सभी के मन में होता है कि यह हमारा ही प्राप्तव्य है; किन्तु उनमें से कितने मनुष्य इस संसार में जीवित हैं ? सभी ज्ञानी लोग समझते हैं कि इस सुवर्ण लोम को प्राप्त करने की उनकी दो करोड़ में एक से अधिक सम्भावना नहीं है। तथापि प्रत्येक मनुष्य उसके लिए कठोर प्रयत्न करता है किन्तु अधिकांश किसी को कुछ प्राप्त नहीं होता; यही माया है।

इस संसार में मृत्यु रात–दिन गर्व से मस्तक ऊँचा किये घूम रही है। हम सोचते हैं कि हम सदा जीवित रहेंगे। किसी समय राजा युधिष्ठिर से यह प्रश्न पूछा गया कि "इस पृथ्वी पर अत्यन्त आश्चर्य की बात क्या है ? "राजा ने उत्तर दिया था" नित्य ही लोग चारों ओर मर रहे हैं किन्तु जो जीवित हैं वे समझते हैं कि वे कभी मरेंगे ही नहीं।" यही माया है।

हमारी बुद्धि, ज्ञान, जीवन, प्रत्येक घटना में यही विषम विरुद्ध भाव दिखाई पड़ता है। सुख दुःख का और दुःख सुख का अनुगामी हो रहा है। सुधारक आते हैं और किसी जाति के दोषों को दूर करने का प्रयत्न करते हैं, किन्तु इसी बीच में किसी दूसरी दिशा में बीस हजार दोष उस सुधार से पहले ही उठ खड़े होते हैं। पतनोन्मुख जीर्ण अट्टालिका की भाँति एक स्थान पर जीर्णोद्धार करते–करते दूसरे स्थान पर जीर्णता आक्रमण कर देती है। भारतीय स्त्रियों के बालविधवा हो जाने के दोष को दूर करने के लिए हमारे सुधारक लोग चीत्कार तथा प्रचार कर रहे हैं। किन्तु पाश्चात्य देशों में अविवाहित रहना ही प्रधान दोष माना जाता है। एक स्थान पर अविवाहिताओं का कष्ट दूर करने में सहायता करनी होगी तो दूसरे स्थान पर विधवाओं का कष्ट मिटाने का यत्न करना होगा; शरीर में पुरानी वातव्याधि के समान शिरःस्थान से हटाने पर यह कमर आदि का आश्रय, ले लेती है, वहाँ से हटाने पर पैरों का आश्रय ढूँढती है।

कोई–कोई दूसरों की अपेक्षा अधिक धनवान हो गये हैं विद्या, सम्पत्ति और ज्ञानानुशीलन केवल उन्हीं की सम्पत्ति हो गये हैं। ज्ञान कितना महत्तर और मनोहर है, ज्ञानानुशीलन कितना सुन्दर है। यह केवल कुछ लोगों के हाथ में है। कितनी भयानक बात है। अब सुधारक आये और सर्वसाधारण में इस ज्ञान का विस्तार करने लगे। इससे जनसाधारण एक प्रकार से कुछ सुखी हुए अवश्य, किन्तु ज्ञानानुशीलन जितना ही अधिक होने लगा, शारीरिक सुख शायद उतना ही अन्तर्हित होने लगा। अब कौन–से मार्ग का अवलम्बन किया जाये। क्योंकि सुख के ज्ञान से ही तो दुःख का ज्ञान होता है। हम लोग जो थोड़ा–सा सुख भोग रहे हैं, अन्य कहीं पर उससे उतना ही दुःख उत्पन्न हो रहा है। सभी वस्तुओं की यही अवस्था है। युवकगण शायद इस बात को न समझ पायें ! किन्तु जिन्होंने संसार में बहुत दिन बिताये हैं, जिन्होंने बहुत–सी यन्त्रणाएँ भोगी हैं वे इस बात को समझ सकेंगे। यही माया है। दिन–रात ये समस्त व्यापार संघटित हो रहे हैं, किन्तु इनकी ठीक प्रकार से मीमांसा करना असम्भव है। इस प्रकार यह सब जो हो रहा है उसका कारण क्या है ? इस विषय में वास्तव में न्यायसंगत कोई प्रश्न ही नहीं हो सकता। अतएव इस प्रश्न का उत्तर भी असम्भव है। इसका कारण जाना नहीं जा सकता। उत्तर देने से पहले इसका

तात्पर्यबोध ही नहीं होगा, यह क्या है यह हम नहीं जान सकते। हम इसे एक क्षण को भी स्थिर नहीं रख सकते–प्रतिक्षण यह हमारे हाथ से निकलता रहता है। हम सब अन्धे यन्त्रों के समान परिचालित हो रहे हैं। यद्यपि हमने कभी–कभी निःस्वार्थ भाव से जो कार्य किया है, परोपकार की जो चेष्टा की है उसे स्मरण करके कह सकते हैं, 'क्यों, यह कार्य तो हमने समझ बूझकर, सोच–विचार कर किया था।' किन्तु वास्तव में हम उन कार्यों को किये बिना रह ही नहीं सकते थे, इसी कारण उन्हें किया था। मुझे इसी स्थान पर खड़े होकर आप लोगों को भाषण द्वारा उपदेश देना पड़ रहा है और आप लोगों को बैठकर इसे सुनना पड़ रहा है, यह भी हम लोग बिना किये रह नहीं सकते इसीलिए कर रहे हैं। आप घर लौट जायेंगे, शायद कुछ लोग थोड़ी–बहुत शिक्षा भी प्राप्त करेंगे, दूसरे शायद मन में कहेंगे, यह आदमी व्यर्थ ही बक रहा है। मैं भी घर चला जाऊँगा और सोचूँगा कि मैंने आज भाषण दिया। यही माया है।

अतएव इस संसार की गति के वर्णन का नाम ही माया है। साधारणतया लोग यह बात सुनकर भयभीत हो जाते हैं। हमें साहसी होना पड़ेगा। अवस्या के विषय को छिपाने से रोग का प्रतिकार नहीं होगा। कुत्तों से पीछा किये जाने पर जिस प्रकार खरगोश अपने मुँह को टाँगों में छिपाकर अपने को निरापद समझता है, उसी प्रकार हम लोग भी आशावादी अथवा निराशावादी होकर ठीक उस खरगोश के समान कार्य करते हैं। यह रोगमुक्ति की औषधि नहीं है।

दूसरी ओर सांसारिक जीवन की प्रचुरता, सुख और स्वच्छन्दता भोगने वाले इस मायावाद के सम्बन्ध में बड़ी आपत्तियाँ उठाते हैं। इस देश में, इंग्लैण्ड में निराशावादी होना बहुत कठिन है। सभी मुझसे कहते हैं–जगत् का कार्य कितने सुन्दर रूप से चल रहा है, जगत् कितना उन्नतिशील है। किन्तु वे अपने जीवन को ही अपना जगत् समझते हैं। एक पुराना प्रश्न उठता है–ईसाई धर्म ही एक मात्र धर्म है। कारण, ईसाई धर्म को मानने वाली सभी जातियाँ समृद्धिशाली हैं। इस प्रकार की युक्ति से तो यह सिद्धान्त स्वयं ही भ्रामक सिद्ध हो जाता है। अन्य जातियों का दुर्भाग्य ही तो ईसाई जातियों की समृद्धि का कारण है, क्योंकि एक का सौभाग्य दूसरों के शोणित द्वारा शोषण के बिना नहीं बनता। तो जब

समस्त पृथ्वी ईसाई धर्म को ही मानने लगेगी तब भक्ष्य स्वरूप इतर जालियों का नाश करने वाली ईसाई जाति स्वयं ही दरिद्र हो जायेगी। अतः इस युक्ति ने अपना ही खंडन कर दिया। उद्भिज पशुओं के लिए अन्न स्वरूप है, मनुष्य पशुओं का भोक्ता है, और सबसे अधिक गाहित कार्य यह है कि मनुष्य एक–दूसरे का, दुर्बल बलवान् का भक्ष्य बन रहा है। यही हाल सर्वत्र विद्यमान है। यही माया है। इस रहस्य की आप क्या मीमांसा करते हैं ? हम प्रतिदिन ही नई–नई युक्तियाँ सुनते हैं। कोई कहता है, अन्त में सबका कल्याण होगा। इस प्रकार की सम्भावना अत्यन्त सन्देहास्पद होने पर भी हम ने स्वीकार कर ली। किन्तु इस पैशाचिक उपाय से मंगल होने का कारण क्या है ? पैशाचिक रीति को छोड़कर क्या मंगल द्वारा ही मंगलसाधन नहीं हो सकता ? वर्तमान मनुष्यों की सन्तान सुखी होगी; किन्तु उससे हमें क्या फल मिलेगा जिसके लिए हम इस समय ये भयानक यन्त्रणाएँ भोग रहे हैं ? यही माया है। इसकी मीमांसा नहीं है। सुना जाता है कि दोषों का क्रमशः धीरे–धीरे दूर होता जाना क्रमविकासवाद (Darwin's Evolution) की एक विशेषता है। संसार से दोष का इस प्रकार क्रमशः दूर हो जाने पर अन्त में केवल मंगल ही मंगल रह जायेगा। सुनने में तो बड़ा अच्छा लगता है। इस संसार में जिसके पास सब वस्तुओं का प्राचुर्य है, जिन्हें प्रतिदिन कठोर यन्त्रणा सहनी नहीं पड़ती, जिन्हें क्रमविकास के चक्र में पिसना नहीं पड़ता, उन लोगों के दम्भ को इस प्रकार के सिद्धान्त बढ़ा सकते हैं। सचमुच ही उनके लिए ये सिद्धान्त अत्यन्त हितकर और शान्तिप्रद हैं। साधारण जनसमूह यन्त्रणा भोगा करें–इनकी क्या हानि है ? वे सब मारे जायें–इसके लिए ये सोच–विचार क्यों करें ? ठीक बात है, किन्तु यह युक्ति आदि से अन्त तक भ्रमपूर्ण है। प्रथम तो, ये लोग बिना किसी प्रमाण के ही धारणा कर लेते हैं कि संसार में अभिव्यक्त मंगल और अमंगल का परिणाम एकदम निर्दिष्ट है। दूसरे, इससे भी अधिक दोषयुक्त धारणा यह है कि मंगल का परिमाण तो क्रमवृद्धिशील है और अमंगल निर्दिष्ट परिमाण में विद्यमान रहता है। अतएव ऐसा समय आयेगा कि

---

1. समयुक्तान्तर श्रेणी नियम जैसे 3 | 5 | 7 | 9 इत्यादि, यहाँ पर प्रत्येक परवर्ती अपने पूर्ववर्ती अङ्क से दो–दो अधिक हैं। समगुणितान्तर जैसे 3 | 6 | 12 | 24 इत्यादि यहाँ पर प्रत्येक परवर्ती अङ्क अपने पूर्ववर्ती अङ्क का दुगुना है।

जब अमंगल का अंश इसी प्रकार क्रमविकास के द्वारा घट जाने पर अन्त में बिलकुल नष्ट हो जायेगा और केवल मंगल ही विराजित रहेगा–यह कहना बड़ा सरल है। किन्तु क्या यह प्रमाणित किया जा सकता है कि अमंगल का परिमाण निर्दिष्ट रहता है ? क्या अमंगल की भी क्रमशः वृद्धि नहीं हो रही है ? एक जंगली मनुष्य है जो मनोवृत्तियों के परिचालन से सर्वथा अनभिज्ञ है, एक पुस्तक भी नहीं पढ़ सकता, हस्तलिपि किसे कहते हैं, उसने कभी सुना भी नहीं; आज रात को उसके बीस टुकड़े कर दो, कल वह स्वस्थ हो उठेगा। धार धरा हुआ अस्त्र उसके शरीर में घुसाकर बाहर निकाल लो, फिर भी वह अच्छा हो जायेगा। किन्तु हम अधिक सभ्य होने पर भी मार्ग में चलते हुए ठोकर खाते ही मर जाते हैं।

मशीनों के द्वारा धन आदि सुलभ हो रहा है; उन्नति और क्रमविकास की वृद्धि हो रही है। किन्तु एक व्यक्ति धनी हो जायेगा इसलिए लाखों मनुष्यों को पीसा जा रहा है–एक व्यक्ति धनवान बने इसलिए सहस्रों मनुष्य दरिद्र से दरिद्रतर हो रहे हैं–संख्यातीत मनुष्य के वंशज क्रीतदास बनाये जा रहे हैं। जगत् की धारा ही ऐसी है। जो मनुष्य पशुवत् हैं उनके समस्त सुखभोग इन्द्रियों में ही सीमित हैं। उनके दुःख और सुख इन्द्रियों के भीतर ही सन्निविष्ट हैं। यदि उसे पर्याप्त भोजन नहीं मिलता अथवा उसे कोई शारीरिक रोग या कष्ट होता है तो वह अपने को अभागा समझता है। इन्द्रियों में ही उसके सुख–दुःख का उत्थान और पर्यवसान हो जाता है। इस प्रकार के व्यक्ति की जब उन्नति होती रहती है तो उसके सुख की सीमा के विस्तार के साथ ही साथ उतने ही परिमाण में उसके दुःख की भी वृद्धि होती जाती है। जंगली मनुष्य ईर्ष्या के वश में होना नहीं जानता, कचहरी में जाना नहीं जानता, वह नियमित कर देना नहीं जानता, समाज द्वारा निन्दित होना नहीं जानता, पैशाचिक मानव–प्रकृति से उत्पन्न जो भीषण अत्याचार एक–दूसरे के हृदय के गुप्त से गुप्त भावों का अन्वेषण करने में लगा हुआ है उसके द्वारा वह दिन–रात पर्यवेक्षित होना नहीं जानता। वह नहीं जानता कि भ्रान्तज्ञान से सम्पन्न गर्वित मानव किस प्रकार पशु से भी सहस्र गुना पैशाचिक स्वभाव वाला हो जाता है। इसी प्रकार हम जिस समय इन्द्रियपरायणता से उन्मुक्त होने लगते हैं, हमारी सुखानुभव की उच्चतर शक्ति की वृद्धि के

साथ–साथ यन्त्रणानुभव की शक्ति की भी पुष्टि होती है। स्नायुमण्डल और भी सूक्ष्म होकर अधिक यन्त्रणा के अनुभव में समर्थ हो जाता है। सभी समाजों में यह बात दिन–प्रतिदिन प्रत्यक्ष होती जाती है कि साधारण मूर्ख मनुष्य तिरस्कृत होने पर अधिक दुःखी नहीं होता किन्तु अधिक प्रहार होने पर दुःखी हो जाता है। सभ्य पुरुष एक बात भी सहन नहीं कर सकते। उनका स्नायुमण्डल इतना सूक्ष्म भावग्राही हो गया है। उनकी सुखानुभूति सहज हो गयी है इसीलिए उनका दुःख भी बढ़ गया है। दार्शनिक पण्डितों का क्रमविकासवाद इसके द्वारा अधिक समर्थित नहीं होता। हम अपने सुखी होने की शक्ति को जितना ही बढ़ाते हैं, हमारी यन्त्रणाभोग की शक्ति उसी परिमाण में बढ़ जाती है। मेंरा विनीत मत यही है कि हमारी सुखी होने की शक्ति यदि समयुक्तान्तर श्रेणी के नियम (Arithmetical Progression) से बढ़ती है तो दूसरी ओर दुःखी होने की शक्ति समगुणितान्तर श्रेणी (Geometrical Progression) के नियम से बढ़ेगी। जंगली मनुष्य समाज के सम्बन्ध में अधिक नहीं जानता। किन्तु हम उन्नतिशील लोग जानते हैं कि हम जितने ही उन्नत होंगे, हमारी सुख और दुःख के अनुभव करने की शक्ति उतनी ही तीव्र होगी। हममें से तीन चौथाई मनुष्य जन्म से ही जो पागल रहते हैं यह प्रायः सभी जानते हैं। यही माया है।

अतएव, हम देखते हैं कि माया संसार–रहस्य की व्याख्या करने के निमित्त कोई विशेष मतवाद नहीं है। संसार में घटनाएँ जिस प्रकार होती रही हैं, माया उन्हीं का वर्णन मात्र है। विरुद्ध भाव ही हमारे अस्तित्व की भित्ति है; सर्वत्र इन्हीं भयानक विरुद्ध भावों के बीच में से होकर हम चलते हैं। जहाँ मंगल है वहीं अमंगल रहता है; जहाँ अमंगल है वहीं मंगल है। जहाँ जीवन है मृत्यु वहीं छाया की भाँति उसका अनुसरण कर रही है। जो हँस रहा है उसी को रोना पड़ेगा; जो रो रहा है वह भी हँसेगा। यह क्रम बदल नहीं सकता। हम लोग अवश्य ही ऐसे स्थान की कल्पना कर सकते हैं जहाँ केवल मंगल ही रहेगा, अमंगल रहेगा नहीं; जहाँ हम केवल हँसेंगे, रोयेंगे नहीं। किन्तु जब तक ये सब कारण समान रूप से विद्यमान हैं तब तक इस प्रकार का संघटन स्वयं ही असम्भव है। जहाँ हमें हँसाने की शक्ति विद्यमान है वहीं रुलाने की भी शक्ति प्रच्छन्न रूप से विद्यमान है; जहाँ सुख उत्पन्न करने वाली शक्ति विद्यमान है दुःख देने वाली शक्ति भी वहीं छिपी

हुई है।

अतएव वेदान्त–दर्शन आशावादी अथवा निराशावादी नहीं है। वह तो दोनों ही वादों का प्रचार करता है; सारी घटनाएँ जिस प्रकार होती हैं वह उसे उसी रूप में ग्रहण करता है; अर्थात् उसके मत में यह संसार मंड़गल और अमंड़गल, सुख और दुःख का मिश्रण है; एक को बढ़ाओ, दूसरा भी साथ–साथ बढ़ेगा। केवल सुख का संसार अथवा केवल दुःख का संसार हो ही नहीं सकता। इस प्रकार की धारणा ही स्वतः विरोधी है। किन्तु इस प्रकार का मत व्यक्त करके और इस विश्लेषण के द्वारा वेदान्त ने यही एक महारहस्य का मर्म निकाला है कि मंगल और अमंगल ये दो एकदम विभिन्न सत्ताएँ नहीं हैं। इस संसार में ऐसी एक भी वस्तु नहीं है जिसे एकदम मंगलजनक या एकदम अमंगलजनक कहा जा सके। एक ही घटना जो आज शुभ जनक मालूम पड़ती है, कल अशुभ मालूम पड़ सकती है। एक ही वस्तु जो एक व्यक्ति को दुःखी करती है दूसरे को सुखी बना सकती है। जो अग्नि बच्चे को जला देती है, वही अनशन से जर्जर व्यक्ति के लिए उत्तम खाद्यान्न भी पका सकती है। जिस स्नायुमण्डल के द्वारा दुःख का ज्ञान हमारे अन्दर प्रवेश करता है, सुख का ज्ञान भी उसी के द्वारा हमें मिलता है। अमंगल का निवारण करने का एक मात्र उपाय मंगल का निवारण ही है, अन्य कोई उपाय नहीं है यह निश्चित है। मृत्यु का निवारण करने के लिए जीवन का निवारण करना पड़ेगा। मृत्युहीन जीवन और असुखहीन सुख ये बातें अपनी ही विरोधी हैं, इनमें कोई सत्य नहीं है। कारण, दोनों ही एक ही वस्तु का विकास है। कल जो शुभदायक लगता था आज वह वैसा नहीं लगता। जब हम विगत जीवन की आलोचना करते हैं, विभिन्न युगों के समस्त आदर्शों की आलोचना करते हैं, तभी इस बात की सत्यता दिखाई पड़ती है। एक समय था जब कि सुन्दर तेजस्वी घोड़ों की जोड़ी को हाँककर चलाना ही मेरा आदर्श था, अब वह भावना नहीं होती। बचपन में सोचता था कि अमुक मिठाई प्रस्तुत कर लेने पर मैं पूर्ण सुखी होऊँगा। कभी सोचता था, स्त्री–पुत्र से युक्त तथा प्रचुर धनसम्पन्न होने पर सुखी होऊँगा। अब वे सब लड़कपन की बातें सोचकर हँसी आती है। वेदान्त कहता है कि जिन समस्त आदर्शों का अवलम्बन करते हुए, अपने शारीरिक व्यक्तित्व का परिहार करने में, हममें भय का संचार होता है, समय आने

पर उन्हीं आदर्शों को देखकर हम हँसेंगे। सभी अपनी–अपनी देह की रक्षा करने में व्यग्र हैं। कोई भी इसका परित्याग करने की इच्छा नहीं करता। इस देह की यथेच्छ समय तक रक्षा कर लेने पर हम अत्यन्त सुखी होंगे, हम सब इसी रूप में सोचते हैं। किन्तु समय आने पर यह बात भी याद करके हम हँसेंगे। अतएव, यदि हमारी वर्तमान अवस्था सत् भी नहीं है, असत् भी नहीं है–किन्तु दोनों का सम्मिश्रण है, असुख भी नहीं है, सुख भी नहीं है–किन्तु दोनों का ही सम्मिश्रण है, इस प्रकार का विषम विरुद्ध भाव जब उत्पन्न हुआ तब वेदान्त की आवश्यकता क्या है ? अन्यान्य दर्शनशास्त्र तथा धर्ममतादिकों की भी क्या आवश्यकता है ? विशेषतः शुभ कर्म आदि करने का ही क्या प्रयोजन है ? यही प्रश्न मन में उठता है, कारण, लोग यही पूछेंगे कि यदि शुभ कर्म करने का यत्न करने पर अमंगल रहता ही है एवं सुखोत्पादन का यत्न करने पर पर्वत के समान असुख की राशि उपस्थित हो जाती है तब फिर इस यत्न की आवश्यकता ही क्या है ? इसका उत्तर यह है कि–पहले तो दुःख को दूर करने के लिए तुम्हें कर्म करना पड़ेगा; कारण, स्वयं सुखी होने का यही एक मात्र उपाय है। हममें से प्रत्येक अपने–अपने जीवन में शीघ्र या देरी में इस बात की यथार्थता को समझ लेते हैं। तीक्ष्णबुद्धि लोग कुछ शीघ्र और मन्दबुद्धि लोग कुछ देर में इसे समझ सकते हैं ! मन्दबुद्धि लोग उत्कट यन्त्रणा भोगने के बाद तथा तीक्ष्ण बुद्धि लोग थोड़ी यन्त्रणा पाने के बाद ही इसे समझ जाते हैं। दूसरे, यद्यपि हम जानते हैं कि यह जगत् केवल सुखपूर्ण हो, दुःख न रहे–ऐसा समय कभी भी न आयेगा, तथापि हमें यही कार्य करना होगा। यदि दुःख बढ़ता जाता है तो भी हम उस समय अपना कार्य करेंगे। ये दोनों शक्तियाँ ही जगत् को जीवित रखेंगी; अन्त में एक दिन ऐसा आयेगा कि जब हम स्वप्न से जागेंगे एवं इस मिट्टी के पुतले का बनाना बन्द कर देंगे। सचमुच हम चिरकाल मिट्टी के पुतले बनाने में लगे हैं। हमें यह शिक्षा लेनी होगी और यह शिक्षा प्राप्त करने में बहुत देर लगेगी।

वेदान्त कहता है–अनन्त ही सान्त हो गया है। जर्मनी में इसी भित्ति के ऊपर दर्शन–शास्त्र–रचना की चेष्टा की गयी थी। इंग्लैंड में अब भी इस प्रकार की चेष्टा चल रही है ? किन्तु इन सब दार्शनिकों के मत का विश्लेषण करने पर यही सारांश निकलता है कि अनन्तस्वरूप (Hegel's Absolute Mind) अपने

को जगत् में व्यक्त करने की चेष्टा कर रहा है। यदि यह बात सत्य मान ली जाये तो अनन्त कभी न कभी अपने को व्यक्त करने में समर्थ हो ही जायेगा। अतएव निरपेक्षावस्था विकसितावस्था से नीची है; कारण, विकसितावस्था में ही तो निरपेक्ष स्वरूप अपने को व्यक्त कर रहा है। जब तक अनन्त स्वरूप अपने को सम्पूर्ण रूप से बाहर निकाल नहीं पाता तब तक हमें इसी अभिव्यक्ति में उत्तरोत्तर सहायता करनी होगी। सुनने में यह बात बड़ी मधुर है, और हमने अनन्त, विकास, व्यक्ति आदि दार्शनिक शब्दों का भी प्रयोग किया। किन्तु सान्त किस प्रकार अनन्त हो सकता है, एक किस प्रकार दो कोटि का हो सकता है, इस सिद्धान्त की न्यायसंगत मूलभित्ति क्या है, यह प्रश्न तो दार्शनिक पंडित लोग स्वभावतः ही पूछ सकते हैं। निरपेक्ष एवं अनन्त सत्ता सोपाधिक होकर ही इस जगत् रूप में प्रकाशित हुई है। यहाँ पर सभी कुछ सीमाबद्ध रहेगा ही। जो कुछ भी इन्द्रिय, मन और बुद्धि के भीतर से आयेगा उसको स्वतः ही सीमाबद्ध होना पड़ेगा, अतएव ससीम का असीम होना नितान्त मिथ्या है। ऐसा हो ही नहीं सकता।

दूसरे पक्ष में, वेदान्त कहता है, यह ठीक है कि निरपेक्ष एवं अनन्त सत्ता अपने को सान्त रूम में व्यक्त करने की चेष्टा कर रही है। किन्तु एक समय ऐसा आयेगा जब इस उद्योग को असम्भव जानकर उसे अपने पाँव पीछे लौटाने पड़ेंगे। यह पीछे पाँव लौटाना ही यथार्थ धर्म का आरम्भ है। वैराग्य ही धर्म का प्रारम्भ है। आधुनिक मनुष्य से वैराग्य की बात कहना अत्यन्त कठिन है। अमेरिका में मेरे बारे में लोग कहते हैं कि मानो में पाँच हजार वर्ष पूर्व के किसी अतीत और विलुप्त ग्रह से आकर वैराग्य का उपदेश दे रहा हूँ; इंग्लैंड के दार्शनिक पंडित शायद यही कहेंगे। किन्तु वैराग्य और त्याग ही केवल इस जीवन की एक मात्र सत्य वस्तु है। प्राणपण से चेष्टा करके देखो यदि कोई दूसरा उपाय प्राप्त कर सकते हो। यह कभी भी न हो सकेगा। ऐसा समय आयेगा जब अन्तरात्मा जागेगा–इस लम्बे विषादमय स्वप्न से जाग उठेगा; बालक खेलकूद छोड़कर अपनी जननी के निकट लौट जाने को उद्यत होगा। वह समझेगा–

न जातु कामः कामानामुपभोगेन शाम्यति।
हविषा कृष्णवर्त्मेव भूय एवाभिवर्धते।।

काम्य वस्तु के उपभोग से कभी वासना की निवृत्ति नहीं होती, वरञ्च घृताहुति के द्वारा अग्नि के समान वासना और भी बढ़ती है। इस प्रकार क्या इन्द्रिय विलास, क्या बुद्धि–वृत्ति के परिचालन से उत्पन्न आनन्द, क्या मानवात्मा का उपभोग्य सब प्रकार का सुख–सभी मिथ्या हैं–सभी माया के अधीन हैं। सभी इस संसार के बन्धन के अन्तर्गत हैं; हम उसे अतिक्रमण नहीं कर पाते। हम उसके अन्दर अनन्त काल पर्यन्त दौड़ते फिर सकते हैं, किन्तु उसका अन्त नहीं पा सकते; एवं जब भी हम सुख का कण प्राप्त करने की चेष्टा करेंगे तभी दुःख का ढेर हमें घेर लेगा। यह कितनी भयानक अवस्था है। जब मैं इस पर विचार करने की चेष्टा करता हूँ, मुझे निःसंशय ही यह अनुभूति होती है कि यही मायावाद है–सभी कुछ माया है–यह वाक्य ही इसकी एक मात्र ठीक–ठीक व्याख्या है। इस संसार में क्या दुःख ही वर्तमान है ! यदि आप लोग विभिन्न जातियों के बीच परिभ्रमण करेंगे तो आप समझ सकेंगे कि यदि एक, जाति अपने दोष का एक उपाय के द्वारा प्रतिकार करने की चेष्टा कर रही है तो दूसरी किसी अन्य उपाय का अवलम्बन कर रही है। एक ही दोष को विभिन्न जातियों ने विभिन्न प्रकार से प्रतिरोध करने की चेष्टा की है किन्तु कोई भी कृतकार्य न हो सका। यद्यपि दोष को धीरे–धीरे कम करते हुए किसी अंश में रोका भी जा सकता है किन्तु दूसरे किसी अंश में ढेर का ढेर अशुभ संचित होता रहता है। इसकी गति ही ऐसी है। हिन्दुओं ने जाति के जीवन में किसी प्रकार सतीत्व धर्म को उत्पन्न करने के लिए अपनी सन्तान को तथा धीरे–धीरे समस्त जाति को बालविवाह के द्वारा अधोगामी कर दिया है। किन्तु यह बात भी मैं अस्वीकार नहीं कर सकता कि बालविवाह ने हिन्दू जाति को सतीत्व धर्म से विभूषित किया है। तुम चाहते क्या हो ? यदि जाति को सतीत्वधर्म से थोड़ा–बहुत विभूषित करना चाहते हो तो इसी भयानक बाल्यविवाह द्वारा समस्त स्त्री–पुरुषों को शारीरिक विषय में अधोगामी करना पड़ेगा। दूसरी ओर क्या तुम्हारी जाति विपत्तियों से रहित है ? कभी नहीं। कारण, सतीत्व ही जाति की जीवनी शक्ति है। क्या आप ने इतिहास में नहीं पढ़ा है कि जातियों की मृत्यु का चिह्न असतीत्व के भीतर से ही आता है–जब यह किसी जाति के भीतर प्रवेश करता है तभी उसका विनाश निकट पहुँचता है। इन सब दुःखजनक प्रश्नों की मीमांसा कहाँ मिलेगी ? यदि

माता–पिता अपनी सन्तान के लिए पात्र या पात्री का निर्वाचन करें तब इस तथाकथित प्रेम के दोष का निवारण हो सकता है। भारत की बेटियाँ भावुक होने की अपेक्षा कार्यकुशल अधिक होती हैं। उनके जीवन में कल्पनाप्रियता को अधिक स्थान नहीं मिलता। किन्तु यदि लोग अपने आप ही स्वामी और स्त्री का निर्वाचन करते हैं तब उन्हें इससे अधिक सुख नहीं मिलता। भारतीय नारियाँ अधिक सुखी हैं। स्त्री और स्वामी के बीच कलह अधिकांश नहीं होता। दूसरी ओर अमेरिका में जहाँ स्वाधीनता की अधिकता है वहाँ सुखी परिवार बहुत कम देखने में आते हैं। थोड़े बहुत दुःखी परिवार हो भी सकते हैं, परन्तु असुखी परिवारों तथा असुखकर विवाहों की संख्या वर्णनातीत है। मैं जिस किसी सभा में गया हूँ, वहाँ सुनता हूँ कि उसमें उपस्थित एक तिहाई स्त्रियों ने अपने पति–पुत्रों को बहिष्कृत कर दिया है। इसी प्रकार सभी जगह है। इससे क्या सिद्ध होता है ? सिद्ध होता है कि इस सब आदर्श के द्वारा अधिक सुख प्राप्त नहीं हो सकता। हम सभी सुख के लिए उत्कट चेष्टा कर रहे हैं, किन्तु एक ओर कुछ प्राप्त होने के पहले ही दूसरी ओर दुःख उपस्थित हो जाता है।

तब क्या हम कोई भी शुभ कर्म न करें ? अवश्य करें, और पहले की अपेक्षा अधिक उत्साहित होकर हम इस कार्य को करें। किन्तु यही ज्ञान–शिक्षा हमारे औद्धत्य एवं तआस्तुब (Fanaticism) को नष्ट करेंगी। तब अँगरेज उत्तेजित होकर हिन्दू को "ओह, पैशाचिक हिन्दू ! नारियों के प्रति कैसा असद्व्यवहार करता है !"–यह कहकर अभिशप्त नहीं करेंगे। तब वे विभिन्न जातियों की प्रथाओं को आदरणीय बनाने की शिक्षा देंगे। तआस्सुब कम होगा, कार्य अधिक होगा। तआस्सुब में आदमी अधिक कार्य नहीं कर पाता। वह अपनी शक्ति का तीन चौथाई व्यर्थ ही व्यय कर देता है। जिन्हें धीर प्रशान्त चित्त 'काम के आदमी' कहकर पुकारा जाता है वे ही कर्म करते हैं। निरर्थक वाक्यपटु तआस्सुबी व्यक्ति कुछ भी नहीं कर पाता। अतएव इसी ज्ञान के द्वारा कार्यकारिणी शक्ति की वृद्धि होगी। घटनाचक्र ऐसा ही है, यह जानकर हमारी तितिक्षा भी अधिक होगी। दुःख और अमंगल के दृश्य हमें साम्यभाव से च्युत नहीं कर सकेंगे और छाया के पीछे–पीछे दौड़ा नहीं सकेंगे। अतएव संसार की गति ही ऐसी है यह जानकर हम सहिष्णु बनेंगे। उदाहरण स्वरूप हम कह सकते हैं कि सभी

मनुष्य दोषशून्य हो जायेंगे, पशु भी मनुष्यत्व प्राप्त कर इसी अवस्था में से होकर गुजरेंगे और वनस्पतियों की भी यही दशा होगी। किन्तु यह एक बात निश्चित है–यह महती नदी प्रबल वेग से समुद्र की ओर बह रही है; तृण, पत्ते आदि सब इसके स्रोत में बह रहे हैं और सम्भवतः विपरीत दिशा में बहने की भी चेष्टा कर रहे हैं, किन्तु ऐसा समय आयेगा जब प्रत्येक वस्तु उस समुद्र के वक्ष स्थल में खिंचकर पहुँच जायेगी। अतएव जीवन समस्त दुःख और क्लेश, आनन्द हास्य और क्रन्दन के सहित उसी अनन्त समुद्र की ओर प्रबल वेग में प्रवाहित हो रहा है, यह निश्चित है और केवल समय का प्रश्न है जब कि तुम, मैं, जीव उद्भिद् और साधारण जीवाणु कण जो कुछ भी जहाँ पर है, रह चुका है सब कुछ उसी अनन्त जीवन–समुद्र में मुक्ति और ईश्वर में पहुँचकर रहेगा।

मैं एक बार फिर कहता हूँ कि वेदान्त का दृष्टिकोण आशावादी अथवा निराशावादी नहीं है। यह संसार केवल मंगलमय है अथवा केवल अमंगलमय है ऐसा मत वह व्यक्त नहीं करता। वह कहता है कि हमारे मंगल और अमंगल दोनों का मूल्य बराबर है। ये दोनों इसी प्रकार हिलमिल कर रहा करते हैं। संसार ऐसा ही है, यह समझ कर तुम सहिष्णुता के साथ कर्म करो। किन्तु किसलिए ? यदि घटनाचक्र इसी प्रकार का है तो हम क्या करें ? हम अज्ञेयवादी क्यों न हो जायें ? आजकल के अज्ञेयवादी भी तो कहते हैं कि इस रहस्य की कोई मीमांसा नहीं है। वेदान्त की भाषा में कहेंगे कि इस मायापाश से मुक्ति नहीं है। अतएव सन्तुष्ट होकर सब उपभोग करो। किन्तु यहाँ भी एक अति असंगत महाभ्रम रह जाता है। और वह यह है। तुम जिस जीवन से चारों ओर से घिरे हुए हो उस जीवन के विषय में तुम्हारा ज्ञान किस प्रकार का है ? क्या जीवन शब्द से तुम केवल पाँच इन्द्रियों से आबद्ध जो जीवन है उसे ही लेते हो ? इन्द्रियात्म ज्ञान में तो हम पशुओं से अधिक भिन्न नहीं हैं। किन्तु मुझे विश्वास है कि यहाँ बैठे हुए लोगों में से एक भी ऐसा नहीं है जिसकी आत्मा सम्पूर्ण भाव से केवल इन्द्रियों में आबद्ध हो। अतएव हमारे वर्तमान जीवन का अर्थ इन्द्रियात्म ज्ञान की अपेक्षा और भी कुछ है। सुख–दुःख का अनुभव कराने वाली हमारी मनोवृत्ति और चिन्ता–शक्ति भी तो हमारे जीवन का प्रधान अंग है। और उस महान आदर्श अर्थात् पूर्णता की ओर अग्रसर होने की कठोर चेष्टा भी क्या हमारे जीवन का

उपादान नहीं है ? अज्ञेयवादियों के (Spencer's Agnosticism) मत में वर्तमान जीवन की रक्षा करना हमारा कर्तव्य है। किन्तु जीवन कहने से हमारे सामान्य सुख–दुःख के साथ–साथ हमारे जीवन के अस्थि मज्जा स्वरूप, अर्थात् सारभूत इस आदर्श के अन्वेषण की, इस पूर्णता की ओर अग्रसर होने की चेष्टा का भी तात्पर्य है। हमें इसी को प्राप्त करना होगा। अतएव हम अज्ञेयवादी नहीं हो सकते और अज्ञेयवादी के प्रत्यक्ष संसार को लेकर नहीं चल सकते। अज्ञेयवादी तो जीवन के उपयुक्त उपादान को छोड़कर अवशिष्ट अंश को सर्वस्त्र मानते हैं। वे इस आदर्श को ज्ञान का अगोचर कहकर इसके अन्वेषण का परित्याग कर देते हैं। यही स्वभाव, यही जगत्, इसे ही माया कहते हैं। वेदान्त के शब्दों में यही प्रकृति है। किन्तु चाहे देवोपासना के द्वारा हो, चाहे मूर्तिपूजा द्वारा, चाहे दार्शनिक विचारों के अवलम्बन से आचरित हो, अथवा देव चरित्र, पिशाच चरित्र, प्रेत चरित्र, साधु चरित्र, ऋषि चरित्र, महात्मा चरित्र अथवा अवतार चरित्र की सहायता से अनुष्ठित हो, सभी धर्मों का, चाहे वे उन्नत धर्म हों चाहे अपरिणत, सभी का उद्देश्य एक ही है। सभी धर्म इस प्रकृति के बन्धन को तोड़ने की थोड़ी बहुत चेष्टा कर रहे हैं। संक्षेप में सभी धर्म स्वाधीनता की ओर अग्रसर होने की कठोर चेष्टा कर रहे हैं। जाने या अनजाने मनुष्य समझ गये हैं कि वे बन्दी हैं। वे जो बनने की इच्छा करते हैं सो नहीं है। जिस समय, जिस मुहूर्त में उन्होंने अपने चारों ओर दृष्टिपात किया उसी मुहूर्त में वे समझ गये कि वे बन्दी हैं। उसी क्षण उन्हें अनुभूति हो गयी कि वे बन्दी हैं। वे यह भी समझे कि इस सीमा से जकड़ा हुआ जो कोई भी उनके भीतर रह रहा है वह देह से भी अगम्य स्थान को उड़ जाना चाहता है। संसार के उन निम्नतम धर्मों में भी जहाँ दुर्दान्त, नृशंस, आत्मीयों के घरों में लुक–छिपकर फिरने वाले, हत्या तथा सुराप्रिय मृत पितर या भूत–प्रेतों की पूजा की जाती है उनमें भी स्वाधीनता का यह भाव हम पाते हैं। जो लोग देवताओं की उपासना करते हैं वे उन्हीं सब देवताओं को अपनी अपेक्षा से अधिक स्वाधीन देखते हैं–द्वार बन्द होने पर भी देवता लोग घर की दीवारों को पार करके आ सकते हैं, दीवारें उनके मार्ग में बाधक नहीं होतीं, ऐसा भक्त का विश्वास होता है। यही स्वाधीनता का भाव क्रमशः बढ़ते–बढ़ते अन्त में सगुण ईश्वर के आदर्श में परिणत होता है। इस आदर्श का केन्द्रीय भाव है–ईश्वर माया

से अतीत है। मुझे मानो ऐसा लगता है कि मैं दूर से आता हुआ एक शब्द सुन रहा हूँ और देखता हूँ कि भारत के प्राचीन आचार्य, प्राचीन ऋषि जंगल में बैठे इस प्रश्न पर विचार कर रहे हैं, बड़े–बड़े वयोवृद्ध पवित्रमय महर्षिगण भी इसकी मीमांसा करने में असमर्थ रहे हैं परन्तु एक बालक उनके बीच खड़े होकर घोषणा करता है– "हे दिव्य धामवासी अमृत के पुत्रगण ! सुनो, मुझे मार्ग मिल गया है। जो अन्धकार से अतीत है, उसे जान लेने पर अन्धकार के बाहर जाने का मार्ग मिल जाता है।

श्रृण्वन्तु विश्वे अमृतस्य पुत्राः।
आ ये धामानि दिव्यानि तस्युः।।
वेदाहमेतं पुरुषं महान्तमादित्यवर्णं तमसः परस्तात्।
तमेव विदित्वाऽतिमृत्युमेनि नान्यः पन्था विद्यतेऽयनाय।।
(श्वेताश्वतर उपनिषद्)

इसी उपनिषद् से हमें यह उक्ति भी मिलती है कि यह माया हमें चारों ओर से घेरे हुए है एवं वह अति भयंकर है। माया के बीच में से होकर कार्य करना असम्भव है। जो यह कहना है कि "मैं इस नदी के तट पर बैठा हूँ, जब सारा पानी समुद्र में पहुँच जायेगा तब मैं नदी के पार जाऊँगा।" वह उतनी ही भूल करता है जितनी कि यह कहने वाला कि "जब तक पृथ्वी पूर्ण मंगलमय नहीं हो जाती उतने दिन कार्य करते रहने के बाद सुख भोग करूँगा। दोनों ही बातें असम्भव हैं। माया के बीच में से रास्ता नहीं है, माया के विरुद्ध चलकर ही रास्ता मिलेगा। यह बात भी माननी पड़ेगी। हमारा जन्म प्रकृति के सहायक रूप में नहीं वरंच प्रकृति के विरोधी के रूप में हुआ है। हम बन्धन के कर्ता होकर भी स्वयं को बन्दी बनाने की चेष्टा करते हैं। यह मकान कहाँ से आया ? प्रकृति ने तो दिया नहीं। प्रकृति कहती है–'जाओ, वन में जाकर बसो।' मनुष्य कहता है–"मैं मकान बनाऊँगा, प्रकृति के साथ युद्ध करूँगा।" और वह यही कर रहा है। मानव जाति का इतिहास प्राकृतिक नियमों के साथ युद्ध का इतिहास है और मनुष्य की ही अन्त में प्रकृति पर विजय होती है। अन्तर्जगत् में आकर देखो, वहाँ भी यही युद्ध चल रहा है, यही पाशव मानव और आध्यात्मिक मानव का संग्राम, प्रकाश और अन्धकार का संग्राम निरन्तर जारी है। मानव यहाँ भी जीत रहा है।

स्वाधीनता की प्राप्ति के लिए प्रकृति के बन्धन को चीरकर मनुष्य अपने गन्तव्य मार्ग को प्राप्त करता है। हमने अभी तक माया का ही वर्णन देखा है। वेदान्ती पंडितों ने इस माया को अतिक्रमण करके ऐसी किसी वस्तु को जान लिया है जो माया के अधीन नहीं है, और यदि हम उसके पास पहुँच सके तो हम भी माया के पार हो जायेंगे। ईश्वरवादी सभी धर्मों की यह साधारण सम्पत्ति है। किन्तु वेदान्त के मत में यह धर्म का प्रारम्भ है, अन्त नहीं। जो विश्व की सृष्टि तथा पालन करने वाले हैं, जो मायाधिष्ठित हैं, जिन्हें माया या प्रकृति का कर्ता कहा जाता है, उन्हीं सगुण ईश्वर का ज्ञान वेदान्त का अन्त नहीं है। यही ज्ञान बढ़ते–बढ़ते, अन्त में वेदान्ती देखना है कि जिसे वह बाहर खड़ा हुआ समझता था वह उसके अन्दर ही है और वह स्वयं वही है। जो अपने को बद्धभावापन्न समझता था वह स्वयं ही वही मुक्त–स्वरूप है।

3. मनुष्य का यथार्थ स्वरूप

(लन्दन में दिया हुआ भाषण)

पंचेन्द्रियग्राह्य जगत् में मनुष्य इतना अधिक आसक्त हो जाता है कि वह उसे सहज में ही त्याग करना नहीं चाहता। किन्तु वह इस बाह्य जगत् को चाहे कितना ही सत्य या साररूप क्यों न समझे प्रत्येक व्यक्ति तथा जाति के जीवन में एक समय ऐसा आता है कि जब उसे अनिच्छा से भी जिज्ञासा करनी होती है, कि क्या यह जगत् सत्य है ? जिन व्यक्तियों को अपनी इन्द्रियों की गवाही में अविश्वास करने का तनिक भी समय नहीं मिलता, जिनके जीवन का प्रत्येक क्षण किसी न किसी प्रकार के विषयभोग में बीतता है, मृत्यु उनके भी सिरहाने आकर खड़ी हो जाती है और विवश होकर उन्हें भी कहना पड़ता है,– क्या यह जगत् सत्य है ? इसी एक प्रश्न में धर्म का आरम्भ होता है और इसी के उत्तर में धर्म की इति भी हो जाती है। इतना ही क्यों, सुदूर अतीत काल में जिसका निश्चित इतिहास भी अब नहीं मिलता, उसी रहस्यमय पौराणिक युग में भी, सभ्यता के उस अस्फुट उषाकाल में भी, हम देखते हैं कि यही एक प्रश्न उस समय भी पूछा गया है–क्या यह जगत् सत्य है ?

कवित्वमय कठोपनिषद् के प्रारम्भ में हम यह प्रश्न देखते हैं, मनुष्य के मरने पर, कोई–कोई लोग कहते हैं कि उसका अस्तित्व समाप्त हो जाता है, और कोई कहते हैं कि, नहीं, उसका अस्तित्त्व फिर भी रहता है, इन दोनों बातों में कौन–सी सत्य है ? (येयं प्रेते विचिकित्सा मनुष्ये, अस्तीत्येके नायमस्तीति चौकै)।" जगत् में इस सम्बन्ध में अनेक प्रकार के उत्तर मिलते हैं। जितने प्रकार के दर्शन या धर्म संसार में हैं वे सब वास्तव में इसी प्रश्न के विभिन्न रूप के उत्तरों से परिपूर्ण हैं। अनेक तो ऐसे हैं जिन्होंने इस प्रश्न को ही प्राणों की इस

महती आकांक्षा को–संसार से अतीत परमार्थ सत्ता के इस अन्वेषण को व्यर्थ कहकर उड़ा देने की चेष्टा की है। 'किन्तु जब तक मृत्यु नाम की कोई वस्तु जगत् में है तब तक इस प्रश्न को यों ही उड़ा देने की सारी चेष्टाएँ विफल रहेंगी। यह कहना सरल है कि हम जगत् के अतीत की सत्ता का अन्वेषण नहीं करेंगे। वर्तमान क्षण में ही हम अपनी समस्त आशा, आकांक्षा को सीमित रखेंगे; इसके लिए भरपूर चेष्टा कर सकते हैं और बहिर्जगत् की सब वस्तुएँ ही हमें इन्द्रियों की सीमा के भीतर बन्द करके रख सकती हैं, सारा संसार मिलकर वर्तमान की क्षुद्र सीमा के बाहर दृष्टि प्रसारित करने से हमें रोक सकता है; किन्तु जितने दिन जगत् में मृत्यु रहेगी उतने दिन यह प्रश्न बार–बार उठेगा हम जो इन सब वस्तुओं को सत्य का सत्य, सार का भी सार समझकर इनमें भयानक रूप से आसक्त है, क्या मृत्यु ही इस सबका अन्तिम परिणाम है ? जगत् एक क्षण में ही ध्वंस होकर न जाने कहाँ चला जाता है। ऊँचे गगनस्पर्शी पर्वत के नीचे की गम्भीर गुफा मानो मुँह फैलाये जीवों को निगलने को आ रही है। इस भीषण पर्वत के पास खड़े होकर, कितना ही कठोर अन्तःकरण क्यों न हो, निश्चय ही सिहर उठेगा और पूछेगा–यह सब क्या सत्य है ? कोई तेजस्वी हृदय जीवन भर बड़े आग्रह के साथ जिस आशा को अपने हृदय में रखकर पालता रहा वह एक मुहूर्त में ही उड़ कर न जाने कहाँ चली गयी, तो क्या हम इस सब आशा को सत्य कहें ? इस प्रश्न का उत्तर देना होगा। प्राणों की इस आकांक्षा की, हृदय के इस गम्भीर प्रश्न की शक्ति का कभी भी ह्रास नहीं होगा, वरंच काल का स्रोत ज्यों–ज्यों आगे बढ़ता जायेगा त्यों–त्यों इस प्रश्न की शक्ति बढ़ती जायेगी और उतने ही अधिक प्रबल वेग से यह प्रश्न हृदय के ऊपर आघात करेगा। मनुष्य को सुखी होने की इच्छा होती है। अपने को सुखी करने की इच्छा से मनुष्य सभी ओर दौड़ता फिरता है–इन्द्रियों के पीछे–पीछे दौड़ता फिरता है–पागल की भाँति बहिर्जगत् में कार्य करता जाता है। जो युवक जीवनसंग्राम में सफल हुए हैं उनसे यदि पूछो तो कहेंगे, यह जगत् सत्य है–उन्हें सभी बातें सत्य प्रतीत होती हैं। ये ही व्यक्ति जब बूढ़े हो जायेंगे, जब सौभाग्य लक्ष्मी उन्हें बार–बार धोखा देगी तब उन्हीं से यदि पूछोगे तो यही कहेंगे कि 'सब ही अदृष्ट है। उन्होंने इतने दिन तक यही देख पाया कि वासना की पूर्ति नहीं होती। वे जिधर जाते हैं उधर ही

मानो वज्र के समान दृढ़ दीवार उनके सामने खड़ी हो जाती है जिसे लाँघकर जाना उनके लिए असम्भव है। इन्द्रियों की चंचलता की ही प्रतिक्रिया होती रहती है। सुख और दुःख दोनों ही क्षणस्थायी हैं। विलास, वैभव, शक्ति, दारिद्रय, यहाँ तक कि जीवन भी क्षणस्थायी है।

उपर्युक्त प्रश्न के दो उत्तर हैं। एक है–शून्यवादियों की भाँति विश्वास करना कि सभी शून्य हैं, हम कुछ भी नहीं जान सकते, हम भूत, भविष्यत् या वर्तमान के सम्बन्ध में भी कुछ नहीं जान सकते। –कारण कि जो व्यक्ति भूत, भविष्य को अस्वीकार कर केवल वर्तमान को स्वीकार करते हुए उसी में अपनी दृष्टि को सीमित रखना चाहता है वह केवल बातूनी है; क्योंकि ऐसा होने पर वह माता–पिता को स्वीकार न करते हुए भी सन्तान के अस्तित्व को स्वीकार करेगा! और ऐसा कहना इस अवस्था में युक्तिसंगत ही होगा; क्योंकि भूत, भविष्य को अस्वीकार करने का अर्थ है वर्तमान को भी अस्वीकार करना। यही एक भाव–यही शून्यवादियों का मत है। किन्तु मैंने ऐसा मनुष्य आज तक नहीं देखा जो एक मुहूर्त के लिए भी शून्यवादी हो सके; –मुख से कहना तो अवश्य ही बहुत सरल है।

दूसरा उत्तर यह है कि इस प्रश्न के वास्तविक उत्तर की खोज करो–सत्य की खोज करो–इस नित्य परिवर्तनशील नश्वर जगत् में क्या सत्य है इसकी खोज करो। यह शरीर जो कुछ भौतिक अणुओं का समष्टि मात्र है, क्या इसके अन्दर कुछ सत्य भी है ? देखा जाता है कि मानवजीवन के इतिहास में सर्वदा ही इस तत्त्व का अन्वेषण किया गया है। हम देखते हैं कि अति प्राचीन काल में ही मनुष्य के मन में इस तत्त्व का अस्पष्ट प्रकाश उद्भासित हो गया था। हम देखते हैं कि उसी समय से मनुष्य ने स्थूल देह से अतीत एक अन्य देह का भी पता पा लिया है– यह देह अधिकांश इसी स्थूल देह के समान अवश्य है किन्तु पूर्ण रूप से नहीं; यह स्थूल देह से श्रेष्ठ है– शरीर का नाश हो जाने पर भी इसका नाश नहीं होगा। हम ऋग्वेद के एक सूक्त में किसी मृत शरीर का दाह करने वाले अग्निदेव के प्रति कहा हुआ यह स्तव देखते हैं,– "हे अग्नि ! तुम इसे अपने हाथों में लेकर धीरे–धीरे ले जाओ–इसे सर्वांग सुन्दर, ज्योतिर्मय देह से सम्पन्न करो–इसे उसी स्थान में ले जाओ जहाँ पितृगण वास करते हैं, जहाँ दुःख

नहीं है, जहाँ मृत्यु नहीं है। तुम देखोगे कि सभी धर्मों में यही एक भाव विद्यमान है, और इसके साथ ही हम एक और तत्त्व भी पाते हैं। आश्चर्य की बात है–सभी धर्म एक स्वर से घोषणा करते हैं कि मनुष्य पहले निष्पाप और पवित्र था, इस समय उसकी अवनति हो गयी है–यही भाव, चाहे वे रूपक की भाषा में, या दर्शन की सुस्पष्ट भाषा में, अथवा कविता की सुन्दर भाषा में लपेटकर प्रकाशित क्यों न करें किन्तु सभी इस एक तत्त्व की घोषणा करते अवश्य हैं। सभी शास्त्रों और पुराणों में यही एक तत्त्व पाया जाता है कि मनुष्य जैसा पहले था वैसा अब नहीं है और इस समय वह पहले था वैसा अब नहीं है और इस समय वह पहले से गिरी हुई दशा में है। यहूदियों के शास्त्र बाइबिल के प्राचीन भाग में आदम के पतन की जो कथा है उसमें भी सार यही है। हिन्दू शास्त्रों में इसका बार–बार उल्लेख हुआ है। उन्होंने सतयुग कहकर जिस युग का वर्णन किया है, जब कि मनुष्य की मृत्यु उसकी इच्छानुसार होती थी, जब मनुष्य जितने दिन चाहे अपने शरीर को धारण कर सकता था, जब मनुष्यों का मन शुद्ध और दृढ़ था, इस सब में भी उसी एक सार्वभौमिक सत्य का इशारा दीखता है। वे कहते हैं कि उस समय मृत्यु नहीं थी एवं किसी प्रकार का अशुभ और दुःख नहीं था, और वर्तमान युग उसी उन्नत अवस्था का अवनत भाव ही तो है। इस वर्णन के साथ–साथ हम सभी धर्मों में जलप्लावन अर्थात् जलप्रलय का वर्णन भी पाते हैं। यह जलप्रलय की कथा ही इस बात को प्रमाणित करती है कि सभी धर्म वर्तमान युग को प्राचीन युग की अवनत अवस्था ही मानते हैं। जगत् की अवनति क्रमशः बढ़ती ही गयी। इसके बाद जब जलप्रलय हुआ तो अधिकांश जगत् उसमें डूब गया। फिर उन्नति आरम्भ हुई। और अब यह जगत् अपनी उसी प्राचीन पवित्र अवस्था को प्राप्त करने के लिए धीरे–धीरे अग्रसर हो रहा है। आप सब Old Testament (पुराने बाइबिल) में जलप्रलय की कथा जानते ही हैं। यही एक कथा प्राचीन बेबीलोन, मिस्र, चीन एवं हिन्दू धर्म में भी प्रचलित थी। हिन्दू शास्त्र में जलप्रलय का इस प्रकार का वर्णन मिलता है,–महर्षि मनु जब एक दिन गंगातट पर सन्ध्या वन्दन में लगे थे, तब एक छोटी–सी मछली ने उनसे आकर कहा–'मुझे आश्रय दीजिए।' मनु ने उसी क्षण पास रखे हुए पात्र में उसे रखकर उससे पूछा 'तू क्या चाहती है' मछली बोली–एक बड़ी भारी मछली मुझे मार

डालने के लिए मेरा पीछा कर रही है। मेरी रक्षा कीजिए। मनु उसे घर ले गये, प्रातः काल देखा, वह बढ़कर पात्र के बराबर हो गयी है। मछली बोली–'मैं अब इस पात्र में नहीं रह सकती।' तब मनु ने उसे एक कुंड में रख दिया। दूसरे दिन वह कुंड के बराबर हो गयी और कहने लगी– मैं इसमें भी नहीं रह सकती। तब मनु ने उसे नदी में डाल दिया। प्रातःकाल को देखा कि उसका शरीर सारी नदी में फैल गया है। तब उन्होंने उसे समुद्र में डाल दिया। तब मछली कहने लगी–'मनु, मैं जगत् का सृष्टिकर्ता हूँ। मैं जलप्रलय से जगत् को ध्वंस करूँगा। तुम्हें सावधान करने के लिए मैं मछली का रूप धारण करके आया था। तुम एक बहुत बड़ी नौका बनाकर सभी प्रकार के प्राणियों का एक–एक जोड़ा उसमें रखकर उनकी रक्षा करो और स्वयं भी सपरिवार उसमें बैठो। सभी स्थान जब उस जल में डूब जायेंगे तब उस जल में तुम्हें मेरा एक सींग (काँटा) दिखेगा, तुम नौका को उससे बाँध देना। उसके बाद जल घट जाने पर नौका से उतर कर प्रजावृद्धि करना।' इसी प्रकार भगवान के कथनानुसार जलप्रलय हुआ और मनु ने अपने परिवार सहित प्रत्येक जन्तु के एक–एक जोड़े और उद्भिदों के बीज की प्रलय से रक्षा की, और प्रलय समाप्त हो जाने पर इस नौका से उतरकर वे प्रजा उत्पन्न करने में लग गये और हम लोग मनु के वंशज होने से मानव कहलाने लगे (मन् धातु से मनु बनता है; मन् धातु का अर्थ है– मनन अर्थात् चिन्ता करना)। अब देखो, मनुष्य की भाषा उस आभ्यन्तरीण सत्य को प्रकाशित करने की चेष्टा मात्र है। मेरा स्थिर विश्वास है कि यह सब कथा और कुछ नहीं, मानो एक छोटा बालक, जिसकी एकमात्र भाषा अस्फुट, अस्पष्ट शब्दराशि ही है, अपनी तोतली भाषा में एक महान् गम्भीर दार्शनिक सत्य को प्रकाशित करने की चेष्टा कर रहा है– केवल उसके पास इसको प्रकाशित करने के लिए कोई उपयुक्त इन्द्रिय अथवा अन्य कोई उपाय नहीं है। उच्चतम दार्शनिक और शिशु की भाषा में प्रकार का कोई भेद नहीं है, भेद है केवल मात्रा (Degree) का। आजकल की विशुद्ध, प्रणालीबद्ध, गणित के समान कटी–छँटी भाषा और प्राचीन ऋषियों की अस्फुट रहस्यमय पौराणिक भाषा में अन्तर केवल मात्रा की अधिकता और अल्पता का है। इन सब कथाओं के पीछे एक महान् सत्य छिपा है जिसे प्रकाशित करने की प्राचीन लोगों ने चेष्टा की है। बहुधा इन सब प्राचीन पौराणिक कथाओं

के भीतर ही महामूल्य सत्य रहता है, और दुःख के साथ कहना पड़ता है कि आधुनिक लोगों की चटपटी भाषा में बहुधा भूसी ही रहती है, तत्त्व नहीं रहता। अतएव, रूपक में सत्य छिपा है यह कहकर और आजकल के 'राम' 'श्याम' की समझ में नहीं आता यह कहकर सभी प्राचीन बातों को ताक पर रख देना चाहिए, इसका भी कोई अर्थ नहीं है। 'अमुक महापुरुष ने ऐसा कहा है, अतएव इस पर विश्वास करो।' इस प्रकार बोलने के कारण ही यदि सभी धर्म उपहासास्पद हो जाते हैं तब आजकल के लोग और भी उपहासास्पद हैं। आजकल यदि कोई मूसा, बुद्ध अथवा ईसा की उक्ति को उद्धृत करता हैं तो उसकी हँसी उड़ाई जाती है; किन्तु हक्सले, टिण्डल अथवा डारविन का नाम लेते ही बात एकदम अकाट्य और प्रामाणिक बन जाती है। 'हक्सले ने यह कहा' बहुतों के लिए तो इतना ही कहना पर्याप्त है ! सचमुच ही हम कुसंस्कारों या अन्धविश्वासों से मुक्त हो गये हैं। पहले था धर्म का कुसंस्कार, अब है विज्ञान का कुसंस्कार; किन्तु पहले के कुसंस्कार के भीतर एक जीवनदायक आध्यात्मिक भाव रहता था पर आधुनिक कुसंस्कार द्वारा तो केवल काम और लोभ ही उत्पन्न होता है। वह अन्धविश्वास था ईश्वर की उपासना को लेकर और आजकल का अन्धविश्वास है महाघृणित धन, यश और शक्ति की उपासना को लेकर। यही भेद है। अब हम ऊपर कही हुई पौराणिक कथा के सम्बन्ध में विवेचना करेंगे। इन सब कथाओं के भीतर यही एक प्रधान भाव देखने में आता है कि मनुष्य जिस अवस्था में पहले था अब उससे गिरी हुई दशा में है। आजकल के तत्त्वान्वेषी लोग इस बात को एकदम अस्वीकार करते हैं। क्रमविकासवादी विद्वानों ने तो मानो इस सत्य का सम्पूर्ण रूप से ही खंडन कर दिया है। उनके मत में मनुष्य एक विशेष प्रकार के क्षुद्र मांसल जन्तु (Mollusc) का क्रमविकास मात्र है, अतएव पूर्वोक्त पौराणिक सिद्धान्त सत्य नहीं हो सकता। किन्तु भारतीय पुराण तो दोनों ही मतों का समन्वय करता है। भारतीय पुराणों के मत के अनुसार सभी प्रकार की उन्नति तरंग के आकार की होती है। प्रत्येक तरंग एक बार उठती है, फिर गिरती है, गिरकर फिर उठती है, फिर गिरती है, इसी प्रकार क्रम चलता रहता है। प्रत्येक गति ही चक्राकार होती है। आधुनिक विज्ञान की दृष्टि से देखने पर भी मनुष्य केवल क्रमविकास का परिणाम है, यह बात सिद्ध नहीं होती। क्रमविकास कहने

के साथ–साथ ही क्रमसंकोच की प्रक्रिया को भी मानना पड़ेगा। विज्ञानवेत्ता ही तुमसे कहते हैं कि किसी यन्त्र में तुम जितनी शक्ति का प्रयोग करोगे उतनी ही शक्ति तुम्हें उसमें से मिलेगी। असत् (कुछ नहीं) से कभी भी सत् (कुछ) की उत्पत्ति नहीं हो सकती। यदि मानव–पूर्ण मानव–बुद्ध–मानव ईसा–मानव, एक क्षुद्र मांसल जन्तु का क्रमविकास ही है तो इस क्षुद्र जन्तु को भी क्रमसंकुचित बुद्ध कहकर मानना पड़ेगा। यदि ऐसा नहीं तो ये सब महापुरुष कहाँ से उत्पन्न हुए ? असत् से सत् की उत्पत्ति तो कभी होती नहीं। इसी रूप से हम शास्त्र के साथ आधुनिक विज्ञान का समन्वय कर सकते हैं। जो शक्ति धीरे–धीरे अनेक सीढ़ियों से होती हुई पूर्ण मनुष्य के रूप में परिणत होती है वह कभी भी शून्य में से उत्पन्न नहीं हो सकती। वह कहीं न कहीं वर्तमान थी; और यदि तुम विश्लेषण करते–करते इसी प्रकार के क्षुद्र जन्तुविशेष या जीवाणु (Protplasm) तक ही पहुँचकर उसी को आदिकारण सिद्ध करते हो तो यह निश्चय है कि इसी जीवाणु में यह शक्ति किसी न किसी रूप में विद्यमान थी। आजकल यही एक महान विचार चल रहा है कि क्या यह देह ही जो पंचभूत की समष्टि मात्र है, आत्मा अथवा चिन्ता (Thought) आदि कही जाने वाली शक्ति के विकास का कारण है ? अथवा चिन्ताशक्ति ही देहोत्पत्ति का कारण है ? अवश्य ही संसार के सभी धर्म कहते हैं कि चिन्ता नाम की शक्ति ही शरीर की प्रकाशक है–कोई भी धर्म इसके विपरीत विश्वास नहीं प्रकट करता। किन्तु आधुनिक अनेक सम्प्रदाय (Comte's Positivism) मानते हैं कि चिन्ताशक्ति केवल शरीर नामक यन्त्र के विभिन्न अंशों के एक विशेष रूप के सन्निवेश से उत्पन्न होती है। यदि इसी मत को मानकर कहा जाये कि यह आत्मा, मन अथवा इसका जो कुछ भी नाम रखा जाये, यह सब इसी जड़ देह रूप यन्त्र का ही फलस्वरूप है, जिन सब जड़ परमाणुओं से मस्तिष्क और शरीर का गठन होता है उन्हीं के रासायनिक अथवा भौतिक योग से उत्पन्न होने वाली वस्तु है, तब तो यह प्रश्न ही अमीमांसित रह जायेगा। शरीर गठन कौन करता है, कौन–सी शक्ति इन भौतिक अणुओं को शरीर के रूप में परिणत करती है ? कौन–सी शक्ति प्रकृति में पड़ी हुई जड़ वस्तुओं के ढेर में से कुछ अंश लेकर तुम्हारा शरीर एक प्रकार का और मेरा शरीर दूसरे प्रकार का बना डालती है ? यह सब विभिन्नता क्यों होती है ? आत्मा

नामक शक्ति शरीर में रहने वाले भौतिक परमाणुओं के विभिन्न सन्निवेशों से उत्पन्न होती है यह कहना ऐसे ही है जैसे गाड़ी के पीछे की ओर घोड़े को जोत देना। यह सन्निवेश कैसे उत्पन्न हुआ ? किस शक्ति ने ऐसा कर दिया। यदि तुम कहो कि अन्य किसी शक्ति ने यह संयोग कर दिया है, और आत्मा–जो इस समय एक विशेष जड़राशि के साथ संयुक्त रूप से दृष्टिगोचर हो रहा है वह इन्हीं सब जड़ परमाणुओं के संयोग का फल है, तब तो उत्तर ठीक नहीं हुआ। जो मत अन्यान्य मतों का खंडन किये बिना ही, चाहे उसमें सबका समन्वय न हो, अधिकांश घटनाओं की, अधिकांश विषय की व्याख्या कर सकता है वही ग्राह्य है। अतएव यही बात युक्तिसंगत है कि जो शक्ति जड़राशि को लेकर उसमें से शरीर का निर्माण करती है और जो शक्ति शरीर के भीतर प्रकाशित रहती है ये दोनों एक ही हैं। अतः यह कहना कि "जो चिन्ता शक्ति हमारे शरीर में प्रकाशित होती है वह केवल जड़ अणुओं के संयोग से उत्पन्न होती है और इसीलिए शरीर से पृथक् उसका कोई अस्तित्व नहीं।" बिलकुल ही निरर्थक है। और शक्ति कभी जड़वस्तु से उत्पन्न हो नहीं सकती। वरंच यह प्रमाणित करना अधिक सम्भव है कि हम जिसे जड़ कहकर पुकारते हैं उसका अस्तित्व ही नहीं है। यह केवल शक्ति की एक विशेष अवस्था है। यह सिद्ध किया जा सकता है कि काठिन्य आदि जो जड़ के गुण हैं वे सब विभिन्न रूप के स्पन्दनों के फल हैं। जड़ परमाणुओं के भीतर प्रबल स्पन्दन या कम्पन उत्पन्न कर देने से वे कठिन हो जायेंगे। थोड़ी–सी वायुराशि में यदि अतिशय प्रबल गति उत्पन्न कर दी जाये तो वह मेज के काठ से भी अधिक कठोर मालूम होगी। अदृश्य वायुराशि यदि प्रबल झटके के साथ गतिशील हो जाये तो वह लोहे के डंडे को मोड़ देगी और तोड़ देगी केवल गतिशीलता के द्वारा ही उसमें कठिनता का धर्म या गुण उत्पन्न हो जायेगा। इसी दृष्टान्त से यह कल्पना भी की जा सकती है कि अननुभाव्य अजड़ ईथर को यदि प्रबल चक्र की गति से चलाया जाये तो इसमें "जड़ पदार्थों के सभी गुणों का सादृश्य दीख पड़ेगा। इसी प्रकार से विचार करने पर यह पूर्ण रूप से सिद्ध किया जा सकता है कि हम जिन्हें पंचभूत कहते हैं उनका कोई अस्तित्व नहीं है, किन्तु दूसरा मत सिद्ध नहीं किया जा सकता।

शरीर के भीतर यह जो शक्ति का विकास देखा जाता है यह क्या

है ? हम सभी यह बात सरलता से समझ सकते हैं कि यह शक्ति जो कुछ भी हो, यही शक्ति जड़ परमाणुओं को लेकर उनसे एक विशेष आकृति–मनुष्य देह–को तैयार करती है। और कोई आकर तुम्हारे–मेरे शरीर को नहीं बनाता। दूसरा कोई मेरे लिए खा रहा है ऐसा मैंने कभी नहीं देखा। मुझे ही इस भोजन का सार शरीर में लेकर उससे रक्त, मांस, अस्थि आदि का गठन करना होता है। यह अद्‌भुत शक्ति क्या है ? भूत, भविष्य के सम्बन्ध में कोई भी सिद्धान्त मनुष्यों को भयावह प्रतीत होता है, बहुत लोगों को तो यह केवल एक अमानुषिक बात मालूम होती है। अतएव वर्तमान में क्या होता है, हम यही समझने की चेष्टा करेंगे। हम वर्तमान विषय को ही लेंगे। वह शक्ति क्या है जो इस समय हमारे भीतर बैठी काम कर रही है ? हम देख चुके हैं कि सभी प्राचीन शास्त्रों में इस शक्ति को लोगों ने इसी शरीर के समान शरीर से सम्पन्न एक ज्योतिर्मय पदार्थ माना है; उनका विश्वास था कि इस शरीर के चले जाने पर भी वह शरीर रहेगा। क्रमशः हम देखते हैं कि केवल ज्योतिर्मय देह कहने से सन्तोष नहीं होता एक और भी ऊँचा भाव लोगों के मन पर अधिकार करता दिखाई देता है। वह यह है कि किसी प्रकार का शरीर शक्ति का स्थान नहीं ले सकता। जिस किसी वस्तु की आकृति है वह वस्तु केवल बहुत–से परमाणुओं का एक समूह है, अतएव उसको चलाने के लिए और कुछ भी चाहिए। यदि इस शरीर का गठन और परिचालन करने के लिए इस शरीर के अतिरिक्त किसी अन्य वस्तु की आवश्यकता है तो इसी कारण से उस ज्योतिर्मय देह का गठन और परिचालन करने के लिए भी तदतिरिक्त और कुछ चाहिए। यही 'और कुछ' आत्मा नाम से पुकारा जाने लगा। आत्मा ही मानो इस ज्योतिर्मय देह के भीतर से स्थूल शरीर के ऊपर काम कर रहा है। यही ज्योतिर्मय शरीर मन का आधार कहा जाता है, और आत्मा इससे अतीत है। आत्मा मन नहीं है, वह मन के ऊपर कार्य करता है और मन के भीतर से शरीर के ऊपर कार्य करता है। तुम्हारे एक आत्मा है, मेरे भी एक आत्मा है सभी के पृथक् एक–एक आत्मा है और एक–एक सूक्ष्म शरीर भी है; इसी सूक्ष्म शरीर की सहायता से हम स्थूल शरीर के ऊपर कार्य करते हैं। अब प्रश्न उठा–आत्मा और उसके स्वरूप के सम्बन्ध में। शरीर और मन से पृथक् इस आत्मा का क्या स्वरूप है ? बहुत–से वाद–प्रतिवाद होने लगे, बहुत–से

सिद्धान्त और अनुमान माने जाने लगे, बहुत से दार्शनिक अनुसन्धान होने लगे मैं आपके समक्ष इस आत्मा के सम्बन्ध में उन्होंने जो कई एक सिद्धान्त अपनाये हैं उनका वर्णन करने की चेष्टा करूँगा। भिन्न–भिन्न दर्शनों का इस एक विषय में मतैक्य देखा जाता है कि आत्मा का स्वरूप जो कुछ भी हो, उसकी कोई आकृति नहीं है, और जिसकी आकृति नहीं वह अवश्य ही सर्वव्यापी होगा। काल मन के अन्तर्गत है– देश भी मन के अन्तर्गत है। काल को छोड़ कार्य–कारण–भाव भी नहीं रह सकता। क्रमवर्तिभाव को छोड़ कार्य–कारण–भाव भी नहीं रह सकता। अतएव, देश–काल–निमित्त मन के अन्तर्गत है और यह आत्मा, मन से अतीत और निराकार है, इसलिए वह भी अवश्य ही देश–काल–निमित्त से अतीत है। और जब वह देश–काल–निमित्त से अतीत है तो अवश्य ही अनन्त होगा। अब इस बार हिन्दूदर्शन का उच्चतम विचार आता है। अनन्त कभी दो नहीं हो सकते। यदि आत्मा अनन्त है तो केवल एक ही आत्मा हो सकता है, और यह जो अनेक आत्माओं की धारणा है– तुम्हारा एक आत्मा, मेरा दूसरा आत्मा–यह सत्य नहीं है। अतएव मनुष्य का प्रकृत स्वरूप एक ही है, अनन्त और सर्वव्यापी, और यह व्यावहारिक जीव मनुष्य के इस वास्तविक स्वरूप का केवल एक सीमाबद्ध भाव है। इसी हिसाब से पूर्वोक्त पौराणिक तत्त्व भी सत्य हो सकते हैं कि व्यावहारिक जीव, चाहे वह कितना ही बड़ा क्यों न हो जाये फिर मी मनुष्य के इस अतीन्द्रिय प्रकृत स्वरूप का अस्फुट प्रतिबिम्ब मात्र ही है। अतएव मनुष्य का प्रकृत स्वरूप–आत्मा–जो कार्य–कारण से अतीत है– जो देश–काल से अतीत है–अवश्य ही मुक्त स्वभाव है। वह कभी बद्ध नहीं था, उसको बद्ध करने की शक्ति किसी में नहीं थी। यह व्यावहारिक जीव, यह प्रतिबिम्ब देश–काल–निमित्त के द्वारा सीमाबद्ध है, इसलिए यह बद्ध है। अथवा किन्हीं–किन्हीं दार्शनिकों की भाषा में ये कहेंगे कि "मालूम होता है कि जैसे वह बद्ध हो गया है, परन्तु वास्तव में वह बद्ध नहीं है। "हमारी आत्मा के भीतर यथार्थ सत्य केवल इतना ही है–यही सर्वव्यापी, अनन्त चैतन्यस्वभाव है; हम स्वभाव से ही ऐसे हैं–चेष्टा करके हमें ऐसा बनने की आवश्यकता नहीं। प्रत्येक आत्मा ही अनन्त है इसलिए जन्म और मृत्यु का प्रश्न उठ ही नहीं सकता। कुछ बालक परीक्षा दे रहे थे। परीक्षक कठिन–कठिन प्रश्न पूछ रहे थे। उनमें यह भी प्रश्न था–'पृथ्वी गिरती क्यों नहीं?

वे मध्याकर्षण के नियम आदि सम्बन्धी उत्तर की आशा कर रहे थे। अधिकांश बालक–बालिकाएँ कोई उत्तर नहीं दे सके। कोई–कोई बालक मध्याकर्षण या और कुछ कह–कहकर उत्तर देने लगे। उनमें से एक बुद्धिमती बालिका ने एक और प्रश्न करके इस प्रश्न का समाधान कर दिया–"पृथ्वी गिरेगी कहाँ पर ?" यह प्रश्न ही गलत है। पृथ्वी कहाँ गिरे ? पृथ्वी के लिए पतन और उत्थान का कोई अर्थ नहीं है। अनन्त देश का ऊपर और नीचे कैसा है ? यह दोनों तो आपेक्षिक हैं। जो अनन्त है वह कहाँ जायेगा और कहाँ से आयेगा ? जब मनुष्य भूत और भविष्य की चिन्ता का–उसका क्या–क्या होगा, इस चिन्ता का त्याग कर देता है, जब वह देह को सीमाबद्ध और इसीलिए उत्पत्ति–विनाशशील जान कर देहाभिमान का त्याग कर देता है, उसी समय वह एक उच्चतर अवस्था में पहुँच जाता है। देह भी आत्मा नहीं, मन भी आत्मा नहीं; कारण इनका ह्रास और वृद्धि होती है। केवल जड़ जगत् से अतीत आत्मा ही अनन्त काल तक रह सकता है। शरीर और मन प्रतिनियत परिवर्तनशील हैं। ये दोनों ही कई एक परिवर्तनशील घटना श्रेणियों के नाम मात्र हैं। ये मानो एक नदी के समान है जिसका प्रत्येक जलपरमाणु नियत, चंचल है। तब भी हम देखते हैं कि यह वही एक नदी है। इस देह का प्रत्येक परमाणु नियत परिणामशील है; कोई भी व्यक्ति कुछ क्षण को भी एक ही रूप का शरीर नहीं रख सकता। तथापि मन के ऊपर एक प्रकार का संस्कार बैठ गया है जिसके कारण हम इसे एक ही शरीर कहकर विवेचना क़रते हैं। मन के सम्बन्ध में भी यही बात है। क्षण में सुखी, क्षण में दुःखी, क्षण में सबल, क्षण में दुर्बल–नियत परिणामशील भँवर के समान। अतएव मन भी आत्मा नहीं हो सकता, आत्मा तो अनन्त है। परिवर्तन केवल ससीम वस्तु में ही सम्भव है। अनन्त में किसी प्रकार का परिवर्तन हो, यह असम्भव बात है। यह कभी नहीं हो सकता। शरीर के हिसाब से तुम और मैं एक स्थान से दूसरे स्थान को जा सकते हैं, जगत् का प्रत्येक अणु–परमाणु ही नित्य परिणामशील है; किन्तु जगत् को समष्टि रूप में लेने पर उसमें गति या परिवर्तन असम्भव है। गति सब जगह सापेक्ष होती है। मैं जब एक स्थान से दूसरे स्थान को जाता हूँ तब एक मेज अथवा और किसी वस्तु के साथ तुलना करके देखना होगा; जगत् का कोई परमाणु दूसरे किसी परमाणु के साथ तुलना करके ही परिणाम को प्राप्त हो

सकता है; किन्तु सम्पूर्ण जगत् को समष्टि रूप में लेने पर किसके साथ तुलना करके उसका स्थान परिवर्तन होगा ? इस समष्टि के अतिरिक्त तो और कुछ है नहीं। अतएव यह अनन्त–एकमेंवाद्वितीयम्, अपरिणामी, अचल और पूर्ण है और यही पारमार्थिक सत्ता है। इसलिए सर्वव्यापी के भीतर ही सत्य है, सान्त के भीतर नहीं। यह धारणा है कि मैं एक क्षुद्र, सान्त, सदा परिणामी जीव हूँ कितनी ही आराम देने वाली क्यों न हों, फिर भी यह एक पुराना भ्रमज्ञान ही है। यदि किसी से कहो कि–'तुम सर्वव्यापी अनन्त पुरुष हो।' तो वह डर जायेगा। सबके भीतर बैठकर तुम कार्य कर रहे हो, सब पैरों के द्वारा तुम चल रहे हो, सब मुखों से तुम बातचीत कर रहे हो, सब नासिकाओं के द्वारा तुम श्वास–प्रश्वास के कार्य को चला रहे हो–किसी से यह सब कहने से वह डर जाता है। वह तुमसे बार–बार कहेगा यह 'अहं' ज्ञान कभी नहीं जायेगा। लोगों का यह 'मैं' कौन–सा है, यह तो मैं देख ही नहीं पाता हूँ। देख पाता तो सुखी हो जाता।

छोटे बालक के मूँछें नहीं होतीं। बड़े होने पर उसके दाढ़ी–मूँछ निकल आती है। यदि 'अहं' शरीर में रहता है तब तो बालक का 'अहं' नष्ट हो गया। यदि 'अहं' शरीरगत होता तब हमारी एक आँख अथवा हाथ टूट जाने पर 'अहं' भी नष्ट हो जाता। शराबी का शराब छोड़ना ठीक नहीं, क्योंकि इससे उसका अहं' नष्ट हो जायेगा ! चोर का साधु बनना भी ठीक नहीं, क्योंकि इससे उसका 'अहं' भी छूट जायेगा। इसी भय से किसी को भी अपना व्यसन छोड़ना उचित नहीं। अनन्त को छोड़कर और किसी में 'अहं' है ही नहीं। केवल इस अनन्त का ही परिवर्तन नहीं होता, और सभी का क्रमागत परिणाम होता है। 'अहं' भाव स्मृति में भी नहीं है। स्मृति में यदि 'अहं' होता तो मस्तिष्क में गहरी चोट लगने के कारण स्मृतिलोप हो जाने पर वह 'अहं' भी नष्ट हो जाता और हमारा बिलकुल ही लोप हो जाता ! प्रारम्भिक बचपन के दो–तीन वर्ष का मुझे कोई स्मरण नहीं; यदि स्मृति के ऊपर मेरा अस्तित्त्व निर्भर करता होता तो ये दो–तीन वर्ष मेरा अस्तित्व ही नहीं था–कहना ही पड़ेगा। तब तो मेंरे जीवन का जो अंश मुझे स्मरण नहीं, उस समय मैं जीवित नहीं था, यह कहना ही पड़ेगा। अवश्य ही यहाँ 'अहं' का बहुत ही संकीर्ण अर्थ लिया गया है। हम अभी तक 'मैं' नहीं हैं। हम इसी 'मैं' को प्राप्त करने की चेष्टा कर रहे हैं यह अनन्त है, यही मनुष्य का

प्रकृत स्वरूप है। जिनका जीवन सम्पूर्ण जगत् को व्याप्त किये हुए है वे ही जीवित हैं, और हम जितना ही अपने जीवन को शरीर रूपी छोटे–छोटे सान्त पदार्थों में बद्ध करके रखेंगे उतना ही हम मृत्यु की ओर अग्रसर होंगे। हमारा जीवन जिस मुहूर्त में समस्त जगत् में व्याप्त रहता है, जिस क्षण से वह दूसरे में व्याप्त रहता है, उसी मुहूर्त में हम जीवित हैं, और जिस समय हम इस क्षुद्र जीवन में अपने को बद्ध करके रखते हैं उसी मुहूर्त में मृत्यु है एवं इसी कारण हमें मृत्युभय होता है। मृत्युभय को तभी जीता जा सकता है जब मनुष्य यह समझ ले कि जब तक जगत् में एक भी जीवन शेष है तब तक वह भी जीवित है। इस प्रकार के व्यक्तियों को ऐसी उपलब्धि होती है कि, "मैं सब वस्तुओं में, सब देहों में वर्तमान हूँ। सब जन्तुओं में मैं वर्तमान हूँ। मैं ही यह जगत् , सम्पूर्ण जगत् ही मेरा शरीर है। जितने दिन एक भी परमाणु शेष है उतने दिन मेरी मृत्यु की सम्भावना ही क्या है ? कौन कहता है कि मेरी मृत्यु होगी ? "–ऐसा ज्ञान हो जाने पर ऐसे लोग निर्भय हो जाते हैं, ऐसे ही समय निर्भीक अवस्था आ जाती है। नियतपरिणामशील छोटी–छोटी वस्तुओं में अविनाशत्व है यह कहना मूर्खता है। एक प्राचीन भारतीय दार्शनिक ने कहा है कि आत्मा अनन्त है इसलिए आत्मा ही 'अहं हो सकता है। अनन्त का भाग नहीं किया जा सकता, अनन्त को खंड–खंड नहीं किया जा सकता। यही एक अविभक्त, समष्टिरूप अनन्त आत्मा है, वही मनुष्य का यथार्थ 'मैं' है, वही 'प्रकृत मनुष्य' है। मनुष्य के नाम से जिसको हम जानते हैं वह केवल इस 'मैं' को व्यक्त जगत् में प्रकाशित करने की चेष्टा का फल मात्र है। और आत्मा में कभी 'क्रमविकास' नहीं रह सकता। यह जो सब परिवर्तन हो रहा है, बुरा–भला हो रहा है, पशु मनुष्य हो रहा है, यह सब कभी आत्मा में नहीं होता। कल्पना करो कि एक पर्दा मेरे सामने है और उसमें एक छोटा–सा छिद्र है; इसके भीतर से मैं केवल कुछ चेहरे देख पा रहा हूँ। यह छिद्र जितना बड़ा होता जाता है उतना ही अधिक सामने का दृश्य मेंरे सम्मुख प्रकाशित होता जाता है और जब यह छिद्र सम्पूर्ण पर्दे को व्याप्त कर लेता है तब मैं तुम सबको स्पष्ट देख पाता हूँ। यहाँ पर तुम्हारे अन्दर कोई परिवर्तन नहीं हुआ; तुम जो थे, वही हो। केवल छिद्र का क्रमविकास होता रहा, और उसके साथ–साथ तुम्हारा प्रकाश होता रहा। आत्मा के सम्बन्ध में भी यही बात है। तुम

मुक्त स्वभाव और पूर्ण ही हो। इसके लिए चेष्टा करनी नहीं होगी। धर्म, ईश्वर या परकाल, यह सब धारणा कहाँ से आयी ? मनुष्य 'ईश्वर, ईश्वर' करता क्यों घूमता फिरता है ? सभी जातियों, सभी समाजों में मनुष्य क्यों पूर्ण आदर्श का अन्वेषण करता फिरता है चाहे वह आदर्श मनुष्य में हो या ईश्वर में या अन्य किसी वस्तु में ? इसका कारण यह है कि वह तुम्हारे भीतर ही वर्तमान है। तुम्हारा अपना ही हृदय धक–धक करता है, तुम सोचते हो, बाहर कोई वस्तु यह शब्द कर रही है। तुम्हारी आत्मा के अन्दर बैठा ईश्वर ही तुम्हें अपना अनुसन्धान करने को–अपनी उपलब्धि करने को प्रेरित कर रहा है।

यहाँ, वहाँ, मन्दिर में, गिरजाघर में, स्वर्ग–मर्त्य में, नाना स्थानों में, नाना मर्त्य में, उपायों से अन्वेषण करने के बाद अन्त में हमने जहाँ से आरम्भ किया था– अर्थात् हमारी आत्मा में ही हम वृत्ताकार घूमकर वापस आते हैं और देखते हैं कि जिसकी हम समस्त जगत् में खोज करते थे, जिसके लिए हमने मन्दिरों, गिरजाओं में जाकर कातर होकर प्रार्थनाएँ की, आँसू बहाये, जिसको हम सुदूर आकाश में मेघराशि के पीछे छिपा हुआ अव्यक्त रहस्यमय समझते रहे, वह हमारे निकट से भी निकट है, प्राण का प्राण है, वही हमारा शरीर है, वही हमारा आत्मा है– तुम ही 'मैं' हो, मैं ही 'तुम' हूँ। यही तुम्हारा स्वरूप है–इसी का प्रकाश करो। तुम्हें पवित्र होना नहीं पड़ेगा– तुम पवित्र स्वरूप ही हो। तुम्हें पूर्ण स्वरूप होना नहीं पड़ेगा–तुम पूर्ण स्वरूप ही हो। समस्त प्रकृति ही पर्दे के समान अपने अन्दर रहने वाले सत्य को ढाँके रहती है। तुम जो कुछ भी अच्छा विचार या अच्छा कार्य करते हो वह मानो केवल उस आवरण को धीरे–धीरे छिन्न करते हो और वही मानो प्रकृति के अन्दर स्थित शुद्ध स्वरूप अनन्त ईश्वर प्रकाशित हो रहा है। यही मनुष्य का सारा इतिहास है। यही आवरण जितना ही सूक्ष्म से सूक्ष्मतर होता जाता है, उतना ही प्रकृति के अन्दर स्थित प्रकाश भी अपने स्वभाव के अनुसार ही क्रमशः अधिकाधिक दीप्त होता जाता है, क्योंकि उसका स्वभाव ही इसी प्रकार दीप्त होना है। उसको जाना नहीं जा सकता, हम सब उसको जानने की वृथा ही चेष्टा करते हैं। यदि वह ज्ञेय होता तो उसका स्वभाव ही बदल जाता, कारण वह नित्यज्ञाता है। और ज्ञान तो ससीम है; किसी वस्तु का ज्ञान–लाभ करने के लिए उसकी ज्ञेय वस्तु के रूप में, विषय के रूप में चिन्ता

करनी होती है। वह तो सकल वस्तुओं का ज्ञाता स्वरूप है, सब विषयों का विषयी स्वरूप है, इस विश्वब्रह्मंड का साक्षी स्वरूप है, तुम्हारा ही आत्मा स्वरूप है। ज्ञान तो मानो एक नीचे की अवस्था है– केवल एक अवनत भाव है। हम ही वह आत्मा हैं, फिर इसे हम किस प्रकार जानेंगे ? प्रत्येक व्यक्ति वह आत्मा है और विभिन्न उपायों से इसी आत्मा को जीवन में प्रकाशित करने की सभी चेष्टा कर रहे हैं। यदि ऐसा न होता तो ये सब नीतिप्रणालियाँ कहाँ से आतीं ? सभी नीतिप्रणालियों का तात्पर्य क्या है ? सभी नीतिप्रणालियों में एक ही भाव भिन्न–भिन्न रूप से प्रकाशित हुआ है–दूसरों का उपकार करना। मानवजाति के समस्त सत्कर्मों की मूल अभिसन्धि है– मनुष्य, जन्तु आदि सभी के प्रति दया। किन्तु ये सब 'मैं' ही जगत् हूँ, यह जगत् एक अखंड स्वरूप है, इसी सनातन सत्य के विभिन्न भाव मात्र है। यदि ऐसा नहीं हो तो दूसरों का हित करने में क्या युक्ति है ? मैं क्यों दूसरों का उपकार करूँ ? परोपकार करने को मुझे कौन बाध्य करता है ? सब जगह समदर्शन से उत्पन्न जो सहानभूति का भाव है उसी से तो यह बात हुई। अत्यन्त कठोर अन्तः करण भी कभी–कभी दूसरों के प्रति सहानुभूति से भर जाता है। और तो क्या, जो व्यक्ति यह आपातप्रतीयमान (Apparent) "'अहं' वास्तव में भ्रममात्र है,–" 'इस भ्रमात्मक 'अहं' में आसक्त रहना अत्यन्त नीच कार्य है'– ये सब बातें सुनकर भयभीत हो जाता है– वही व्यक्ति तुमसे कहेगा कि सम्पूर्ण आत्मत्याग ही सब नीतियों की भित्ति है। किन्तु पूर्ण आत्मत्याग क्या है ? सम्पूर्ण आत्मत्याग हो जाने पर शेष क्या रहेगा? आत्मत्याग का अर्थ है इसी आपातप्रतीयमान 'अहं' का त्याग, सब प्रकार की स्वार्थपरता का त्याग। यह अहंकार और ममता पूर्व कुसंस्कारों के फलस्वरूप है और जितना ही इस 'अहं' का त्याग होता जाता है उतना ही आत्मा अपने नित्य स्वरूप में, अपनी पूर्ण महिमा में प्रकाशित होता है। यही वास्तविक आत्मत्याग है, यही समस्त नैतिक शिक्षा की भित्ति है, केन्द्र है। मनुष्य इसको जाने या न जाने, समस्त जगत् धीरे–धीरे इसी दिशा में जा रहा है, अल्पाधिक परिमाण में इसी का अभ्यास कर रहा है। केवल, अधिकांश लोग इसे अज्ञात भाव से ही कर रहे हैं। वे इसे ज्ञात भाव से करें। यह प्रकृत आत्मा नहीं है यह समझकर वे इस त्याग–यज्ञ को करें। यह व्यावहारिक जीव ससीम जगत् के भीतर आबद्ध है। इस

समय जिसको मनुष्य नाम से पुकारा जाता है वह इसी जगत् की अतीत अनन्त सत्ता का सामान्य आभास मात्र है, उसी सर्वस्वरूप अनन्त अग्नि का एक कण मात्र है। किन्तु वह अनन्त ही तो उसका वास्तविक स्वरूप है।

इस ज्ञान का फल–इस ज्ञान की उपकारिता क्या है ? आजकल सभी विषयों को उनकी इस उपकारिता से ही नापा जाता है। अर्थात् मोटी बात ये है कि इससे कितने रुपये, कितने आने और कितने पैसों का लाभ है ? किन्तु लोगों को इस प्रकार प्रश्न करने का क्या अधिकार है ? क्या सत्य को भी उपकार या धन के मापदंड से मापा जायेगा? मान लो कि इससे कोई लाभ नहीं होता तो क्या यह सत्य कुछ कम सत्य हो जायेगा उपकार अथवा प्रयोजन सत्य का निर्णायक कभी नहीं हो सकता (Bentham's Utilitanianism And Jame's Pragmahism)। जो भी हो, इस ज्ञान में बड़ा उपकार तथा प्रयोजन भी है। हम देखते हैं, सब लोग सुख की खोज करते हैं। किन्तु अधिकांश लोग नश्वर मिथ्या वस्तुओं में उसको ढूँढते फिरते हैं। इन्द्रियों में कभी किसी को सुख नहीं मिलता। सुख तो केवल आत्मा में ही मिलता है। अतएव आत्मा में इस सुख की प्राप्ति ही मनुष्य' का सबसे बड़ा प्रयोजन है। और एक बात यह है कि अज्ञान ही, सब दुःखों का कारण है, और मेरी समझ में सबसे बड़ा अज्ञान यही है कि जो अनन्त स्वरूप है वह अपने को सान्त मानकर रोता है; समस्त अज्ञान की मूलभित्ति यही है कि अविनाशी, नित्य शुद्ध पूर्ण आत्मा होते हुए भी हम सोचते हैं कि हम छोटे मन, छोटे–छोटे देह मात्र हैं; यही समस्त स्वार्थपरता का मूल है। जब ही मैं अपने को एक क्षुद्र देह समझ कर विवेचना करता हूँ तभी मैं उसकी जगत् के अन्यान्य शरीरों के सुख–दुःख की ओर दृष्टि बिना डाले– ही रक्षा करने की तथा उसका सौन्दर्य सम्पादन करने की इच्छा करता हूँ। उस समय तुम और मैं भिन्न हो जाता हूँ। और जब ही यह भेद–ज्ञान आता है तभी यह सब प्रकार के अमंगल का द्वार खोल देता है और सब प्रकार के दुःखों की उत्पत्ति करता है। अतः पूर्वोक्त ज्ञानलाभ से यह लाम होगा कि आजकल की मनुष्य–जाति का एक बहुत छोटा अंश भी यदि क्षुद्र भाव का त्याग कर सके तो कल ही यह संसार स्वर्गरूप में परिणत हो जायेगा, किन्तु नाना प्रकार के यन्त्रों के तथा बाह्य जगत् सम्बन्धी ज्ञान की उन्नति से यह कभी नहीं हो सकता। जिस प्रकार अग्नि में तेल

डालने से अग्निशिखा और भी वर्धित होती है उसी प्रकार इन सब वस्तुओं से दुःखों की ही वृद्धि होती है। आत्मज्ञान के अतिरिक्त जितना भी भौतिक ज्ञान उपार्जित किया जाता है वह केवल अग्नि में घृताहुति मात्र है। इससे केवल स्वार्थ पर लोगों के हाथों में दूसरों का कुछ लेने के लिए, दूसरों के लिए अपना जीवन बिना दिए दूसरों के कन्धों पर बैठकर खाने के लिए एक और यन्त्र एक और सुविधा मात्र आ जाती है।

एक और प्रश्न है–क्या इसे कार्य रूप में परिणत करना सम्भव है ? वर्तमान समाज में क्या इसको कार्य रूप में परिणत किया जा सकता है ? इसका उत्तर यही है कि सत्य–प्राचीन अथवा आधुनिक किसी समाज का भी सम्मान नहीं करता। समाज को ही सत्य का सम्मान करना पड़ेगा, अन्यथा ध्वंस अवश्यम्भावी है। सत्य ही समस्त प्राणियों तथा समाज का मूल आधार है, अतः सत्य कभी भी समाज के अनुसार अपना गठन नहीं करेगा। यदि निःस्वार्थपरता के समान महान सत्य समाज में कार्य रूप में परिणत नहीं किया जा सकता तो ऐसे समाज को छोड़कर वन में जाकर बसना ही अच्छा है। इसी का नाम साहस है। साहस दो प्रकार का होता है। एक साहस होता है तोप के मुँह में दौड़ पड़ना। यदि यही वास्तविक साहस होता तो सिंह आदि मनुष्य से श्रेष्ठ होते। किन्तु एक और साहस होता है जिसे सात्त्विक साहस' कहकर पुकार सकते हैं। एक बार एक दिग्विजयी सम्राट भारतवर्ष में आया। उसके गुरु ने उसे भारतीय साधुओं से साक्षात्कार करने का आदेश दिया था। बहुत खोज करने के बाद उसने देखा कि एक वृद्ध साधु एक पत्थर के ऊपर बैठे हैं। सम्राट को उनके साथ कुछ देर बातचीत करने से बड़ा सन्तोष हुआ। अतएव उसने साधु को अपने साथ देश ले जाने की इच्छा प्रकट की। साधु ने इसे स्वीकार नहीं किया और कहा–"मैं इसी वन में बड़े आनन्द में हूँ।" सम्राट बोला–मैं समस्त पृथ्वी का सम्राट हूँ। मैं आपको असीम ऐश्वर्य तथा उच्च पद–मर्यादा दूँगा।" साधु बोले–ऐश्वर्य, पद मर्यादा, किसी में भी मेंरी आकांक्षा नहीं है।" तब सम्राट ने कहा–" आप यदि मेरे साथ नहीं जायेंगे तो मैं आपका विनाश कर दूँगा। इस पर साधु बहुत हँसे और बोले–महाराज, तुमने जितनी बातें कही, उनमें यही सबसे अधिक अज्ञानपूर्ण मालूम होती है। क्या तुम मेरा संहार कर सकते हो ? सूर्य मुझे

सुखा नहीं सकता, अग्नि मुझे जला नहीं सकती, कोई यन्त्र भी मेरा संहार नहीं कर सकता, कारण कि मैं जन्मरहित अविनाशी, नित्यविद्यमान, सर्वव्यापी, सर्वशक्तिमान आत्मा हूँ।" यह एक अन्य प्रकार की साहसिकता है। सन् 1857 ई0 में सिपाही–विद्रोह के समय एक मुसलमान सिपाही ने एक सन्यासी महात्मा को तलवार से भोंक दिया। हिन्दू विद्रोहियों ने इस मुसलमान को स्वामीजी के पास लाकर कहा–"आप कहें तो इसकी हत्या कर दें हम !" स्वामीजी ने उनकी ओर मुँह फिराकर कहा–"भाई, तुम्हीं वह हो, तुम्हीं वह हो।" यही कहते–कहते उन्होंने शरीर छोड़ दिया। यह भी एक प्रकार की साहसिकता है। यदि तुम सत्य के आदर्श पर समाज का संगठन नहीं कर सकते, यदि तुम इस प्रकार समाज संगठन नहीं कर सकते कि जिसमें वह सर्वोच्च सत्य–स्थान पा सके तब फिर तुम अपने बाहुबल पर क्या अभिमान करते हो ? तब फिर तुम अपनी सारी पाश्चात्य संस्थाओं का क्या अभिमान करते हो ? अपनी महानता तथा श्रेष्ठता का तुम क्या गौरव करते हो, यदि तुम दिन–रात यही कहते रहते हो, कि "इसका कार्य में परिणत करना असम्भव है।" पैसा–कौड़ी को छोड़कर क्या और कुछ भी करने योग्य नहीं है ? यदि यही है तो अपने समाज पर इतना अहंकार क्यों करते हो ? वही समाज सर्वश्रेष्ठ है जहाँ सर्वोच्च सत्य को कार्य में परिणत किया जा सकता है–यही मेरा मत है। और यदि समाज इस समय उच्चतम सत्य को स्थान देने में समर्थ नहीं है तो उसे इस योग्य बनाओ। उसको इस योग्य बनाओ और जितनी शीघ्र तुम इस कार्य में सफल होगे उतना ही अच्छा। हे नरनारिगण! आत्मा के सम्बन्ध में जाग्रत होओ, सत्य में विश्वास करने का साहस करो, सत्य के अभ्यास का साहस करो। संसार में कितने ही साहसी नर–नारियों की आवश्यकता है। साहसी होना बड़ा कठिन है। शारीरिक साहस में तो व्याघ्र मनुष्य से श्रेष्ठ है, उसके स्वभाव में ही इस प्रकार की साहसिकता है। बल्कि इस विषय में तो चींटी अन्य जन्तुओं से श्रेष्ठ है। परन्तु इस शारीरिक साहसिकता की बात क्यों करते हो ? उसी साहस का अभ्यास करो जो मृत्यु के समक्ष भयभीत नहीं होता, जो मृत्यु का स्वागत कर सकता है, जिससे मनुष्य जान सके कि वह आत्मा है, और समस्त जगत् में कोई भी अस्त्र ऐसा नहीं जो उसे संहार कर सके, सारे वज्र मिलकर भी उसका संहार नहीं कर सकते, जगत् की समस्त अग्नि भी

उसे दग्ध नहीं कर सकती–जो साहसिकता सत्य को जानने का साहस करती है और जीवन में उस सत्य को दिखा सकती है, ऐसी साहसिकता जिसमें है वही व्यक्ति मुक्त पुरुष है, वही व्यक्ति वास्तव में आत्मस्वरूप हो गया। यह इसी समाज में– प्रत्येक समाज में– अभ्यास करना होगा। 'आत्मा के सम्बन्ध में पहले श्रवण, फिर मनन, उसके बाद निदिव्यासन करना होगा।'

आजकल के समाज में एक बात देखी जाती है–कार्य करने में अधिक जोर लगाना और सब प्रकार के मनन, ध्यान, धारणा आदि पर बिलकुल ध्यान न देना। अवश्य ही कार्य अच्छा हो सकता है, किन्तु वह भी तो चिन्ता से ही उत्पन्न होता है। मन के भीतर जो छोटी–छोटी शक्तियों का विकास होता रहता है वही जब शरीर द्वारा अनुष्ठित होता है तब उसी को कार्य कहते हैं। बिना चिन्ता के कोई कार्य नहीं हो सकता। मस्तिष्क को ऊँची–ऊँची चिन्ताओं, ऊँचे–ऊँचे आदर्शों से भर लो, उन्हीं को दिन–रात मन के सम्मुख स्थापित करके रखो; ऐसा होने पर इन्हीं विचारों से बड़े–बड़े कार्य होंगे। अपवित्रता के सम्बन्ध में कोई बात मत कहो किन्तु मन से कहो कि मैं शुद्ध पवित्र स्वरूप हूँ। हम क्षुद्र हैं, हमने जन्म लिया, हम मरेंगे, इन्हीं चिन्ताओं में हमने अपने आप को एकदम अभिभूत कर रखा है, और इसीलिए हम सर्वदा एक प्रकार के भय से काँपते हैं।

एक सिंहनी जिसका प्रसवकाल निकट था, एक बार अपने शिकार की खोज में बाहर निकली। उसने दूर पर भेड़ों के एक झुंड को चरते देखकर उन पर आक्रमण करने के लिए जैसे ही छलाँग मारी वैसे ही उसके प्राणपखेरू उड़ गये और एक मातृहीन सिंह के बच्चे ने जन्म लिया। भेड़ों ने उस सिंह के बच्चे की देखरेख प्रारम्भ कर दी और वह भेड़ों के बच्चों के साथ–साथ बड़ा होने लगा, भेड़ों की भाँति घास–पात खाकर प्राण–धारण करने लगा, भेड़ों की भाँति 'में–में' भी करने लगा। यद्यपि वह ठीक एक सिंह के समान हो उठा था, फिर भी वह अपने को भेड़ समझता था। इसी प्रकार दिन बीत रहे थे कि एक दिन एक बड़ा भारी सिंह शिकार के लिए उधर आ निकला, किन्तु उसे यह देखकर बड़ा आश्चर्य हुआ कि भेड़ों के बीच में एक सिंह भी है और भेड़ों की भाँति ही वह विपत्ति आने की सम्भावना मात्र से ही भाग रहा है। तब सिंह उसके पास जाकर– 'वह सिंह है, 'भेड़ नहीं' यह समझाने की चेष्टा करने लगा, किन्तु जैसे

ही वह आगे बढ़ा वैसे ही भेंड़ों का झुंड भागने लगा और उसके साथ–साथ वह 'मेष–सिंह' भी भागने लगा। जो हो उसने उस मेष–सिंह को अपने यथार्थ स्वरूप को समझाने का संकल्प नहीं छोड़ा। वह लक्ष्य करने लगा कि भेड़–सिंह कहाँ रहता है, क्या करता है। एक दिन उसने देखा कि वह एक जगह पड़ा सो रहा है। देखते ही वह उसके ऊपर कूदकर जा पहुँचा और बोला–"अरे, तुम भेड़ों के साथ रहकर अपना स्वभाव किस प्रकार भूल गये ? तुम तो भेड़ नहीं हो, तुम सिंह हो।" मेष–सिंह बोल उठा–"क्या कह रहे हो ? मैं भेड़ हूँ, सिंह कैसे हो सकता हूँ ?" उसे किसी प्रकार विश्वास नहीं हुआ कि वह सिंह है, और वह भेड़ों की भाँति चीत्कार करने लगा। तब सिंह उसे उठाकर एक सरोवर के किनारे ले गया और बोला–"यह देखो अपना प्रतिबिम्ब, यह देखो मेरा प्रतिबिम्ब।" और तब वह इन दोनों की तुलना करने लगा। वह एक बार सिंह की ओर, और एक बार अपने प्रतिबिम्ब की ओर ध्यान से देखने लगा। उस समय क्षण भर में ही उसका यह ज्ञान जाग गया कि सचमुच, मैं तो सिंह ही हूँ।' तब वह सिंह गर्जना करने लगा और उसका भेड़ों का–सा चीत्कार न जाने कहाँ चला गया! तुम सब सिंह स्वरूप हो, तुम आत्मा हो, शुद्धस्वरूप, अनन्त और पूर्ण। जगत् की महाशक्ति तुम्हारे भीतर है। "हे सखा, क्यों रोदन करते हो ? जन्म–मृत्यु तुम्हारा भी नहीं है, मेंरा भी नहीं है। क्यों रोते हो ? तुम्हें रोग, दुःख कुछ भी नहीं है, तुम अनन्त आकाश स्वरूप हो जिसके ऊपर नाना प्रकार के मेघ आते हैं और कुछ देर खेल कर न जाने कहाँ अन्तर्हित हो जाते हैं; किन्तु आकाश जैसा पहले नीला था वैसा ही नीला रह जाता है।" इसी प्रकार के ज्ञान का अभ्यास करना होगा। हम जगत् में पाप–ताप क्यों देखते हैं ? कारण, हम स्वयं ही असत् हैं। एक मार्ग में एक ठूँठ खड़ा था। एक चोर उधर से जा रहा था, उसने समझा यह कोई पहरे–वाला है। नायक ने समझा, वह उसकी नायिका है। एक बच्चे ने जब उसे देखा तो भूत समझकर चीत्कार करने लगा। भिन्न–भिन्न व्यक्तियों ने इस प्रकार यद्यपि उसे भिन्न–भिन्न रूपों में देखा, तथापि वह एक ठूँठ के अतिरिक्त और कुछ भी नहीं था।

हम स्वयं जैसे होते हैं जगत् को वैसा ही देखते हैं। एक मेज पर एक मोहर की थैली रख दो और सोचो कि यहाँ पर एक बच्चा बैठा है। एक चोर ने

आकर उस थैली को ले लिया। क्या बच्चा समझेगा कि चोरी हो गयी ? हमारे भीतर जो है वही हम बाहर भी देखते हैं। बच्चे के मन में चोर नहीं था, अतएव उसने चोर को नहीं देखा। सब प्रकार के ज्ञान के सम्बन्ध में ऐसा ही होता है। जगत् के पाप, अत्याचार की बात मत कहना। किन्तु तुम्हें जगत् में अब भी जो पाप देखना पड़ता है उसके लिए रोदन करो। अपने लिए रोओ कि तुम्हें अब भी सर्वत्र पाप देखना पड़ता है। और यदि तुम जगत् का उपकार करना चाहते हो तो जगत् के ऊपर दोषारोपण करना छोड़ दो। उसे और भी दुर्बल मत करो। यह सब पाप, दुःख आदि क्या हैं ? यह सब तो दुर्बलता का ही फल है। लोग बचपन से ही शिक्षा पाते हैं कि वे दुर्बल हैं, वे पापी हैं। इस प्रकार की शिक्षा से जगत् दिन पर दिन दुर्बल होता जा रहा है। उनको सिखाओ कि वे सब उसी अमृत की सन्तान हैं– और तो क्या, जिसके भीतर आत्मा का प्रकाश अति क्षीण है उसे भी यही सिखाओ। बाल्य–काल से ही उनके मस्तिष्क में इस प्रकार की चिन्ताएँ प्रविष्ट कर दो जिनसे कि उनकी यथार्थ सहायता हो सके, जो उनको सबल बनाये, जिनसे उनका कुछ यथार्थ हित हो, जिससे दुर्बलता तथा अवसादकारक चिन्ता उनके मस्तिष्क में प्रवेश ही न करें। सच्चिन्ता के स्रोत में शरीर को डुबा दो, अपने मन से सर्वदा कहो–'मैं ही वह हूँ, मैं ही वह हूँ।' तुम्हारे मन में दिन–रात यह बात संगीत की भाँति बजती रहे, और मृत्यु के समय भी 'सोऽहम्–सोऽहम्' बोलते हुए मरो। यही सत्य है–जगत् की अनन्त शक्ति तुम्हारे भीतर है। जो कुसंस्कार तुम्हारे मन को ढके रखता है, उसे भगा दो। साहसी बनो। सत्य को जानकर उसे जीवन में परिणत करो, चरम लक्ष्य बहुत दूर हो सकता है, किन्तु 'उत्तिष्ठत, जाग्रत, प्राप्य वरान्, निबोधत।'

4. मनुष्य का यथार्थ स्वरूप

(न्यूयार्क में दिया हुआ भाषण)

हम यहाँ खड़े हैं परन्तु हमारी दृष्टि दूर, बहुत दूर–अनेक समय, कोसों दूर चली जाती है। जब से मनुष्य ने चिन्ता करना आरम्भ किया तभी से उसको यह आदत रही है। मनुष्य सदा ही वर्तमान से बाहर देखने की चेष्टा करता है, वह जानना चाहता है कि इस शरीर के नष्ट होने के बाद वह कहाँ चला जाता है। इसी रहस्य को उद्घाटित करने के लिए अनेक मतों का प्रचार हुआ; सैकड़ों मतों की स्थापना हुई, और सैकड़ों मत खंडित होकर छोड़ भी दिये गये; और जितने दिन मनुष्य इस जगत् में रहेगा, जितने दिन वह चिन्ता करता रहेगा उतने दिन ऐसे ही चलेगा। इन सब मतों में ही कुछ न कुछ सत्य है। और इन्हीं में बहुत–सा असत्य भी है। इस सम्बन्ध में भारत में जो अनुसन्धान हुआ है उसी का सार, उसी का फल मैं आपके सामने रखने की चेष्टा करूँगा। भारतीय दार्शनिकों के इन सब मतों का समन्वय करने तथा यदि हो सका तो उसके साथ आधुनिक वैज्ञानिक सिद्धान्तों का भी समन्वय करने की चेष्टा करूँगा।

वेदान्त–दर्शन का एक ही उद्देश्य है–एकल का अनुसन्धान या अन्वेषण। हिन्दू लोग विशेष के पीछे नहीं दौड़ते, वे सदा ही सामान्य वस्तु का– नहीं, सर्वव्यापी सार्वभौमिक वस्तु का अन्वेषण करते हैं। हम देखते हैं कि उन्होंने बार–बार इसी एक सत्य का अनुसन्धान किया है–"ऐसा कौन–सा पदार्थ है जिसके जान लेने से सब कुछ जाना जा सकता है ?" जिस प्रकार मिट्टी के एक ढेले को जान लेने पर जगत् की सारी मिट्टी को जान लिया जाता है उसी प्रकार

ऐसी कौन–सी वस्तु है जिसे जानकर जगत् की सभी वस्तुएँ जानी जा सकती हैं ? यही उनका एकमात्र अनुसन्धान है, यही उनकी एकमात्र जिज्ञासा है। उनके मत से समस्त जगत् का विश्लेषण करके उसे एकमात्र 'आकाश' में पर्यवसित किया जा सकता है। हम अपने चारों ओर जो कुछ भी देखते हैं, छूते हैं, आस्वादन करते हैं, अधिक क्या, हम जो कुछ भी अनुभव करते हैं वह सब केवल इसी आकाश का विभिन्न विकास मात्र है। यह आकाश सूक्ष्म और सर्वव्यापी है। कठिन, तरल, वाष्पीय, सब पदार्थ, सब प्रकार की आकृतियाँ, शरीर, पृथ्वी, सूर्य, चन्द्र, तारा– सब इसी आकाश से उत्पन्न हैं। किस शक्ति ने इस आकाश पर कार्य करके इसमें से जगत् की सृष्टि की ? आकाश के साथ एक सर्वव्यापी शक्ति रहती है। जगत् में जितनी भी भिन्न–भिन्न शक्तियाँ हैं–आकर्षण, विकर्षण, यहाँ तक कि चिन्ताशक्ति भी, सभी प्राण नामक एक महाशक्ति का विकास मात्र हैं। इसी प्राण ने आकाश के ऊपर कार्य करके इस जगत्–प्रपंच की रचना की है। कल्प के प्रारम्भ में यही प्राण मानो अनन्त आकाश–समुद्र में प्रसुप्त रहता है। प्रारम्भ में यह आकाश गतिहीन होकर अवस्थित था। बाद में प्राण के प्रभाव से इस आकाश–समुद्र में गति उत्पन्न होती है। और इस प्राण की जैसे ही गति होती है वैसे ही इस आकाश समुद्र में से नाना ब्रह्मांड, नाना जगत्, कितने ही सूर्य, चन्द्र, तारागण, पृथ्वी, मनुष्य, जन्तु, उद्‌भिद् और नाना शक्तियाँ उत्पन्न होती रहती हैं। अतएव हिन्दुओं के मत से सब प्रकार की शक्ति प्राण का और सब प्रकार के दृश्य पदार्थ आकाश का विभिन्न स्वरूप मात्र हैं; कल्पान्त में सभी धन पदार्थ पिघल जायेंगे, और वह तरल पदार्थ वाष्पीय आकार में परिणत हो जायेगा। वह फिर तेज रूप धारण करेगा। अन्त में सब कुछ जिसमें से उत्पन्न हुआ था उसी आकाश में विलीन हो जायेगा। और आकर्षण, विकर्षण, गति आदि समस्त शक्तियाँ धीरे–धीरे मूल प्राण में परिणत हो जायेंगी। उसके बाद जब तक फिर कल्पारम्भ नहीं होता तब तक यह प्राण मानो निद्रित अवस्था में रहेगा। कल्पारम्भ होने पर वह फिर जागकर नाना रूपों को प्रकाशित करेगा और कल्पान्त में सभी कुछ लय हो जायेगा। इसी प्रकार वह आता है, जाता है, एक बार पीछे और एक बार आगे–मानो झूल रहा है। आधुनिक विज्ञान की भाषा में कहेंगे कि एक समय वह स्थितिशील (Static) रहता है, फिर गतिशील (Dynamic)

हो जाता है। एक समय प्रसुप्त रहता है और फिर क्रियाशील हो जाता है। इसी रूप से अनन्त काल से चला आ रहा है।

किन्तु यह विश्लेषण भी अधूरा ही रहा। आधुनिक पदार्थ विज्ञान ने भी यहीं तक जान पाया है। इसके ऊपर भौतिक विज्ञान की गति नहीं है। किन्तु इस अनुसन्धान का यहीं अन्त नहीं हो जाता। हमने अभी तक उस वस्तु को प्राप्त नहीं किया जिसे जान कर सब कुछ जाना जा सके। हमने समस्त जगत् को भूत और शक्ति में अथवा प्राचीन भारतीय दार्शनिकों के शब्दों में आकाश और प्राण में पर्यवसित कर दिया। अब आकाश और प्राण को किसी एक वस्तु में पर्यवसित करना होगा। इन्हें मन नामक उच्चतर क्रिया–शक्ति में पर्यवसित किया जा सकता है। महत् अथवा समष्टि चिन्ता–शक्ति से प्राण और आकाश दोनों की उत्पत्ति होती है। चिन्ता–शक्ति ही इन दो शक्तियों के रूप में विभक्त हो जाती है। प्रारम्भ में यही सर्वव्यापी मन था। इसी ने परिणत होकर आकाश और प्राण रूप धारण किये और इन्हीं दोनों के सम्मिश्रण से समस्त जगत् बना।

अब हम मनस्तत्त्वों की आलोचना करेंगे। मैं आपको देख रहा हूँ। आँखें विषय को ग्रहण कर रही हैं और अनुभूतिजनक स्नायु उसे मस्तिष्क में प्रेरित कर रहे हैं। आँखें देखने का साधन नहीं हैं, वे केवल बाहरी यन्त्र हैं, कारण देखने का जो वास्तविक साधन है, जो मस्तिष्क में विषय–ज्ञान के संवाद ले जाता है, उसको यदि नष्ट कर दिया जाये तब मेरी बीस आँखें रहते हुए भी आप में से किसी को भी मैं नहीं देख सकूँगा। अक्षिजाल (Retina) के ऊपर पूरा अक्स या प्रतिबिम्ब पड़ सकता है फिर भी तुम सबको मैं देख नहीं पाऊँगा। अतएव सिद्ध है कि वास्तविक दर्शनेन्द्रिय इस आँख से पृथक् कोई वस्तु है; प्रकृत चक्षुरिन्द्रिय अवश्य ही चक्षुयन्त्र के पीछे विद्यमान है। सभी प्रकार की विषयानुभूति के सम्बन्ध में इसी प्रकार समझना चाहिए। नासिका घ्राणेन्द्रिय नहीं है; वह केवल यन्त्र मात्र है, उसके पीछे घ्राणेन्द्रिय है। प्रत्येक इन्द्रिय के सम्बन्ध में समझना होगा कि पहले तो इस स्थूल शरीर में बाह्य यन्त्र लगे हुए हैं; पीछे किन्तु इसी स्थूल शरीर में इन्द्रियाँ भी मौजूद हैं। किन्तु इन सबसे भी काम नहीं चलता! मान लीजिए, मैं आपसे कुछ कह रहा हूँ। और आप बड़े मनोयोग के साथ मेरी बात सुन रहे हैं, इसी समय यहाँ एक घंटा बजता है; शायद आप उस घंटे की ध्वनि

को नहीं सुन सकेंगे। यह शब्द–तरंग आपके कान में पहुँचकर कान के पर्दे में लगी, स्नायुओं के द्वारा यह संवाद मस्तिष्क में पहुँचा, किन्तु फिर भी आप उसे क्यों नहीं सुन सके ? यदि मस्तिष्क में संवाद वहन करने तक ही समस्त श्रवण–प्रक्रिया सम्पूर्ण हो जाती, तो फिर तुम क्यों नहीं सुन पा सके? अतएव मालूम हुआ कि सुनने की प्रक्रिया के लिए और भी कुछ आवश्यक है–मन इन्द्रिय से युक्त नहीं था। जिस समय मन इन्द्रियों से पृथक् रहता है उस समय इन्द्रियाँ उसके पास जो कुछ भी संवाद लायेंगी मन उनको ग्रहण नहीं करेगा। जब मन उनसे युक्त रहता है तभी वह किसी संवाद को ग्रहण करने में समर्थ होता है। किन्तु इससे भी विषयानुभूति पूर्ण नहीं होगी। बाहरी यन्त्र संवाद वहन कर सकता है, इन्द्रियगण उसे भीतर ले जा सकती हैं और मन इन्द्रियों से संयुक्त रह सकता है, फिर भी विषयानुभूति पूर्ण नहीं होगी। एक वस्तु और आवश्यक है। भीतर से प्रतिक्रिया आवश्यक है। प्रतिक्रिया से ही ज्ञान उत्पन्न होगा। बाहर की वस्तु ने मानो मेरे अन्दर संवाद–प्रवाह प्रेरित किया। मेरे मन ने उसे लेकर बुद्धि के निकट अर्पण कर दिया, बुद्धि ने पहले से बने हुए मन के संस्कारों के अनुसार उसे सजाया और बाहर की ओर प्रतिक्रिया–प्रवाह की प्रेरणा की, इसी प्रतिक्रिया के साथ–साथ विषयानुभूति होती है। मन की जो शक्ति इस प्रतिक्रिया की प्रेरणा करती है उसे 'बुद्धि' कहते हैं। किन्तु फिर भी अभी विषयानुभूति पूर्ण नहीं हुई। मान लीजिए, एक चित्रक्षेपक यन्त्र है और एक पर्दा है। मैं इस पर्दे पर एक चित्र डालने की चेष्टा कर रहा हूँ। तो मैं क्या करूँगा? मैं उस यन्त्र से नाना प्रकार की प्रकाश–किरणें इस पर्दे पर डालने की और उन्हें एक स्थान में एकत्रित करने की चेष्टा करूँगा। एक ऐसी अचल वस्तु की आवश्यकता है जिस पर चित्र डाला जा सके। किसी चंचल वस्तु पर यह करना असम्भव है, कोई स्थिर वस्तु चाहिए। कारण, मैं जो प्रकाश–किरणें डालना चाहता हूँ वे चंचल हैं; इन चंचल प्रकाश–किरणों को किसी अचल वस्तु के ऊपर एकत्रीभूत, एकीभूत करके एक जगह लाना होगा। यही बात उन संवादों के विषय में भी है जिन्हें इन्द्रियाँ मन के आगे और मन बुद्धि के आगे समर्पित करता है, जब तक ऐसी कोई वस्तु नहीं मिल जाती जिस पर यह चित्र डाला जा सके, जिस पर भिन्न–भिन्न भाव एकत्रीभूत होकर मिल सके तब तक यह विषयानुभूति भी पूर्ण नहीं होगी। वह क्या वस्तु है जो

समुदय को एकत्व का भाव प्रदान करती है। वह कौन–सी वस्तु है जो विभिन्न गतियों के भीतर भी प्रतिक्षण एकत्व की रक्षा किये रहती है। वह कौन–सी वस्तु है जिसके ऊपर भिन्न–भिन्न भाव मानो एक ही जगह गूँथे रहते हैं, जिसके ऊपर विषय आकर मानो एक जगह वास करते हैं और एक अखंड भाव को धारण करते हैं ? हमने देखा कि ऐसी कोई वस्तु आवश्यक है और उस वस्तु का शरीर और मन की तुलना में अचल होना भी आवश्यक है। जिस पर्दे के ऊपर यह चित्रक्षेपक यन्त्र चित्र डाल रहा है वह इन प्रकाश–किरणों की तुलना में अचल है, ऐसा न होने पर चित्र पड़ेगा ही नहीं। अर्थात् इसका एक व्यक्ति (Individual) होना आवश्यक है। यही वस्तु , जिसके ऊपर मन यह सब चित्रांकन करता है, यही वस्तु जिसके ऊपर मन और बुद्धि द्वारा ले जायी जाकर हमारी विषयानुभूति स्थापित, श्रेणीबद्ध और एकत्रीभूत होती है, इसी को मनुष्य की आत्मा कहते हैं।

तो, हमने देखा कि समष्टि मन या महत्, आकाश और प्राण इन दो भागों में विभक्त रहता है। और मन के पीछे आत्मा रहता है। समष्टि मन के पीछे जो आत्मा है उसको ईश्वर कहते हैं। व्यष्टि में यह मनुष्य की आत्मा मात्र है। जिस प्रकार समष्टि मन आकाश और प्राण के रूप में परिणत हो गया है उसी प्रकार समष्टि आत्मा भी मन के रूप में परिणत हो गया है। अब प्रश्न उठता है– क्या इसी प्रकार व्यष्टि मनुष्य के सम्बन्ध में भी समझना होगा ? मनुष्य का मन भी क्या उसके शरीर का स्रष्टा है और क्या उसका आत्मा उसके मन का स्रष्टा है ? अर्थात् मनुष्य का शरीर, मन और आत्मा–ये तीन विभिन्न वस्तुएँ हैं, अथवा ये एक के भीतर ही तीन हैं, अथवा ये सब एक पदार्थ की ही तीन विभिन्न अवस्थाएँ मात्र हैं ? हम क्रमशः इसी प्रश्न का उत्तर देने की चेष्टा करेंगे। जो भी हो, हमने अब तक यही देखा कि पहले तो यह स्थूल देह है, उसके बाद इन्द्रियों, मन, बुद्धि और बुद्धि के भी बाद आत्मा। तो पहली बात यह हुई कि आत्मा शरीर से पृथक् तथा मन से भी पृथक् वस्तु है। यही से धर्म जगत् में मतभेद देखा जाता है। द्वैतवादी कहते हैं कि आत्मा सगुण है अर्थात् भोग, सुख, दुःख–सभी यथार्थ में आत्मा के धर्म हैं; अद्वैतवादी कहते हैं कि वह निर्गुण है।

हम पहले द्वैतवादियों के मत का–आत्मा और उसकी गति के सम्बन्ध में उनके मत का वर्णन करके उसके बाद जो मत इसका सम्पूर्ण रूप से

खंडन करता है उसका वर्णन करेंगे। अन्त में अद्वैतवाद के द्वारा दोनों मतों का सामंजस्य सिद्ध करने की चेष्टा करेंगे। यह मानवात्मा शरीर और मन से पृथक् है एवं आकाश और प्राण से गठित नहीं है इसीलिए अमर है। क्यों ? मर्त्यत्व या विनश्वरत्व का अर्थ क्या है ? जो विश्लिष्ट हो जाता है वही विनश्वर है। और जो वस्तु कई एक पदार्थों के संयोग से बनती है वही विश्लिष्ट होगी; केवल वह पदार्थ जो अन्य पदार्थों के संयोग से उत्पन्न नहीं है, कभी विश्लिष्ट नहीं होता, इसीलिए उसका कभी विनाश नहीं हो सकता। वह अविनाशी है। वह अनन्त काल से है, उसकी कभी सृष्टि नहीं हुई। सृष्टि तो केवल संयोग मात्र है। शून्य से कभी किसी ने सृष्टि नहीं देखी। सृष्टि के सम्बन्ध में हम केवल यह जानते हैं कि यह पहले से वर्तमान कितनी ही वस्तुओं का नये-नये रूप में एकत्र मिलन मात्र है। यदि ऐसा है तो यह मानवात्मा भिन्न-भिन्न वस्तुओं के संयोग से उत्पन्न नहीं है, अतः वह अवश्य ही अनन्तकाल से है और अनन्तकाल तक रहेगा। इस शरीर का नाश हो जाने पर भी आत्मा रहेगा। वेदान्तवादियों के मत से जब इस शरीर का नाश हो जाता है तब मनुष्य की इन्द्रियों का मन में लय हो जाता है, मन का प्राण में लय हो जाता है, प्राण आत्मा में प्रविष्ट हो जाती है और उस समय वही मानवात्मा मानो सूक्ष्म शरीर अथवा लिंग शरीर रूपी वस्त्र पहिनकर चला जाता है। इसी सूक्ष्म शरीर में मनुष्य के समस्त संस्कार वास करते हैं। संस्कार क्या है ? मन मानो तालाब के समान है और हमारी प्रत्येक चिन्ता मानो उसी तालाब की लहर के समान है। जिस प्रकार तालाब में लहर उठती है, गिरती हैं, गिरकर अन्तर्हित हो जाती हैं उसी प्रकार मन में ये सब चिन्ताओं की तरंगें लगातार उठती और अन्तर्हित होती रहती हैं। किन्तु वे एकदम अन्तर्हित भी नहीं होतीं। वे क्रमशः सूक्ष्मतर होती जाती हैं, परन्तु वर्तमान रहती ही हैं। प्रयोजन होने पर फिर उठती हैं। जिन चिन्ताओं ने सूक्ष्मतर रूप धारण कर लिया है उन्हीं में से कुछ एक को फिर तरंगाकार में लाने को ही स्मृति कहते हैं। इसी प्रकार हमने जो कुछ ही चिन्ता की है, जो कुछ कार्य हमने किये हैं सभी कुछ मन के अन्दर अवस्थित हैं। ये सब सूक्ष्म भाव से ही स्थित रहते हैं और मनुष्य के मर जाने पर भी ये संस्कार उसके मन में रहते हैं-फिर वे सूक्ष्म शरीर के ऊपर कार्य करते रहते हैं। आत्मा ये ही सब संस्कार एवं सूक्ष्म शरीर रूपी वस्त्र धारण करके

चला जाता है और यह विभिन्न संस्कार रूप विभिन्न शक्तियों का समेवत फल ही आत्मा की गति को नियमित करता है। उनके मत से आत्मा की तीन प्रकार की गति होती है।

जो अत्यंत धार्मिक हैं उनकी मृत्यु के बाद वे सूर्यरश्मियों का अनुसरण करते हैं। सूर्यरश्मियों का अनुसरण करके वे सूर्यलोक में जाते हैं। वहाँ से वे चन्द्रलोक और चन्द्रलोक से विद्युल्लोक में उपस्थित होते हैं वहाँ एक मुक्त आत्मा से उनका साक्षात्कार होता हैं; वे इन जीवात्माओं को सर्वोच्च ब्रह्मलोक में ले जाते हैं। यहाँ उन्हें सर्वज्ञता और सर्वशक्तिमत्ता प्राप्त होती है; उनकी शक्ति और ज्ञान प्रायः ईश्वर के समान हो जाता है, और द्वैतवादियों के मत में वे अनन्त काल तक वहाँ वास करते हैं, अथवा अद्वैतवादियों के अनुसार कल्पान्त में ब्रह्म के साथ एकत्व लाभ करते हैं। जो लोग सकाम भाव से सत्कार्य करते हैं वे मृत्यु के बाद चन्द्रलोक में जाते हैं, वहाँ नाना प्रकार के स्वर्ग हैं। वे वहाँ पर सूक्ष्मशरीर–देवशरीर प्राप्त करते हैं। वे देवता होकर वहाँ वास करते हैं और दीर्घ काल तक स्वर्ग के सुखों का उपभोग करते हैं। इस भोग का अन्त होने पर फिर उनका प्राचीन कर्म बलवान हो जाता है; अतः फिर उनका मर्त्यलोक में पतन हो जाता है। वे सब वायुलोक, मेंघलोक आदि लोकों के भीतर होकर आते हैं और अन्त में वृष्टिधारा के साथ पृथ्वी पर गिर पड़ते हैं। वृष्टि के साथ गिरकर वे किसी शस्य का आश्रय लेकर रहते हैं। इसके बाद जब कोई व्यक्ति उस अन्न को खाता है तब उसकी औरस सन्तति में वह जीवात्मा फिर शरीर धारण करता है। जो लोग अत्यन्त दुष्ट हैं उनकी मृत्यु होने पर वे भूत अथवा दानव हो जाते हैं और चन्द्रलोक और पृथ्वी के बीच किसी स्थान में वास करते हैं। उनमें से कोई–कोई मनुष्यों के ऊपर बड़ा अत्याचार करते हैं और कोई–कोई मनुष्यों से मैत्री भी कर लेते हैं। वे कुछ समय तक इसी स्थान में रहकर फिर पृथ्वी पर आकर पशु–जन्म लेते हैं। कुछ समय पशु–देह में रहकर वे फिर मनुष्यत्व लाभ करते हैं और फिर एक बार मुक्तिलाभ करने की उपयोगी अवस्था को प्राप्त करते हैं। तो हमने देखा कि जो लोग मुक्ति की निकटतम सीढ़ी पर पहुँच गये हैं, जिनके भीतर कम अपवित्रता रह गयी है वे ही सूर्य की किरणों के सहारे ब्रह्मलोक में जाते हैं। जो मध्य वर्ग के लोग हैं, जो स्वर्ग जाने की इच्छा से सत्कर्म करते हैं वे ही सब चन्द्रलोक में

जाकर वहाँ के स्वर्गों में वास करते हैं और देवशरीर को भी प्राप्त करते हैं, किन्तु उन्हें मुक्तिलाभ करने के लिए फिर मनुष्य देह धारण करना पड़ता है। और जो अत्यन्त दुष्ट हैं वे भूत, दानव आदि रूप में परिणत होते हैं, उसके बाद वे पशु होते हैं और मुक्तिलाभ के लिए उन्हें फिर मनुष्यजन्म ग्रहण करना पड़ता है। इस पृथ्वी को कर्मभूमि कहा जाता है। अच्छा–बुरा सभी कर्म यहीं करना होता है। मनुष्य स्वर्गकाम होकर सत्कार्य करने पर स्वर्ग में जाकर देवता हो जाता है; इस अवस्था में वह कोई नया कर्म नहीं करता, केवल पृथ्वी पर किये हुए अपने सत्कर्मों का फलभोग करता है। और जब ये सत्कर्म समाप्त हो जाते हैं उसी समय जो असत् या बुरे कर्म उसने पृथ्वी पर किये थे उनका संचित फल वेग के साथ उसके ऊपर आ जाता है और उसे वहाँ से फिर एक बार पृथ्वी पर घसीट लाता है। इसी प्रकार जो भूत हो जाते हैं वे उसी अवस्था में कोई नूतन कर्म न करते हुए केवल भूत कर्म का फल भोग करते रहते हैं। उसके बाद पशुजन्म ग्रहण कर वहाँ भी कोई नया कर्म नहीं करते। उसके बाद वे भी फिर मनुष्य हो जाते हैं।

मान लो कि एक व्यक्ति ने जीवन भर अनेक बुरे काम किये किन्तु एक बहुत अच्छा काम भी किया। ऐसी दशा में उस सत्कार्य का फल उसी क्षण प्रकाशित हो जायेगा, और इस सत्कार्य का फल शेष होते ही बुरे कार्यों का फल भी उसे मिलेगा। जिन सब लोगों ने अनेक 'अच्छे–अच्छे बड़े–बड़े कार्य किये हैं किन्तु उनके समस्त जीवन की गति' अच्छी नहीं रही, वे सब देवता हो जायेंगे। देवदेह से सम्पन्न होकर देवताओं की शक्ति का कुछ काल तक सम्भोग करके उन्हें फिर मनुष्य होना पड़ेगा। जिस समय सत्कर्मों की शक्ति क्षय हो जायेगी उस समय फिर वही पुरातन असत्कार्यों का फल होने लगेगा। जो अत्यन्त बुरे कर्म करते हैं उन्हें भूतयोनि, दानवयोनि में जाना पड़ेगा, और जब उनके बुरे कर्मों का फल समाप्त हो जाएगा उस समय उनका जितना भी सत्कर्म शेष है उसके फल से वे फिर मनुष्य हो जायेंगे। जिस मार्ग से ब्रह्मलोक में जाया जाता है, जहाँ से पतन अथवा प्रत्यावर्तन की सम्भावना नहीं रहती उसे देवयान कहते हैं, और चन्द्रलोक के मार्ग को पितृयान कहते हैं।

अतएव वेदान्त–दर्शन के मत में मनुष्य ही जगत् में सर्वश्रेष्ठ प्राणी है

और यह पृथ्वी ही सर्वश्रेष्ठ स्थान है, कारण कि एकमात्र यहीं पर मुक्त होने की सम्भावना है। देवता आदि को भी मुक्त होने के लिए मनुष्य–जन्म ग्रहण करना पड़ेगा। इसी मानव–जन्म में ही मुक्ति की सबसे अधिक सुविधा है।

अब हम इसके विरोधी मत की आलोचना करेंगे। बौद्ध लोग इस आत्मा का अस्तित्त्व एकदम अस्वीकार करते हैं। वे कहते हैं कि शरीर और मन के पीछे आत्मा नामक एक पदार्थ है, यह मानने की क्या आवश्यकता है ? इस शरीर और मन का यन्त्र स्वतः सिद्ध है, यह कहने से क्या यथेष्ट व्याख्या नहीं हो जाती ? और एक तीसरे पदार्थ की कल्पना से क्या लाभ ? यह युक्ति खूब प्रबल है। जितनी दूर तक अनुसन्धान किया जाये, यही मालूम होता है कि यह शरीर और मन का यन्त्र स्वतःसिद्ध है, और हममें से अनेक इस तत्त्व को इसी भाव से देखते हैं। तब फिर शरीर और मन के अतिरिक्त अथच शरीर और मन के आश्रयभूमि स्वरूप आत्मा नामक एक पदार्थ के अस्तित्त्वों की कल्पना की आवश्यकता क्या है ? बस शरीर और मन कहना ही तो पर्याप्त है; नियत परिणामशील जड़स्रोत का नाम शरीर है और नियत परिणामशील चिन्तास्रोत का नाम मन है। तब जो एकत्व की प्रतीति हो रही है वह कैसे ? बौद्ध कहते हैं कि यह एकत्व वास्तविक नहीं है। मान लो कि एक जलती मशाल को घुमाया जा रहा है। घुमाने पर एक ही अग्नि का वृत्तस्वरूप या गोल आकार हो जायेगा। वास्तव में कोई वृत्त है नहीं, किन्तु मशाल के नियमित घूमने से उसने यह वृत्त का आकार धारण कर लिया है। इसी प्रकार हमारे जीवन में भी एकत्व नहीं है; जड़ की राशि क्रमागत रूप से चल रही है। सम्पूर्ण जड़राशि को एक कहकर सम्बोधित करने की इच्छा होगी तो कर सकते हो, किन्तु उसके अतिरिक्त वास्तव में कोई एकत्र नहीं है। मन के सम्बन्ध में भी यही बात है; प्रत्येक चिन्ता दूसरी चिन्ताओं से पृथक् है। इस प्रबल चिन्तास्रोत में ही इस भ्रमात्मक एकत्व का भाव रख दिया जाता है; अतएव फिर तीसरे पदार्थ की आवश्यकता क्या है ? यह जो कुछ देखा जाता है, यह जड़स्रोत और यह चिन्तास्रोत–केवल इन्हीं का अस्तित्त्व है। इनके बाद और कुछ सोचने की आवश्यकता ही क्या है ? अनेक आधुनिक सम्प्रदायों ने बौद्धों के इस मत को ग्रहण कर लिया है, किन्तु वे सभी इसे अपना–अपना आविष्कार कहकर प्रतिपादित करना चाहते हैं। अधिकांश बौद्ध दर्शनों में मोटी बात यही है कि यह दृश्यमान

जगत् पर्याप्त है। इसके पीछे और कुछ है कि नहीं यह अनुसन्धान करने 'की बिलकुल ही आवश्यकता नहीं है। यह इन्द्रियग्राह्य जगत् ही सर्वस्व है–किसी वस्तु को इस जगत् के आश्रय रूप में कल्पना करने की आवश्यकता ही क्यों पड़ी ? सब ही गुणसमष्टि हैं। ऐसे आनुमानिक पदार्थ की कल्पना करने की क्या आवश्यकता है कि जिस में वे सब गुण लगे रहे हों ? पदार्थ का ज्ञान आता है केवल गुणराशि के वेग से स्थान–परिवर्तन के कारण, कोई अपरिणामी पदार्थ वास्तव में इनके पीछे है, ऐसी बात नहीं। हम देखते हैं कि यह युक्ति अति प्रबल है और साधारण मनुष्य की अनुभूति के पक्ष में खूब सहायक हो जाती है। वास्तव में एक लाख मनुष्यों में एक व्यक्ति भी इस दृश्य जगत् से अतीत और किसी वस्तु की धारणा भी कर सकता है कि नहीं इसमें सन्देह है। अधिकांश लोगों के लिए प्रकृति नित्य परिणामशील मात्र है। हम लोगों से भी कम लोगों ने हमारे सबके पीछे स्थित उस स्थिर समुद्र का कुछ–कुछ आभास भी पाया होगा। हमारे लिए यह जगत् केवल तरंगपूर्ण है। इस प्रकार हमें दो मत मिलते हैं। एक तो यह कि शरीर और मन के पीछे एक अपरिणामी सत्ता रहती है; दूसरा यह कि इस जगत् में निश्चलत्व नामक कुछ भी नहीं है, सब कुछ चंचल है, सभी कुछ परिणाम है, जो हो अद्वैतवाद में ही इन दोनों मतों का सामंजस्य मिलता है।

अद्वैतवादी कहते हैं, 'जगत् का एक अपरिणामी आश्रय है'–द्वैतवादियों की यह बात सत्य है। किसी अपरिणामी पदार्थ की कल्पना किये बिना हम परिणाम की कल्पना कर ही नहीं सकते। किसी अपेक्षाकृत अल्पपरिणामी पदार्थ की तुलना में किसी पदार्थ की परिणाम के रूप में चिन्ता की जा सकती है, और उसकी अपेक्षा भी अल्प परिणामी पदार्थ के साथ तुलना में उसे भी परिणामी रूप में निर्देश किया जा सकता है जब तक कि एक पूर्ण अपरिणामी पदार्थ को बाध्य होकर स्वीकार न कर लिया जाये। यह जगत्–प्रपंच अवश्य ही एक ऐसी अवस्था में था जब यह स्थिर शान्त था; ये जब यह दो शक्तियों के सामंजस्य–रूप में था अर्थात् जब वास्तव में किसी भी शक्ति का अस्तित्त्व नहीं था; कारण, वैषम्य न होने पर शक्ति का विकास नहीं होता। यह ब्रह्मांड फिर उसी साम्यावस्था की प्राप्ति की ओर जा रहा है। यदि हमारा किसी विषय के सम्बन्ध में निश्चित ज्ञान है, तो वह यही है। द्वैतवादी जब कहते हैं कि कोई अपरिणामी पदार्थ है तब वह

ठीक ही कहते हैं; किन्तु वह शरीर और मन से बिलकुल अतीत है, शरीर और मन से बिलकुल पृथक् है, यह कहना भूल है। बौद्ध लोग जो कहते हैं कि समुदय जगत् केवल परिणाम–प्रवाह मात्र है यह बात भी सत्य है। कारण, जब तक मैं जगत् से पृथक हूँ ; जब तक मैं अपने अतिरिक्त और सभी कुछ देख रहा हूँ, मोटी बात है कि जब तक द्वैतभाव रहेगा तब तक यह जगत् परिणामशील ही प्रतीत होगा। किन्तु वास्तविक बात यह है कि यह जगत् परिणामी भी है और अपरिणामी भी। आत्मा, मन और शरीर ये तीनों पृथक् वस्तुएँ नहीं हैं वरंच एक ही है। एक ही वस्तु कभी देह, कभी मन और कभी देह और मन से अतीत आत्मा प्रतीत होती है। जो शरीर की ओर देखते हैं व मन तक को भी नहीं देख सकते; जो मन को देखते हैं वे आत्मा को नहीं देख पाते; और जो आत्मा को देखते हैं उनके लिए शरीर और मन दोनों न जाने कहाँ चले जाते हैं ! जो लोग केवल गति देखते हैं वे सम्पूर्ण स्थिर भाव को नहीं देख पाते, और जो इस सम्पूर्ण स्थिर भाव को देख पाते हैं उनके निकट गति न जाने कहाँ चली जाती है। सर्प में रज्जु का भ्रम हुआ। जो व्यक्ति रज्जु में सर्प ही देखता है उसके लिए रज्जु कहाँ चली जाती है, और जब भ्रान्ति दूर होकर वह व्यक्ति रज्जु ही देखता है तो फिर उसके लिए सर्प नहीं रहता।

तो हमने देखा कि वस्तु एक ही है और वही एक नाना रूप से प्रतीत होती है। इसको आत्मा कहें या वस्तु कहें या अन्य कुछ नाम दें, जगत् में एकमात्र इसी का अस्तित्व है। अद्वैतवादियों की भाषा में यह आत्मा ही ब्रह्म है, जो केवल नानारूप उपाधिवश अनेक प्रतीत हो रहा है। समुद्र की तरंगों की ओर देखो; एक भी तरंग समुद्र से पृथक् नहीं है। तब फिर तरंग पृथक् क्यों प्रतीत होती है ? नामरूप ने तरंग की आकृति और हमने जो इसे तरंग नाम दे दिया है उसी ने उसे समुद्र से पृथक् कर दिया है। नामरूप के नष्ट हो जाने या चले जाने पर वह जो समुद्र था वही रह जाता है। तरंग और समुद्र के बीच कौन प्रभेद कर सकता है ? अतएव यह समुदय जगत् एक स्वरूप हुआ। जितना भी पार्थक्य है वह सब नामरूप के ही कारण है। जिस प्रकार सूर्य लाखों जलकणों पर प्रतिबिम्बित होकर प्रत्येक जलकण के ऊपर सूर्य की एक सम्पूर्ण प्रतिकृति की सृष्टि कर देता है उसी प्रकार वही एक आत्मा, वही एक सत्ता विभिन्न वस्तुओं

में प्रतिबिम्बित होकर नाना रूप में दिखाई पड़ती है। किन्तु वास्तव में वह एक है। वास्तव में 'मैं' अथवा 'तुम' नामक कुछ नहीं है–सब एक है। चाहे कहो–सभी मैं हूँ, या कहो–सभी तुम हो। किन्तु यह द्वैतज्ञान बिलकुल मिथ्या है, और समुदय जगत् इसी द्वैतज्ञान का फल है। जब विवेक उदय होने पर मनुष्य देख पाता है कि दो वस्तुएँ नहीं हैं, एक ही वस्तु है, तब उसे बोध होता है कि वही स्वयं यह अनन्त ब्रह्माण्ड स्वरूप हो गया है। मैं ही यह परिवर्तनशील जगत् हूँ, और मैं ही अपरिणामी, निर्गुण, नित्यपूर्ण नित्यानन्दमय हूँ।

अतएव नित्यशुद्ध, नित्य, पूर्ण अपरिणामी अपरिवर्तनीय एक आत्मा है; उसका परिणाम कभी नहीं होता, और ये सब विभिन्न परिणाम उसी एकमात्र 'आत्मा में ही प्रतीत होते हैं। उसके ऊपर नामरूप' ने ये सब विभिन्न स्वप्नचित्र अंकित किये हैं। आकृति ने ही तरंग को समुद्र से पृथक् किया है। मान लो कि तरंगें मिल गयीं, तब क्या यह आकृति रहेगी ? नहीं, वह बिलकुल ही चली जायेगी। तरंग का अस्तित्व पूर्ण रूप से समुद्र के अस्तित्व के ऊपर निर्भर रहता है। किन्तु समुद्र का अस्तित्व तंरग के अस्तित्व के ऊपर निर्भर नहीं रहता। जब तक तरंग रहती है तब तक रूप भी रहता है, किन्तु तरंग की निवृत्ति होने पर वह रूप नहीं रह सकता। इसी नाम–रूप को माया कहते हैं। यह माया ही भिन्न व्यक्तियों का सृजन करके एक व्यक्ति का दूसरे व्यक्ति से पृथक् बोध करा रही है। किन्तु वास्तव में इसका अस्तित्व नहीं है। माया का अस्तित्व है यह नहीं कहा जा सकता। रूप या आकृति का अस्तित्व है; यह नहीं कहा जा सकता, कारण वह तो दूसरे के अस्तित्व पर निर्भर रहती है। और वह नहीं है यह भी नहीं कहा जा सकता, कारण, उसी ने तो यह सब भेद उत्पन्न किया है। अद्वैतवादियों के मत में यही माया या अज्ञान या नामरूप अथवा योरोपीय लोगों के मत में देश–काल–निमित्त ही इसी एक अनन्त सत्ता से इस विभिन्न रूप जगत् की सत्ता दिखा रहे हैं। परमार्थतः यह जगत् एक अखंड स्वरूप है। जब तक कोई दो वस्तुओं की कल्पना करता है तब तक वह भ्रम में है। जब वह जान जाता है कि एकमात्र सत्ता है तभी वह यथार्थ को जानता है। जितना ही समय बीतता जाता है उतना ही हमारे निकट यह सत्य प्रमाणित होता जाता है। क्या जड़ जगत् में, क्या मनोजगत् में और क्या अध्यात्म जगत् में, सभी जगह यह सत्य प्रमाणित हो

रहा है। अब प्रमाणित हो गया है कि तुम, मैं, सूर्य, चन्द्र, तारे–ये सभी एक जड़ समुद्र के विभिन्न अंशों के नाममात्र हैं। इस जड़राशि का क्रमागत परिणाम हो रहा है। जो शक्ति का कण कुछ मास पहले सूर्य में था, हो सकता है कि आज वह मनुष्य के भीतर आ गया हो, कल शायद वह पशु के भीतर और परसों शायद किसी उद्भिद के भीतर प्रवेश कर जायेगा। आना–जाना निरन्तर हो रहा है। यह सब एक ही अखंड जड़राशि है–केवल नामरूप से पृथक है। उसके एक बिन्दु का नाम सूर्य है, एक का नाम चन्द्र, एक का तारा, एक का मनुष्य, एक का पशु, एक का उद्भिद, इसी प्रकार और भी, और ये जो भिन्न–भिन्न नाम हैं ये भ्रमात्मक हैं; कारण, इस जड़राशि का क्रमागत परिवर्तन हो रहा है। इसी जगत् को एक दूसरे भाव से देखने पर यह एक विशाल चिन्ता–समुद्र के समान प्रतीत होगा जिसका एक–एक बिन्दु एक–एक मन है। तुम एक मन हो, मैं एक मन हूँ, प्रत्येक व्यक्ति केवल एक–एक मन है। और इसी जगत् को ज्ञान की दृष्टि से देखने पर, अर्थात् जब आँखों पर से मोह का आवरण हट जाता है, जब मन शुद्ध हो जाता है तब वही नित्य शुद्ध, अपरिणामी, अविनाशी, अखंड पूर्ण स्वरूप पुरुष के रूप में प्रतीत होगा। तब द्वैतवादियों का परलोकवाद–मनुष्य मरने के बाद स्वर्ग जाता है अथवा अमुक लोक में जाता है, असत् लोक में भूत हो जाता है, उसके बाद पशु होता है– ये सब बातें क्या हुई ? अद्वैतवादी कहते हैं–न कोई आता है न कोई जाता है–तुम्हारे लिए जाना–आना किस तरह सम्भव है ? तुम तो अनन्त स्वरूप हो; तुम्हें जाने के लिए स्थान कहाँ है ?

किसी स्कूल में छोटे बच्चों की परीक्षा हो रही थी। परीक्षक इन छोटे–छोटे बच्चों से कठिन–कठिन प्रश्न कर रहे थे। उन्हीं प्रश्नों में एक प्रश्न था कि ''पृथ्वी गिरती क्यों नहीं'' प्रायः सभी बालक इस प्रश्न को समझ नहीं सके और अपनी–अपनी समझ से उल्टे–सीधे उत्तर देने लगे। तब एक बुद्धिमती बालिका ने उसका उत्तर दे दिया। वह बोली– "पृथ्वी गिरेगी किस पर ?" यह प्रश्न ही तो भूल है। जगत् में ऊँचा–नीचा तो कुछ है नहीं। ऊँचा–नीचा तो केवल आपेक्षिक ज्ञान मात्र है। आत्मा के सम्बन्ध में भी यही बात है। जन्म–मृत्यु का प्रश्न ही भूल है। कौन जाता है, कौन आता है ? तुम कहाँ नहीं हो ? वह स्वर्ग कहाँ है जहाँ तुम पहले से ही नहीं हो ? मनुष्य की आत्मा सर्वव्यापी है।

तुम कहाँ जाओगे ? कहाँ नहीं जाओगे ? आत्मा तो सब जगह है। अतएव पूर्ण रूप से जीवनमुक्त व्यक्ति के लिए यह बालकों का–सा स्वप्न, जन्म–मृत्यु के सम्बन्ध में यह बालकों का–सा भ्रम, स्वर्ग–नरक आदि का स्वप्न–सभी कुछ एकदम अन्तर्हित हो जाता है, जिनके भीतर कुछ अज्ञान अवशिष्ट है उनको वह नाना प्रकार के ब्रह्मलोकपर्यन्त दृश्य दिखाकर अन्तर्हित हो जाता है और अज्ञानियों के लिए वह रह जाता है।

समस्त जगत्, स्वर्ग जायेंगे, मरेंगे, पैदा होंगे इन सब बातों पर विश्वास क्यों करता है ? मैं एक पुस्तक पढ़ रहा हूँ, उसके पृष्ठ पर पृष्ठ पढ़े जा रहे हैं और उलटे जा रहे हैं। एक पृष्ठ आया, उलट दिया गया। परिणाम किसका हो रहा है ? कौन आ जा रहा है ? मैं नहीं, केवल इस पुस्तक के पन्ने उलटे जा रहे हैं। समस्त प्रकृति आत्मा के सम्मुख रखी एक पुस्तक के समान है। उसका एक के बाद दूसरा अध्याय पढ़ा जा रहा है, उलटा जा रहा है, और प्रति बार एक नूतन दृश्य सामने आ रहा है। पढ़ने के बाद इसे भी उलट दिया गया। फिर एक नया अध्याय सामने आया; किन्तु आत्मा जो था वही है–अनन्तस्वरूप। परिणाम प्रकृति का हो रहा है आत्मा का नहीं। उसका कभी भी परिणाम नहीं होता। जन्म–मृत्यु प्रकृति में है, तुममें नहीं। तथापि अज्ञ लोक भ्रान्त होकर सोचते हैं, हम मर रहे हैं, जी रहे हैं, प्रकृति नहीं; ठीक उसी तरह जैसे हम भ्रान्तिवश समझते हैं कि सूर्य चल रहा है, पृथ्वी नहीं। अतः यह सब भ्रान्ति ही है, जैसे रेलगाड़ी पर बैठकर भ्रमवशतः उसे चलती हुई न समझकर खेत आदि को चलायमान समझते हैं। जन्म और मृत्यु की भ्रान्ति भी ठीक ऐसी ही है। जब मनुष्य किसी विशेष भाव में रहता है तब वह इसे पृथ्वी, सूर्य, चन्द्र, तारा आदि के रूप में देखता है और जितने मनुष्य इस मनोभाव से युक्त हैं वे सब इसी रूप में देखते हैं। मेरे–तुम्हारे बीच लाखों जीव हो सकते हैं जो विभिन्न प्रकृति सम्पन्न हैं। वे हमें कभी न देख पायेंगे और हम भी उन्हें कभी नहीं। हम एक ही प्रकार की चित्तवृत्ति सम्पन्न प्राणी को देख पाते हैं। जिन बाद्य–यन्त्रों में एक ही प्रकार का कम्पन है, उनमें से एक के बजने पर बाकी सब बजेंगे। मान लो कि हम अब जिस प्राण–कम्पन से युक्त हैं, उसे हम मानव–कम्पन नाम से पुकार सकते हैं। यदि यह परिवर्तित हो जाये तो अब यहाँ मनुष्य दिखाई नहीं पड़ेंगे; उसके बदले में और ही अनुरूप दृश्य

हमारे सामने आ जायेंगे–या तो देव जगत् और देवतादि आयेंगे अथवा दुष्ट मनुष्यों के लिए दानव और दानव जगत्; किन्तु ये सब एक ही जगत् के विभिन्न भाव मात्र हैं। यह जगत् मानव दृष्टि से पृथ्वी, सूर्य, चन्द्र, तारा आदि रूप में और दानवों की दृष्टि से देखने पर यही नरक या शास्तिस्थान के रूप में प्रतीत होगा और जो स्वर्ग जाना चाहते हैं उन्हें स्वर्ग के रूप में प्रतीत होगा। जो व्यक्ति आजीवन यह सोचता रहा कि मैं स्वर्ग में सिंहासन पर बैठे हुए ईश्वर के निकट जाकर सारा जीवन उनकी उपासना करूँगा, उसकी मृत्यु होने पर वह अपने चित्त में स्थित इसी विषय को देखेगा। यह जगत् ही उसके लिए एक बृहत् स्वर्ग में परिणत हो जायेगा; वह देखेगा कि नाना प्रकार की अप्सराएँ, किन्नर आदि उड़ते फिर रहे हैं और देवता लोग सिंहासनों पर बैठे हैं। स्वर्ग आदि समस्त ही मनुष्यकृत हैं। अतएव अद्वैतवादी कहते हैं द्वैतवादियों की बात तो सत्य ही है, परन्तु यह सब उनका अपना ही बनाया हुआ है। ये सब लोक, ये सब दैत्य, पुनर्जन्म आदि सभी रूपक (Mythology) हैं, और मानवजीवन भी ऐसा ही है। ये सब रूपक हों और मानवजीवन सत्य हो, यह नहीं हो सकता। मनुष्य सर्वदा यही भूल करता है। अन्यान्य वस्तुओं को– जैसे स्वर्ग–नरक आदि को रूपक कहने से उसकी समझ में आता है किन्तु अपने अस्तित्त्व को वह कभी भी रूपक स्वीकार करना नहीं चाहता। यह दृश्यमान जगत् सभी रूपक मात्र है और सबसे बड़ा मिथ्या ज्ञान यह है कि हम शरीर हैं जो हम न कभी थे, न कभी हो सकते हैं। हम केवल मनुष्य हैं, यह एक भयानक असत्य है। हमीं जगत् के ईश्वर हैं। ईश्वर की उपासना करके हमने सदा अपने अव्यक्त आत्मा की ही उपासना की है। तुम जन्म से ही दुष्ट और पापी हो यह सोचना ही सबसे बड़ी मिथ्या बात है। जो स्वयं पापी है वह केवल दूसरों को पापी ही देखता है। मान लो कि एक बच्चा यहाँ है और सोने की मोहरों की एक थैली तुम यहाँ मेज पर रख देते हो। मान लो कि एक चोर आया और थैली ले गया। बच्चे की दृष्टि में थैली का रखा जाना और चोरी हो जाना–दोनों ही समान हैं। उसके भीतर चोर नहीं है इसलिए वह बाहर भी चोर नहीं देखता। पापी और दुष्ट मनुष्य ही बाहर पाप देख पाता है, किन्तु साधु मनुष्य को उसका बोध नहीं होता। अत्यन्त असाधु पुरुष इस जगत् को नरक स्वरूप देखते हैं; मध्यम श्रेणी के लोग इसे स्वर्गस्वरूप देखते हैं;

और जो पूर्ण सिद्ध पुरुष हैं वे इसे साक्षात् भगवान के रूप में ही देखते हैं। बस, तभी उनके नेत्रों का आवरण हट जाता है, और तब वे ही व्यक्ति पवित्र और शुद्ध होकर देख पाते हैं कि उनकी दृष्टि बिलकुल बदल गयी है। जो दुःस्वप्न उन्हें लाखों वर्षों से पीड़ित कर रहे थे वे सब एकदम समाप्त हो जाते हैं, और जो अपने को इतने दिन मनुष्य, देवता, दानव, आदि समझ रहे थे, जो अपने को कभी ऊपर, कभी नीचे, कभी पृथ्वी पर, कभी स्वर्ग में अथवा कभी, किसी और स्थान में स्थित समझते थे वे देख पाते हैं–वे वास्तव में सर्वव्यापी हैं, वे काल के अधीन नहीं हैं, काल उनके अधीन है, समस्त स्वर्ग उनके भीतर है, वे स्वयं किसी स्वर्ग में अवस्थित नहीं हैं–और मनुष्य ने किसी काल के जिस किसी देवता की उपासना की है वे सब उसके भीतर ही हैं, वह किसी देवता के अन्दर अवस्थित नहीं हैं; वह देव, असुर, मानुष, पशु, उद्भिद, प्रस्तर आदि का सृष्टिकर्ता है, और उस समय मनुष्य का स्वरूप उसके निकट इस जगत् से श्रेष्ठतर होकर, स्वर्ग से भी श्रेष्ठतर और सर्वव्यापी आकाश से भी अधिक सर्वव्यापी रूप में प्रकाशित होता है। उसी समय मनुष्य निर्भय हो जाता है, उसी समय मनुष्य मुक्त हो जाता है। उस समय सब भ्रान्ति दूर हो जाती है, सभी दुःख दूर हो जाते हैं, सभी भय एक बार में ही चिरकाल के लिए समाप्त हो जाते हैं। तब जन्म न जाने कहाँ चला जाता है और उसके साथ मृत्यु भी चली जाती है; दुःख भी चला जाता है और उसके साथ सुख भी चला जाता है। पृथ्वी उड़ जाती है और उसके साथ–साथ स्वर्ग भी उड़ जाता है; शरीर चला जाता है, उसके साथ मन भी चला जाता है। उस व्यक्ति की दृष्टि में यह समस्त जगत् ही मानों अव्यक्त भाव धारण कर लेता है। यह जो शक्तियों का निरन्तर संग्राम, निरन्तर संघर्ष है यह सब एकदम स्थगित हो जाता है, और जो शक्ति और भूत रूप में, प्रकृति की विभिन्न चेष्टाओं के रूप में प्रकाशित हो रहा था, जो स्वयं प्रकृति रूप में प्रकाशित हो रहा था, जो स्वर्ग, पृथ्वी, उद्भिद, पशु, मनुष्य, देवता आदि के रूप में प्रकट हो रहा था, वही समस्त एक अनन्त, अच्छेद्य अपरिणामी सत्ता के रूप में परिणत हो जाता है; और ज्ञानी पुरुष देख पाते हैं कि वे उस सत्ता से अभिन्न हैं। "जिस प्रकार आकाश में नाना वर्ण के मेघ आकर कुछ देर खेल फिर अन्तर्हित हो जाते हैं," उसी प्रकार इस आत्मा के सम्मुख पृथ्वी, स्वर्ग, चन्द्रलोक, देवता, सुख, दुःख

आदि आते हैं; किन्तु वे उसी अनन्त, अपरिणामी, नीलवर्ण आकाश को हमारे सम्मुख छोड़कर अन्तर्हित हो जाते हैं। आकाश का कभी भी परिणाम नहीं होता, परिणाम केवल मेघ का ही होता है। भ्रम के कारण ही हम सोचते हैं कि हम अपवित्र हैं, हम सान्त हैं। हम जगत् से पृथक् हैं। प्रकृत मनुष्य यही एक अखंड सत्ता रूप है।

यहाँ पर दो प्रश्न उठते हैं। पहला यह है कि "क्या अद्वैत ज्ञान की उपलब्धि सम्भव है ? अब तक तो सिद्धान्त की बात हुई; क्या उसकी अपरोक्षानुभूति सम्भव है ? हाँ बिलकुल सम्भव है। ऐसे अनेक व्यक्ति संसार में इस समय भी जीवित हैं जिनका अज्ञान सदा के लिए चला गया है। तो क्या इन लोगों की, सत्य ज्ञान की प्राप्ति होने के बाद तुरन्त ही मृत्यु हो जाती है ? हम, जितनी जल्दी सगझते हैं उतनी जल्दी नहीं। मान लो, दो पहिये जो एक लकड़ी से जुड़े हुए हैं साथ–साथ चल रहे हैं। अब यदि मैं एक पहिये को पकड़कर बीच की लकड़ी को काट दूँ तो जिस पहिये को मैंने पकड़ रखा है वह तो रुक जायेगा; किन्तु दूसरा पहिया, जिसमें पहले का वेग अभी है, कुछ दूर और चलकर गिर पड़ेगा। पूर्ण शुद्ध स्वरूप आत्मा मानो एक पहिया है, और शरीर मन आदि रूप भ्रान्ति दूसरा पहिया और कर्म रूपी काष्ठ दंड द्वारा ये दोनों जुड़े हुए हैं। ज्ञान ही मानो कुठार है जो इस संयोग–दंड को काट देता है। जब आत्मा रूपी पहिया रुक जायेगा, तब आत्मा, आ रही है, जा रही है अथवा उसका जन्म और मृत्यु हो रहा है, इस प्रकार के सभी अज्ञान के, भावों का त्याग कर देगा, और प्रकृति के साथ उसका संयुक्त भाव एवं अभाव, वासना–सब चला, जायेगा; तब आत्मा देख सकेगा कि वह पूर्ण है, वासनारहित है। किन्तु शरीर और मन के पहिये में अभी प्राक्तन कर्मों का वेग रहेगा। इसलिए जब तक यह कर्मों का वेग पूरी तरह समाप्त नहीं होगा तब तक शरीर और मन रहेंगे ही; यह वेग समाप्त हो जाने पर इनका भी पतन हो जायेगा, तब आत्मा मुक्त होगी। तब फिर स्वर्गलोक जाना स्वर्ग से पृथ्वी पर लौटना यहाँ तक कि ब्रह्मलोक जाना तक स्थगित हो जायेगा; कारण वह (आत्मा) कहाँ से आयेगी, कहाँ जायेगी जिन व्यक्तियों ने इस जीवन में ही इस अवस्था को प्राप्त किया है, जिन्हें अन्ततः एक मिनट के लिए भी यह संसार का दृश्य बदलकर सत्य का आभास है उन्हें जीवनमुक्त के नाम से पुकारते

हैं। यही जीवनमुक्त अवस्था लाभ करना वेदान्ती का लक्ष्य है।

एक बार मैं पश्चिमी भारत में हिन्द महासागर के तटवर्ती मरु–देश में भ्रमण कर रहा था। बहुत दिन तक निरन्तर पैदल भ्रमण करता रहा। किन्तु यह देखकर मुझे महान् आश्चर्य होता था कि चारों ओर सुन्दर–सुन्दर झीलें हैं और झीलों के चारों ओर वृक्ष–लताएँ हैं और उनकी सुखद शीतल छाया जल में पड़ रही है। कैसे अद्भुत दृश्य थे वे ! और लोग इसे रेगिस्तान कहते हैं ! एक मास तक वहाँ मैं घूमता रहा और प्रतिदिन ही मुझे वे सुन्दर दृश्य दिखाई दिये। एक दिन मुझे बड़ी प्यास लग रही थी और मैंने सोचा कि वहाँ एक झील पर जाकर प्यास बुझा लूँ। अतएव मैं इन सुन्दर, निर्मल तालाबों में से एक की ओर अग्रसर हुआ। जैसे ही मैं वहाँ पहुँचा कि वह सब दृश्य न जाने कहाँ लुप्त हो गये। और तब मेरे मन में यह ज्ञान हुआ कि 'जीवन भर जिस मरीचिका की बात पुस्तकों में पढ़ता रहा हूँ यह वही मरीचिका है' और उसके साथ–साथ यह ज्ञान भी हुआ कि 'इस पिछले मास भर प्रतिदिन मैं मरीचिका ही देखता रहा हूँ , किन्तु मैंने कभी न जाना कि यह मरीचिका है।' इसके बाद फिर दूसरे दिन मैंने चलना प्रारम्भ किया। फिर वही सुन्दर दृश्य दिखने लगे, किन्तु उसके साथ–साथ यह ज्ञान भी होने लगा कि यह सचमुच झील नहीं है, मरीचिका है। इस जगत् के सम्बन्ध में भी यही बात है। हम प्रति दिन, प्रति मास, प्रति वर्ष इस–जगत् रूपी मरुस्थल में भ्रमण कर रहे हैं, किन्तु मरीचिका को मरीचिका नहीं समझ पाते हैं। एक दिन यह मरीचिका अदृश्य हो जायेगी, किन्तु फिर आ जायेगी। शरीर पूर्वकृत कर्म के अधीन रहेगा इसीलिए यह मरीचिका फिर लौट आयेगी। जब तक हम कर्म से बँधे हुए हैं तब तक जगत् हमारे सम्मुख आयेगा ही। नर, नारी, पशु, उद्भिद, आसक्ति, कर्तव्य–सभी कुछ आयेगा किन्तु पहले की तरह हमारे ऊपर इसकी शक्ति का प्रभाव नहीं पड़ेगा। इसी नवीन ज्ञान के प्रभाव से कर्म की शक्ति का नाश होगा, उसका विष का दाँत टूट जायेगा, जगत् हमारे सम्मुख एकदम बदल जायेगा; कारण, जैसे जगत् दिखाई देगा वैसे ही उसके साथ सत्य और मरीचिका के भेद का ज्ञान भी आयेगा।

उस समय यह जगत् पहले का–सा जगत् नहीं रहेगा। किन्तु इस प्रकार के ज्ञान की साधना में एक विपदाशंका है। हम देखते हैं कि प्रत्येक देश

में लोग यही वेदान्त का मत ग्रहण करके कहते हैं, "मैं धर्माधर्म से अतीत हूँ, मैं विधि–निषेध से परे हूँ, अतः मेरी जो इच्छा होगी वही मैं करूँगा। इसी देश में देखो, अनेक अज्ञानी कहते रहते हैं, "मैं बद्ध नहीं हूँ, मैं स्वयं ईश्वर स्वरूप हूँ, मेरी जो इच्छा होगी वही करूँगा।" यह ठीक नहीं है; यद्यपि यह बात सच है कि आत्मा भौतिक, मानसिक और नैतिक सभी प्रकार के नियमों से अतीत है। नियम के अन्दर बन्धन हैं, नियम के बाहर मुक्ति। यह भी सच है कि मुक्ति आत्मा का जन्मगत स्वभाव है, यह उसका जन्मप्राप्त स्वत्व है और आत्मा का वास्तविक मुक्त स्वभाव भौतिक आवरण के भीतर से मनुष्य की आपातप्रतीयमान स्वतन्त्रता के रूप में प्रतीत होता है। अपने जीवन के प्रतिक्षण में तुम अपने को मुक्त अनुभव करते हो। हम अपने को मुक्त अनुभव बिना किये एक क्षण भी जीवित नहीं रह सकते, बोल नहीं सकते और श्वास–प्रश्वास भी नहीं ले सकते। किन्तु फिर कुछ देर विचार करने पर यह भी प्रमाणित हो जाता है कि हम एक यन्त्र के समान हैं, मुक्त नहीं। तब कौन–सी बात सत्य मानी जाए ? "हम मुक्त हैं" यह धारणा ही क्या–भ्रमात्मक है ? एक पक्ष कहता है कि 'मैं मुक्त स्वभाव हूँ' यह धारणा भ्रमात्मक है, दूसरा पक्ष 'कहता है कि 'मैं बद्धभावापन्न हूँ' यह धारणा ही भ्रमात्मक है। तब यह दो प्रकार की अनुभूति कहाँ से आती है ? मनुष्य वास्तव में मुक्त है; मनुष्य परमार्थतः जो है वह मुक्त के अतिरिक्त और कुछ हो ही नहीं सकता, किन्तु जैसे ही वह माया के जगत् में आता है, जैसे ही वह नामरूप के भीतर पड़ जाता है, वैसे ही वह बद्ध हो जाता है। 'स्वाधीन इच्छा' यह कहना ही भूल है। इच्छा कभी स्वाधीन हो ही नहीं सकती। कैसे होगी ? जो प्रकृत मनुष्य है वह जब बद्ध हो जाता है तभी उसकी इच्छा की उत्पत्ति होती है, उससे पहले नहीं।

मनुष्य की इच्छा बद्ध है, किन्तु जो इसका मूल है वह तो सदा ही मुक्त है। अतएव बन्धन की दशा में भी, चाहे वह मनुष्य–जीवन हो, चाहे देव–जीवन हो, चाहे स्वर्ग में हो, चाहे पृथ्वी पर, फिर भी हमारे अन्दर उस विधिप्रदत्त अधिकार स्वरूप स्वतन्त्रता या मुक्ति की स्मृति रहती ही है। और जानबूझ कर या अनजाने ही हम सब इस मुक्ति की ओर अग्रसर हो रहे हैं। मनुष्य जब मुक्त हो जाता है तब किस प्रकार नियम में बद्ध रह सकता है ? जगत् का कोई भी नियम उसे बाँध नहीं सकता। कारण, यह विश्वब्रह्मंड उसी का तो है। और वह

उस समय समुदय विश्व ब्रहांड स्वरूप ही है। चाहे हम कहें कि वही समुदय जगत् है, या कहें–उसके लिए 'जगत् का अस्तित्त्व ही नहीं है। तब उसके लिए लिंग, देश आदि छोटे–छोटे भाव किस प्रकार सम्भव हैं ? वह कैसे कहेगा–मैं पुरुष हूँ, मैं 'स्त्री हूँ, मैं बालक हूँ ? क्या यह सब मिथ्या नहीं है ? उसने जान लिया है कि यह सब मिथ्या है। तब वह किस तरह कहेगा–यह पुरुष का अधिकार है, यह स्त्री का अधिकार है ? किसी का कुछ अधिकार नहीं है, किसी का स्वतन्त्र अस्तित्त्व नहीं है। पुरुष भी नहीं है, स्त्री भी नहीं है, आत्मा लिंगहीन है, नित्य–शुद्ध। मैं पुरुष या स्त्री हूँ यह कहना और मैं अमुक देशवासी हूँ यह कहना केवल मिथ्यावाद है। सभी देश मेरे हैं, समस्त जगत् मेरा है। कारण, समस्त जगत् के द्वारा मैंने मानो अपने को ढक लिया है, समस्त जगत् ही मानो मेरा शरीर हो गया है। किन्तु हम देखते हैं कि बहुत–से लोग विचार करते समय ये सब बातें कहकर काम के समय सभी प्रकार के अपवित्र काम करते हैं; और यदि हम उनसे पूछें कि 'क्यों तुम ऐसा कर रहे हो' तो वे उत्तर देंगे, 'यह तुम्हारी बुद्धि का ही भ्रम है। हमारे द्वारा कोई अन्याय होना असम्भव है। इन सब लोगों की परीक्षा करने का क्या उपाय है ? उपाय यही है कि–

यद्यपि सत् और असत् दोनों एक ही आत्मा के आंशिक प्रकाश मात्र हैं तथापि असद्भाव ही आत्मा का बाह्य आवरण है, और 'सत्' भाव मनुष्य के वास्तविक स्वरूप आत्मा के अपेक्षाकृत अधिक निकट का आवरण है। जब तक मनुष्य असत् का भेद नहीं कर लेता तब तक वह सत् के स्तर पर नहीं पहुँच सकता; और जब तक वह सत् और असत् दोनों के स्तर को भेद नहीं करता तब तक वह आत्मा के निकट पहुँच नहीं सकता। आत्मा के निकट पहुँचने के बाद उसके लिए फिर क्या रह जाता है ? अत्यन्त सामान्य कर्म, भूत जीवन के कार्य का अति सामान्य वेग ही शेष रह जाता है, किन्तु यह वेग भी शुभ कर्मों का ही वेग है। जब तक असद्वेग एकदम समाप्त नहीं हो जाता, जब तक पहले की अपवित्रता बिलकुल दग्ध नहीं हो जाती तब तक कोई व्यक्ति सत्य का साक्षात्कार तथा प्राप्ति नहीं कर सकता। अतएव जो लोग आत्मा के निकट पहुँच गये हैं, जिन्होंने सत्य का साक्षात्कार कर लिया है उनके केवल गत जीवन के शुभ संस्कार, शुभ वेग अवशिष्ट रह जाते हैं। शरीर में वास करते हुए भी एवं अनवरत

कर्म करते हुए भी वे केवल सत्कर्म ही करते हैं। उनके मुख से सभी के प्रति केवल आशीर्वाद ही निकलता है, उनके हाथ केवल सत्कार्य ही करते हैं, उनका मन केवल संचिन्ता ही कर सकता है, उनकी उपस्थिति ही, चाहे वे कहीं भी जायें सभी जगह मानवजाति के लिए महाकल्याण करने वाली होती हैं। इस प्रकार के व्यक्ति के द्वारा क्या कोई बुरा कार्य सम्भव है? याद रखिए, 'प्रत्यक्षानुभूति' में और 'केवल मुख से कहने' में बड़ा अन्तर है ! अज्ञानी व्यक्ति भी नाना प्रकार की ज्ञान की बातें कहते हैं। तोता भी इसी तरह बका करते हैं। मुँह से कहना और बात है और अनुभव करना और बात। दर्शन, मतामत, विचार, शास्त्र, मन्दिर, सम्प्रदाय आदि कोई भी बुरा नहीं है। किन्तु प्रत्यक्षानुभूति होने पर इन सब की आवश्यकता नहीं रहती। नक्शा अच्छी वस्तु है, परन्तु नक्शे में अंकित देश स्वयं देख कर आने के बाद यदि उसी नक्शे को फिर से देखो तो कितना अन्तर दिखाई पड़ेगा ! अतएव जिसने सत्य को प्रत्यक्ष कर लिया है उसे फिर समझने के लिए न्याय–युक्ति, तर्क–वितर्क आदि का आश्रय नहीं लेना पड़ता। उसके लिए तो सत्य अन्तरात्मा के मर्म में प्रविष्ट हो गया है प्रत्यक्ष का भी प्रत्यक्ष हो गया है। वेदान्तियों की भाषा में कहें तो कहेंगे कि वह उसके लिए करामलकवत् हो गया है। प्रत्यक्ष उपलब्धि करने वाले लोग निःसंकोच भाव से कह सकते हैं, 'यही आत्मा है।' तुम उनके साथ कितना ही तर्क क्यों न करो, वे तुम्हारी बात पर केवल हँसेंगे, वे उसे अंड–बंड बकवास ही समझेंगे। बालक चाहे कुछ भी बोले उससे वे कुछ कहते नहीं। वे तो सत्य की उपलब्धि करके भरपूर हो गये हैं। मान लो कि तुम एक देश देखकर आये हो और कोई व्यक्ति तुम्हारे पास आकर यह तर्क करने लगे कि उस देश का कहीं अस्तित्त्व ही नहीं है। इसी तरह वह व्यक्ति तर्क करता जाता है, किन्तु उसके प्रति तुम्हारा भाव यही होगा कि वह पागलखाने में भेज देने के योग्य है। इसी प्रकार जो धर्म की प्रत्यक्ष उपलब्धि कर चुके हैं वे कहते हैं कि "जगत् में धर्म सम्बन्धी जो बातें सुनी जाती हैं वे सब केवल बालकों की बातें हैं। प्रत्यक्षानुभूति ही धर्म का सार है।" धर्म की उपलब्धि की जा सकती है। प्रश्न यह है कि क्या तुम इसके अधिकारी हो चुके हो ? क्या तुम्हें धर्म की वास्तव में आवश्यकता है ? यदि तुम ठीक–ठीक चेष्टा करो तो तुम्हें प्रत्यक्ष उपलब्धि होगी, और तभी तुम वास्तव में धार्मिक होओगे।

जब तक यह उपलब्धि तुम्हें नहीं होती तब तक तुममें और नास्तिक में कोई भेद नहीं। नास्तिक तो फिर भी निष्कपट होते हैं, किन्तु जो कहता है कि 'मैं धर्म में विश्वास करता हूँ और उसकी प्रत्यक्ष अनुभूति की चेष्टा कभी नहीं करता वह निश्चय ही निष्कपट नहीं है।

इसके बाद फिर प्रश्न उठता है–उपलब्धि के बाद क्या होता है ? मान लो कि हमने जगत् का यही अखंड भाव (हम ही एकमात्र अनन्त पुरुष हैं यह भाव) उपलब्ध किया; मान लो कि हमने जान लिया कि आत्मा ही एकमात्र है और वह विभिन्न रूप से प्रकाशित हो रही है। इस प्रकार जान लेने के बाद हमारा क्या होता है ? तब क्या हम निश्चेष्ट होकर एक कोने में बैठकर मर जाते हैं ? इसके द्वारा जगत् का क्या उपकार होगा ? वही प्राचीन प्रश्न फिर घूमकर आता है ! पहले तो इसके द्वारा जगत् का उपकार होगा ही क्यों ? इसके लिए भी कोई युक्ति है ? लोगों को यह प्रश्न करने का अधिकार ही क्या है कि इससे जगत् का क्या भला होगा ? इसका अर्थ क्या है ? छोटे–छोटे बच्चे मिठाई पसन्द करते हैं। मान लो कि तुम विद्युत् के विषय में गवेषणा कर रहे हो। बच्चा तुमसे पूछता है, 'इससे क्या मिठाई खरीदी जाती है ?' तुमने कहा–'नहीं। 'तो इससे क्या लाभ ?' तत्त्वज्ञान की आलोचना में व्यस्त देखकर भी लोग इसी प्रकार की जिज्ञासा करते हैं, 'इससे जगत् का क्या उपकार होगा? क्या इससे हमें रुपया मिलेगा? 'नहीं। ''तो फिर इससे क्या लाभ है। उपकार का अर्थ लोग इतना ही समझते हैं। तो भी धर्म की इस प्रत्यक्ष अनुभूति से जगत् का पूर्ण उपकार होता है। लोगों को भय लगता है कि जब वे यह अवस्था प्राप्त करेंगे, जब उन्हें ज्ञान होगा कि सभी एक हैं तब उनके प्रेम का स्रोत सूख जायेगा; जीवन में जो कुछ मूल्यवान है वह सब चला जायेगा; इस जीवन में और पर जीवन में जो कुछ भी उन्हें प्रिय है वह सब उनके लिए कुछ भी न रहेगा। किन्तु लोग यह बात एक बार सोचकर भी नहीं देखते कि जो सब व्यक्ति अपने सुख की चिन्ता की ओर से उदासीन हो गये हैं वे ही जगत् में सर्वश्रेष्ठ कर्मी हो गये हैं। मनुष्य तभी वास्तव में प्रेम करता है जब वह देख पाता है कि उसके प्रेम का पात्र कोई क्षुद्र मर्त्य जीव नहीं है। मनुष्य तभी वास्तविक प्रेम कर सकता है जब वह देख पाता है कि उसके प्रेम का पात्र एक मिट्टी का ढेला नहीं किन्तु स्वयं भगवान् है। स्त्री

स्वामी से और अधिक प्रेम करेगी यदि वह समझेगी कि स्वामी साक्षात् ब्रह्मस्वरूप हैं। स्वामी भी स्त्री से अधिक प्रेम करेगा यदि वह जानेगा कि स्त्री स्वयं ब्रह्मस्वरूप है। वे माताएँ भी सन्तान से अधिक स्नेह करेंगी जो सन्तान को ब्रह्म स्वरूप देखेंगी। वे ही लोग अपने महान् शत्रुओं से भी प्रेमभाव रखेंगे जो जानेंगे कि ये शत्रु साक्षात् ब्रह्मस्वरूप हैं। वे ही लोग साधु व्यक्तियों से प्रेम करेंगे जो समझेंगे कि साधु व्यक्ति साक्षात् ब्रह्मस्वरूप हैं। वे ही लोग अत्यन्त असाधु व्यक्तियों से भी प्रेम करेंगे जो यह जान लेंगे कि इन महा दुष्टों के भी पीछे वही प्रभु विद्यमान हैं। जिनका क्षुद्र अहंकार एकदम मर चुका है और उसके स्थान पर ईश्वर ने अधिकार जमा लिया है वे ही लोग जगत् को इशारे पर चला सकते हैं। उनके लिए समस्त जगत् दूसरा ही रूप धारण कर लेता है। दुःखकर अथवा क्लेशकर जो कुछ भी है वह सब उनकी दृष्टि में चला जाता है। सभी प्रकार का गोलमाल और द्वन्द्व मिट जाता है। उनके लिए जगत् उस समय कारागार स्वरूप न रहकर (जहाँ हम प्रतिदिन एक टुकड़ा रोटी के लिए झगड़ा, मारपीट करते हैं) हमारे क्रीड़ा क्षेत्र के रूप में बदल जायेगा। उस समय जगत् बड़े ही सुन्दर रूप में परिणत हो जायेगा। इसी प्रकार के व्यक्ति को यह कहने का अधिकार है कि–'यह जगत् कितना सुन्दर है!' उन्हीं को यह कहने का भी अधिकार है कि सभी मंगल स्वरूप हैं। इस प्रकार की प्रत्यक्ष उपलब्धि होने से जगत् का यह महान् हित होगा कि जगत् का यह सब विवाद, गोलमाल सब दूर होकर शान्ति का राज्य होगा। यदि जगत् के सभी मनुष्य आज इस महान् सत्य के एक बिन्दु की भी उपलब्धि कर सकें तो उनके लिए यह समस्त जगत्, एक दूसरा ही रूप धारण कर लेगा और यह सब गोलमाल समाप्त होकर शान्ति का राज्य आ जायेगा। यह घिनौनी तथा अमानुषिक जल्दबाजी, यह स्पर्धा, जो हमें अन्य सभी के आगे बढ़ निकलने के लिए बाध्य करती है, इस संसार से उठ जायेगी। इसके साथ–साथ सब प्रकार की अशान्ति, घृणा, ईर्ष्या एवं सभी प्रकार का अशुभ सदा के लिए चला जायेगा। उस समय देवता लोग इसी जगत् में वास करेंगे। उस समय यही जगत् स्वर्ग हो जायेगा। और जब देवता–देवता में खेल होगा, देवता का देवता से कार्य होगा, देवता–देवता में प्रेम होगा तब क्या अशुभ ठहर सकता है ? ईश्वर की प्रत्यक्ष उपलब्धि का यही एक बड़ा सुफल है। समाज में आप जो

कुछ भी देखते हैं वह सभी उस समय परिवर्तित होकर एक दूसरा रूप धारण कर लेगा। तब आप मनुष्य को खराब समझकर नहीं देखेंगे; यही प्रथम महालाभ है। उस समय आप लोग किसी अन्य अन्याय कार्य करने वाले दरिद्र नर–नारी की ओर घृणापूर्वक दृष्टिपात नहीं करेंगे। हे महिलागण, फिर आप, जो दुखिया कामिनी रात भर रास्ते में भटकती फिरती है, उसके प्रति घृणापूर्वक दृष्टिपात न करेगी; कारण, आप वहाँ भी साक्षात् ईश्वर को देखेंगी। तब आप में ईर्ष्या अथवा दूसरों पर शासन करने का भाव उदय नहीं होगा; यह सब चला जायेगा उस समय प्रेम इतना प्रबल हो जाएगा कि मानव जाति को सत्पथ पर चलाने के लिए फिर चाबुक की आवश्यकता नहीं रहेगी।

यदि संसार के नर–नारियों के लाखवें भाग का एक भाग भी बिलकुल चुप रह, कर एक क्षण के लिए भी कहें,– "तुम सभी ईश्वर, हो; हे मानवगण, हे पशुओं, हे सभी प्रकार के जीवित प्राणियों ! तुम सभी एक जीवन्त ईश्वर के प्रकाश हो, "तो आधे घंटे के अन्दर ही समस्त जगत् का परिवर्तन हो जायेगा। उस समय चारों ओर घृणा का बीज न फैलाकर, ईर्ष्या और असत् चिन्ता का प्रवाह न फैलाकर सभी देशों के लोग सोचेंगे कि सभी 'वह' हैं। जो कुछ तुम देख रहे हो या अनुभव कर रहे हो, वह सब वही है। तुम्हारे भीतर अशुभ न रहने पर तुम अशुभ किस तरह देखोगे ? तुम्हारे भीतर ही यदि चोर नहीं है तो तुम किस प्रकार चोर को देखोगे ? तुम स्वयं यदि खूनी नहीं हो तो किस प्रकार खूनी को देख सकते हो ? साधु हो जाओ, तो असाधुभाव तुम्हारे अन्दर से एकदम चला जायेगा। इसी प्रकार समस्त जगत् का परिवर्तन हो जायेगा, यही समाज का महान् लाभ है। मनुष्य के पक्ष में यह महान् लाभ है। इन्हीं सब भावों को भारत में प्राचीन काल में अनेक महात्माओं ने आविष्कृत और कार्य रूप में परिणत किया था। किन्तु आचार्यों की संकीर्णता तथा देश की पराधीनता आदि कारणों से यह सब चिन्ता चारों ओर प्रचार न पा सकी। ऐसा होने पर भी ये सब महान् सत्य हैं। जहाँ भी इन विचारों का प्रभाव पड़ा, है वहीं मनुष्य ने देवत्व को प्राप्त किया है। इसी प्रकार के एक देवतास्वरूप मनुष्य के द्वारा मेरा समस्त जीवन परिवर्तित हो गया है। इस सम्बन्ध में आगामी रविवार को मैं आपसे कुछ कहूँगा। इस समय यही सब भाव जगत् में प्रचार करने का समय आ गया है। मठों में आबद्ध न

रहकर, केवल पंडितों के पढ़ने के लिए दार्शनिक पुस्तक–समूह में आबद्ध न रहकर, केवल कुछ सम्प्रदायों के अथवा कुछ पंडितों के एकमात्र अधिकार में न रहकर इसका समस्त जगत् में प्रचार होगा जिससे यह साधु, पापी, आबाल, वृद्ध, वनिता, शिक्षित, अशिक्षित सभी की साधारण सम्पत्ति हो सके। तब ये सब भाव जगत् की वायु में खेलेंगे और हम जो वायु श्वास–प्रश्वास द्वारा ले रहे हैं वह प्रत्येक ताल पर बोलेगी 'तत्त्वमसि', यह असंख्य चन्द्र–सूर्य–पूर्ण ब्रह्मांड वाक्योच्चारण करने वाले प्रत्येक पदार्थ के भीतर से बोल उठेगा–'तत्त्वमसि' !

5. माया और ईश्वरधारणा का क्रमविकास

हमने देखा कि अद्वैत वेदान्त की एक मूलभित्ति स्वरूप मायावाद अस्पष्ट रूप से संहिताओं में भी देखा जाता है, और उपनिषदों में जिन तत्त्वों को खूब परिस्फुट रूप मिल गया है वे सभी संहिताओं में अस्पष्ट रूप से किसी न किसी आकार में विद्यमान हैं। आप में से बहुत से लोग अब मायावाद के तत्त्वों को सम्पूर्ण रूप से समझ गये होंगे या समझ सकेंगे; प्रायः लोग भ्रान्तिवशतः माया को 'भ्रम' कहकर व्याख्या करते हैं, अतएव वे जब जगत् को माया कहकर पुकारते हैं तब उसे भी भ्रम ही कहकर व्याख्या करनी पड़ेगी। माया को 'भ्रम' के अर्थ में लेना ठीक नहीं है। माया कोई विशेष मत नहीं है, वह तो केवल विश्वब्रह्मांड के स्वरूप का वर्णन मात्र है। उसी माया को समझने के लिए हमें संहिता तक जाना पड़ेगा और प्रथम माया का क्या अर्थ था, उसके सम्बन्ध में क्या धारणा थी यह भी देखना पड़ेगा। हम देख चुके हैं, लोगों में देवताओं का ज्ञान किस रूप में आया। हमें समझना होगा कि ये देवता पहले केवल शक्तिशाली पुरुष मात्र थे। आप लोगों में से बहुत से यह पढ़कर कि ग्रीक, हिब्रू, पारसी अथवा अन्य जातियों के प्राचीन शास्त्रों में देवता लोग हमारी दृष्टि में जो सब कार्य अत्यन्त घृणित हैं वे करते थे, भयभीत हो जाते हैं, किन्तु हम एकदम भूल जाते हैं कि हम लोग उन्नीसवीं शताब्दी के हैं और देवता अनेक सहस्र वर्ष पहले के जीव थे; और हम यह भी भूल जाते हैं कि इन सब देवताओं के उपासक लोग

उनके चरित्र में कुछ भी असंगत देख नहीं पाते थे और वे जिस प्रकार से उन देवताओं का वर्णन करते थे उससे उन्हें कुछ भी भय नहीं होता था, कारण वे सब देवता उन्हीं के समान थे। हम लोगों को आजीवन यह बात सीखनी होगी कि प्रत्येक व्यक्ति के बारे में उसी के आदर्शों के अनुसार विचार करना होगा, दूसरों के आदर्शों के अनुसार नहीं। ऐसा न करके हम दूसरों को अपने आदर्शों की दृष्टि से देखते हैं। यह ठीक नहीं। हमारे आसपास रहने वाले सभी लोगों के साथ व्यवहार करने में हम सदा यही भूल करते हैं, और मेरे मतानुसार, दूसरों के साथ हमारा जो कुछ भी वाद–विवाद होता है वह सब इसी एक कारण से होता है कि हम दूसरों के देवता को अपने देवता के द्वारा, दूसरों के आदर्शों को अपने आदर्शों के द्वारा और दूसरों के उद्देश्य को अपने उद्देश्य के द्वारा विचार करने की चेष्टा करते हैं। विशेष–विशेष अवस्थाओं में हो सकता है कि मैं कोई विशेष कार्य करूँ, और जब मैं देखता हूँ कि अन्य व्यक्ति वही कार्य कर रहा है तो मैं सोच लेता हूँ कि उसका भी वही उद्देश्य है; मेरे मन में यह बात एक बार भी नहीं उठती कि यद्यपि फल एक हो सकता है तथापि भिन्न–भिन्न सहस्रों कारण वही एक फल उत्पन्न कर सकते हैं। मैं जिस कारण से उस कार्य को करने में प्रवृत्त होता हूँ, अन्य सब लोग उसी कार्य को अन्य उद्देश्यों से कर सकते हैं। अतएव इन सब प्राचीन धर्मों के ऊपर विचार करते समय हम जिस भाव से दूसरों के सम्बन्ध में सोचते हैं वैसा न करें वरंच हम अपने को प्राचीन समय के लोगों की स्थिति में रखकर विचार करें।

ओल्ड टेस्टामेंट (Old Tesatament) में निष्ठुर जिहोवा के वर्णन से बहुत से लोग भयभीत हो उठते हैं, परन्तु क्यों ? लोगों को यह कल्पना करने का क्या अधिकार है कि प्राचीन यहूदियों का जिहोवा हमारी कल्पना के ईश्वर के समान होगा? और हमें यह भी न भूलना चाहिए कि हमारे बाद जो लोग आयेंगे वे जिस तरह प्राचीन धर्म या ईश्वर की धारणा के ऊपर हँसते हैं उसी तरह हमारे धर्म अथवा ईश्वर की धारणा के ऊपर हँसेंगे। यह सब होने पर भी इन सब विभिन्न ईश्वर सम्बन्धी धारणाओं का संयोग करने वाला एक स्वर्णसूत्र है और वेदान्त का उद्देश्य है इस सूत्र का आविष्कार करना। भगवान् कृष्ण ने कहा है–"भिन्न–भिन्न मणियाँ जिस प्रकार एक सूत्र में गुँथी हुई रहती हैं उसी प्रकार

इन सब विभिन्न भावों के भीतर भी एक सूत्र रहता है।" और आजकल की धारणाओं के अनुसार यह कितना ही बीभत्स, भयानक अथवा अरुचिकर क्यों न मालूम पड़े, वेदान्त का कर्तव्य इन सभी धारणाओं तथा सभी वर्तमान धारणाओं के भीतर इस संयोगसूत्र का आविष्कार करना है। प्राचीन काल की अवस्था को लेकर विचार करने पर वे विचार अधिक संगत मालूम पड़ते हैं और ऐसा लगता है कि हमारी सभी धारणाओं से अधिक बीभत्स वे नहीं थीं। उनकी बीभत्सता हमारे सामने तभी प्रकाशित होती है जब हम उस प्राचीन समाज की अवस्था और लोगों के नैतिक भाव को, जिनके भीतर इन सब देवताओं का भाव विकसित हुआ था, उनसे पृथक् करके देखते हैं। कारण, प्राचीन काल की सामाजिक अवस्था आजकल नहीं है। जिस प्रकार प्राचीन यहूदी आज के तीक्ष्णबुद्धि यहूदी में परिणत हो गया है, जिस प्रकार प्राचीन आर्य आज के बुद्धिमान हिन्दू में परिणत हो गया है उसी प्रकार जिहोवा की और देवताओं की भी क्रमोन्नति हुई है। हम इतनी ही भूल करते हैं कि हम उपासक की क्रमोन्नति तो स्वीकार करते हैं, परन्तु ईश्वर की नहीं। उपासकों की उन्नति के नाम पर हम उनकी जो प्रशंसा करते हैं उसे भी ईश्वर को हम देना नहीं चाहते। तात्पर्य यह कि हम, तुम जिस प्रकार किसी विशेष भाव के प्रकाशक होने के कारण उस भाव की उन्नति के साथ–साथ उन्नत होते हैं, उसी प्रकार देवता भी विशेष–विशेष भाव के द्योतक होने के कारण भाव की उन्नति के साथ–साथ उन्नत होते हैं। आप शायद यही आश्चर्य करेंगे कि देवता और ईश्वर की भी कहीं उन्नति होती है ? तो हम भी कह सकते हैं कि मनुष्य की भी उन्नति होती है क्या ? आगे चलकर हम देखेंगे कि इस मनुष्य के भीतर जो प्रकृत मनुष्य है वह अचल, अपरिणामी, शुद्ध और नित्यमुक्त है। जिस प्रकार यह मनुष्य उस वास्तविक मनुष्य की छाया मात्र है उसी प्रकार हमारी ईश्वर–धारणाएँ केवल हमारे मन की सृष्टि हैं– वे उसी प्रकृत ईश्वर का आंशिक प्रकाश, आभास मात्र हैं। इस समस्त आंशिक प्रकाश के पीछे प्रकृत ईश्वर है और वह नित्य शुद्ध, अपरिणामी है। किन्तु यह सब आंशिक

1. ग्रीक लोगों की एक पौराणिक कथा है कि टैंटालस नामक राजा पाताल के एक तालाब में गिर गया था। तालाब का जल उसके होठों तक आता था, परन्तु जैसे ही वह अपनी प्यास बुझाने का प्रयत्न करता था वैसे ही जल कम हो जाता था। उसके सिर के ऊपर नाना प्रकार के फल लटकते थे, और जैसे ही वह इन्हें खाना चाहता था वे गायब हो जाते थे।

प्रकाश सर्वदा ही परिणामशील है–वे उनके अन्तरालस्थ सत्य की क्रमाभिव्यक्ति मात्र है; वही सत्य जब अधिक परिमाण में अभिव्यक्त होता है तब उसे उन्नति और जब उसका अधिकांश आवृत या अनभिव्यक्त रहता है तब उसे अवनति कहते हैं। इसी प्रकार जैसे हमारी उन्नति होती है वैसे ही देवताओं की भी होती है। सीधे ढंग से कहें तो जिस प्रकार हमारी उन्नति होती है, जिस प्रकार हमारा स्वरूप प्रकाशित होता है उसी प्रकार देवता भी अपना स्वरूप प्रकाशित करते रहते हैं।

अब हम मायावाद को समझ सकेंगे। संसार के सभी धर्मों ने इस प्रश्न को उठाया है–संसार में इतना असामंजस्य क्यों है ? संसार में इतना अशुभ क्यों है ? किन्तु हम धर्मभाव के प्रथम आविर्भाव के समय इस प्रश्न को उठते नहीं देखते; इसका कारण यह है कि शायद आदि मनुष्य को जगत् का असामंजस्य दिखाई नहीं पड़ता था, उसके चारों ओर कोई असामंजस्य नहीं था, किसी प्रकार का मतविरोध नहीं था, भले–बुरे की कोई प्रतिद्वन्द्विता नहीं थी। केवल उसके हृदय में दो वस्तुओं का संग्राम हो रहा था। एक कहती थी–यह करो, और दूसरी उसी को करने का निषेध करती थी। प्राथमिक मनुष्य भावनाओं के दास थे। उनके मन में जो आता था वे वही करते थे। वे इन भावनाओं के सम्बन्ध में विचार करने तथा उनका संयम करने की चेष्टा बिलकुल ही नहीं करते थे। इन सब देवताओं के सम्बन्ध में भी यही बात है। ये लोग भी उपस्थित प्रवृत्तियों के आधीन थे। इन्द्र आये और उन्होंने दैत्यबल को छिन्न–भिन्न कर दिया। जिहोवा किसी के प्रति सन्तुष्ट थे तो किसी से रुष्ट थे, क्यों, यह कोई भी नहीं जानता था, जानना भी नहीं चाहता था। इसका कारण, उस समय अनुसन्धान की प्रवृत्ति ही लोगों में नहीं जागी थी, इसलिए वे जो कुछ भी करते थे वही ठीक था। उस समय भले–बुरे की कोई धारणा ही नहीं थी। हम जिन्हें बुरा कहते हैं ऐसे बहुत से कार्य देवता लोग करते थे हम वेदों में देखते हैं, इन्द्र तथा अन्य देवता अनेक बुरे कार्य करते थे, किन्तु इन्द्र के उपासकों की दृष्टि में पाप या बुरा काम कुछ भी नहीं था, इसलिए वे इस सम्बन्ध में कोई प्रश्न नहीं करते थे।

नैतिक भाव की उन्नति के साथ–साथ मनुष्य के मन में एक–युद्ध प्रारम्भ हुआ; मनुष्य के अन्दर मानों एक नयी इन्द्रिय का आविर्भाव हुआ।

भिन्न–भिन्न भाषाओं और भिन्न–भिन्न जातियों ने इसको भिन्न–भिन्न नाम दिये; कोई कहते हैं यह ईश्वरी वाणी है, कोई कहते हैं वह पहले की शिक्षा का फल है। जो भी हो, उसने प्रवृत्तियों को दमन करने वाली शक्ति के रूप में काम किया। हमारे मन की एक प्रवृत्ति कहती है, यह काम करो, दूसरी कहती है, मत करो। हमारे भीतर कितनी ही प्रवृत्तियाँ हैं जो इन्द्रियों के द्वारा बाहर जाने की चेष्टा करती रहती हैं। और उनके पीछे चाहे कितना ही क्षीण क्यों न हो, और एक स्वर कहता है–बाहर मत जाना। इन दो बातों के संस्कृत नाम हैं प्रवृत्ति और निवृत्ति। प्रवृत्ति ही हमारे सभी कर्मों का मूल है। निवृत्ति से धर्म की उत्पत्ति है। धर्म आरम्भ होता है–इस 'मत करना' से आध्यात्मिकता भी इस 'मत करना' से ही आरम्भ होती है। जहाँ यह 'मत करना' नहीं है वहाँ धर्म का आरम्भ ही नहीं हुआ ऐसा समझो। यह जो 'मत करना' है, यहीं निवृत्ति का भाव आ गया। और निरन्तर युद्ध में रत पाशवी प्रकृति देवताओं के बावजूद मनुष्य की धारणा उन्नत होने लगी।

अब मनुष्य के हृदय में प्रेम ने प्रवेश किया। अवश्य ही इसकी मात्रा बहुत थोड़ी थी और आज भी यह मात्रा अधिक बढ़ी नहीं है। पहले पहल यह प्रेम जाति तक सीमित रहा। ये सब देवता केवल अपने सम्प्रदाय मात्र से प्रेम करते थे। प्रत्येक देवता एक जातीय देवमात्र था, केवल उसी जाति–विशेष का रक्षक मात्र था। और जिस प्रकार भिन्न–भिन्न देशों के विभिन्न वंशीय लोग अपने को उस एक विशेष पुरुष का वंशज कहते हैं जो उस वंश के प्रतिष्ठाता होते हैं, उसी प्रकार कभी–कभी किसी जाति के लोग अपने को एक देवता का वंशधर समझते थे। प्राचीनकाल में अनेक जातियाँ थीं और आज भी हैं जो अपने को चन्द्रवंशी या सूर्यवंशी कहती हैं। संस्कृत के प्राचीन ग्रन्थों में आपने बड़े–बड़े सूर्यवंशी वीर सम्राटों की कथाएँ पढ़ी होंगी। ये लोग पहले चन्द्र सूर्य के उपासक थे; बाद में ये अपने को चन्द्र और सूर्य का वंशज कहने लगे। अतः जब यह जातीय भाव आने लगा तब किंचित् प्रेम जागा, परस्पर एक–दूसरे के प्रति एक कर्तव्य–भाव भी आया और कुछ सामाजिक श्रृंखला की उत्पत्ति हुई और इसी के साथ–साथ यह भावना भी आने लगी कि हम एक–दूसरे का दोष सहन या क्षमा बिना किये कैसे एक साथ रह सकेंगे? मनुष्य किस प्रकार अन्ततः कभी न कभी अपनी प्रवृत्तियों का बिना संयम किये दूसरों के साथ, यहाँ तक कि एक व्यक्ति के साथ

भी रह सकता है ? यह असम्भव है। इसी प्रकार संयम की भावना आयी। इसी संयम की भावना में सम्पूर्ण समाज गुँथा हुआ है, और हम जानते हैं कि जो नर–नारी इस सहिष्णुता या क्षमा रूपी शिक्षा से रहित हैं वे अत्यन्त कष्ट में जीवन बिता रहे हैं।

अतएव जब इस प्रकार धर्म का भाव आया तब मनुष्य के मन में एक उच्चतर अपेक्षाकृत अधिक नीतिसंगत भाव का आभास आया। तब वे अपने उन्हीं प्राचीन देवताओं में–चंचल, लड़ाकू, शराबी, गोमांसाहारी देवताओं में–जिनको जले मांस की गन्ध से और तीव्र सुरा की आहुति से ही परम आनन्द होता था–कुछ असंगति देखने लगे। दृष्टान्त स्वरूप देखिए–वेद में वर्णन आता है कि कभी–कभी इन्द्र इतना मद्यपान कर लेता था कि वह बेहोश होकर गिर पड़ता था और अंड–बंड बकने लगता था। इस प्रकार के देवताओं में लोगों का विश्वास स्थापित रखना अब असम्भव हो गया। तब सभी के उद्देश्यों की खोज आरम्भ हो गयी थी और देवताओं के कार्यों के उद्देश्य भी पूछे जाने लगे। अमुक देवता के अमुक कार्य का क्या उद्देश्य है ? कोई उद्देश्य नहीं मिला। अतएव लोगों' ने उन सब देवताओं का त्याग कर दिया; अथवा वे देवताओं के विषय में और भी उच्च धारणाएँ बनाने लगे। उन्होंने देवताओं के उन सब गुणों तथा कार्यों को, जिन्हें वे समझ सकते थे या अच्छा समझते थे, एकत्रित किया और जिन कार्यों को उन्होंने अच्छा नहीं समझा अथवा समझा ही नहीं, उन्हें भी अलग कर दिया; और इनमें से जो अच्छे कार्यों का समूह था उसे उन्होंने 'देव–देव' नाम दिया। तब उनके उपास्य देवता केवल शक्ति के परिचायक मात्र नहीं रहे, शक्ति से अधिक और भी कुछ उनके लिए आवश्यक हो गया। अब वे नीतिपरायण देवता हो गये; वे मनुष्यों से प्रेम करने लगे, मनुष्यों का हित करने लगे। किन्तु देवता सम्बन्धी धारणा फिर भी अक्षुण्ण रही। वे लोग देवता की नीतिपरायणता तथा शक्ति को ही बढ़ा सके। अब विश्व में वे एक देवता सर्वश्रेष्ठ नीतिपरायण तथा एक प्रकार से सर्वशक्तिमान पुरुष माने जाने लगे।

किन्तु यह जोड़–गाँठ कब तक चल सकती है ? जिस प्रकार जगत् के रहस्य की व्याख्या सूक्ष्म से सूक्ष्मतर होती गयी उसी प्रकार यह रहस्य मानो और भी रहस्यमय होता गया। देवता अथवा ईश्वर के गुण जिस प्रकार समयुक्तान्तर

श्रेणी (Arthmetical progresasion) के नियम से बढ़ने लगे उसी प्रकार सन्देह भी समगुणितान्तर श्रेणी (Geometrical progresasion) के नियम से बढ़ने लगे। निष्ठुर जिहोवा के साथ जगत् का सामंजस्य स्थापित करने में जो कठिनता होती थी उससे अधिक कठिनता होने लगी ईश्वरसम्बन्धी नवीन धारणा के साथ जगत् का सामंजस्य स्थापित करने में। सर्वशक्तिमान और प्रेममय ईश्वर के राज्य में ऐसी पैशाचिक घटनाएँ क्यों घटती हैं ? सुख की अपेक्षा दुःख इतना अधिक क्यों है ? साधु भाव जितना है, असाधुभाव उससे अधिक क्यों है ? जगत् में कुछ भी खराबी नहीं है ऐसा समझकर हम आँखें बन्द करके बैठे रह सकते हैं, किन्तु इससे जगत् की बीभत्सता में तो कुछ परिवर्तन होता नहीं। यदि इसे हम बहुत अच्छे शब्दों में कहें तो कह सकते हैं कि यह जगत् टैंटालस के नरक[1] के समान है। उससे यह किसी अंश में उत्कृष्ट नहीं। प्रबल प्रवृत्तियों, इन्द्रियों को चरितार्थ करने की सभी वासनाएँ विद्यमान हैं, परन्तु उनकी पूर्ति करने का उपाय नहीं है। हमारी इच्छा के विरुद्ध हमारे अन्दर एक तरंग उठती है जो हमें आगे बढ़ने को बाध्य करती है, परन्तु जैसे ही हम एक पाँव आगे बढ़ाते हैं वैसे ही एक धक्का लगता है। हम सब टैंटास की भाँति इस जगत् में जीवित रहने को और मरने को मानो विधि–विधान से अभिशप्त हैं। पंचेन्द्रिय द्वारा सीमाबद्ध जगत् से अतीत आदर्श हमारे मस्तिष्क में आते हैं किन्तु बहुत सी चेष्टाएँ करने के बाद हम देखते हैं कि उन्हें हम कभी भी कार्य रूप में परिणत नहीं कर सकते। इसके विरुद्ध हम अपने आस–पास की अवस्था की चक्की में पिसकर चूर–चूर होकर परमाणुओं में परिणत हो जाते हैं। और यदि हम आदर्शप्राप्ति की चेष्टा का परित्याग करके केवल सांसारिक भाव को लेकर रहने की चेष्टा करते हैं तो भी हमें पशुजीवन बिताना पड़ता है और हमारी अवनति हो जाती है। अतएव किसी ओर भी सुख नहीं है। जो लोग इस जगत् में जिस अवस्था में उत्पन्न हुए हैं उसी अवस्था में रहना चाहते हैं, तो उनके भाग्य में भी दुःख ही है। और जो लोग सत्य के लिए– इस पाशविक जीवन से कुछ उन्नत जीवन के लिए प्राण देने को आगे बढ़ते हैं उन्हें सहस्र गुना दुःख होता है। यही वस्तुस्थिति है और इसकी कोई व्याख्या भी नहीं है, व्याख्या हो भी नहीं सकती। किन्तु वेदान्त इससे बाहर निकलने का मार्ग बतलाता है। याद रखिए कि ये सब बातें बोलते समय मुझे ऐसी अनेक बातें

कहनी पड़ेंगी जिनसे आपको कुछ भय लगेगा। किन्तु जो कुछ मैं कह रहा हूँ उसे आपने याद रखा, भली–भाँति हजम किया और दिन–रात चिन्तन किया तो यह आपके अन्दर बैठ जायेगी, आपकी उन्नति करेंगी और सत्य को समझने तथा सत्य में प्रतिष्ठित होने में आपको समर्थ करेंगी।

यह बात कोई मतविशेष नहीं है कि यह जगत् टैंटालस का नरक है। यह एक सत्य है। हम जगत् के सम्बन्ध में कुछ भी नहीं जानते, परन्तु हम यह भी नहीं कह सकते कि हम, कुछ नहीं जानते। इस जगत्–शृंखला का अस्तित्व है यह हम नहीं कह सकते, और जब हम उसके सम्बन्ध में चिन्ता करने लगते हैं तब हम देखते हैं कि हम कुछ भी नहीं जानते। यह हमारे मस्तिष्क का पूर्ण भ्रम हो सकता है। शायद मैं केवल स्वप्न देख रहा हूँ। मैं स्वप्न देख रहा हूँ कि मैं आपसे बातें कर रहा हूँ और आप मेरी बात सुन रहे हैं। कोई भी इसके विरुद्ध प्रमाण नहीं दे सकता कि यह स्वप्न नहीं है। 'मेरा मस्तिष्क' यह भी तो एक स्वप्न हो सकता है, और वास्तविक बात यह है कि अपना मस्तिष्क देखा किसने है ! वह तो हमने केवल मान लिया है। सभी विषयों के सम्बन्ध में यही बात है। शरीर हमारा है यह भी तो हम मान ही लेते हैं, और यह भी नहीं कह सकते कि हम नहीं जानते। ज्ञान और अज्ञान के बीच की यह अवस्था, यह रहस्यमय पहेली, यह सत्य और मिथ्या का मिश्रण–कहाँ जाकर इनका मिलन हुआ कौन जानता है ? हम स्वप्न में विचरण कर रहे हैं– अर्धनिद्रित, अर्धजाग्रत–जीवनभर एक पहेली में आबद्ध, यही हममें से प्रत्येक की दशा है ! सभी प्रकार के इन्द्रियज्ञान की यह दशा है। सब दर्शनों की, विज्ञान की, सब प्रकार के मानवीय ज्ञान की–जिनको लेकर हमें इतना अहंकार है उन सबकी भी यही दशा है–यही परिणाम है; यही ब्रह्मांड है।

चाहे पदार्थ कहो, या भूत कहो, मन कहो या आत्मा कहो, बात एक ही है–हम यह नहीं कह सकते कि ये सब हैं और यह भी नहीं कह सकते कि ये सब नहीं हैं। हम उन सबको एक भी नहीं कह सकते, अनेक भी नहीं कह सकते। यह प्रकाश और अन्धकार का खेल–यह नाना प्रकार की दुर्बलता–अविविक्त, अपृथक्, अविभाज्य–सदा ही रही हैं, इसमें सभी घटनाएँ कभी सत्य मालूम होती हैं, कभी मिथ्या। कभी लगता है कि हम जानते हैं, कभी लगता है सोये हुए हैं।

यही माया है और यही वस्तुस्थिति है। इसी माया में हमारा जन्म हुआ है, इसी में हम जीवित हैं; इसी में हम चिन्ता करते हैं, इसी में हम स्वप्न देखते हैं। इसी माया में हम दार्शनिक हैं, इसी में साधु हैं। यही नहीं, हम इसी माया में कभी दानव और कभी देवता हो जाते हैं। चिन्ता के रथ पर चढ़कर चाहे कितनी ही दूर क्यों न जाओ, अपनी धारणा को ऊँचे से ऊँचा बनाओ, उसे अनन्त या जो इच्छा हो नाम दो, फिर भी यह सब माया के ही भीतर है। इसके विपरीत हो ही नहीं सकता; और मनुष्य का समस्त ज्ञान– केवल इसी माया के साधारण भाव का आविष्कार करना, उसका वास्तविक रूप जानना है। यह माया नामरूप का कार्य है। जिस किसी वस्तु की आकृति है, जो कुछ भी तुम्हारे मन में किसी प्रकार के भाव का उद्दीपन करने वाला है, वही माया के अन्तर्गत है। जर्मन दार्शनिक भी कहते हैं– सभी कुछ देशकालनिमित्त के अधीन है, और यही माया है।

अब हम फिर उस ईश्वर–धारणा के सम्बन्ध में क्या हुआ इस पर विचार करेंगे। इसके पहले संसार की अवस्था का जो चित्र खींचा गया है उससे सहज ही समझ में आ जाता है कि पूर्वोक्त ईश्वर की धारणा हो ही नहीं सकती–अर्थात् उन एक ईश्वर की जो अनंत काल से हमें प्यार कर रहे हैं (प्यार हमारी धारणा के अनुसार)– उन एक अनंत सर्वशक्तिमान और निःस्वार्थ पुरुष की जो इस विश्व का शासन कर रहे हैं। इस सगुण ईश्वर की धारणा के विरुद्ध खड़े होने के लिए कवि का साहस आवश्यक है। कवि पूछता है– तुम्हारा न्यायशील दयालु ईश्वर कहाँ है ? वह मनुष्य है अथवा पशु ! क्या वह अपनी लाखों सन्तानों का विनाश नहीं देखता ? कारण, ऐसा कौन है जो एक क्षण भी दूसरे की हिंसा किये बिना जीवन धारण कर सकता है ? क्या आप सहस्रों जीवनों का संहार किये बिना एक साँस भी ले सकते हैं। लाखों जीव मर रहे हैं, इसी से आप जीवित हैं। आपके जीवन का प्रति क्षण, प्रत्येक निःश्वास जो आप लेते हैं वह सहस्रों जीवों की मृत्युस्वरूप है और आपकी प्रत्येक गति लाखों जीवों की मृत्युस्वरूप है। वे क्यों मरे ? इस सम्बन्ध में एक अति प्राचीन अयुक्तिपूर्ण दलील दी जाती है कि– "वे तो अति नीच जीव हैं।" मान लो कि यह बात ठीक है, किन्तु यह तो एक टेढ़ा प्रश्न है जिसका निश्चय करना ही कठिन है। कौन कह सकता है कि चींटी मनुष्य से श्रेष्ठ है अथवा मनुष्य चींटी से ? कौन कह सकता

है कि यह ठीक है या वह ठीक है ? मनुष्य घर बना सकता है, यन्त्र बना सकता है, इसलिए वही श्रेष्ठ है। परन्तु हम इसी तरह यह भी तो कह सकते हैं कि चींटी घर नहीं बना सकती, यन्त्र नहीं बना सकती इसीलिए वह श्रेष्ठ है। जिस प्रकार इस पक्ष में कोई युक्ति नहीं है उसी प्रकार उस पक्ष में भी कोई युक्ति नहीं है।

अच्छा, मान लिया कि वे अति क्षुद्र जीव हैं, फिर भी वे मरे क्यों ? उनके क्षुद्र होने से ही तो उनका बचना और भी आवश्यक है। वे क्यों न बचें ? उनका जीवन अधिकतर इन्द्रियों में आबद्ध है अतः वे हमारी– तुम्हारी अपेक्षा सहस्रगुना दुःख–सुख का बोध करते हैं। कुत्ता या व्याघ्र जिस स्फूर्ति और लगन के साथ भोजन करते हैं उस तरह कौन मनुष्य कर सकता है ? इसका कारण है कि हमारी समस्त कार्यों की प्रवृत्ति इन्द्रियों में नहीं है, बुद्धि में है, आत्मा में है। किन्तु कुत्ते की इन्द्रियों में ही प्राण पड़े रहते हैं, वह इन्द्रियसुख के लिए उन्मत्त हो जाता है, वह जितने आनन्द के साथ इन्द्रियसुख का उपभोग करता है, मनुष्य उतना नहीं कर सकता; और जैसा उसका यह सुख है उसी परिमाण में उसका दुःख भी है।

जितना सुख है उतना ही दुःख है। यदि मनुष्येतर प्राणी इतनी तीव्रता से सुख की अनुभूति करते हैं तो यह भी सत्य है कि उनके दुःख की अनुभूति भी उतनी ही अधिक तीव्र होगी– मनुष्य की अपेक्षा सहस्रगुनी तीव्र होगी, परन्तु फिर भी उन्हें मरना होगा ! तो फिर मरने में भी उन्हें मनुष्य की अपेक्षा सहस्रगुना कष्ट होगा ! फिर भी हमें उनके कष्ट की चिन्ता न करते हुए उन्हें मारना पड़ता है। यही तो माया है; और यदि हम मान लें कि ईश्वर हमारी ही तरह का एक व्यक्ति है (सगुण) जिसने यह सृष्टि रची है तो ये सब सिद्धान्त और व्याख्याएँ जो यह सिद्ध करने का प्रयत्न करते हैं कि बुराई में ही भलाई छिपी रहती है, ये सब पर्याप्त नहीं हैं। उपकार चाहे सैकड़ों हों किन्तु अपकारों से उपकार क्यों होंगे ? इस सिद्धान्त के अनुसार मैं यदि अपनी इन्द्रियों के सुख के लिए दूसरों का गला काटूँ तो कोई बुराई नहीं है। अतएव यह युक्ति ठीक नहीं मालूम होती। बुराई में से भलाई क्यों निकलेगी ? इस प्रश्न का उत्तर देना होगा। किन्तु इस प्रश्न का कोई उत्तर नहीं है, यह बात भारतीय दर्शन को माननी पड़ी।

वेदान्त अन्य सभी धर्मों और सम्प्रदायों की अपेक्षा अधिक साहस के

साथ सत्य का अन्वेषण करने में अग्रसर हुआ है। वेदान्त ने बीच में ही किसी जगह पहुँचकर अपने अनुसन्धान को स्थगित नहीं किया, और उसको अग्रसर होने में एक सुविधा भी प्राप्त थी। वह यह कि वेदान्त धर्म के विकास के समय पुरोहित सम्प्रदाय ने सत्यान्वेषियों का मुख बन्द करने की चेष्टा नहीं की। धर्म में पूर्ण स्वाधीनता थी। उन लोगों की संकीर्णता थी सामाजिक प्रणाली में।, यहाँ (इंग्लैंड में) समाज खूब स्वाधीन है। भारतवर्ष में सामाजिक स्वाधीनता नहीं थी किन्तु धार्मिक स्वाधीनता थी। इस देश में कोई चाहे जैसी पोशाक पहने अथवा जो इच्छा हो करे, उससे कोई कुछ न कहेगा; किन्तु चर्च में यदि कोई एक दिन भी न जाये तो तरह–तरह की बातें उठ खड़ी होती हैं। सत्य की चिन्ता करते समय उसे हजार बार सोचना पड़ेगा कि समाज क्या कहता है। दूसरी ओर भारतवर्ष में यदि कोई इतर जाति के हाथ का खाना खा लेता है तो तुरन्त ही समाज उसे जातिच्युत कर देता है। पूर्व पुरुष जैसी पोशाक पहनते थे उससे जरा भी पृथक् पोशाक पहनते ही बस, उसका सर्वनाश हो जाता है। मैंने यहाँ तक सुना है कि एक व्यक्ति प्रथम बार रेलगाड़ी देखने गया था, इसीलिए जातिच्युत कर दिया गया ! मान लो कि यह घटना सत्य नहीं है, किन्तु यह सच है कि हमारे समाज की यही गति है। किन्तु धर्म के विषय में देखता हूँ कि– नास्तिक, बौद्ध, जड़वादी–सभी प्रकार के धर्म, सभी प्रकार के मतमतान्तर, अद्भुत–अद्भुत और बड़े–बड़े भयानक मतों का प्रचार हो रहा है, शिक्षा भी हो रही है। अधिक क्या, देवमन्दिरों के द्वार पर ही ब्राह्मण लोग जड़वादियों की देवनिन्दा को सुनते–सहते हैं ! यह बात उनके धर्म की उदारता और महत्त्व की ही परिचायक है।

भगवान बुद्ध ने वृद्धावस्था में शरीरत्याग किया था। मेरे एक अमेंरिकन वैज्ञानिक मित्र बुद्धदेव का चरित्र पढ़कर बड़े प्रसन्न होते थे किन्तु बुद्धदेव की मृत्यु उन्हें अच्छी नहीं लगती थी, कारण, कि उन्हें क्रॉस पर नहीं लटकाया गया था। कितनी भ्रमात्मक धारणा है ! बड़ा आदमी होने से ही हत्या किया जाना आवश्यक माना जाता है। भारतवर्ष में इस प्रकार की धारणा प्रचलित नहीं थी। बुद्धदेव ने भारतीय देवताओं तथा जगत् का शासन करने वाले ईश्वर तक को अस्वीकार करते हुए भारतवर्ष भर का भ्रमण किया किन्तु तथापि वे वृद्धावस्था

तक जीवित रहे थे। वे पचासी वर्ष की अवस्था तक जीवित रहे और देश के आधे भाग में उन्होंने अपने धर्म का प्रचार कर लिया था।

चार्वाकों ने भी बड़े–बड़े भयानक मतों का प्रचार किया था–उन्नीसवीं शताब्दी में भी लोग इस प्रकार खुल्लमखुल्ला जड़वाद का प्रचार करने का साहस नहीं करते। ये चार्वाक लोग मन्दिरों और नगरों में प्रचार करते फिरते थे कि धर्म मिथ्या है, वह केवल पुरोहितों की स्वार्थपूर्ति का एक उपाय मात्र है, वेद केवल धूर्त निशाचरों की रचना है–ईश्वर भी नहीं है, आत्मा भी नहीं है। यदि आत्मा है तो स्त्री–पुत्र आदि के प्रेम से आकृष्ट होकर लौट क्यों नहीं आता ? इन लोगों की यह धारणा थी कि यदि आत्मा होता तो मृत्यु के बाद भी प्रेम आदि भावना उसको रहती और वह खूब अच्छा खाना, अच्छा पहनना चाहता। ऐसा होने पर भी किसी ने चार्वाकों के ऊपर अत्याचार नहीं किया।

धर्म के विषय में हमारे यहाँ स्वाधीनता थी, अतएव आज भी धर्म के विषय में हमारे भीतर महाशक्ति विराजित है। आप लोगों ने सामाजिक स्वतन्त्रता ली थी, इसीलिए आपकी सामाजिक, प्रणाली इतनी सुन्दर है। हमने सामाजिक बातों में बिलकुल स्वतन्त्रता नहीं दी, इसलिए हमारे समाज में संकीर्णता है। आपके देश में धार्मिक स्वतन्त्रता नहीं दी गयी धर्म के विषय में प्रचलित मत का उल्लंघन करते ही बन्दूकें उठ जाती थीं ! उसी का फल यह है कि योरप में धार्मिक भाव इतना संकीर्ण है। भारतवर्ष में सामाजिक श्रृंखला को खोलना होगा और योरप में धार्मिक श्रृंखला को तोड़ना पड़ेगा। तभी उन्नति होगी। यदि हम लोग इस आध्यात्मिक, नैतिक या सामाजिक उन्नति के भीतर जो एकत्व है उसको समझ सकें, यदि हम जान लें कि वे सब एक ही पदार्थ के विभिन्न विकास मात्र हैं, तो धर्म हमारे समाज के भीतर प्रवेश करेगा, हमारे जीवन का प्रति मुहूर्त धर्म भाव से पूर्ण हो जायेगा। धर्म हमारे जीवन के प्रत्येक कार्य में प्रवेश करेगा, धर्म नाम से जो कुछ भी है वह सब हमारे जीवन में अपने प्रभाव का विस्तार करेगा। वेदान्त के प्रकाश में आप समझेंगे कि समस्त विज्ञान केवल धर्म का ही विभिन्न विकास मात्र है; जगत् की सभी वस्तुएँ इसी प्रकार हैं।

तो हमने देखा कि स्वाधीनता होने के कारण ही योरप में यह विज्ञान की उत्पत्ति और उन्नति हुई है; और हम देखते हैं कि कितने आश्चर्य की बात

है कि सभी समाजों में दो विभिन्न दल देखे जाते हैं। एक संहार करने वाला, दूसरा संगठन करने वाला। मान लो कि समाज में दोष है और एक दल उठकर गाली–गलौज करने लगा। बहुत दिन तक ये लोग केवल कट्टरपन्थी रहे। सभी देशों और समाजों में ये लोग देखे जाते हैं, और स्त्रियाँ तो अधिकांश इस चीत्कार में योग दिया करती हैं, कारण वे स्वभाव से भावुक होती हैं। जो व्यक्ति खड़े होकर किसी विषय के विरुद्ध लेक्चरबाजी करेगा उसके दल की वृद्धि होगी ही। तोड़ना सहज होता है, पागल आदमी जो चाहे तोड़–फोड़ सकता है, किन्तु किसी वस्तु का बनाना उसके लिए कठिन है।

सभी देशों में इस प्रकार के गन्दे विषयों के प्रतिवादी किसी न किसी रूप में पाये जाते हैं, और वे समझते हैं कि केवल गाली–गलौज से और दोनों को प्रकाश में लाकर ही वे लोगों का उपकार कर रहे हैं। उनको देखने से ऐसा लगता है कि वे कुछ उपकार कर रहे हैं, किन्तु वास्तव में वे अनिष्ट ही अधिक करते हैं। एक दिन में तो कोई काम नहीं होता। समाज एक ही दिन में तो बन नहीं गया, और परिवर्तन का अर्थ है, कारणों को दूर करना। मान लो कि बहुत से दोष हैं, किन्तु केवल गाली–गलौज से तो कुछ होगा नहीं; हमें उनकी जड़ तक जाना पड़ेगा। पहले तो दोष का कारण क्या है यह जानना होगा, फिर उसे दूर करने से दोष स्वतः ही दूर हो जायेगा। चिल्लाने से लाभ होने के स्थान पर हानि की ही अधिक सम्भावना है।

किन्तु पूर्ववर्णित दूसरे दल के हृदय में सहानुभूति थी। वे समझ गये थे कि दोषों को दूर करने के लिए उनके कारणों को देखना होगा। बड़े–बड़े साधु–महात्माओं का ही यह दल था। एक बात आपको याद रखना चाहिए कि जगत् के सभी बड़े–बड़े आचार्य लोग कह गये हैं कि हम नाश करने नहीं आये, किन्तु पहले से जो कुछ है उसे पूर्ण करने आये हैं। प्रायः लोग आचार्यगण का यह महान् उद्देश्य न समझकर ऐसा कहते हैं कि उन्होंने साधारण मनुष्यों की भाँति अनुप्रयुक्त कार्य किये। इस समय भी बहुधा लोग कहते हैं कि वे लोग (आचार्यगण) जिसको सत्य समझते थे उसे प्रकट रूप से कहने का साहस नहीं करते थे और वे कुछ अंश में कायर थे। किन्तु यह बात नहीं है। ये सब एकदेशदर्शी लोग उन सब महापुरुषों के हृदय के अनन्त प्रेम की शक्ति को नहीं

समझते हैं। वे तो संसार के समस्त नर–नारियों को अपनी सन्तान के समान देखते थे। वे ही यथार्थ माता–पिता हैं, वे ही यथार्थ देवता हैं, उनके हृदय में प्रत्येक के लिए अनन्त सहानुभूति और क्षमा थी–वे सदा ही सहने को और क्षमा करने को उद्यत रहते थे। वे जानते थे कि किस प्रकार मानव समाज संगठित हो सकता है; अतएव वे अत्यन्त धैर्य के साथ, अत्यन्त सहिष्णुता के साथ अपनी संजीवनी औषध का प्रयोग करने लगे। उन्होंने किसी को गालियाँ नहीं दीं, न भय दिखलाया किन्तु बड़े धैर्य के साथ लोगों को एक–एक कदम रख कर मार्ग दिखलाया है। ये उपनिषदों के रचयिता थे। वे अच्छी तरह जानते थे कि ईश्वर सम्बन्धी प्राचीन धारणा अन्य सभी उन्नत नीति–संगत धारणा के साथ मेल नहीं खाती। वे पूरी तरह से जानते थे कि इन सब खंडन करने वालों के भीतर ही अधिक सत्य हैं; वे पूरी तरह से जानते थे कि बौद्ध और नास्तिक लोग जो कुछ प्रचार करते हैं उसमें अनेक महान् सत्य हैं; किन्तु वे यह भी जानते थे कि जो लोग पहले के मतों से कोई सम्बन्ध न रखकर एक नया मत स्थापित करना चाहते हैं, जो लोग जिस सूत्र में माला गुँथी हुई है उसी को तोड़ना चाहते हैं, जो शून्य के ऊपर नूतन समाज का गठन करना चाहते हैं वे पूरी तरह से असफल होंगे!

हम कभी भी किसी नूतन वस्तु का निर्माण नहीं कर सकते, हम केवल पुरानी वस्तुओं का स्थान परिवर्तन कर सकते हैं। बीज ही वृक्ष के रूप में परिणत हो जाता है, अतः हमें धैर्य के साथ शान्तिपूर्वक लोगों की सत्य की खोज में लगी हुई शक्ति को ठीक तरह से चलाना होगा, और जो सत्य पहले ही से ज्ञात है उसी को पूर्ण रूप से जानना होगा। अतएव प्राचीन काल की इस ईश्वर सम्बन्धी धारणा को वर्तमान काल के लिए एकदम अनुपयुक्त कहकर उड़ाये बिना ही उन लोगों ने उसमें जो कुछ सत्य है उसका अन्वेषण आरम्भ किया; उसी का फल वेदान्त–दर्शन है। वे प्राचीन सभी देवताओं तथा जगत् के शासनकर्ता एक ईश्वर के भाव से भी उच्चतर भावों का आविष्कार करने लगे– इसी प्रकार उन्होंने जो उच्चतम सत्य आविष्कृत किया उसी को निर्गुण पूर्णब्रह्म नाम से पुकारते हैं–इसी निर्गुण ब्रह्म की धारणा में उन्होंने जगत् के बीच में एक अखंड सत्ता को देख पाया।

"जिन्होंने इस बहुत्वपूर्ण जगत् में उस एक अखंड स्वरूप को देख पाया है, जो इस मर्त्य जगत् में उस एक अनन्त जीवन को देख पाते हैं, जो इस जड़ता तथा अज्ञान से पूर्ण जगत् में उसी एक स्वरूप को देख लेते हैं उन्हीं को चिरशान्ति मिलती है और किसी को नहीं।"

6. माया और मुक्ति

कवि कहते हैं कि– "हम जिस समय जगत् में प्रवेश करते हैं उस समय अपने पीछे मानो एक हिरण्मय मेघजाल लेकर प्रवेश करते हैं।" किन्तु यदि सच पूछो तो हम में से सभी इस प्रकार महिमामंडित होकर संसार में प्रवेश नहीं करते, हममें से बहुत से तो कुंझटिका (कुहरे) की कालिमा अपने पीछे लेकर जगत् में प्रवेश करते हैं, इसमें कोई सन्देह नहीं। हम लोग, हममें से सभी मानों युद्ध करने के लिए युद्ध क्षेत्र में प्रेरित कर दिये गये हैं। रोते–रोते हमें इस जगत् में प्रवेश करना होगा–यथासाध्य चेष्टा करके अपना मार्ग बनाना होगा, –इस अनन्त जीवन–समुद्र में पीछे की ओर कोई चिन्ह तक न छोड़कर मार्ग बनाना होगा–सम्मुख की ओर हम अग्रसर हो रहे हैं, पीछे अनन्त युग पड़े हैं, और सामने भी अनन्त युग पड़े हैं। इसी प्रकार हम चलते रहते हैं और अन्त में मृत्यु आकर हमें इस क्षेत्र से अपसारित कर देती है–विजयी अथवा पराजित कुछ भी निश्चित नहीं है। यही माया है।

बालक के हृदय की आशा बलवती होती है। बालकों के विस्फारित नयनों के समक्ष समस्त जगत् मानो, एक सुनहले चित्र के समान मालूम पड़ता है। वह समझता है कि मेरी जो इच्छा होगी वही होगा। किन्तु जैसे ही वह आगे बढ़ता है वैसे ही प्रत्येक पद पर प्रति वज्रदृढ़ प्राचीर के रूप में उसका गतिरोध करके खड़ी हो जाती है। बारम्बार उस प्राचीर को भंग करने के उद्देश्य से वह वेग के साथ उसके ऊपर टक्कर मार सकता है। सारे जीवन भर जितना वह अग्रसर होता जाता है उतना ही उसका आदर्श उससे दूर होता चला जाता है–अन्त में मृत्यु आ जाती है और सारा खेल समाप्त हो जाता है। यही माया है।

वैज्ञानिक उठे, महाज्ञान की पिपासा लिये। उनके लिए ऐसा कुछ भी

नहीं है जिसका वे त्याग न कर सकते हों, कोई किसी प्रकार भी उन्हें निरुत्साह नहीं कर सकता। वे धीरे–धीरे आगे बढ़ते हुए प्रकृति के एक के बाद एक गुप्त तत्त्वों का आविष्कार करते हैं–प्रकृति के अन्तस्तल में से आभ्यन्तरीण गूढ़ रहस्यों का उद्‌घाटन करते हैं किन्तु इसका उद्देश्य क्या है ? इस सबके करने का क्या उद्देश्य है ? हम इन वैज्ञानिकों का गौरव क्यों करें ? उन्हें कीर्ति क्यों मिले ? क्या प्रकृति मनुष्य जितना जान सकती है उससे अनन्त गुना अधिक नहीं जान सकती ? ऐसा होने पर भी क्या वह जड़ नहीं है ? जड़ का अनुकरण करने में कौन–सा गौरव है ? वज्र चाहे कितना ही विद्युत्‌शक्तिशाली क्यों न हो, प्रकृति उसे चाहे जितनी दूर उठाकर फेंक सकती है। यदि कोई मनुष्य उसका शतांश भी कर सकता है तो हम उसे उठाकर आकाश में पहुँचा देते हैं ! परन्तु यह सब किसलिए ? प्रकृति के अनुकरण के लिए, मृत्यु के, जड़त्व के अचेतन के अनुकरण के लिए हम उसकी प्रशंसा क्यों करें ?

मध्याकर्षण शक्ति भारी से भारी पदार्थ को क्षण भर में खंड–खंड कर फेंक सकती है, फिर भी वह एक जड़ शक्ति है। जड़ के अनुकरण से क्या लाभ है ? तथापि हम सारे जीवन भर केवल इसी के लिए चेष्टा करते रहते हैं; यही माया है।

इन्द्रियाँ मनुष्य की आत्मा को बाहर खींच लाती है। मनुष्य उन स्थानों में सुख और आनन्द की खोज कर रहा है जहाँ वह उन्हें कभी भी नहीं पा सकता। युगों से हम यह सीखते आ रहे हैं कि यह निरर्थक और व्यर्थ है; यहाँ हमें सुख नहीं मिल सकता, परन्तु हम सीख नहीं सकते ! अपने अनुभव के अतिरिक्त और किसी उपाय से हम सीख नहीं सकते। हम प्रयत्न करते हैं; हमें धक्का लगता है, फिर भी क्या हम सीखते हैं ? नहीं, फिर भी नहीं सीखते। पतंग जैसे दीपक की लौ पर जलते हैं उसी प्रकार हम इन्द्रियों में सुख की प्राप्ति की आशा से अपने को बार–बार झोंकते हैं। हम फिर लौटते हैं, ताजगी लेकर; इसी प्रकार चलता रहता है और अन्त में असमर्थ होकर, धोखा खाकर हम मर जाते है; और यही माया है।

यही बात हमारी बुद्धि के सम्बन्ध में भी है। हम जगत् के रहस्य की मीमांसा करने की चेष्टा करते हैं हम इस जिज्ञासा, इस अनुसन्धान की प्रवृत्ति को

बन्द नहीं रख सकते; किन्तु हम लोगों को यह जान लेना चाहिए कि ज्ञान प्राप्तव्य वस्तु नहीं है कुछ पद अग्रसर होते ही अनादि अनन्त काल का प्राचीर बीच में व्यवधान के रूप में आ खड़ा होता है जिसे हम लाँघ नहीं सकते। कुछ दूर बढ़कर अनादि देश का व्यवधान आकर खड़ा हो जाता है जिसे अतिक्रमण नहीं कर सकते; सभी कुछ अनतिक्रमणीय होकर हम कार्यकारण रूपी दीवार की सीमा से बद्ध हैं। हम इसे लाँघकर आगे नहीं जा सकते। तो भी हम चेष्टा करते रहते हैं। चेष्टा हमें करनी ही पड़ेगी। यही माया है।

प्रत्येक साँस में, हृदय की प्रत्येक धड़कन में, अपनी प्रत्येक गति में हम समझते हैं कि हम स्वतन्त्र हैं, और उसी क्षण हम देखते हैं कि हम स्वतन्त्र नहीं हैं। क्रीत दास–हम प्रकृति के क्रीत दास हैं–शरीर, मन तथा सभी चिन्ताओं एवं सभी भावों में हम प्रकृति के क्रीत दास हैं; यही माया है।

ऐसी एक भी माता नहीं है जो अपनी सन्तान को अद्भुत शिशु–महापुरुष नहीं समझती है। वह उसी बालक को लेकर पागल हो जाती है, उसी बालक के ऊपर उसके प्राण पड़े रहते हैं। बालक बड़ा हुआ शायद बिलकुल शराबी और पशुतुल्य हो गया–जननी के प्रति बुरा व्यवहार तक करने लगा। जितना ही उसका दुर्व्यवहार बढ़ता है उतना ही जननी का प्रेम भी बढ़ता है। लोग इसे जननी का निःस्वार्थ प्रेम कहकर खूब प्रशंसा करते हैं उनके मन में प्रश्न भी नहीं उठता कि वह माता जन्म भर के लिए केवल एक क्रीत दासी के समान है–यह प्रेम किये बिना रह ही नहीं सकती। हजारों बार उसकी इच्छा होती है कि वह इस मोह का त्याग कर देगी, किन्तु वह कर ही नहीं सकती। अतः वह इसे सुन्दर पुष्पों से सजाकर उसी को अद्भुत प्रेम कहकर व्याख्या करती है। यही माया है।

हम सबका यही हाल है। नारद ने एक दिन श्रीकृष्ण से पूछा– "प्रभो, आपकी माया कैसी है, में देखना चाहता हूँ।" कई दिन के बाद श्रीकृष्ण नारद को लेकर एक जंगल में गये। बहुत दूर जाने के बाद श्रीकृष्ण नारद से बोले–" नारद, मुझे बड़ी प्यास लगी है। क्या कहीं से थोड़ा जल लाकर पिला सकते हो ?". नारद बोले– "प्रभो, कुछ देर ठहरिये, मैं अभी जल लेकर आता हूँ।" यह कहकर नारद चले गये। कुछ दूर पर एक गाँव था, नारद वहीं जल की खोज करने लगे। एक मकान के द्वार पर पहुँचकर उन्होंने खटखटाया। द्वार खुला और

एक परम सुन्दरी कन्या उनके सम्मुख आकर खड़ी हुई। उसे देखते ही नारद सब कुछ भूल गये। भगवान उनकी प्रतीक्षा कर रहे होंगे, वे प्यासे होंगे, हो सकता है प्यास से उनका प्राण वियोग भी हो जाये–ये सभी बातें नारद भूल गये। सब कुछ भूलकर वे उसी कन्या के साथ बातचीत करने लगे, धीरे–धीरे एक–दूसरे के प्रति प्रणयभाव उत्पन्न होने लगा। तब फिर नारद उस कन्या के पिता के पास जाकर उसके साथ विवाह करने के लिए प्रार्थना करने लगे,–विवाह भी हो गया और वे उसी गाँव में रहने लगे–धीरे–धीरे उनके सन्तति भी होने लगी। इसी तरह रहते–रहते बारह वर्ष बीत गये। नारद के ससुर भी मर गये और उनकी सम्पत्ति के नारद उत्तराधिकारी हो गये और पुत्र कलत्र, भूमि, पशु, सम्पत्ति, गृह आदि को लेकर नारद खूब स्वच्छन्दतापूर्वक सुख से रहने लगे। अन्त में उन्हें यह बोध होने लगा कि वे खूब सुखी हैं। इसी समय उस देश में बाढ़ आई। एक दिन रात के समय नदी दोनों तटों को तोड़कर बहने लगी और सम्पूर्ण गाँव डूब गया। मकान सब गिरने लगे; मनुष्य, पशु, पक्षी, सब बह–बहकर डूबने लगे, नदी की धार में सभी कुछ बहने लगा। नारद को भी भागना पड़ा। एक हाथ से उन्होंने स्त्री को पकड़ा, दूसरे हाथ से दो बच्चों को, और एक बालक को कन्धे पर बिठाकर उस भयंकर नदी को पार करने की चेष्टा करने लगे।

कुछ दूर जाने के बाद ही लहरों का वेग बढ़ने लगा। कन्धे पर बैठे हुए शिशु की नारद किसी प्रकार रक्षा न कर सके; वह गिरकर तरंगों में बह गया। निराशा और दुःख से नारद चीत्कार कर उठे। उसकी रक्षा करने को जाते ही और एक बालक, जिसका हाथ वे पकड़े हुए थे, हाथ से छूट डूबकर मर गया। अपनी पत्नी को वे अपने शरीर की समस्त शक्ति लगाकर पकड़े हुए थे, अन्त में तरंगों के वेग से पत्नी भी उनके हाथ से छूट गयी और वे स्वयं तट पर गिरकर मिट्टी में लोटपोट होने लगे और बड़े कातर स्वर में विलाप करने लगे। इसी समय मानो किसी ने उनकी पीठ पर कोमल हाथ रखकर कहा–"वत्स, कहाँ, जल कहाँ है ? तुम जल लेने गये थे, मैं तुम्हारी प्रतीक्षा में हूँ। तुम्हें गये हुए आधा घंटा हुआ।" आधा घंटा ! नारद के लिए तो बारह वर्ष बीत चुके थे ! और आधे घंटे के भीतर ही ये सब दृश्य उनके मन के अन्दर से निकल गए– यही माया है ! किसी न किसी रूप में हम सब इसी माया के भीतर रहते हैं। यह बात समझना

बड़ा कठिन है–विषय भी बड़ा जटिल है। इसका क्या तात्पर्य है ? तात्पर्य यही है कि– यह बात बड़ी भयानक है– सभी देशों में महापुरुषों ने इसी तत्त्व का प्रचार किया है, सभी देशों के लोगों ने यही शिक्षा प्राप्त की है, किन्तु बहुत कम लोगों ने इस पर विश्वास किया है, उसका कारण यही है कि स्वयं बिना भोगे हुए, बिना ठोकर खाये हुए हम इस पर विश्वास नहीं कर सकते। सच पूछिए तो सभी वृथा है, सभी मिथ्या है।

सर्व–संहारक काल आकर सबको पास कर लेता है, कुछ भी नहीं छोड़ता। वह पाप को खा जाता है, पापी को भी खा जाता है, वह राजा को, प्रजा को, सुन्दर को, कुत्सित को– सभी को खा डालता है, किसी को भी नहीं छोड़ता। सभी कुछ उस चरम गति–विनाश की ओर अग्रसर हो रहा है। हमारा ज्ञान, शिल्प विज्ञान– सभी कुछ उसी एक अनिवार्य गति मृत्यु की ओर अग्रसर हो रहा है। कोई भी इस तरंग की गति को नहीं रोक सकता, कोई भी इस विनाशाभिमुखी गति को एक क्षण के लिए भी रोककर रख नहीं सकता। हम उसे भूले रहने की चेष्टा कर सकते हैं, जैसे किसी देश में महामारी फैलने पर शराब, नाच, गाना आदि व्यर्थ की चेष्टाएँ करके लोग सब कुछ भूलने की चेष्टा करते हुए लकवा मारे हुए मनुष्य की भाँति गतिशक्तिरहित हो जाते हैं। हम लोग भी इसी प्रकार इस मृत्यु की चिन्ता को भूलने की अति कठोर चेष्टा कर रहे हैं– सभी प्रकार के इन्द्रियसुखों के द्वारा उसे भूलने की चेष्टा कर रहे हैं किन्तु इससे उसकी निवृत्ति नहीं होती।

लोगों के सामने दो मार्ग हैं। इनमें से एक सभी जानते हैं वह यह है–''जगत् में दुःख है, कष्ट है, सब सत्य है किन्तु इस सम्बन्ध में बिलकुल सोचना नहीं चाहिए। 'यावज्जीवेत्सुखं जीवेत् ऋणं कृत्वा घृत पिबेत्।' दुःख अवश्य है किन्तु उधर नजर मत डालो। जो थोड़ा–बहुत सुख मिले उसे भोग कर लो, इस संसार–चित्र के अन्धकारमय अंश को मत देखो–केवल प्रकाशमय अंश की ओर देखो।" इस प्रकार के विचारों में कुछ सत्य तो अवश्य है किन्तु इस में भयानक विपत्ति की आशंका भी है। इसमें सत्य इतना ही है कि यह हमें कार्य में प्रवृत्त रखता है। आशा एवं इसी प्रकार का एक प्रत्यक्ष आदर्श हमें कार्य में प्रवृत्त और उत्साहित करता है अवश्य, किन्तु इसमें यह एक विपत्ति है कि अन्त

में हताश होकर सब चेष्टाएँ छोड़ देनी पड़ती हैं। जो लोग कहते हैं–"संसार को जैसा देखते हो वैसा ही ग्रहण करो; जितनी दूर तक स्वच्छन्द रह सकते हो, रहो 'समस्त दुःख, कष्ट आने पर भी सन्तुष्ट रहो; आघात होने पर भी कहो कि यह आघात नहीं; पुष्पवृष्टि है; दास के समान परिचालित होने पर भी कहो–'मैं मुक्त हूँ , स्वाधीन हूँ' ,दूसरों के तथा अपनी आत्मा के सम्मुख दिन–रात मिथ्या बोलो, क्योंकि संसार में रहने का, जीवित रहने का यही एकमात्र उपाय है,"–ऐसे लोग बाध्य होकर ही अन्त में ऐसा करते हैं। इसी को पक्का सांसारिक ज्ञान कहते हैं और इस उन्नीसवीं शताब्दी में यह ज्ञान जितना साधारण है उतना साधारण कभी भी नहीं था। इसका कारण यही है कि लोग इस समय जो चोटें खा रहे हैं ऐसी चोटें उन्होंने पहले कभी नहीं खाई थीं, प्रतिद्वन्द्विता भी इतनी तीव्र पहले कभी नहीं थी; इस समय मनुष्य अपने दूसरे भाइयों के प्रति जितना निष्ठुर है उतना पहले कभी नहीं था, और इसीलिए आजकल यह सान्त्वना दी जाती है। आजकल यह उपदेश ही अधिकतर दिया जाता है, किन्तु इस उपदेश से अब कोई फल नहीं होता; कभी भी नहीं होता। गले हुए शव को फूलों से ढ़ककर कब तक रखा जा सकता है। असम्भव कब तक चल सकता है ? एक दिन ये सब फूल उड़ जायेंगे, तब यह शव पहले से भी अधिक बीभत्स रूप में दिखेगा। हमारा समस्त जीवन ही ऐसा है। हम अपने पुराने सड़े घाव को स्वर्ण के वस्त्र से ढ़क देने की चेष्टा कर सकते हैं किन्तु एक दिन आयेगा जब वह स्वर्णवस्त्र खिसक पड़ेगा और वह घाव अत्यन्त बीभत्स रूप में हमारे सम्मुख प्रकाशित होगा। तब क्या कोई आशा नहीं है ? यह बात सत्य है कि हम सभी माया के दास हैं, हम सभी माया के अन्दर ही जन्म लेते हैं और माया में ही हम जीवित रहते हैं।

तब क्या कोई उपाय नहीं है, कोई आशा नहीं है ? यह बात कि हम सब अतीव दुर्दशा में पड़े हैं, यह जगत् वास्तव में एक कारागार है, हमारी पूर्वप्राप्त महिमा की छटा भी एक कारागार है, हमारी बुद्धि और मन भी एक कारागार के समान हैं, ये सब बातें सैकड़ों युगों से लोगों को मालूम है। मनुष्य चाहे जो कुछ कहे, ऐसा कोई भी व्यक्ति नहीं है जो किसी न किसी समय इस बात को हृदय से अनुभव न करता हो। बुड्ढे लोग इसको और भी तीव्रता के साथ अनुभव करते हैं, क्योंकि उनकी जीवन भर की संचित अभिज्ञता रहती है, प्रकृति

की मिथ्या भाषा उन्हें अधिक ठग नहीं सकती। इस बन्धन को तोड़ने का क्या उपाय है ? क्या इसे तोड़ने का कोई उपाय नहीं है ? हम देखते हैं कि यह भयंकर व्यापार, यह बन्धन हमारे सामने, पीछे, चारों ओर रहने पर भी इसी दुःख और कष्ट के बीच, इसी जगत् में जहाँ जीवन और मृत्यु का एक ही अर्थ है, यहाँ भी एक महावाणी सभी युगों में, सभी देशों में, सभी व्यक्तियों के हृदय के भीतर से मानों उठ रही है–

"दैवी हयेषा गुणमयी मम माया दुरत्यया।
मामेंव ये प्रपद्यन्ते मायामेंतां तरन्ति ते।।"

"मेंरी यह दैवी त्रिगुणमयी माया बड़ी मुश्किल से पार की जाती है। जो मेरी शरण में आते हैं वे इस माया के पार हो जाते हैं। "हे परिश्रान्त, भाराक्रान्त" मनुष्यों, आओ, में तुम्हें आश्रय दूँगा।" यह वाणी ही हम सबको बराबर अग्रसर कर रही है। मनुष्य इस वाणी को सुनता है, अनन्त युगों से सुनता आ रहा है। जिस समय मनुष्य को लगता है कि उसका सब कुछ चला जा रहा है, जब उसकी आशा टूटने लगती है, जब अपने बल में उसका विश्वास नष्ट होने लगता है, जब सभी मानो उसकी अँगुलियों में से खिसककर भागने लगता है और जीवन केवल एक भग्नस्तूप में परिणत हो जाता है, तब वह यही वाणी सुनता है, और यही धर्म है।

अतएव एक ओर तो यह अभय वाणी, यह आशाप्रद वाक्य है कि– यह सब कुछ नहीं; केवल माया है–इसकी उपलब्धि करो किन्तु इसके बाहर जाने का मार्ग है। दूसरी ओर हमारे सांसारिक लोग कहते हैं–"धर्म, दर्शन– ये सब व्यर्थ की वस्तुएँ लेकर दिमाग खराब मत करो। जगत् में रहो यह जगत् बड़ा अशुभपूर्ण है सही, किन्तु जितनी दूर तक हो सके इसका सद्व्यवहार कर लो।" सीधे–सादे शब्दों में इसका अर्थ यही है कि उलटे सीधे दिन–रात प्रतारणापूर्ण जीवनयापन करो–अपने घाव को जब तक हो सके ढककर रखो। एक के बाद दूसरी जोड़–गाँठ करते जाओ यहाँ तक कि सब कुछ नष्ट हो जाये और तुम केवल जोड़–गाँठ का एक समूह मात्र रह जाओ। इसी को सांसारिक जीवन कहते हैं। जो इस जोड़–गाँठ से सन्तुष्ट हैं वे कभी भी धर्मलाभ नहीं कर सकते। जब जीवन की वर्तमान अवस्था में भयानक अशान्ति उत्पन्न हो जाती है, जब अपने

जीवन में भी ममता नहीं रहती, जब इस जोड़–गाँठ पर अपार घृणा उत्पन्न हो जाती है, जब मिथ्या और प्रवंचना के ऊपर भारी वितृष्णा उत्पन्न हो जाती है तभी धर्म का आरम्भ होता है। वास्तविक धार्मिक होने के योग्य वही है जो, बुद्धदेव ने बोधिवृक्ष के नीचे खड़े होकर दृढ़ स्वर से जो बात कही थी, उस बात को रोम–रोम से बोल सकता हो। संसारी होने की इच्छा उनके हृदय में भी एक बार उत्पन्न हुई थी। उस समय उन्होंने स्पष्ट रूप से समझा कि उनकी यह अवस्था, यह सांसारिक जीवन एकदम भूल है; किन्तु इसके बाहर जाने का कोई मार्ग उन्हें नहीं मिल रहा था। प्रलोभन एक बार उनके निकट आया और कहने लगा–सत्य की खोज छोड़ो, संसार में लौटकर वही पुराना प्रतारणापूर्ण जीवन–यापन करो, सभी वस्तुओं को उनके गलत नामों से पुकारो, अपने निकट और सबके निकट दिन–रात मिथ्या बोलते रहो–यह प्रलोभन उनके पास एक बार आया था, किन्तु उस महावीर ने अतुल पराक्रम से उसी क्षण उसे परास्त कर दिया। उन्होंने कहा– "अज्ञानपूर्वक केवल खा–पीकर जीने की अपेक्षा मरना ही अच्छा है। पराजित होकर जीने की अपेक्षा युद्धक्षेत्र में मरना अच्छा है।" यही धर्म की भित्ति है। जब मनुष्य इस भित्ति के ऊपर खड़ा होता है तब वह सत्य की प्राप्ति के पथ पर, ईश्वर के लाभ के पथ पर चल रहा है ऐसा समझना चाहिए। धार्मिक होने के लिए भी पहले यह प्रतिज्ञा आवश्यक है। मैं अपना रास्ता स्वयं ढूँढ लूँगा। सत्य को जानूँगा अथवा प्राण दे दूँगा। कारण, संसार की ओर से तो और कुछ पाने की आशा है ही नहीं, वह तो शून्य स्वरूप है, वह दिन–रात अन्तर्हित हो रहा है। आज का सुन्दर आशापूर्ण तरुण पुरुष कल का बूढ़ा है। आशा, आनन्द, सुख– ये सब मुकुलो की भाँति कल के शिशिर–पात से नष्ट हो जायेंगे। यह हुई इस ओर की बात; दूसरी ओर विजय का प्रलोभन रहता है। जीवन के सभी अशुभों पर विजय प्राप्ति की सम्भावना रहती है। और तो क्या, जीवन और जगत् के ऊपर भी विजय–प्राप्ति की आशा रहती है। इसी उपाय से मनुष्य अपने पैरों पर खड़ा हो सकता है। अतएव जो लोग इस विजयप्राप्ति के लिए, सत्य के लिए, धर्म के लिए चेष्टा कर रहे हैं वे ही सत्य पथ पर हैं, और सब वेद भी यही प्रचार करते हैं, "निराश मत होओ, मार्ग बड़ा कठिन है–जैसे छुरे की धार पर चलना; फिर भी निराश मत होओ; उठो, जागो और अपने चरम आदर्श को प्राप्त करो।"

सभी विभिन्न धर्मों की, चाहे वे किसी भी रूप में मनुष्य के निकट अपनी अभिव्यक्ति करते हों, सबकी यही एक मूलभित्ति है। सभी धर्म जगत् के बाहर जाने का अर्थात् मुक्ति का उपदेश देते हैं। इन सब धर्मों का उद्देश्य–संसार और धर्म के बीच सुलह कराना नहीं, किन्तु धर्म को अपने आदर्श में दृढ़ प्रतिष्ठित करना है, संसार के साथ सुलह करके उस आदर्श को नीचे नहीं लाना–प्रत्येक धर्म इसका प्रचार करता है और वेदान्त का कर्तव्य है–विभिन्न धर्मभावों का सामंजस्य स्थापित करना, जैसा हमने अभी देखा कि मुक्ति की बात को लेकर जगत् के उच्चतम और निम्नतम धर्मों में सामंजस्य पाया जाता है। हम जिसको अत्यन्त घृणित कुसंस्कार कहते हैं, और जो सर्वोच्च दर्शन है सभी की यह एक साधारण भित्ति है कि वे सभी इस एक प्रकार के संकट से निस्तार पाने का मार्ग दिखाते हैं और इन सब धर्मों में से अधिकांश में प्रपंचातीत पुरुषविशेष की सहायता से प्राकृतिक नियमों से आबद्ध नहीं अर्थात् नित्य मुक्त पुरुषविशेष की सहायता से इस मुक्ति की प्राप्ति करनी पड़ती है। इस मुक्त पुरुष के स्वरूप के सम्बन्ध में नाना प्रकार की कठिनता तथा मतभेदों के होने पर भी– यह ब्रह्म सगुण है या निर्गुण, मनुष्य की भाँति ज्ञानसम्पन्न है या नहीं, वह पुरुष है, स्त्री है अथवा नपुंसक–इस प्रकार के अनन्त विचारों के होने पर भी विभिन्न मतों के प्रबल विरोध होने पर भी इन सबके भीतर एकत्व का जो सुवर्णसूत्र उन्हें ग्रथित किये हुए है, वह हम देख पाते हैं; अतः यह सब विभिन्नता या विरोध हमारे अन्दर भय उत्पन्न नहीं करता; और इसी वेदान्त–दर्शन में यह सुवर्ण–सूत्र आविष्कृत हुआ है; हमारी दृष्टि के सामने थोड़ा–थोड़ा करके प्रकाशित हुआ है, और इसमें पहले ही यही तत्त्व प्राप्त होता है कि हम सभी विभिन्न पथों के द्वारा उसी एक मुक्ति की ओर अग्रसर हो रहे हैं। सभी धर्मों का यही एक साधारण भाव है।

अपने सुख, दुःख, विपत्ति और कष्ट, सभी अवस्थाओं में हम यही आश्चर्य की बात देखते हैं कि हम सब धीरे–धीरे उसी मुक्ति की ओर अग्रसर हो रहे हैं। प्रश्न उठा–यह जगत् वास्तव में क्या है ? कहाँ से इसकी उत्पत्ति हुई और कहाँ इसका लय है ? और इसका उत्तर था– मुक्ति से ही इसकी उत्पत्ति है, मुक्ति में यह विश्राम करता है और अन्त में मुक्ति में ही इसका लय हो जाता है। यह जो मुक्ति की भावना है कि वास्तव में हम मुक्त हैं, इस आश्चर्यजनक

भावना को छोड़कर हम एक क्षण भी नहीं चल सकते, इस भाव को छोड़कर तुम्हारे सभी कार्य, यहाँ तक कि तुम्हारा जीवन तक व्यर्थ है। प्रतिक्षण प्रकृति हमारा दासत्व सिद्ध कर रही है किन्तु उसके साथ ही साथ यह दूसरा भाव भी हमारे मन में उत्पन्न होता रहता है कि फिर भी हम मुक्त हैं। प्रतिक्षण ही हम माया के द्वारा आहत होकर बद्ध के समान मालूम होते हैं किन्तु उसी क्षण, उसी आघात के साथ ही साथ, 'हम बद्ध हैं' इस भाव के साथ ही साथ और भी एक भाव हमारे अन्दर आता है कि हम मुक्त हैं। मानों हमारे अन्दर से कोई हमें यह कहने को बाध्य कर रहा है कि हम मुक्त हैं। किन्तु इस मुक्ति की प्राणों से उपलब्धि करने में, अपने मुक्त स्वभाव का प्रकाश करने में सब बाधाएँ उपस्थित होती हैं वे भी एक प्रकार से अनतिक्रमणीय हैं। तथापि अन्दर से हमारे हृदय के अन्तस्तल में मानो वह आवाज सदा ही उठती रहती है– मैं मुक्त हूँ, मैं मुक्त हूँ। और यदि तुम संसार के सभी धर्मों की आलोचना करके देखो तो समझोगे– उनमें से सभी में किसी न किसी रूप में यह भाव प्रकाशित हुआ है। केवल धर्म में ही नहीं–धर्म शब्द को आप संकीर्ण अर्थ में मत लीजिए– सभी प्रकार का सामाजिक जीवन केवल इसी एक मुक्त भाव की अभिव्यक्ति मात्र है। सभी प्रकार की सामाजिक गति उसी एक मुक्त भाव का विभिन्न प्रकाश मात्र है। मानो सभी लोग जान बूझकर या अनजाने ही उस स्वर को सुन रहे हैं जो दिन–रात कह रहा है,– "ओ थके हुए और बोझ से लदे हुए मनुष्यों ! मेरे पास आओ!" एक ही प्रकार की भाषा अथवा एक ही ढंग से, चाहे वह प्रकाशित न होती हो, किन्तु मुक्ति की ओर हमें आह्वान करने वाली वह वाणी किसी न किसी रूप में हमारे साथ सदा वर्तमान रहती है। हमारा यहाँ जो जन्म हुआ है वह भी इसी वाणी के कारण; हमारी प्रत्येक गति ही इसी के लिए है। हम जानें या न जानें, किन्तु हम सभी मुक्ति की ओर चल रहे हैं, जानकर या अनजाने हम उसी वाणी का अनुसरण कर रहे हैं।

उस वाणी का अनुसरण जब हम करते हैं तभी हम नीतिपरायण होते हैं। केवल जीवात्मा ही नहीं किन्तु छोटे से छोटे जड़ परमाणु से लेकर ऊँचे से ऊँचे मनुष्यों तक सभी ने वह स्वर सुना है, और सब उसी की दिशा में दौड़े जा रहे हैं। और इस चेष्टा में या तो हम परस्पर मिल जाते हैं या एक–दूसरे को

धक्का देते हैं। और इसी से प्रतिद्वन्द्विता, हर्ष, संघर्ष, जीवन, सुख और मृत्यु आदि उत्पन्न होते हैं और उस वाणी तक पहुँचने के लिए यह जो संघर्ष चल रहा है यह समस्त जगत् उसी का परिणाम मात्र है। यही हम सब करते चल रहे हैं। यही व्यक्त प्रकृति का परिचय है।

इस वाणी के सुनने से क्या होता है ? इससे हमारे सामने का दृश्य परिवर्तित होने लगता है। जैसे ही तुम इस स्वर को सुनते हो और समझते हो कि यह क्या है, वैसे ही तुम्हारे सामने का समस्त दृश्य बदल जाता है। यही जगह जो पहले माया का बीभत्स युद्धक्षेत्र था, अब और कुछ–अपेक्षाकृत अधिक सुन्दर हो जाता है। तब फिर हमें प्रकृति को कोसने की कोई आवश्यकता नहीं रह जाती। जगत् बड़ा बीभत्स है अथवा यह सब वृथा है यह बात भी कहने की आवश्यकता नहीं रह जाती; रोने चिल्लाने की भी आवश्यकता नहीं रह जाती। जैसे ही तुम इस स्वर को सुन पाते हो, वैसे ही तुम्हारी समझ में आ जाता है कि यह सब चेष्टा, यह युद्ध, यह प्रतिद्वन्द्विता, यह गड़बड़, यह निष्ठुरता, यह सब छोटे–छोटे सुखों का प्रयोजन क्या है! तब यह स्पष्ट समझ में आता है कि यह सब प्रकृति के स्वभाव से ही होता है; हम सब जानकर अथवा अनजाने उसी स्वर की ओर अग्रसर हो रहे हैं, इसीलिए यह सब हो रहा है। अतएव समस्त मानव जीवन, समस्त प्रकृति उसी एक मुक्तभाव को अभिव्यक्त करने की चेष्टा कर रही है, बस; सूर्य भी उसी ओर चल रहा है, पृथ्वी भी उसी के लिए सूर्य के चारों ओर भ्रमण कर रही है, चन्द्र भी इसीलिए पृथ्वी के चारों ओर घूम रहा है। उसी स्थान पर पहुँचने के लिए समस्त ग्रह–नक्षत्र भ्रमण कर रहे हैं और वायु बह रही है। उसी मुक्ति के लिए बिजली तीव्र घोष करती है और उसी के लिए मृत्यु भी चारों ओर घूम–फिर रही है। सभी उस दिशा में जाने के लिए चेष्टा कर रहे हैं। साधु लोग भी उसी ओर जा रहे हैं, बिना गये वे रह ही नहीं सकते, उनके लिए यह कोई प्रशंसा की बात नहीं है। पापी लोगों की भी यही दशा है। खूब दान देने वाला व्यक्ति भी वही सब लक्ष्य बनाकर सरल भाव से चल रहा है, बिना चले वह रह ही नहीं सकता; और भयानक कृपण व्यक्ति भी उसी को लक्ष्य बनाकर चल रहा है। जो महासत्कर्मशील हैं उन्होंने भी उसी वाणी को सुना है, वे सत्कर्म किये बिना रह ही नहीं, सकते, और बड़े आलसी व्यक्ति का भी यही हाल है। एक

व्यक्ति का पदस्खलन दूसरे की अपेक्षा अधिक हो सकता है और जिस व्यक्ति का पदस्खलन अधिक होता है उसे हम दुर्बल कहते हैं और जिसका कम होता है उसे सज्जन या सत् कहते हैं। अच्छा या बुरा ये दो भिन्न वस्तुएँ नहीं हैं, बल्कि एक ही हैं, उनके बीच का भेद प्रकारगत नहीं, परिणामगत है।

अब देखिए, यदि यही मुक्तभाव रूपी शक्ति वास्तव में समस्त जगत् में कार्य कर रही है तो हमारे विशेष आलोच्य विषय–धर्म में उसका प्रयोग करने पर हम देख पाते हैं–सभी धर्म इसी एक भाव के द्वारा नियमित हैं। अत्यन्त निम्न कोटि के धर्मों को लीजिए तो शायद किसी मृत पूर्वपुरुष की अथवा किसी निष्ठुर देवता की उपासना हो रही है किन्तु उनके उपास्य इन देवताओं अथवा मृत पूर्वपुरुषों की धारणा क्या है ? धारणा यह है कि वे प्रकृति से ऊपर हैं, इस माया के द्वारा वे बद्ध नहीं हैं। हाँ, प्रकृति के बारे में उनकी धारणा अवश्य ही सामान्य है। वे केवल आकर्षण और विप्रकर्षण इन दोनों शक्तियों से परिचित हैं। उपासक, जो कि एक मूर्ख अज्ञानी व्यक्ति है उसकी बिलकुल स्थूल धारणा है कि वह घर की दीवार को भेदकर नहीं जा सकता अथवा शून्य में उड़ नहीं सकता। अतएव इन सब बाधाओं को अतिक्रमण करना या न करना इसके अतिरिक्त शक्ति की उच्चतर धारणा उसे है ही नहीं; अतएव वह ऐसे देवता की उपासना करता हैं जो दीवार भेदकर अथवा आकाश में होकर आ–जा सकते हैं अथवा जो अपना रूप परिवर्तित कर सकते हैं। दार्शनिक भाव से देखने पर इस प्रकार की देवोवासना में क्या रहस्य छिपा है ? रहस्य यही है कि यहाँ भी वही मुक्ति का भाव मौजूद है, उनकी देवता की धारणा परिज्ञात प्रकृति की धारणा से उन्नत है। और जो उनसे अधिक उन्नत देवों के उपासक हैं उनकी भी उसी मुक्ति की दूसरे प्रकार की धारणा है। जैसे–जैसे प्रकृति के सम्बन्ध में हमारी धारणा उन्नत होती जाती है वैसे ही प्रकृति के प्रभु आत्मा के सम्बन्ध में भी वह उन्नत होती जाती है; अन्त में हम एकेश्वरवाद में पहुँच जाते हैं। यही माया–यही प्रकृति रह जाती है, और इसी माया के एक प्रभु रह जाते हैं यही हमारी आशा का स्थल है।

जहाँ पहले पहल इस एकेश्वरवाद के सूचक भाव का आरम्भ होता है वहीं वेदान्त का भी आरम्भ हो जाता है। वेदान्त इससे भी अधिक गम्भीर अन्वेषण करना चाहता है। वह कहता है– इस माया प्रपंच के पीछे जो एक आत्मा मौजूद

है। जो माया का स्वामी है पर जो माया के अधीन नहीं है, वह हमें अपनी ओर आकर्षित कर रहा है और हम सब भी धीरे–धीरे उसी की ओर चल रहे हैं; यह धारणा तो ठीक ही है, किन्तु अभी भी यह धारणा शायद स्पष्ट नहीं हुई है, अभी तक यह दर्शन अस्पष्ट और अस्फुट है यद्यपि वह स्पष्ट रूप से युक्तिविरोधी नहीं है। जिस प्रकार आपके यहाँ प्रार्थना में कहा जाता है–मेरे ईश्वर, तेरे अति निकट,' (Nearer- my God- to Thee) वेदान्ती भी ऐसे ही प्रार्थना करेगा, केवल एक शब्द बदलकर– मेंरे ईश्वर, मेंरे अति निकट (Nearer- my God- to Me) हमारा चरम लक्ष्य बहुत दूर है, बहुत दूर; प्रकृति से अतीत प्रदेश में, और हम उसके निकट धीरे–धीरे अग्रसर हो रहे हैं। इस दूरी के भाव को धीरे–धीरे हमें और अपने निकट लाना होगा किन्तु आदर्श की पवित्रता और उच्चता को अक्षुण्ण रखते हुए। मानो यह आदर्श क्रमशः हमारे निकटतर होता जाता है–अन्त में स्वर्ग का ईश्वर मानो प्रकृतिस्थ ईश्वर बन जाता है, फिर प्रकृति में और ईश्वर में कोई भेद नहीं रह जाता, वही मानो इस देहमन्दिर के अधिष्ठातृदेवता के रूप में, और अन्त में इसी देवमन्दिर के रूप में जाना जाता है और वही मानो अन्त में जीवात्मा और मनुष्य के रूप में सामने आता है। और यही वेदान्त की शिक्षा का अन्त है। जिसको ऋषिगण विभिन्न स्थानों में खोजा करते थे वह तुम्हारे अन्दर ही है। वेदान्त कहता है–तुमने जो वाणी सुनी थी वह ठीक सुनी थी, किन्तु उसे सुनकर तुम ठीक मार्ग पर नहीं चले। जिस मुक्ति के महान् आदर्श का तुमने अनुभव किया था वह सत्य है, किन्तु उसे बाहर की ओर खोजकर तुमने भूल की। इसी भाव को अपने निकट और निकटतर लाते चलो जब तक कि तुम यह न जान लो कि यह मुक्ति, यह स्वाधीनता तुम्हारे अन्दर ही है, वह तुम्हारी आत्मा की अन्तरात्मा है। यह मुक्ति बराबर तुम्हारा स्वरूप ही था, और माया ने तुम्हें कभी भी आक्रान्त नहीं किया। तुम्हारे ऊपर शक्ति विस्तार करने की माया की कभी सामर्थ्य ही न थी। बालक को भय दिखाने पर जो बात होती है उसी प्रकार तुम भी स्वप्न देख रहे थे कि प्रकृति तुम्हें नचा रही है और इससे मुक्त होना तुम्हारा लक्ष्य है। केवल इसे बुद्धि से जानना ही नहीं, प्रत्यक्ष करना, अपरोक्ष करना, हम इस जगत् को जितने स्पष्ट रूप से देखते हैं उससे अधिक स्पष्ट रूप से देखना। तभी हम मुक्त होंगे, तभी हमारी गड़बड़ समाप्त होगी; तभी हृदय की समस्त चंचलता स्थिर हो

जायेगी, तभी सारा टेढ़ापन सीधा हो जायेगा, तभी यह बहुत्वभ्रान्ति चली जायेगी, तभी यह प्रकृति, यह माया अभी के भयानक अवसादकारक स्वप्न न होकर अति सुन्दर रूप में दीखेगी, और यह जगत् जो इस समय कारागार के समान प्रतीत हो रहा है वह ऐसा न होकर क्रीड़ाक्षेत्र के रूप में दीख पड़ेगा, तब सब विपत्तियाँ, विश्रृंखलायें, और तो और, हम जो सब यन्त्रणाएँ भोग रहे हैं वे भी ब्रह्मभाव में परिणत हो जायेंगी–उस समय वे अपने प्रकृत स्वरूप में दीख पड़ेंगी सभी वस्तुओं के पीछे, सभी का सारसत्ता स्वरूप वह मौजूद है ऐसा मालूम पड़ेगा और मालूम पड़ेगा कि वही हमारा वास्तविक अन्तरात्मा स्वरूप है।

7. ब्रह्म और जगत्

अद्वैत वेदान्त के इस विषय की धारणा करना अत्यन्त कठिन है कि जो ब्रह्म अनन्त है वह सान्त अथवा ससीम किस प्रकार हुआ। यह प्रश्न मनुष्य सर्वदा करता रहेगा किन्तु जीवन भर इस प्रश्न का विचार करते रहने पर भी उसके हृदय से यह प्रश्न कभी दूर नहीं होगा–जो असीम है वह सीमित कैसे हुआ ? मैं अब इसी प्रश्न को लेकर आलोचना करूँगा। इसको ठीक प्रकार से समझाने के लिए मैं नीचे दिये हुए चित्र की सहायता लूँगा।

(क) ब्रह्म
(ग) देश काल निमित्त
(ख) जगत्

इस चित्र में (क) ब्रह्म है और (ख) है जगत्। ब्रह्म ही जगत् हो गया है। यहाँ पर जगत् शब्द से केवल जड़ जगत् ही नहीं किन्तु सूक्ष्म तथा आध्यात्मिक जगत् भी उसके साथ ग्रहण करना होगा। स्वर्ग, नरक–एक शब्द में, जो कुछ भी है जगत् शब्द से यह समस्त ही लिया जायेगा। मन एक प्रकार के परिणाम का नाम है, शरीर एक दूसरे प्रकार के परिणाम का इत्यादि, इत्यादि। यही सब कुछ लेकर जगत् है। यही ब्रह्म (क) जगत् (ख) बन गया है–देश–काल–निमित्त (ग) में से होकर आने से, यही अद्वैतवाद की मूल बात है। देश–काल–निमित्त रूपी काँच में से हम ब्रह्म को देखते हैं, और इस प्रकार नीचे की ओर से देखने से ब्रह्म हमें जगत् के रूप में दीखता है। इससे यह स्पष्ट है कि जहाँ ब्रह्म हैं वहाँ देश–काल–निमित्त नहीं है। काल वहाँ रह नहीं सकता, कारण कि वहाँ न मन है, न चिन्ता। देश भी वहाँ नहीं रह सकता, क्योंकि वहाँ कोई परिणाम नहीं है। गति एवं निमित्त अथवा कार्यकारण भाव भी वहाँ नहीं रह सकता जहाँ एकमात्र सत्ता विराजमान है। यही बात समझना और अच्छी तरह धारणा बनाना हमारे लिए अत्यावश्यक है कि जिसको हम कार्य कारण भाव कहते हैं वह ब्रह्म के प्रपंच

रूप में अवनत भाव को प्राप्त होने के बाद (यदि हम इस भाषा का प्रयोग करें तो) ही होता है, उससे पहले नहीं; और हमारी इच्छा वासना आदि जो कुछ है वह सब उसके बाद आरम्भ होता है। मेरी बराबर यही धारणा रही है कि शोपेनहावर (Schopenhauer) वेदान्त के समझने में यहीं पर भ्रम में पड़ गये हैं कि उन्होंने इस 'इच्छा' को ही सर्वस्व मान लिया है। वे ब्रह्म के स्थान में इस 'इच्छा' को ही बैठाना चाहते हैं। किन्तु पूर्ण ब्रह्म का कभी भी 'इच्छा' (win) कहकर वर्णन नहीं किया जा सकता, कारण, इच्छा जगप्रपंच के अन्तर्गत है और इसीलिए परिणामशील है, किन्तु ब्रह्म में ('ग' के अर्थात् देश–काल–निमित्त के ऊपर) किसी प्रकार की गति नहीं है, किसी प्रकार का परिणाम नहीं है। इस (ग) के नीचे ही गति है– बाह्य और आभ्यन्तर सभी प्रकार की गति का आरम्भ इसके नीचे ही है और इसी आभ्यन्तरिक गति को ही चिन्ता कहते हैं। अतः (ग) के ऊपर किसी प्रकार की इच्छा नहीं रह सकती, अतएव 'इच्छा' जगत् का कारण नहीं हो सकती। और भी निकट आकर देखो; हमारे शरीर की सभी गतियाँ इच्छा से प्रेरित नहीं होतीं। मैं इस कुर्सी को उठाता हूँ। यहाँ पर इच्छा अवश्य ही उठाने का कारण है। यह इच्छा ही पेशियों की शक्ति के रूप में परिणत हो गयी हैं। यह बात ठीक है। किन्तु जो शक्ति कुर्सी उठाने का कारण है वही शक्ति हृदय में फेफड़ों को भी चला रही है किन्तु 'इच्छा' के रूप में नहीं। इन दोनों शक्तियों को एक मान लेने पर भी जिस समय यह ज्ञान की भूमि में आती है उसी समय 'इच्छा' कहलाती है, किन्तु इस भूमि में आरोहण करने के पहले इसको 'इच्छा' नाम से पुकारना भूल होगी। इसी कारण से शोपेनहावर के दर्शन में बड़ी गड़बड़ी हो गयी है। इसके बजाय यदि हम 'प्रज्ञा' और 'संवित्' शब्दों का प्रयोग करें तो अधिक उपयुक्त होगा। ये दो शब्द मन की सभी प्रकार की अवस्थाओं के सम्बन्ध में व्यवहृत हो सकते हैं। प्रज्ञा और संवित् ठीक–ठीक ज्ञान की अवस्था अथवा ज्ञान के पूर्व की अवस्था नहीं है, किन्तु इसे मानसिक परिणाम समूह का एक साधारण भाव कहा जा सकता है।

जो हो, इस समय हम यह विचार करेंगे कि हम कोई प्रश्न क्यों करते हैं ? एक पत्थर गिरा और हमने प्रश्न किया, इसके गिरने का क्या कारण है ? इस प्रश्न का औचित्य अथवा सम्भावना इस अनुमान अथवा धारणा के ऊपर

निर्भर करता है कि जो कुछ होता है उसके पहले ही और कुछ हुआ है या हो चुका है। मेरा अनुरोध है कि इस धारणा को आप अपने मन में खूब स्पष्ट रखिए, कारण, जैसे ही हम प्रश्न करते हैं कि यह घटना क्यों हुई, वैसे ही हम मान लेते हैं कि सभी वस्तुओं का, सभी घटनाओं का एक 'क्यों' रहता ही है। अर्थात् उसके घटने के पहले और कुछ उसका पूर्ववर्ती रहेगा ही। इसी पूर्ववर्तिता और परवर्तिता को ही निमित्त अथवा 'कार्यकारणभाव' कहते हैं। और जो कुछ हम देखते, सुनते और अनुभव करते हैं, संक्षेप में जगत् का सभी कुछ, एक बार कारण और एक बार कार्य बनता है। एक वस्तु अपने बाद आने वाली वस्तु का कारण बनती है और वही वस्तु अपनी पूर्ववर्ती किसी अन्य वस्तु का कार्य भी है। इसी को कार्यकारण कहते हैं। यही हमारा स्थिर विश्वास है। हमारा विश्वास है कि जगत् के प्रत्येक परमाणु का अन्य सभी वस्तुओं के साथ जैसा भी कुछ क्यों न हो, कोई न कोई सम्बन्ध रहता ही है। हमारी यह धारणा किस प्रकार से बन गयी इस बात को लेकर बहुत वाद–विवाद हो चुके हैं। योरप में अनेक सहज प्राज्ञ (Intutive) दार्शनिक हैं जिनका यह विश्वास है कि यह मानव जाति की स्वाभाविक धारणा है और बहुत से लोगों का विचार है कि यह धारणा अनुभवजनित है किन्तु इस प्रश्न की मीमांसा अभी तक हो नहीं पाई। वेदान्त इसकी क्या मीमांसा करता है यह हम बाद में देखेंगे। अतएव पहले तो हमें यह समझना है कि 'क्यों' का प्रश्न इस धारणा के ऊपर निर्भर रहता है कि इसके पूर्व कुछ हो चुका है और इसके बाद भी कुछ होगा। इसी प्रश्न में एक अन्य विश्वास भी अन्तर्निहित रहता है कि जगत् का कोई भी पदार्थ स्वतन्त्र नहीं है, सभी पदार्थों के ऊपर उनके बाहर स्थित अन्य कोई पदार्थ भी कार्य कर सकता है। जगत् के सभी पदार्थ इसी प्रकार परस्पर सापेक्ष हैं–एक दूसरे के आधीन हैं–कोई भी स्वतन्त्र नहीं है। जब हम कहते हैं कि "ब्रह्म के ऊपर किस शक्ति ने कार्य किया ?" तब हम यह भूल करते हैं कि हम ब्रह्म को जगत् के अन्तर्गत किसी वस्तु के समान मान बैठते हैं। यह प्रश्न करते ही हमें यह अनुमान करना पड़ेगा कि वह ब्रह्म भी किसी अन्य वस्तु के आधीन हैं– यह निरपेक्ष ब्रह्मसत्ता भी किसी अन्य वस्तु के द्वारा बद्ध है। अर्थात् ब्रह्म, अथवा 'निरपेक्ष सत्ता' शब्द को हम जगत् के समान समझते हैं। ऊपर बताई हुई रेखा के ऊपर तो देश–काल–निमित्त

है ही नहीं; कारण, वह एकमेंवाद्वितीयम्–मन के अतीत वस्तु है। जो केवल अपने अस्तित्त्व में स्वयं ही प्रकाशित है, जो एकमात्र, एकमेंवाद्वितीयम् है उसका कोई कारण हो ही नहीं सकता। जो मुक्तस्वभाव है, स्वतन्त्र है उसका कोई कारण नहीं हो सकता, क्योंकि, ऐसा होने पर वह मुक्त नहीं रहेगा, बद्ध हो जायेगा। जिसके भीतर आपेक्षिकता है वह कभी मुक्तस्वभाव नहीं हो सकता। अतएव अब आपने देख लिया कि अनन्त सान्त कैसे हुआ, यह प्रश्न ही भ्रमात्मक और स्वविरोधी है।

यह सब सूक्ष्म विचार छोड़कर सीधे–सादे भाव से भी हम इस विषय को समझा सकते हैं। मान लो, हमने समझ लिया कि ब्रह्म किस प्रकार जगत् हो गया, अनन्त किस प्रकार सान्त हो गया, तब क्या ब्रह्म ही रह गया, और क्या अनन्त ही रह गया ? ऐसा होने पर अनन्त सान्त ही हो गया। साधारण रूप से हम ज्ञान किसे कहते हैं ? जो कोई विषय हमारे मन के विषयीभूत हो जाता है अर्थात् मन के द्वारा सीमाबद्ध हो जाता है वही हम जान सकते हैं, और जब वह हमारे मन के बाहर रहता है अर्थात् मन का विषय नहीं रहता तब हम उसे नहीं जान सकते। अब यह स्पष्ट हो गया कि यदि यही अनन्त ब्रह्म मन के द्वारा सीमाबद्ध हो गया तो फिर अब वह अनन्त नहीं रहा, वह सान्त हो गया। मन के द्वारा जो कुछ भी सीमाबद्ध है वह सभी ससीम है। अतएव, उसी 'ब्रह्म को जानना' यह बात भी स्वविरोधी ही है। इसीलिए इस प्रश्न का उत्तर अब तक, नहीं मिला; कारण, यदि उत्तर मिल जाये तो वह असीम नहीं रहेगा, ईश्वर 'ज्ञात' हो जाये तो उसका ईश्वरत्व नहीं रह सकता–वह हमारे ही समान एक व्यक्ति हो जायेगा–इस कुर्सी के समान एक वस्तु बन जायेगा। उसको जाना नहीं जा सकता, वह सर्वदा ही अज्ञेय है। किन्तु तब भी अद्वैतवादी कहते हैं कि वह केवल 'ज्ञेय' ही नहीं, उससे भी विशिष्ट और कुछ है। अब हमें इस बात को समझना होगा। आपको यह नहीं समझना चाहिए कि अज्ञेयवादियों के ईश्वर के समान वह अज्ञेय है। दृष्टान्त स्वरूप देखो–सामने यह कुर्सी है, उसे मैं जानता हूँ–वह मेरा ज्ञात पदार्थ है। और आकाश के बाहर क्या है, वहाँ कुछ लोगों की बस्ती है कि नहीं, यह बात शायद बिलकुल ही अज्ञेय है। किन्तु ईश्वर इन दोनों पदार्थों की भाँति ज्ञेय भी नहीं है और अज्ञेय भी नहीं। किन्तु ईश्वर जिसे हम 'ज्ञात' कहते हैं उससे और भी कुछ अधिक ज्ञात है–ईश्वर को अज्ञात या अज्ञेय कहने से यही

समझा जाता है, किन्तु जिस अर्थ में कुछ लोग कुछ प्रश्नों को अज्ञात या अज्ञेय कहते हैं उस अर्थ में नहीं। ईश्वर ज्ञात से भी अधिक और कुछ है। यह कुर्सी हमारे लिए ज्ञात है, किन्तु हमारे लिए ईश्वर इससे भी अधिक ज्ञात है, कारण, पहले उसे जानकर उसी के भीतर से–हमें कुर्सी का ज्ञान प्राप्त करना होता है, क्योंकि वह साक्षी स्वरूप है, सभी ज्ञान का वह अनन्त साक्षी स्वरूप है। हम जो कुछ भी जानते हैं, पहले उसे जानकर उसी के भीतर से जानते हैं। वही हमारी आत्मा का सार सत्ता स्वरूप है। वही वास्तविक 'अहं' है–वही 'अहं' हमारे इस 'अहं' का सार सत्ता स्वरूप है; हमें उस 'अहं' के भीतर से जाने बिना कुछ भी नहीं जान सकते, अतएव सभी कुछ हमें ब्रह्म के भीतर से ही जानना पड़ेगा। अतएव इस कुर्सी को जानना होगा तो उसे ब्रह्म के भीतर से ही जानना होगा। अतएव ब्रह्म कुर्सी की अपेक्षा हमारे अधिक निकट हुआ, किन्तु फिर भी वह हमारे निकट होने से बहुत ऊँचे पर रह गया। ज्ञात भी नहीं, अज्ञात भी नहीं किन्तु दोनों की अपेक्षा अनन्त गुना ऊँचा। वह तुम्हारा आत्मस्वरूप है। कौन इस जगत् में एक क्षण भी जीवन धारण कर सकता, कौन इस जगत् में एक क्षण को भी श्वास–प्रश्वास के कार्य का निर्वाह कर पाता यदि वह आनन्दस्वरूप इसके प्रति–परमाणु में विराजमान न रहता ? कारण, उसी की शक्ति से हम श्वास–प्रवास का कार्य निर्वाहित करते हैं और उसी के अस्तित्व से हमारा भी अस्तित्व है। वह कोई एक विशेष स्थान पर बैठकर हमारा रक्त संचालन कर रहा है ऐसी बात नहीं है। तात्पर्य यही है कि वही समुदय जगत् का सत्तास्वरूप है, वह हमारी आत्मा की भी आत्मा है; आप किसी प्रकार भी यह नहीं कह सकते कि आप उसे जानते हैं इससे उसको बहुत नीचे गिराना हो जाता है। आप हठात् अपने भीतर से बाहर नहीं आ सकते, अतएव आप उसे जान भी नहीं सकते। ज्ञान शब्द से 'विषयीकरण' (Objectification) –वस्तु को बाहर लाकर विषय की भाँति (ज्ञेय वस्तु की भाँति) प्रत्यक्ष करना समझा जाता है। उदाहरण स्वरूप देखिए, स्मरण करने में आप बहुत सी वस्तुओं को 'विषयीकृत' करते हैं–मानो आप अपने ही स्वरूप को बाहर प्रक्षेप करते हैं ! सभी प्रकार की स्मृति जो कुछ मैंने देखा है और जो कुछ में जानता हूँ, सभी मेरे मन में अवस्थित है। इन सभी वस्तुओं की छाप या चित्र मेरे भीतर मौजूद है। जब में उनके विषय में सोचने की इच्छा करता हूँ, उनको

जानना चाहता हूँ तो पहले इन सब को मानो बाहर प्रक्षेप करना पड़ता है। ईश्वर के सम्बन्ध में ऐसा करना असम्भव है, कारण वह हमारी आत्मा का आत्मा स्वरूप है, हम उसे बाहर प्रक्षेप नहीं कर पाते। छान्दोग्य उपनिषद में कहा है–स य एपोऽणिमेंतदात्म्यमिदं सर्व तत् सत्यं स आत्मा तत्त्वोंमसि श्वेतकेतो,' जिसका अर्थ है, 'वही सूक्ष्म स्वरूप जगत् का कारण, सकल वस्तुओं का आत्मा, वही सत्य स्वरूप है, हे श्वेतकेतो, तुम वही हो।' यही 'तत्त्वोमसि' वाक्य वेदान्त में सबसे अधिक पवित्र वाक्य महावाक्य कहलाता है और इस पूर्वोक्त वाक्यांश के द्वारा 'तत्त्वोंमसि' का वास्तविक अर्थ क्या है यह भी स्पष्ट हो गया। 'तुम्हीं वह हो, इसके अतिरिक्त ईश्वर की और किसी भाषा द्वारा आप वर्णन नहीं कर सकते। भगवान को पिता, माता, भाई या प्रिय मित्र कहने से उसको 'विषयीकृत' करना पड़ता है– उसको बाहर लाकर देखना पड़ता है जो कभी हो ही नहीं सकता। वह तो सभी विषयों का अनन्त विषयी है। जिस प्रकार मैं जब इस कुर्सी को देखता हूँ तो मैं कुर्सी का द्रष्टा हूँ–मैं उसका विषयी हूँ, उसी प्रकार ईश्वर मेरी आत्मा का नित्य द्रष्टा है–नित्य ज्ञाता है–नित्य विषयी है। किस प्रकार आप उसको अपनी आत्मा के अन्तरात्मा को–सब वस्तुओं की सारसत्ता को 'विषयीकृत' करेंगे, बाहर लाकर देखेंगे ? इसीलिए मैं आपसे फिर कहता हूँ कि ईश्वर ज्ञेय भी नहीं है, अज्ञेय भी नहीं है, वह ज्ञेय और अज्ञेय दोनों से अत्यन्त ऊँचा है–वह हमारे साथ अभिन्न है, और जो हमारे साथ एक है वह हमारे लिए ज्ञेय अथवा अज्ञेय कुछ नहीं हो सकता, जैसे तुम्हारी आत्मा या मेरी आत्मा ज्ञेय अथवा अज्ञेय कुछ नहीं है। आप अपनी आत्मा को नहीं जान सकते, आप उसे हिला–डुला नहीं सकते, न उसे 'विषय' करके दृष्टिगोचर कर सकते हैं, कारण, आप स्वयं वही हैं, आप अपने को उससे पृथक् नहीं कर सकते। आप उसको अज्ञेय भी नहीं कह सकते, क्योंकि अज्ञेय कहते ही प्रथम उसे विषय बनाना पड़ेगा– और यह हो नहीं सकता। आप अपने निकट स्वयं जितने परिचित या ज्ञात हैं उससे अधिक कौन सी वस्तु आपको ज्ञात है ? वास्तव में वह हमारे ज्ञान का केन्द्ररूप है। ठीक इसी प्रकार कहा जा सकता है कि ईश्वर ज्ञात भी नहीं है, अज्ञात भी नहीं, वह इन दोनों की अपेक्षा अनन्त गुना ऊँचा है, कारण, वही हमारी आत्मा का अन्तरात्मा स्वरूप है।

अतएव हमने देखा कि पहले तो यह प्रश्न ही स्वविरोधी है कि पूर्णब्रह्मसत्ता से जगत् किस प्रकार उत्पन्न हुआ और दूसरे, हम यह भी देखते हैं कि अद्वैतवाद में ईश्वर की धारणा यही एकत्व है– अतः हम उसको विषयीकृत नहीं कर सकते, कारण, जान बूझकर या अनजाने, हम सदा ही उसी में जीवित और उसी में रहकर समस्त कार्यकलाप करते हैं। हम जो कुछ भी करते हैं सब उसके भीतर से ही करते हैं। अब प्रश्न यह है कि देश–काल–निमित्त क्या है ? अद्वैतवाद का मर्म तो यही है कि एक ही वस्तु है, दो नहीं। किन्तु फिर हम कहते हैं कि वही अनन्त ब्रह्म देश–काल–निमित्त के आवरण के द्वारा नाना रूप में प्रकाशित हो रहा है। अतः अब यह मालूम होता है कि दो वस्तुएँ हैं, एक तो वह अनन्त ब्रह्म और दूसरी देश–काल–निमित्त की समष्टि अर्थात् माया। आपाततः दो वस्तुएँ हैं, यही स्थिर सिद्धान्त मालूम होता है। अद्वैतवादी इसका उत्तर देते हैं कि वास्तव में इस प्रकार दो नहीं हो सकते। यदि दो वस्तुएँ मानेंगे तो ब्रह्म की भाँति–जिसके ऊपर कोई निमित्त कार्य नहीं कर सकता–दो स्वतन्त्र सत्ताएँ माननी पड़ेंगी। प्रथम तो काल, देश और निमित्त ये तीनों ही स्वतन्त्र सत्ता नहीं हो सकतीं, काल तो बिलकुल ही स्वतन्त्र सत्ता नहीं है। हमारे मन के प्रत्येक परिवर्तन के साथ उसका परिवर्तन होता है। कभी–कभी हम स्वप्न में देखते हैं कि हम कई वर्ष निरन्तर जी रहे हैं, और कभी–कभी ऐसा बोध होता है कि कई मास एक ही क्षण में गुजर गये हैं।

अतएव हमने देखा कि काल आपके मन की अवस्था के ऊपर पूर्ण रूप से निर्भर रहता है। दूसरे, काल का ज्ञान कभी–कभी बिलकुल ही नहीं रहता, और फिर आ जाता है। देश के सम्बन्ध में भी यही बात है। हम देश का स्वरूप नहीं जान सकते। तथापि, उसका निर्दिष्ट लक्षण करना असम्भव होने पर भी वह है–इस बात को अस्वीकार करने का कोई उपाय नहीं है–वह अन्य किसी पदार्थ से पृथक् होकर रह नहीं सकता। निमित्त अथवा कार्य–कारण भाव के सम्बन्ध में भी यही बात है। इन देश, काल और निमित्त में हम यही एक विशेषता देखते हैं कि ये अन्यान्य वस्तुओं से पृथक् होकर नहीं रह सकते। आप शुद्ध 'देश' की कल्पना कीजिए कि जिसमें न कोई रंग है, न सीमा, चारों ओर रहने वाली किसी भी वस्तु से जिसका कोई संसर्ग नहीं है। आप इसकी कल्पना कर ही नहीं

सकते। आपको देश सम्बन्धी विचार करते ही दो सीमाओं के बीच अथवा तीन वस्तुओं के बीच स्थित देश की चिन्ता करनी होगी। अतः हमने देखा कि देश का अस्तित्त्वों अन्य किसी वस्तु के ऊपर निर्भर रहता है। काल के सम्बन्ध में भी यही बात है। शुद्ध काल के सम्बन्ध में आप कोई धारणा नहीं कर सकते। काल की धारणा करने पर आपको एक पूर्ववर्ती और एक परवर्ती घटना लेनी पड़ेगी और काल की धारणा के द्वारा उन दोनों को मिलाना होगा। जिस प्रकार देश बाहर रहने वाली दो वस्तुओं पर निर्भर रहता है इसी प्रकार काल भी दो घटनाओं पर निर्भर रहता है। और 'निमित्त' अथवा 'कार्यकारण भाव' की धारणा इन देश और काल के ऊपर निर्भर रहती है। 'देश–काल–निमित्त 'इन सबके भीतर विशेषत्व यही है कि इनकी स्वतन्त्र सत्ता नहीं है। इस कुर्सी अथवा उस दीवार का जैसा अस्तित्व है उनका वैसा भी नहीं है। वे जैसे सभी वस्तुओं के पीछे लगी हुई छाया के समान हैं, आप किसी प्रकार भी उन्हें पकड़ नहीं सकते। उनकी तो कोई सत्ता नहीं है– हम देख चुके हैं कि उनका वास्तविक अस्तित्त्व ही नहीं है–अधिक से अधिक वे छाया के समान हैं। और, वे कुछ भी नहीं हैं यह भी नहीं कहा जा सकता; कारण, उन्हीं के द्वारा जगत् का प्रकाश हो रहा है– ये तीनों मानो स्वभावतः ही मिलकर नाना रूपों की उत्पत्ति कर रहे हैं। अतएव पहले हमने देखा कि इन देश–काल–निमित्त की समष्टि का अस्तित्व भी नहीं है और वे बिलकुल असत् (अस्तित्त्वों शून्य) भी नहीं है। दूसरे, ये कभी–कभी बिलकुल ही अन्तर्हित हो जाते हैं। उदाहरण स्वरूप समुद्र की तरंगों को लीजिए। तंरग अवश्य ही समुद्र के साथ अभिन्न है तथापि हम उसको तरंग कहकर समुद्र से पृथक् रूप में जानते हैं। इस विभिन्नता का कारण क्या है– नाम–रूप। नाम अर्थात् उस वस्तु के सम्बन्ध में हमारे मन में जो एक धारणा रहती है और रूप अर्थात् आकार। फिर क्या तरंग को समुद्र से बिलकुल–पृथक् रूप में हम सोच सकते हैं ? कभी नहीं। वह सदा ही इसी समुद्र की धारणा के ऊपर निर्भर रहती है। यदि यह तंरग चली जाये, तो रूप भी अर्न्तहित हो गया, किन्तु यह रूप बिलकुल ही भ्रमात्मक था, यह बात नहीं। जब तक यह तरंग थी तब तक यह रूप था और आपको बाध्य होकर यह रूप देखना पड़ता था–यही माया है। अतएव यह समुदय जगत् उसी ब्रह्म का एक विशेष रूप है। ब्रह्म ही वह समुद्र है और तुम

और मैं, सूर्य, तारे सभी उस समुद्र में विभिन्न तरंग मात्र हैं। तरंगों को समुद्र से पृथक् कौन करता है ? वही रूप और वह रूप है केवल देश–काल–निमित्त। ये देश–काल–निमित्त भी सम्पूर्ण रूप से इन तरंगों के ऊपर निर्भर रहते हैं। तरंगें जैसे ही चली जाती हैं वैसे ही ये भी अन्तर्हित हो जाते हैं। जीवात्मा ज्यों ही इस माया का परित्याग कर देता है उसी समय उसके लिए वह, अर्न्तहित हो जाती है और वह मुक्त हो जाता है। हमारी सभी चेष्टाएँ इन देश–काल–निमित्त के अतीत होने के लिए होनी चाहिए। वे सदा ही हमारी उन्नति के मार्ग में बाधा डाल रहे हैं और हम सदा ही उनका ग्रास बनने से अपने को बचा रहे हैं। विद्वान लोग क्रमविकासवाद (Theory of Evolution) किसको कहते हैं ? इसके भीतर दो बातें हैं। एक तो यह कि एक प्रबल अन्तर्निहित गूढ़ शक्ति अपने को प्रकाशित करने की चेष्टा कर रही है और बाहर की अनेक घटनाएँ उसमें बाधा पहुँचाती हैं–आस–पास की पारिस्थितियाँ उसको प्रकाशित नहीं होने दे रही हैं। अतः इन परिस्थितियों से युद्ध करने के लिए यह शक्ति नये–नये शरीर धारण कर रही है। एक क्षुद्रतम कीटाणु उन्नत होने की चेष्टा में एक और शरीर धारण करता है एवं कितनी ही बाधाओं को पराजित करके रहता है, और इसी प्रकार भिन्न–भिन्न शरीर धारण करते हुए अन्त में मनुष्य रूप में परिणत हो जाता है। अब यदि इसी तन्त्र को उसके स्वाभाविक चरम सिद्धान्त पर ले जाया जाये तो यह अवश्य स्वीकार करना पड़ेगा कि ऐसा समय आयेगा जब कि जो शक्ति कीटाणु के भीतर क्रीड़ा कर रही थी और जो अन्त में मनुष्य के रूप में परिणत हो गयी वह सभी बाधाओं को अतिक्रमण करेगी, बाहर की घटनाएँ उसको फिर बाधा नहीं पहुँचा पायेंगी। इसी बात को दार्शनिक भाषा में इस प्रकार कहना होगा– प्रत्येक कार्य के दो अंश होते हैं; एक विषयी, दूसरा विषय। एक व्यक्ति ने मेरा तिरस्कार किया, मैंने अपने को दुःखी अनुभव किया यहाँ भी ये ही दो बातें हैं, और हमारे सारे जीवन की चेष्टा क्या है ? यही न कि अपने मन को इतनी दूर तक सरल कर लेना कि जिससे बाहर की परिस्थितियों पर हम अपना आधिपत्य कर सकें, अर्थात् उनके द्वारा हमारा तिरस्कार होने पर भी हम किसी कष्ट का अनुभव न करें। इसी प्रकार हम प्रकृति को पराजित करने की चेष्टा कर रहे हैं। नीति का अर्थ क्या है ? 'अपने' 'को दृढ़ करना–उसे क्रमशः सभी प्रकार की परिस्थितियों

को सहन कराना, जैसे आपका विज्ञान कहता है कि कुछ समय के बाद मनुष्य–शरीर सभी अवस्थाओं को सहन करने में समर्थ होगा, और यदि विज्ञान की यह बात सत्य हो तो हमारे दर्शन का यही सिद्धान्त (अर्थात् एक ऐसा समय आयेगा जब हम सभी परिस्थितियों के ऊपर विजय प्राप्त कर सकेंगे) अकाट्य युक्ति पर स्थापित हो गया, यही कहना पड़ेगा; कारण, प्रकृति सीमित है।

यह बात भी अब समझनी होगी कि प्रकृति ससीम है। 'प्रकृति ससीम है; कैसे जाना ? दर्शन के द्वारा यह जाना जाता है कि प्रकृति उस अनन्त का ही सीमाबद्ध भाव मात्र है। अतएव वह सीमित है। अतएव एक समय ऐसा आयेगा जब हम बाहर की परिस्थितियों पर विजय प्राप्त कर सकेंगे। उनको पराजित करने का उपाय क्या है ? वास्तव में तो हम बाहर के विषयों में परिवर्तन उत्पन्न करके उनके ऊपर विजय प्राप्त कर नहीं पाते। छोटी–सी मछली जल में रहने वाले अपने शत्रुओं से अपनी रक्षा करना चाहती है। किस प्रकार वह इस कार्य को करती है ? आकाश में उड़कर, पक्षी बनकर। मछली ने जल अथवा वायु में कोई परिवर्तन नहीं किया जो कुछ भी परिवर्तन हुआ वह उसके अपने अन्दर ही हुआ। परिवर्तन सदा 'अपने' अन्दर ही होता है। इसी प्रकार हम देखते हैं कि समस्त क्रमविकास में परिवर्तन अपने अन्दर ही होते–होते, प्रकृति पर विजय प्राप्त हो रही है। इसी तत्त्व का धर्म और नीति में प्रयोग करो तो देखोगे कि यहाँ भी 'अशुभजय' अपने भीतर परिवर्तन के द्वारा ही साधित हो रही है। सभी कुछ अपने ऊपर निर्भर रहता है। यह 'अपने' के ऊपर जोर डालना ही अद्वैतवाद की वास्तविक दृढ़ भूमि है। 'अशुभ, दुःख' यह सब बात कहना ही भूल है, कारण, बहिर्जगत् में इनका कोई अस्तित्त्व नहीं है। क्रोध के कारणों के बार–बार होने पर भी इन सब घटनाओं में स्थिर भाव से रहने का यदि हमें अभ्यास हो जाये, तो हमारे अन्दर क्रोध का उद्रेक कभी नहीं होगा। इसी प्रकार लोग मुझसे चाहे कितनी ही घृणा करें, यदि मैं उसका अपने ऊपर प्रभाव नहीं लेता, तो मेरा भी उनके प्रति घृणाभाव उत्पन्न नहीं होगा। इसी प्रकार 'अशुभजय' करना पड़ता है–'अपनी' उन्नति का साधन करके। अतएव आप देखते हैं कि अद्वैतवाद ही एकमात्र ऐसा धर्म है जो आधुनिक वैज्ञानिकों के सिद्धान्तों के साथ भौतिक और आध्यात्मिक दोनों ही दिशाओं में मिल जाता है, इतना ही नहीं वरन् इन सभी

सिद्धान्तों से भी उच्चतर सिद्धान्तों को स्थापित करता है और इसी कारण से यह आधुनिक वैज्ञानिकों को बहुत भाता है। वे देखते हैं कि प्राचीन द्वैतवादी धर्म उनके लिए पर्याप्त नहीं है, उनसे उनकी ज्ञान की भूख नहीं मिटती। किन्तु इस अद्वैतवाद में उनके ज्ञान की भूख मिटती है। केवल दृढ़ विश्वास रहने से ही मनुष्य का काम नहीं चलेगा, ऐसा विश्वास होना चाहिए जिससे उसकी ज्ञानवृद्धि चरितार्थ हो। यदि मनुष्य से जो कुछ वह देखे उसी पर विश्वास करने को कहा जाये तो वह शीघ्र ही पागलखाने में चला जायेगा। एक बार एक महिला ने मेरे पास एक पुस्तक भेजी–उसमें लिखा था, सभी बातों पर विश्वास करना उचित है। उसमें यह भी लिखा था कि मनुष्य की आत्मा अथवा इस प्रकार की अन्य किसी वस्तु का अस्तित्त्व ही नहीं है। किन्तु स्वर्ग में देव–देवियाँ हैं और एक प्रकाश का सूत्र हममें से प्रत्येक के मस्तक के साथ स्वर्ग का संयोग कर रहा है। लेखिका को इन सब बातों का पता कैसे लगा? उन्होंने प्रत्यादिष्ट होकर इन सब तत्त्वों को जाना था और उन्होंने मुझसे भी इन पर विश्वास करने को कहा था। जब मैंने उनकी इन सब बातों पर विश्वास करना अस्वीकार कर दिया तब उन्होंने कहा–"तुम अवश्य ही बड़े दुराचारी हो– तुम्हारे लिए अब कोई आशा नहीं है। जो भी हो, इस उन्नीसवीं शताब्दी के अन्तिम भाग में भी हमारे बाप–दादा से आया हुआ धर्म ही एकमात्र सत्य है, अन्य जिस किसी स्थान में जिस–किसी भी धर्म का प्रचार हो रहा है वह अवश्य ही मिथ्या है– इस प्रकार की धारणा अनेक स्थानों में है। इससे प्रमाणित होता है कि हमारे भीतर अभी भी अनेक दुर्बलताएँ हैं–ये दुर्बलताएँ दूर करनी होंगी। मैं यह नहीं कहता कि यह दुर्बलता केवल इसी देश में (इंग्लैंड में) है–यह सभी देशों में हैं और जैसी मेरे देश में है वैसी तो कहीं भी नहीं है और यह बहुत ही भयानक रूप में है। इसीलिए अद्वैतवाद का प्रचार साधारण लोगों में कमी होने नहीं दिया गया। संन्यासी लोग अरण्य (वन) में इसकी साधना करते थे, इसी कारण वेदान्त का एक नाम 'आरण्यक' भी था। अन्त में भगवान की कृपा से बुद्ध देव ने आकर सर्वसाधारण लोगों के बीच इसका प्रचार किया, उस समय समस्त जाति बौद्ध धर्म से जाग उठी। बहुत समय के बाद जब नास्तिकों ने समस्त जाति को ध्वंस करने की फिर चेष्टा की तब ज्ञानियों ने समझा कि भारत की नास्तिकता के अन्धकार को दूर

करने के लिए एकमात्र उपाय यही धर्म है। दो बार इसने नास्तिकता से भारत की रक्षा की है। पहले, बुद्धदेव के आने से पूर्व नास्तिकता अति प्रबल हो उठी थी–योरोप–अमेरिका के विद्वानों में आजकल जैसी नास्तिकता है वैसी नहीं; वह इससे भी भयंकर नास्तिकता थी। मैं एक प्रकार का नास्तिक हूँ , कारण मेरा विश्वास है कि केवल पदार्थ का ही अस्तित्त्व है। आधुनिक वैज्ञानिक नास्तिक भी यही कहते हैं, किन्तु वे उसे 'जड़' नाम से पुकारते हैं और मैं उसे 'ब्रह्म' कहता हूँ। ये 'जड़वादी नास्तिक' कहते हैं, इसी 'जड़ से ही मनुष्य की आशा, भरोसा, धर्म सभी कुछ हैं। मैं कहता हूँ, 'ब्रह्म' से ही सब कुछ हुआ है। मैं इस प्रकार की नास्तिकता की बात नहीं कह रहा हूँ, मैं चार्वाकों के मत की बात कह रहा हूँ–खाओ, पिओ, मौज उड़ाओ; ईश्वर, आत्मा या स्वर्ग कुछ भी नहीं है, धर्म कुछ धूर्त दुष्ट पुरोहितों की कल्पना मात्र है–यावज्जीवेत् सुखं जीवेत् ऋण कृत्वा घृतं पिबेत्।' इस प्रकार की नास्तिकता बुद्धदेव के आविर्भाव के पूर्व इतनी बढ़ गयी थी कि उसका एक नाम हो गया 'लोकायत दर्शन'। इस प्रकार की अवस्था में बुद्धदेव ने आकर साधारण लोगों में वेदान्त का प्रचार करके भारतवर्ष की रक्षा की। बुद्धदेव के तिरोधान के ठीक एक हजार वर्ष पश्चात् फिर इसी प्रकार की बात हुई। चंडाल भी बौद्ध होने लगे। नानाविध विभिन्न जातियाँ बौद्ध होने लगीं। अनेक लोग अति नीच जाति के होते हुए भी बौद्ध धर्म ग्रहण करके बड़े सदाचारी बन गये। किन्तु इनमें नाना प्रकार के कुसंस्कार थे–नाना प्रकार के टोने–टोटके, मन्त्र–तन्त्र और भूत–देवताओं में विश्वास था। बौद्ध धर्म के प्रभाव से ये बातें कुछ दिनों तक अवश्य दबी रहीं। किन्तु वे फिर प्रकट हो पड़ीं। अन्त में भारतवर्ष के बौद्ध धर्म में नाना प्रकार के विषयों की खिचड़ी हो गयी। उस समय फिर से नास्तिकता के बादलों से भारत का आकाश ढ़क गया–अच्छे परिवार के लोग स्वेच्छाचारी और साधारण लोग कुसंस्कारी हो गये। ऐसे समय में शंकराचार्य ने उठकर फिर से वेदान्त की ज्योति को जगाया। उन्होंने उसका एक युक्तिसंगत विचारपूर्ण दर्शन के रूप में प्रचार किया। उपनिषदों में विचार भाग बड़ा ही अस्फुट है। बुद्धदेव ने उपनिषदों के नीति–भाग के ऊपर खूब जोर दिया था, शंकराचार्य ने उनके ज्ञान–भाग के ऊपर अधिक जोर दिया। उनके द्वारा उपनिषदों के सिद्धान्त युक्ति और विचार के द्वारा प्रमाणित और प्रणालीबद्ध रूप

में लोगों के समक्ष स्थापित हुए हैं। योरोप में भी आजकल ठीक वही अवस्था उपस्थित है। इन नास्तिकों की मुक्ति के लिए वे जिससे विश्वास करें इसके लिए–आप सारे संसार को इकट्ठा करके प्रार्थना करें किन्तु वे विश्वास नहीं करेंगे। वे युक्ति चाहते हैं। अतः योरोप की मुक्ति इस समय इसी विचार द्वारा पवित्र हुए धर्म अद्वैतवाद के ऊपर निर्भर है; और एकमात्र यही अद्वैतवाद, यह निर्गुण ब्रह्म का भाव ही विद्वानों के ऊपर प्रभाव डाल सकता है। जब कभी धर्म लुप्त होने का उपक्रम होता है और अधर्म का अभ्युत्थान होता है तभी इसका आविर्भाव होता है। इसीलिए योरोप और अमेरिका में प्रवेश प्राप्त कर यह दृढ़मूल होता जा रहा है।

इसमें केवल एक बात और जोड़ देनी होगी। प्राचीन उपनिषद् बड़े उच्च कवित्व से पूर्ण हैं। उपनिषदों के वक्ता ऋषि लोग महाकवि थे। आपको अवश्य ही याद होगा कि प्लेटो ने कहा है– कवित्व के द्वारा भी जगत् में अलौकिक सत्य का प्रकाश होता है। मानों कवित्व द्वारा उच्चतम सत्यों को जगत् को देने के लिए विधाता ने साधारण मनुष्यों से बहुत ऊँची पदवी पर आरूढ़ कवियों के रूप में उपनिषदों के ऋषियों की सृष्टि की थी। वे प्रचार भी नहीं करते थे अथवा दार्शनिक विचार भी नहीं करते थे और लिखते भी नहीं थे। उनके हृदय के झरने से संगीत का फुहारा बहता था। उसके बाद बुद्धदेव में हम देखते हैं–हृदय अनन्त सहनशक्ति वाला–उन्होंने धर्म को सर्वसाधारणोपयोगी बनाकर प्रचार किया। असाधारण धीशक्तिसम्पन्न शंकराचार्य ने उसको ज्ञान के प्रखर आलोक में प्रकाशित किया। हमको अब चाहिए कि इस प्रखर ज्ञान–सूर्य के साथ बुद्धदेव के इस अद्भुत हृदय–इस अद्भुत प्रेम और दया को, सम्मिलित करें। अत्यन्त ऊँचे दार्शनिक भाव भी इसमें रहें, यह विचारपूत हो और साथ ही साथ इसमें उच्च हृदय, प्रबल प्रेम और दया का योग रहे। तभी मणि और कांचन का योग होगा, तभी विज्ञान और धर्म एक–दूसरे को सहयोग देंगे। यही भविष्य में धर्म होगा और यदि हम इसको ठीक–ठीक ले सकें तो यह निश्चयपूर्वक कहा जा सकता है कि यह सभी काल और अवस्थाओं के लिए उपयोगी होगा। यदि आप घर जाकर स्थिर भाव सविचार करें तो देखेंगे कि सभी विज्ञानों में कुछ न कुछ त्रुटि है। किन्तु ऐसा होने पर भी यह निश्चय जानिये कि आधुनिक विज्ञान को

इसी एक मार्ग पर आना पड़ेगा–पड़ेगा क्यों–वह तो अभी भी इस ओर आ रहा है। जब कोई बड़ा वैज्ञानिक कहता है कि सभी कुछ उस एक शक्ति का विकास है तब क्या आपके मन में नहीं आता कि उस समय वे उपनिषदों में वर्णित उसी ब्रह्म की महिमा का कीर्तन करते हैं ?

अग्निर्यथैको भुवनं प्रविष्टो रूपं रूपं प्रतिरूपो बभूव।
एकस्तथा सर्वभूतान्तरात्मा रूपं रूपं प्रतिरूपो बहिश्च।।

कठोपनिषद्, 2।2।9

"जिस प्रकार एक ही अग्नि जगत् में –प्रविष्ट होकर नाना रूपों में प्रकट होती है उसी प्रकार वह सब जीवों का अन्तरात्मा एक ब्रह्म नाना रूपों में प्रकाशित हो रहा है और वह जगत् के बाहर भी हैं।" विज्ञान किस ओर जा रहा है, क्या आप नहीं समझ रहे हैं ? हिन्दू जाति मनस्तत्त्वों की आलोचना करते–करते दर्शन के द्वारा आगे बढ़ी थी। योरोपीय जातियाँ बाह्य प्रकृति की आलोचना करते–करते अग्रसर हुईं। अब दोनों एक स्थान पर पहुँच रहे हैं। मनस्तत्त्व के भीतर होकर हम उसी एक अनन्त सार्वभौमिक सत्ता में पहुँच रहे हैं–जो सब वस्तुओं की अन्तरात्मास्वरूप है, जो सबका सार और सभी वस्तुओं का सत्यस्वरूप है, जो नित्यमुक्त, नित्यानन्द और नित्यसत्तास्वरूप है। बाह्य विज्ञान के द्वारा भी हम उसी एक तत्त्व पर पहुँचते हैं। यह समस्त जगत्प्रपंच उसी एक का विकास है–वह जगत् में जो कुछ भी है उस सबका समष्टि स्वरूप है। और समग्र मानवजाति मुक्ति की ओर अग्रसर हो रही है, बन्धन की ओर वह कभी जा ही नहीं सकती। मनुष्य नीतिपरायण क्यों हो? क्योंकि नीति ही मुक्ति का और दुर्नीति बन्धन का मार्ग है।

अद्वैतवाद का एक और विशेषत्व यह है कि अद्वैत सिद्धान्त अपने आरम्भ काल से ही अन्य धर्मों या मतों को तोड़–फोड़कर फेंक देने की चेष्टा नहीं करता। अद्वैतवाद का एक और महत्त्व यह है कि यह प्रचार करना महान् साहस का कार्य है कि–

न बुद्धिभेदं जनयेदज्ञानां कर्मसंगिनाम्।
जोषयेत् सर्वकर्माणि विद्वान् युक्तः समाचरन्।।

गीता, 3।26

"ज्ञानी लोगों को अज्ञ अतएव कर्म में आसक्त व्यक्तियों में बुद्धिभेद उत्पन्न नहीं करना चाहिए, विद्वान व्यक्ति को स्वयं युक्त रहकर उन लोगों को सब प्रकार के कर्मों में नियुक्त करना चाहिए।"

अद्वैतवाद यही कहता है– किसी की बुद्धि को विचलित मत करो, किन्तु सभी को उच्च से उच्चतर मार्ग पर जाने में सहायता करो। अद्वैतवाद जिस ईश्वर का प्रचार करता है वह समस्त जगत् का समष्टि स्वरूप है; यदि यह मत सत्य है तो यह अवश्य ही सब मतों को अपने विशाल उदर में ग्रहण कर लेगा। यदि ऐसा कोई सार्वजनीन धर्म है, जिसका लक्ष्य सबको ग्रहण करना हो, तो उसका केवल कुछ लोगों के ग्रहण करने योग्य ईश्वर का एक विशेष भाव से प्रचार करने से काम नहीं चलेगा, उसमें सब भावों की समष्टि होना आवश्यक है। अन्य किसी मत में यह समष्टि का गाव उतना परिस्फुटित नहीं है, फिर भी वे सभी उसी समष्टि की प्राप्ति की चेष्टा कर रहे हैं। विशेष–विशेष भावों का अस्तित्त्व केवल इसीलिए है कि वे सर्वदा ही समष्टि बनने की चेष्टा करते रहते हैं। इसीलिए अद्वैतवाद के साथ भारतवर्ष के किसी भी सम्प्रदाय का पहले से ही कोई विरोध नहीं था। भारत में आजकल भी अनेक द्वैतवादी हैं, जिनकी संख्या भी अत्यधिक है। इसका कारण है, अशिक्षित लोगों के मन में स्वभावतः द्वैतवाद का उदय होता है। द्वैतवादी कहते हैं कि यही जगत् की एक बिलकुल स्वाभाविक व्याख्या है, किन्तु इन द्वैतवादियों के साथ अद्वैतवादियों का कोई विवाद नहीं है। द्वैतवादी कहते हैं, "ईश्वर जगत् के बाहर है, वह स्वर्ग के बीच एक विशेष स्थान में रहता है।" अद्वैतवादी कहते हैं, "जगत् का ईश्वर उसका अपना ही अन्तरात्मा स्वरूप है, उसको दूरवर्ती कहना ही नास्तिकता है। उसको स्वर्ग में अथवा अन्य किसी दूरवर्ती प्रदेश में अवस्थित किस प्रकार कहते हो ? उससे पृथक् होने का भाव मन में लाना भी भयानक है ! वह तो अन्यान्य सब वस्तुओं से हमारे अधिक निकट है। 'तुम्हीं वह हो'–इस एकत्व सूचक वाक्य को छोड़ किसी भी भाषा में ऐसा कोई शब्द नहीं है जिसके द्वारा उसकी निकटता प्रकट की जा सके। जिस प्रकार द्वैतवादी अद्वैतवादियों की बातों से डरते हैं और उसे नास्तिकता कहते हैं, अद्वैतवादी भी उसी प्रकार द्वैतवादियों की बातों से डरते और कहते हैं कि मनुष्य किस प्रकार उसको (ईश्वर को) अपनी ज्ञेय वस्तु समझने का साहस करता है ?

ऐसा होने पर भी वे जानते हैं कि धर्मजगत् में द्वैतवाद का स्थान कहाँ पर है–वे जानत हैं कि द्वैतवादी अपने दृष्टिकोण से ठीक ही बात कहते हैं, अतः उनसे उनका कोई विवाद नहीं। जब तक वे समष्टिभाव से न देखकर व्यष्टि भाव से देखते हैं तब तक उन्हें अवश्य ही 'अनेक' देखना पड़ेगा। व्यष्टि भाव की ओर से देखने पर उन्हें अवश्य ही भगवान को बाहर देखना पड़ेगा– ऐसा न हो, यह हो ही नहीं सकता। वे कहते हैं–'हमें अपने मत में ही रहने दो।' फिर भी अद्वैतवादी जानते हैं कि द्वैतवादियों के मत में चाहे कितनी ही असम्पूर्णता क्यों न हो, वे सभी उसी एक लक्ष्य की ओर जा रहे हैं। इसी स्थान पर उनका द्वैतवादियों के साथ पूरा मतभेद है। संसार के सभी द्वैतवादी स्वभावतः ही एक ऐसे सगुण ईश्वर में विश्वास करते हैं जो एक उच्च शक्तिसम्पन्न मनुष्यमात्र है, और जिस प्रकार मनुष्य के कुछ प्रिय पात्र होते हैं तथा कुछ अप्रिय पात्र, उसी प्रकार द्वैतवादियों के ईश्वर के भी होते हैं। वह बिना किसी कारण के ही किसी से तो सन्तुष्ट है, किसी से विरक्त। आप देखेंगे कि सभी जातियों में ऐसे लोग कितने ही हैं जो कहते हैं–'हम ईश्वर के अन्तरंग प्रिय पात्र हैं और कोई नहीं; यदि अनुतप्त हृदय से हमारी शरण में आओ तभी हमारा ईश्वर तुम पर कृपा करेगा।' और कितने ही द्वैतवादी ऐसे हैं, जिनका मत और भी भयानक है। वे कहते हैं–"ईश्वर जिनके प्रति दयालु है, जो उसके अन्तरंग हैं, वे पहले से ही ईश्वर द्वारा निर्दिष्ट' हैं और कोई यदि माथा फोड़कर भी मर जाये तो भी इस अन्तरंग दल के बीच प्रवेश नहीं पा सकता।" आप मुझे ऐसा कोई भी द्वैत–वादात्मक धर्म बता दीजिए जिसके भीतर यह संकीर्णता नहीं है। इसी कारण से ये सब धर्म सदा ही परस्पर युद्ध करते रहेंगे और करते रहे हैं। और ये द्वैतवादी धर्म सदा ही लोकप्रिय होते हैं, क्योंकि अशिक्षितों के भाव सदा ही लोकप्रिय होते हैं। द्वैतवादी समझते हैं कि एक दंडधारी ईश्वर के बिना किसी प्रकार की नीति ठहर ही नहीं सकती। मान लो एक छकड़ा गाड़ी का घोड़ा व्याख्यान देना प्रारम्भ करता है। वह कहेगा– "लन्दन के लोग बड़े खराब हैं; कारण वे हमें नित्यप्रति कोड़े नहीं मारते।" वह स्वयं चाबुक खाने में अभ्यस्त हो गया है। इससे अधिक वह और क्या समझ सकता है ? किन्तु वास्तव में चाबुक की मार से लोग और भी खराब हो जाते हैं। गहरी चिन्ता करने में असमर्थ लोग सभी देशों में द्वैतवादी

हो जाते हैं। बेचारे गरीबों पर सदा ही अत्याचार होता रहा है। अतः उनकी मुक्ति की धारणा केवल इस दंड से मुक्ति पाना है। दूसरी ओर हम यह भी जानते हैं कि सभी देशों के चिन्ताशील महापुरुषों ने इसी निर्गुण ब्रह्मभाव को लेकर ही कार्य किया है। इसी भाव से भरकर ईसामसीह ने कहा है–'मैं और मेरा पिता एक है।' इसी प्रकार का व्यक्ति लाखों व्यक्तियों में शक्तिसंचार करने में समर्थ होता है। यही शक्ति सहस्रों वर्ष तक मनुष्यों के प्राणों में शुभ परित्राण देने वाली शक्ति का संचार करती है। और हम यह भी जानते हैं कि ये महापुरुष अद्वैतवादी थे, इसीलिए दूसरों के प्रति दयाशील थे। उन्होंने साधारण लोगों को 'हमारा स्वर्गस्थ पिता' की शिक्षा दी थी। साधारण लोग जो सगुण ईश्वर से उच्चतर अन्य किसी भाव को धारण नहीं कर सकते थे उन्होंने उनको अपने स्वर्ग में रहने वाले पिता से प्रार्थना करना सिखाया। किन्तु यह भी कहा कि– 'जब समय आयेगा तो तुम देखोगे कि मैं तुम्हीं मैं हूँ, और तुम मुझमें हो, जिससे तुम सभी उस पिता के साथ एक हो सकोगे जिस प्रकार मैं और मेरे पिता अभिन्न हैं। बुद्ध देवता, ईश्वर आदि को विशेष नहीं मानते थे। साधारण लोग उनको नास्तिक कहते थे किन्तु वे एक साधारण बकरी के लिए प्राण तक देने को प्रस्तुत थे। उन्हीं बुद्धदेव ने, जो नीति मनुष्य–जाति के लिए सर्वोच्च ग्रहणीय हो सकती है, उसका प्रचार किया था। जहाँ कहीं भी आप किसी प्रकार का नीति–विधान पायेंगे, वहीं देखेंगे कि उनका प्रभाव, उनका प्रकाश जगमगा रहा है। जगत् के इन सब उच्च हृदय व्यक्तियों को आप किसी संकीर्ण दायरे में बाँधकर नहीं रख सकते, विशेषतः आज, जब कि मनुष्य जाति के इतिहास में एक ऐसा समय आ गया है और सब प्रकार के ज्ञान की ऐसी उन्नति हुई है जिसकी सौ वर्ष पूर्व स्वप्न में भी कल्पना न थी, यहाँ तक कि पचास वर्ष पूर्व जो किसी ने स्वप्न में भी नहीं सोचा था, ऐसे सभी प्रकार के वैज्ञानिक ज्ञान का स्रोत बह चला है। ऐसे समय में क्या लोगों को अब भी इस प्रकार के संकीर्ण भावों में आबद्ध करके रखा जा सकता है ? हाँ, लोग यदि बिलकुल ही, पशुतुल्य चिन्ताहीन जड़ पदार्थ के समान हो जायें तो यह सम्भव है। इस समय आवश्यकता है उच्चतम ज्ञान के साथ उच्चतम हृदय, अनन्त ज्ञान के साथ अनन्त प्रेम का योग करने की। अतएव वेदान्ती कहते हैं, उस अनन्त सत्ता के साथ एकीभूत होना ही एकमात्र धर्म है, और वे भगवान को केवल इतना

ही बतलाते हैं अनन्त सत्ता, अनन्त ज्ञान, अनन्त आनन्द; और वे कहते हैं कि ये तीनों एक हैं। ज्ञान और आनन्द के बिना सत्ता कभी रह ही नहीं सकती। हमें यही सम्मेलन चाहिए–इस अनन्त सत्ता, ज्ञान और आनन्द की चरम उन्नति–एकदेशीय उन्नति नहीं। हमें चाहिए सभी बातों की समान उन्नति। बुद्धदेव के समान महान् हृदय के साथ महान् ज्ञान का योग होना सम्भव है। मैं आशा करता हूँ, हम सभी उस एक लक्ष्य पर पहुँचने की प्राणपण से चेष्टा करेंगे।

8. जगत्

(बहिर्जगत्)

सुन्दर पुष्पराशि चारों ओर सुगन्ध फैला रही है, प्रभात का सूर्य अत्यन्त सुन्दर रक्तवर्ण होकर उदित हो रहा है। प्रकृति नाना प्रकार के विचित्र रंगों से सजकर शोभायमान हो रही है, समस्त जगब्रह्मांड सुन्दर है, और मनुष्य जब से पृथ्वी पर आया है तभी से इसका भोग कर रहा है। पर्वतमालाएँ गम्भीर भाव व्यंजक एवं भय उत्पन्न करने वाली हैं, प्रबल वेग से समुद्र की ओर बहने वाली नदियाँ, पदचिन्ह्नों से रहित मरु देश, अनन्त असीम सागर, तारों से भरा आकाश, ये सभी गम्भीर भावों से पूर्ण और भयोद्दीपक हैं–फिर भी मनोहर हैं। प्रकृति शब्द से कही जाने वाली सभी सत्ताएँ अति प्राचीन, स्मृति–पथ के अतीत काल से मनुष्य के मन के ऊपर कार्य कर रही हैं, वे मनुष्य की विचारधारा के ऊपर क्रमशः प्रभाव बढ़ा रही हैं और इस प्रभाव की प्रतिक्रिया रूप में क्रमशः मनुष्य के हृदय में यह प्रश्न उठ रहा है कि यह सब क्या है और इसकी उत्पत्ति कहाँ से हुई ? अति प्राचीन मानव–रचना वेद के प्राचीन भाग में भी 'इसी प्रश्न की जिज्ञासा हम देखते हैं। यह सब कहाँ से आया ? जिस समय अस्ति, नास्ति कुछ भी नहीं था, जब अन्धकार अन्धकार से ढका हुआ था तब किसने इस जगत् का सृजन किया ? कैसे किया ? कौन इस रहस्य को जानता है ? आज तक यही प्रश्न चला आ रहा है। लाखों बार इसका उत्तर देने की चेष्टा की गयी है, किन्तु फिर भी लाखों बार उसका उत्तर पुनः देना पड़ेगा। ये सभी उत्तर भ्रमपूर्ण हों, ऐसी बात नहीं है। प्रत्येक उत्तर में कुछ न कुछ सत्य अवश्य है– कालचक्र के साथ–साथ इस सत्य का भी क्रमशः बल बढ़ेगा। मैंने भारत के प्राचीन दार्शनिकों के निकट इस प्रश्न का जो उत्तर संग्रह किया है, उसको आजकल के मानवीय ज्ञान के

साथ मिलाकर आपके सामने रखने की चेष्टा करूँगा।

हम देखते हैं कि इस प्राचीनतम प्रश्न के कई विषय पहले से ही विदित थे। प्रथम तो–"जब अस्ति नास्ति कुछ भी नहीं था"–इस प्राचीन वैदिक वाक्य से प्रमाणित होता है कि एक समय जगत् नहीं था ये ग्रह, नक्षत्र, हमारी धरती माता, सागर, महासागर, नदी, शैलमाला, नगर, ग्राम, मानवजाति, अन्य प्राणी, उद्भिद, पक्षी, यह अनन्त प्रकार की सृष्टि, एक समय था जब यह नहीं थी– यह बात पहले से ही मालूम थी। क्या हम इस विषय में निसन्देह हैं ? यह सिद्धान्त किस प्रकार प्राप्त हो गया यह समझने की हम चेष्टा करेंगे। मनुष्य अपने चारों ओर क्या देखता है ? एक छोटे से उद्भिद को ही लीजिए। मनुष्य देखता है कि उद्भिद धीरे–धीरे मिट्टी को हटाकर उठता है, अन्त में बढ़ते–बढ़ते एक विशाल वृक्ष हो जाता है, फिर वह मर जाता है– केवल बीज छोड़ जाता है, मानों वह घूम–फिरकर एक वृत्त को पूरा करता है। बीज से ही वह निकलता है, फिर वृक्ष हो जाता है और उसके बाद फिर बीज में ही परिणत हो जाता है। पक्षी को देखिए, किस प्रकार वह अंडे में से निकलता है, सुन्दर पक्षी का रूप धारण करता है, कुछ दिन जीवित रहता है, अन्त में मर जाता है, और छोड़ जाता है अन्य कई अंडे अर्थात् भविष्य के पक्षियों के बीज। तिर्यग्जातियों के सम्बन्ध में भी इसी प्रकार होता है और मनुष्य के सम्बन्ध में भी। प्रत्येक पदार्थ के ही जैसे कुछ बीज होते हैं, कुछ मूल उपादान होते हैं, कुछ सूक्ष्म आकार से लेकर स्थूल से स्थूलतर होते जाते हैं। कुछ समय तक ऐसे ही चलता है, फिर उसी सूक्ष्म रूप में जाकर उनका लय हो जाता है। वृष्टि की एक बूँद जिसके भीतर इस समय सुन्दर सूर्यकिरणें खेल रही हैं, वायु के सहारे बहुत दूर जाकर पर्वत पर पहुँचता है, वहाँ बर्फ में परिणत हो जाता है, फिर जल बन जाता है और सैकड़ों मील की यात्रा करके अपने उत्पत्तिस्थान समुद्र में पहुँच जाता है। हमारे चारों ओर स्थित समस्त प्रकृति का यही नियम है; और हम जानते हैं कि आजकल बर्फ की चट्टानें और नदियाँ बड़े–बड़े पर्वतों के ऊपर क्रिया कर रही हैं, वे धीरे–धीरे और निश्चित रूप से उन्हें (पर्वतों को) घिस रही हैं, घिसकर उन्हें बालू कर रही हैं, वही बालू समुद्र में जाकर गिर रही है समुद्र के अन्दर स्तर पर स्तर जम रही है, अन्त में वह पहाड़ की भाँति सख्त हो जाती है और भविष्य में वही पर्वत बन जायेगी। फिर

वह पिसकर बालू बन जायेगी–बस यही क्रम है। बालुका से इन पर्वतमालाओं की उत्पत्ति है और बालुका में ही इनकी परिणति है। बड़े–बड़े नक्षत्रों के सम्बन्ध में भी यही बात है। हमारी यह पृथ्वी भी नीहारिकामय एक विशेष पदार्थ (Nebulse) से प्रारम्भ होकर क्रमशः शीतल होती गयी, अन्त में हमारे निवास करने की भूमि के रूप में एक विशेष आकृति की धरणी बन गयी। भविष्य में यह और भी शीतल होते–होते नष्ट हो जायेगी, खंड–खंड हो जायेगी, धूल हो जायेगी, और फिर उसी मूल नीहारिकामय सूक्ष्म रूप में परिणत हो जायेगी। प्रतिदिन हमारी आँखों के सामने यही हो रहा है, स्मृति के अतीत काल से ही यह हो रहा है। यही मनुष्य का समस्त इतिहास है, प्रकृति का इतिहास है, जीवन का इतिहास है।

यदि यह सत्य हो कि प्रकृति अपने सभी कार्यों में सम प्रणालीबद्ध (Uniform) है और आज तक किसी ने भी इसका खंडन नहीं किया कि एक छोटा सा बालू का कण जिस प्रणाली और नियम से सृष्ट होता है, प्रकांड सूर्य, तारे, यहाँ तक कि सम्पूर्ण जगत्ब्रह्मांड की सृष्टि में भी वही प्रणाली, वही एक नियम है; यदि यह सत्य हो कि एक परमाणु जिस कौशल से बनता है, समस्त जगत् भी उसी कौशल से बनता है। यदि यह सत्य हो कि एक ही नियम समस्त जगत् में प्रतिष्ठित है तो प्राचीन वैदिक भाषा में हम कह सकते हैं,– "एक ढेला मिट्टी को जानकर हम जगत्ब्रह्मांड में जितनी मिट्टी है उन सबको जान सकते हैं। "एक छोटे से उद्भिद को लेकर उसके जीवनचरित की आलोचना करके हम जगत्ब्रह्मांड का स्वरूप जान सकते हैं। बालू के एक कण की गति का पर्यवेक्षण करके हम समस्त जगत् का रहस्य जान सकेंगे। अतएव ऊपर की हुई आलोचना के परिणाम को जगत् ब्रह्मंड के ऊपर प्रयोग करके हम यही देखते हैं कि सभी वस्तुओं का आदि और अन्त प्रायः एक सा होता है। पर्वत की उत्पत्ति बालुका से, और बालुका में ही उसका अन्त है; वाष्प से नदी बनती है और फिर वाष्प हो जाती है; बीज से उद्भिद होता है और फिर बीज बन जाता है। मानव जीवन मनुष्य के जीवाणु रूपी बीज से आता है और फिर जीवाणु में ही चला जाता है। नक्षत्र पुंज, नदी, ग्रह, उपग्रह सब नीहारिका अवस्था से बनते हैं और फिर उसी अवस्था में लौट जाते हैं। इससे हम क्या सीखते हैं ? सीखते यही हैं कि व्यक्त अर्थात् स्थूल अवस्था कार्य है; सूक्ष्म भाव उसका कारण हैं। सभी दर्शनों के

जनक स्वरूप महर्षि कपिल बहुत दिन पहले प्रमाणित कर चुके हैं, ''नाशः कारणलयः।''

यदि इस मेज का नाश हो जाये तो यह केवल अपने कारण रूप में लौट जायेगी–वह सूक्ष्म रूप भी उन परमाणुओं में बदल जायेगा जिनके मिश्रण से यह मेज नामक पदार्थ बना था। मनुष्य जब मर जाता है तो जिन पंच भूतों से उसके शरीर का निर्माण हुआ था उन्हीं में उसका लय हो जाता है। इस पृथ्वी का जब ध्वंस हो जायेगा तब जिन भूतों को मिलाकर इसका निर्माण हुआ था उन्हीं में वह फिर परिणत हो जायेगी। इसी को नाश अर्थात् कारणलय कहते हैं। अतएव हमने सीखा कि कार्य और कारण अभिन्न हैं–भिन्न नहीं; कारण ही विशेष रूप धारण करने पर कार्य कहलाता है। जिन उपादानों से इस मेज की उत्पत्ति हुई वे ही कारण हैं और मेज कार्य; और वे ही कारण मेज के रूप में वर्तमान हैं। यह गिलास भी कार्य है– इसके कई कारण थे, वे ही कारण इस कार्य में हम अब भी वर्तमान देख रहे हैं। 'गिलास' (काँच) नामक कुछ पदार्थ और उसके साथ–साथ बनाने वाले के हाथों की शक्ति ये दोनों कारण–निमित्त और उपादान ये दोनों कारण– मिलकर गिलास नामक यह आकार बना है। ये दोनों ही कारण वर्तमान हैं। जो शक्ति किसी यन्त्र के चक्र में थी वह संयोजक (Adhesive) शक्ति के रूप में वर्तमान है–उसके न रहने पर गिलास के छोटे–छोटे खंड पृथक् होकर गिर जाते–और यह 'गिलास' काँच रूप उपादान भी वर्तमान है। गिलास केवल इन सूक्ष्म कारणों की एक भिन्न रूप में परिणति मात्र है एवं यही गिलास यदि तोड़कर फेंक दिया जाये तो जो शक्ति संहति (Adhesive Power) के रूप में इसमें वर्तमान थी, वह फिर लौटकर अपने उपादान में 'मिल जायेगी, और गिलास के छोटे–छोटे टुकड़े फिर अपना पूर्व रूप धारण कर लेंगे और तब तक उसी रूप में रहेंगे जब तक फिर एक नया रूप धारण न कर लेंगे।

अतएव हमने देखा कि कार्य सभी कारण से भिन्न नहीं होता। वह तो उसी कारण का पुनः आविर्भाव मात्र है। उसके बाद हमने सीखा कि ये सब छोटे–छोटे रूप, जिन्हें हम उद्भिद अथवा तिर्यग्जाति अथवा मानव जाति कहते हैं वे सब अनन्त काल से उठते–गिरते, घूमते, फिरते आ रहे हैं। बीज से वृक्ष हुआ, वृक्ष फिर बीज होता है, फिर वह एक वृक्ष बनता है, वह फिर बीज होता

है, फिर उससे वृक्ष बनता है–इसी प्रकार चल रहा है, इसका कहीं अन्त नहीं है। जल की बूँदें पहाड़ पर गिरकर समुद्र में जाती हैं, फिर वाष्प होकर उठती हैं–फिर पहाड़ पर पहुँचती हैं और नदी में लौट आती हैं। उठता है, गिरता है, गिरता है, उठता है–इसी प्रकार युगों का चक्र चल रहा है। समस्त जीवन का यही नियम है–समस्त अस्तिव जो हम देखते, सोचते, सुनते और कल्पना करते हैं, जो कुछ भी हमारे ज्ञान की सीमा के भीतर है, वह सब इसी प्रकार चल रहा है, ठीक जैसे मनुष्य के शरीर में श्वास–प्रश्वास अतएव समस्त सृष्टि इसी प्रकार चल रही है। एक तरंग उठती है, एक गिरती है, फिर उठती है, फिर गिरती है। प्रत्येक तरंग के साथ एक अवनति है, प्रत्येक अवनति के साथ 'एक तरंग है। समस्त ब्रह्मांड में समप्रणाली होने के कारण एक ही नियम चलेगा। अतएव हम देखते हैं कि समस्त ब्रह्मांड एक समय अपने कारण में लय होने को बाध्य है। सूर्य, चन्द्र, ग्रह, तारे, पृथ्वी, मन, शरीर, जो कुछ भी इस ब्रह्मांड में हैं, सभी पदार्थ अपने सूक्ष्म कारण में लीन अथवा तिरोभूत होंगे, अपाततः विनष्ट होंगे। वास्तव में वे सब अपने कारण में सूक्ष्म रूप में रहेंगे। वे फिर उससे बाहर निकलेंगे और पृथ्वी, चन्द्र, सूर्य, यहाँ तक कि समस्त जगत् की सृष्टि होगी।

इस उत्थान और पतन के सम्बन्ध में और भी एक विषय जानने का है। वृक्ष से बीज होता है। किन्तु वह उसी समय फिर वृक्ष नहीं हो जाता। उसको कुछ विश्राम अथवा अति सूक्ष्म अव्यक्त कार्य के समय की आवश्यकता होती है। बीज को कुछ दिन तक मिट्टी के नीचे रहकर कार्य करना पड़ता है। उसे अपने आप को खंड–खंड कर देना होता है तथा एक प्रकार से अपनी अवनति करनी होती है और इसी अवनति से उसकी फिर उन्नति होती है। अतएव इस समस्त ब्रह्मांड को ही कुछ समय अदृश्य अव्यक्त भाव से सूक्ष्म रूप में कार्य करना होता है, जिसे प्रलय अथवा सृष्टि के पूर्व की अवस्था कहते हैं, उसके बाद फिर सृष्टि होती है। जगत् के इस प्रवाह के एक बार प्रकाशित होने को– अर्थात् सूक्ष्म रूप में परिणति, कुछ दिन तक उसी अवस्था में स्थिति, फिर आविर्भाव–इसी को कल्प कहते हैं। समस्त ब्रह्मांड इसी प्रकार कल्पों से चला आ रहा है। प्रकांड ब्रह्मांड से लेकर उसके अन्तर्गत प्रत्येक परमाणु तक सभी वस्तुएँ, इसी प्रकार तरंगाकार में चलती हैं।

अब एक जटिल प्रश्न उपस्थित होता है–विशेषतः आजकल की दृष्टि से। हम देखते हैं कि सूक्ष्म रूप धीरे–धीरे व्यक्त हो रहे हैं, क्रमशः स्थूल से स्थूलतर होते जा रहे हैं। हम देख चुके हैं कि कारण और कार्य अभिन्न हैं– कार्य केवल कारण का रूपान्तर मात्र है। अतएव यह ब्रह्मांड शून्य में से उत्पन्न नहीं हो सकता। किसी कारण के बिना वह नहीं आ सकता, इतना ही नहीं, कारण ही कार्य के भीतर सूक्ष्म रूप में वर्तमान है। तब यह ब्रह्मांड किस वस्तु से उत्पन्न हुआ है ? पूर्ववर्ती सूक्ष्म ब्रह्मांड से। मनुष्य किस वस्तु से उत्पन्न होता है ? पूर्ववर्ती सूक्ष्म रूप से। वृक्ष कहाँ से आया? बीज से। समस्त वृक्ष बीज में वर्तमान था– वह केवल व्यक्त हो गया है। अतएव यह जगत्ब्रह्मांड अपनी ही सूक्ष्मावस्था से उत्पन्न हुआ है। अब वह केवल व्यक्त हो गया है। वह फिर अपने सूक्ष्म रूप में जायेगा, फिर व्यक्त होगा। इस प्रकार हम देखते हैं कि सूक्ष्म रूप व्यक्त होकर स्थूल होता जाता है जब तक कि वह स्थूलता की चरम सीमा पर नहीं पहुँचता; चरम सीमा पर पहुँचकर वह फिर उलटकर सूक्ष्म होने लगता है। यह सूक्ष्म से आविर्भाव होना, क्रमशः स्थूल में परिणत होते जाना–मानो यह केवल उसके अंशों की अवस्थाओं में परिवर्तन होना है– इसी को आजकल 'क्रमविकासवाद' कहते हैं। यह बिलकुल सत्य है, सम्पूर्ण रूप से सत्य है। हम अपने जीवन में ही इसको देखते हैं; किसी भी विचारशील व्यक्ति के इन क्रमविकासवादियों के साथ विवाद की कोई सम्भावना नहीं है। किन्तु हमें एक और भी विषय जानना पड़ेगा–वह यह है कि प्रत्येक क्रमविकास के पूर्व एक क्रमसंकोच की प्रक्रिया वर्तमान रहती है। बीज वृक्ष का जनक अवश्य है, परन्तु एक और वृक्ष उसी बीज का जनक है। बीज ही वह सूक्ष्म रूप है जिसमें से बृहत् वृक्ष निकला है, और एक दूसरा प्रकांड वृक्ष इस बीज में क्रमसंकुचित रूप में वर्तमान है। सम्पूर्ण वृक्ष इसी बीज में विद्यमान है। शून्य में से कोई वृक्ष उत्पन्न नहीं हो सकता, किन्तु हम देखते हैं कि वृक्ष बीज से उत्पन्न होता है और विशेष प्रकार के बीज से विशेष प्रकार का ही वृक्ष उत्पन्न होता है, दूसरा वृक्ष नहीं होता। इससे सिद्ध होता है कि उस वृक्ष का कारण यही बीज है– केवल यही बीज है; और इसी बीज में सम्पूर्ण वृक्ष रहता है। पूरा मनुष्य इसी जीवाणु के भीतर है, और यही जीवाणु धीरे–धीरे अभिव्यक्त होकर मानवाकार में परिणत हो जाता है। समस्त ब्रह्मांड सूक्ष्म ब्रह्मांड

में रहता है। सभी कुछ कारण में अपने सूक्ष्म रूप में रहता है। अतएव 'क्रमविकास' बाद स्थूल से और स्थूल रूप में क्रम–प्रकाश है– यह बात सत्य है। यह बिलकुल सत्य है; किन्तु इसके साथ ही यह भी समझना होगा कि प्रत्येक क्रम विकास के पूर्व क्रमसंकोच की एक प्रक्रिया रहती है; अतएव जो क्षुद्र अणु बाद में महापुरुष हुआ, वह वास्तव में उसी महापुरुष के क्रमसंकोच की एक अवस्था है यही बाद में महापुरुष–रूप में क्रमविकास को प्राप्त हो जाता है। यदि यही बात सत्य है तो फिर क्रमविकासवादियों (Followers of Darwin's Evolution) के साथ हमारा कोई विवाद नहीं है, कारण, हम क्रमशः देखेंगे कि यदि वे लोग इस क्रमसंकोच की प्रक्रिया को स्वीकार करते हैं तब वे धर्म के नाशक न होकर उसके प्रबल सहायक हैं।

अब तक हमने देखा कि शून्य से किसी वस्तु की उत्पत्ति हुई इस हिसाब से सृष्टि नहीं हो सकती। सभी वस्तुएँ अनन्त काल से हैं और अनन्त काल तक रहेंगी। केवल तरंगों की भाँति एक बार उठती हैं, फिर एक बार गिरती हैं। एक बार सूक्ष्म अव्यक्त रूप में जाना, फिर स्थूल व्यक्त रूप में आना, समस्त प्रकृति में यह क्रमविकास और क्रमसंकोच की क्रिया चल रही है। अतएव समस्त ब्रह्मांड प्रकाशित होने के पूर्व अवश्य ही क्रमसंकुचित अथवा अव्यक्त अवस्था में था, अब वह विभिन्न रूपों में व्यक्त हुआ है–फिर क्रमसंकुचित होकर अव्यक्त रूप धारण करेगा। उदाहरण स्वरूप एक क्षुद्र उद्भिद का जीवन लीजिए। हम देखते हैं कि दो वस्तुएँ मिलकर इसको एक अखंड वस्तु के रूप में प्रतीत कराती हैं–उसकी उत्पत्ति और विकास तथा उसका क्षय और विनाश। ये दोनों मिलकर ही उद्भिद–जीवन नामक इस एकत्व का निर्माण करते हैं। इस उद्भिद–जीवन को प्राण श्रृंखला की एक कड़ी मानकर हम सभी वस्तुओं को एक प्राणप्रवाह कहकर कल्पना कर सकते हैं जिसका आरम्भ जीवाणु के रूप में और अन्त पूर्ण मानव के रूप में है। मनुष्य इसी श्रृंखला की एक कड़ी है और जिस प्रकार क्रमविकासवादी लोग कहते हैं–नाना प्रकार के वानर और अन्य छोटे–छोटे प्राणी एवं उद्भिद इस प्राणश्रृंखला की अन्यान्य कड़ियाँ हैं। अब जिस छोटे से टुकड़े से हमने आरम्भ किया था उससे लेकर इस समस्त को एक प्राणप्रवाह कहकर कल्पना करो और प्रत्येक क्रमविकास के पूर्व जो क्रमसंकोच की क्रिया विद्यमान

है–इस नियम को यहाँ लगाने से हमें स्वीकार करना पड़ेगा कि अति क्षुद्र जन्तु से लेकर सर्वोच्च पूर्णतम मनुष्य पर्यन्त सम्पूर्ण श्रेणी अवश्य ही किसी अन्य वस्तु का क्रमसंकोच होगी। किसका क्रमसंकोच होगी ? यही प्रश्न, है। कौन सा पदार्थ क्रमसंकुचित हुआ था ? क्रमविकासवादी लोग कहेंगे कि तुम्हारी ईश्वर सम्बन्धी धारणा भूल है। कारण, तुम लोग कहते हो कि चैतन्य ही जगत् का स्रष्टा है किन्तु हम प्रतिदिन देखते हैं कि चैतन्य बहुत बाद में आता है। मनुष्य अथवा उच्चतर जन्तुओं में ही हम चैतन्य को देखते हैं किन्तु इस चैतन्य का जन्म होने से पूर्व इस जगत् में लाखों वर्ष बीत चुके हैं। जो भी हो, आप इन क्रम–विकासवादियों की बातों से डरिए मत, आपने अमी जो नियम आविष्कृत किया है उसका प्रयोग करके देखिए क्या सिद्धान्त बनता है ? आपने तो देखा ही है कि बीज से ही वृक्ष का उद्‌भव है और बीज में ही परिणति। इसलिए आरम्भ और परिणाम समान हुए। पृथ्वी की उत्पत्ति उसके कारण से है और कारण से ही उसका विलय है। सभी वस्तुओं के सम्बन्ध में यही बात है– हम देखते हैं कि आदि और अन्त दोनों समान हैं। इस शृंखला का अन्त कहाँ है ? हम जानते हैं कि आरम्भ जान लेने पर हम अन्त भी जान सकते हैं। इसी प्रकार अन्त जान लेने पर आदि भी जाना जा सकता है। इस समस्त 'क्रमविकास शील' जीवप्रवाह को–जिसका एक छोर जीवाणु है, दूसरा पूर्ण मानव–इस समष्टि को, एक ही वस्तु है ऐसा समझ लो। इस श्रेणी के अन्त में भी हम पूर्ण मानव को देखते हैं, अतएव आदि में भी वह होगा ही–यह निश्चित है। अतएव यह जीवाणु अवश्य ही उच्चतम चैतन्य की क्रमसंकुचित अवस्था है। आप इसको स्पष्ट रूप से भले ही न देख सकें किन्तु वास्तव में वही क्रमसंकुचित चैतन्य ही अपने को अभिव्यक्त कर रहा है और इसी प्रकार अपने को अभिव्यक्त करता रहेगा जब तक वह पूर्णतम मानव के रूप में अभिव्यक्त न हो जायेगा।

यह तत्त्व गणित के द्वारा निश्चित रूप से प्रमाणित किया जा सकता है। यदि शक्तिसातत्य का नियम (Law of conservation of energy) सत्य प्रमाणित हो गया तो यह बात जरूर माननी पड़ेगी कि यदि तुम किसी यन्त्र में पहले से किसी शक्ति का प्रयोग न करो तो उससे तुम कोई काम प्राप्त नहीं कर सकोगे। इंजिन में पानी व कोयले के रूप में जितनी शक्ति का प्रयोग होगा ठीक

उसी हद तक तुम्हें उसमें से काम मिल सकता है, उससे जरा भी कम या अधिक नहीं। मैंने अपनी देह में वायु, खाद्य और अन्यान्य पदार्थों के रूप में जितनी शक्ति का प्रयोग किया है उतनी ही हद तक कार्य करने में मैं समर्थ होऊँगा। केवल उन शक्तियों ने अपना रूप बदल डाला है। इस विश्वब्रह्मांड में जड़ का एक परमाणु या शक्ति का एक क्षुद्र अंश भी हम घटा या बढ़ा नहीं सकते। यदि ऐसा ही हो तो यह चैतन्य क्या चीज है ? यदि वह जीवाणु में वर्तमान न होगा तो यह मानना पड़ेगा कि उसकी उत्पत्ति जरूर आकस्मिक होगी किन्तु फिर साथ ही साथ हमें यह भी स्वीकार करना होगा कि असत् (कुछ नहीं) से सत् (कुछ) बना है, लेकिन यह है बिलकुल असम्भव। इसलिए यह बात निस्सन्देह प्रमाणित होती है कि जैसा हम दूसरे विषयों में देखते हैं कि जहाँ आरम्भ होता है वहीं अन्त भी होता है। केवल कभी वह अव्यक्त रह जाता है, कभी व्यक्त होता है। इसी प्रकार वे पूर्ण मानव मुक्त पुरुष, देव मानव जो प्रकृति के नियमों से बाहर हैं, जिन्होंने सबकुछ पार कर लिया है, जिन्हें इस जन्म–मृत्यु के मार्ग से आना जाना नहीं पड़ता जिन्हें ईसाई ख़्रिस्ट–मानव बौद्ध बुद्ध–मानव और योगी मुक्त पुरुष कहते हैं वे पूर्ण मानव ही इस श्रृंखला का एक छोर है और वे ही क्रमसंकुचित होकर उसके दूसरे छोर में जीवाणु के रूप में प्रकट होते हैं।

अब यह आलोचना की जाये कि इस ब्रह्मांड के कारण के सम्बन्ध में क्या सिद्धान्त है ? इस जगत् का अन्तिम परिणाम क्या है ? क्या चैतन्य ही वह नहीं है ? संसार की सबसे आखिरी वस्तु है चैतन्य। फिर जब क्रमविकासवादियों के मतानुसार यह चैतन्य–सृष्टि की शेष वस्तु बनी तो फिर चैतन्य ही सृष्टि का नियन्ता, सृष्टि–सृजन का कारण होगा। जगत् के विषय में मानव की सर्वश्रेष्ठ धारणा क्या हो सकती है ? मानव यही धारणा कर सकता है कि जगत् का एक भाग दूसरे भाग से सम्बन्धित है और जागतिक प्रत्येक वस्तु में ज्ञान की क्रिया का विकास है। प्राचीन उद्देश्यवाद (Design Theory) इसी धारणा का अस्फुट आभास है। हम जड़वादियों के साथ यह मानने को तैयार हैं कि चैतन्य ही जगत् की शेष वस्तु है–सृष्टिक्रम में यही है शेष विकास, परन्तु साथ ही साथ हम यह भी कहते हैं कि यह शेष विकास हो तो आरम्भ में भी यही वर्तमान था। जड़वादी कह सकते हैं, अच्छा, यह तो ठीक है किन्तु मनुष्य जाति के जन्म के पहले जो

लाखों वर्ष व्यतीत हुए थे उस समय तो ज्ञान का कोई अस्तित्त्व नहीं था। इस बात का उत्तर हम यों देंगे कि हाँ, व्यक्त रूप में चैतन्य नहीं था, लेकिन अव्यक्त रूप में इसकी उपस्थिति जरूर थी और यह तो एक मानी हुई बात है कि पूर्ण मानव रूप में प्रकाशित चैतन्य ही है सृष्टि का अन्त। फिर आदि क्या है ? आदि भी चैतन्य है। पहले वही चैतन्य क्रमसंकुचित होता है, अन्त में वही फिर क्रमविकसित होता है। अतएव इस जगत्ब्रह्मांड में जो ज्ञानराशियाँ अब अभिव्यक्त हो रही हैं वे अवश्य ही केवल उसी क्रमसंकुचित सर्वव्यापी चैतन्य की अभिव्यक्ति हैं। इसी सर्वव्यापी विश्वजनीन चैतन्य का नाम है ईश्वर। उसको किसी भी नाम से पुकारो यह निश्चित है कि आदि में वही अनन्त विश्वव्यापी चैतन्य था। वही विश्वजनीन चैतन्य क्रमसंकुचित हुआ था। फिर वही अपने को क्रमशः अभिव्यक्त कर रहा है जब तक कि वह पूर्ण–मानव या ख्रिस्ट–मानव या बुद्ध–मानव में परिणत न हो। तब वह फिर निजी उत्पत्ति के स्थान पर लौट आता है। इसलिए सभी शास्त्र कहते हैं, "हम उनमें जीवित हैं, उनमें ही रहकर चलते हैं, उनमें हमारी सत्ता है।" इसीलिए फिर शास्त्र कहते हैं, "हम ईश्वर से आये हैं, फिर उनमें ही लौट जायेंगे।" विभिन्न परिभाषाओं से मत डरो, परिभाषा से अगर डर जाओ तो तुम लोग दार्शनिक नहीं बन सकोगे। ब्रह्मवादी इस विश्वव्यापी चैतन्य को ही ईश्वर कहते हैं।

कई लोगों ने कई बार मुझसे पूछा है,– "आप क्यों इस पुराने 'ईश्वर' (God) शब्द का व्यवहार करते हैं ? इसका उत्तर यह है कि पूर्वोक्त विश्वव्यापी चैतन्य समझाने के लिए जितने शब्दों का व्यवहार किया जा सका है उनमें यही सर्वोत्तम है। उससे अच्छा और कोई शब्द नहीं मिल सकता है, क्योंकि मानवों की सारी आशाएँ और सुख उसी एक शब्द में केन्द्रीभूत हैं। अब इस शब्द को बदल डालना असम्भव है। जब बड़े–बड़े साधु–महात्माओं ने ऐसे शब्दों को चुन लिया था तो वे जरूर उनका तात्पर्य अच्छी तरह समझते थे। धीरे–धीरे जब समाज में भी उन शब्दों का प्रचार होता गया तो अज्ञ लोग उन शब्दों का व्यवहार करने लगे। इसका परिणाम यह हुआ कि शब्दों का महत्त्व घटने लगा। युगों से ईश्वर शब्द प्रयुक्त होता आया है। सर्वव्यापी एक चैतन्य का भाव एवं जो क्या कुछ महान तथा पवित्र है इसी शब्द में निहित है। यदि कोई निर्बोध इस शब्द का

व्यवहार करने कि लिए राजी न हुआ तो हमें भी उसकी बात मान लेनी पड़ेगी ? दूसरा कोई आकर कहेगा– "मेरे द्वारा नियोजित यह शब्द अच्छा है इसे स्वीकार करो," फिर तीसरा आयेगा, अपना एक शब्द लेकर। यदि यही क्रम चलता रहा तो ऐसे बेकार शब्दों का कोई अन्त न होगा। इसीलिए मैं कह रहा हूँ कि उस पुराने शब्द का ही व्यवहार करो, लेकिन मन से कुसंस्कारों को दूर कर इस प्राचीन महान शब्द के अर्थ को ठीक तरह से समझ कर उसका और भी उत्तम रूप से व्यवहार करो। यदि तुम लोग भाव–साहचर्य–विधान (Law of Association of ideas) का तात्पर्य समझ जाओ तो तुम्हें पता चलेगा कि इस शब्द से कितने ही महान एवं ओजस्बी भावों का संयोग है, लाखों मनुष्यों ने इस शब्द का व्यवहार किया है, करोड़ों आदमियों ने इस शब्द की पूजा की है और जो कुछ सर्वोच्च व सुन्दरतम है, जो कुछ युक्तियुक्त, प्रेमास्पद या मानवी भावों में महान और सुन्दर है, वही इस शब्द से सम्बन्धित है। अतएव यह सब भावनाओं का उद्दीपक है, इसलिए उसका त्याग करना नितान्त असंभव है। जो भी हो, यदि मैं आप लोगों को केवल यह कहकर समझाने की चेष्टा करता कि ईश्वर ने जगत् की सृष्टि की है तो आप लोगों को उसका कोई अर्थ नहीं सूझता। फिर भी इन सब विचारों के बाद हम उसी प्राचीन पुरुष के पास ही पहुँचे।

तो हमने अब क्या देखा? हमें यह अनुभव हुआ कि जड़, शक्ति, मन, चैतन्य या दूसरे नामों से परिचित विभिन्न जागतिक शक्तियाँ उसी विश्वव्यापी चैतन्य के ही प्रकाश हैं। जो कुछ तुम देखते हो, सुनते हो या अनुभव करते हो सब उन्हीं की रचनाएँ हैं, उन्हीं के परिणाम हैं। इस कथन से और भी ठीक होगा यदि हम कहें, ये सब प्रभु स्वयं ही हैं। सूर्य और ताराओं के रूप में वे ही उज्ज्वल भाव से विराजते हैं, वे ही जननी हैं, धरणी हैं और समुद्र भी हैं। वे ही बादलों के रूप में बरसते हैं, वे ही फिर वह पवन हैं जिससे हम साँस ले सकते हैं, वे ही शक्ति बनकर हमारे शरीर में कार्य कर रहे हैं। वे ही भाषण हैं, भाषणदाता हैं, फिर सुनने वाले भी हैं। वे ही यह मंच हैं जिस पर मैं खड़ा हूँ, फिर वे ही वह आलोक हैं जिससे मैं तुम्हें देख पाता हूँ, ये सब वे ही हैं। वे जगत् के उपादान व निमित्त कारण हैं, क्रम संकुचित होकर वे ही अणु का रूप लेते हैं, फिर वे ही क्रमविकसित होकर ईश्वर बन जाते हैं। वे ही धीरे–धीरे अवनत होते हैं और

परमाणु का आकार प्राप्त करते हैं, फिर समय होते ही अपने रूप में अपने को प्रकाशित करते हैं और यही जगत् का रहस्य है। "तुम्हीं पुरुष हो, तुम्हीं स्त्री हो, यौवन की चपलता से भरे हुए भ्रमणशील नवयुवक भी भी तुम हो, फिर तुम बुढ़ापे में लाठी के सहारे कदम बढ़ाते हो, तुम ही सब वस्तुओं में हो, हे प्रभु तुम ही सब हो।" जगत् प्रपंच की केवल इसी व्याख्या से मानवयुक्ति, मानवबुद्धि परितृप्त होती है। सारांश यह कि हम उनसे जन्म लेते हैं, उन्हीं में जीवित रहते हैं और उन्हीं में लौट जाते हैं।

9. जगत्

(अन्तर्जगत्)

स्वभावतः ही मनुष्य का मन बाहर जाना चाहता है, मानो वह इन्द्रिय–प्रणालियों के द्वारा जैसे शरीर के बाहर झाँकना चाहता हो। आँखें जरूर देखेंगी, कान जरूर सुनेंगे, इन्द्रियाँ जरूर बाहरी जगत् को देखती रहेंगी। इसीलिए स्वभावतः प्रकृति का सौन्दर्य तथा महिमा मनुष्य की दृष्टि को प्रथम ही आकृष्ट कर लेते हैं। प्रथमतः बहिर्जगत् के बारे में मनुष्य ने प्रश्न उठाया था। आकाश, नक्षत्रपुंज, नभोमंडल के अन्यान्य पदार्थसमूह, पृथ्वी, नदी, पर्वत, समुद्र आदि वस्तुओं के विषय में प्रश्न किये गये थे एवं प्रत्येक प्राचीन धर्म में हमें इसका कुछ न कुछ परिचय मिलता ही है। पहले पहल मानव का मन अन्धकार में टटोलता हुआ बाहर में जो कुछ देख पाता था उसे ही पकड़ने की चेष्टा करता था। इसी तरह उसने नदी का एक देवता, आकाश का और कोई देव, मेघ तथा वर्षा का दूसरा अधिष्ठाता देवता मान लिया जिनको हम प्रकृति की शक्ति के नाम से जानते हैं उन्हें ही सचेतन पदार्थ कहना शुरू हुआ। किन्तु इस प्रश्न की जितनी अधिक खोज होने लगी उतनी ही इन बाह्य देवताओं से मानव के मन को कम तुष्टि मिलने लगी। तब मानव की सारी शक्ति उसके अपने ओर ही मुड़कर प्रवाहित होने लगी। अपनी आत्मा के सम्बन्ध में प्रश्न होने लगा। बहिर्जगत् से यह प्रश्न अन्तर्जगत् में आ पहुँचा। बहिर्जगत् का विश्लेषण हो जाने पर मनुष्य ने अन्तर्जगत् का विश्लेषण करना शुरू किया किन्तु यह भीतरी मनुष्य के सम्बन्ध में प्रश्न कब उठ खड़ा होता है जानते हो ?–या तो उच्चतर सभ्यता से इसकी उत्पत्ति होती है, या प्रकृति के विषय में गम्भीरतम अन्तर्दृष्टि से या उन्नति के उच्चतम सोपान पर आरूढ़ होने से।

यह अन्तर्मानव ही आज हमारी आलोचना का विषय है। अन्तर्मानव सम्बन्धी यह प्रश्न मनुष्यों के लिए जितना प्रिय है तथा उसके हृदय को जितना द्रवीभूत कर देता है उतना और कुछ नहीं। कितने बार कितने देशों में यह प्रश्न पूछा गया है। चाहे वह अरण्यवासी संन्यासी हो, चाहे राजा, प्रजा, अमीर, गरीब, साधु या पापी सभी नर–नारियों के मन में यह प्रश्न एक बार जरूर उठ खड़ा हुआ है कि इस क्षणस्थायी मानव जीवन में क्या शाश्वत नाम का कुछ भी नहीं है ? इस शरीर का अन्त होने पर भी क्या ऐसा कुछ नहीं है जो कभी नहीं मरता है ? जब यह देह धूल में मिल जाती है तब क्या ऐसा कुछ नहीं रहता जो जीवित रहता हो ? अग्नि से शरीर भस्मसात् होने पर क्या कुछ भी शेष नहीं रहता ? अगर रहता है तो उसका परिणाम क्या है ? यह जाता कहाँ है ? कहाँ से वह आया था ? ये प्रश्न बार–बार पूछे गये हैं और जब तक यह सृष्टि रहेगी, जब तक मानव–मस्तिष्क की चिन्तनक्रिया बन्द नहीं होगी तब तक यह प्रश्न पूछा ही जायेगा। इससे आप लोग यह न समझें कि इसका उत्तर कभी भी नहीं मिला है–ज्योंही यह प्रश्न पूछा गया है त्यों ही उत्तर भी मिला है, एवं जितना ही समय बीतता जायेगा वह उतना ही महत्त्वपूर्ण बनता जायेगा। वास्तव में हजारों वर्ष पहले ही उस प्रश्न का निश्चित उत्तर दिया गया था और परवर्ती काल में वही उत्तर फिर से दोहराया गया व हमारी बुद्धि में उसका पूर्ण विकास होता गया। अतएव हमें केवल उस उत्तर को फिर से एक बार दोहरा देना है। इन समस्याओं को हम एक नये रूप से जाँच करने की कोशिश नहीं करेंगे; हम चाहते हैं कि वर्तमान युग की भाषा में हम उस सनातन महान सत्य को प्रकाशित करें, प्राचीन की चिन्ता हम नवीनों की भाषा में व्यक्त करें। दार्शनिकों की चिन्ता हम लौकिक भाषा में कहेंगे–देवताओं की चिन्ता को हम मनुष्यों की भाषा में प्रकट करेंगे, ईश्वर सम्बन्धी चिन्ताएँ मानव की दुर्बल भाषा में कहते जायेंगे ताकि सब उसे समझ सकें। क्योंकि हम बाद में देखेंगे कि जिस ईश्वरीय सत्ता से ये सब भाव प्रसूत हुए हैं वह मानवों में भी वर्तमान हैं–जिस सत्ता ने इन चिन्ताओं की सृष्टि की है, मानव में स्वयं वह प्रकट होकर स्वयं ही इन्हें समझ सकेगी।

मैं तुम लोगों को देख पा रहा हूँ। इस दर्शनक्रिया के लिए कितनी चीजों की जरूरत होती है ? पहले तो आँखों की आवश्यकता हम अनुभव करते

हैं–आँखें अवश्य ही रहनी चाहिए। मेरी अन्यान्य इन्द्रियाँ स्वस्थ होते हुए भी यदि मेरी आँखें न हों तो मैं तुम लोगों को नहीं देख सकूँगा। अतएव पहले आँखें अवश्य ही रहनी चाहिए। दूसरी बात यह है, आँखों के पीछे और कुछ रहने की आवश्यकता होनी है जिसे हम प्रकृत रूप से दर्शनेन्द्रिय कह सकते हैं। यदि हममें यह न हो तो दर्शनक्रिया असम्भव है। वस्तुतः आँखें कोई इन्द्रिय नहीं हैं, वे दर्शन करने के यन्त्र मात्र ही हैं। यथार्थ इन्द्रिय जो चक्षु के पीछे है, मस्तिष्क के स्नायुकेन्द्र में अवस्थित है। यदि वह केन्द्र किसी प्रकार नष्ट हो जाये तो स्वच्छ चक्षुद्वय रहते हुए भी मनुष्य कुछ नहीं देख सकेगा। अतएव दर्शनक्रिया के लिए उस प्रकृत इन्द्रिय का अस्तित्त्व नितान्त आवश्यक है। हमारी अन्यान्य इन्द्रियों के बारे में यही एक बात कही जा सकती है। बाहर के कान केवल आवाज को भीतर ले जाने के यन्त्र हैं। वह आवाज मस्तिष्क में अवस्थित केन्द्र में जा पहुँचती है, किन्तु इससे श्रवणक्रिया पूर्ण नहीं होती। कभी–कभी ऐसा भी होता है कि पुस्तकालय में बैठकर तुम ध्यान से कोई पुस्तक पढ़ रहे हो, घड़ी में बारह बजने की आवाज होती है, किन्तु तुम्हें कुछ सुनाई नहीं देता। क्यों तुम कुछ नहीं सुन पाये। यहाँ किस चीज की कमी थी ? उस इन्द्रिय के साथ मन का कोई योग नहीं था। अतएव हम देख रहे हैं कि मन का रहना भी नितान्त आवश्यक है। प्रथमतः बहिर्यन्त्र, उसके बाद यह बहिर्यन्त्र मानो किसी विषय को वहन कर इन्द्रिय के निकट ले जाता है, फिर उस इन्द्रिय के साथ मन युक्त रहना चाहिए। जब मस्तिष्क में अवस्थित उस इन्द्रिय का मन से कोई योग नहीं रहता है तब कर्ण–यन्त्र तथा मस्तिष्क के केन्द्र पर किसी भी विषय का प्रभाव पड़ सकता है किन्तु हमें कोई अनुभव नहीं होगा। मन भी केवल वाहक है, उसे इस विषय का प्रभाव और भी भीतर वहन कर बुद्धि को प्रदान करना पड़ता है। अब बुद्धि को उसका निश्चय करना पड़ता है। परन्तु इससे भी पर्याप्त फल नहीं होता। बुद्धि को उसे फिर और भी भीतर ले जाकर शरीर के राजा आत्मा के पास पहुँचाना पड़ता है। उनके पास पहुँचने पर वे आदेश देते हैं कि– "हाँ यह करो" या "यह न करो"। तब जिस क्रम के अनुसार वह भीतर गया था ठीक उसी क्रम से वह बहिर्यन्त्र में आता है–पहले बुद्धि में, उसके बाद मन में, फिर मस्तिष्क में केन्द्र में, अन्त में बहिर्यन्त्र में तभी विषय का ज्ञान सम्पन्न होता है।

इन सब यन्त्रों का अवस्थान मनुष्य की स्थूल देह में है, लेकिन मन तथा बुद्धि का कोई दूसरा निवास है। हिन्दू शास्त्र में उसका नाम है सूक्ष्म शरीर, ईसाई शास्त्र में वह आध्यात्मिक शरीर है। इस शरीर से वह बहुत ही सूक्ष्म है, परन्तु फिर भी उसे आत्मा नहीं कहा जा सकता। आत्मा इन सबों के अतीत है। कुछ दिनों में स्थूल शरीर का अन्त हो जाता है, किसी मामूली कारण से ही उसके भीतर गड़बड़ी पैदा हो जाती है और वह नष्ट हो जा सकता है। इतनी आसानी से सूक्ष्म शरीर नष्ट नहीं होता, किन्तु उसे भी कभी–कभी कमजोरी आ जाती है। हम देखते हैं कि बूढ़े लोगों में मन का उतना जोर नहीं रहता है, फिर शरीर में बल रहने से मन की शक्ति भी कायम रहती है–विविध औषधियाँ मन पर अपना प्रभाव डालती हैं। बाहर की सब वस्तुएँ उस पर अपना प्रभाव डालती हैं, और वह भी वायु जगत् पर अपना प्रभाव डालता है। जैसे–शरीर में उन्नति और अवनति होती है वैसे ही मन भी कभी–कभी सबल और निर्बल हो जाता है, अतएव मन कभी आत्मा नहीं हो सकता, क्योंकि आत्मा अविमिश्रित तथा क्षयरहित होती है। हम कैसे यह जान सकते हैं ? क्यों कर हम जान सकते हैं कि मन के पीछे और भी कुछ है ? स्वप्रकाश (Self luminous) ज्ञान कभी जड़ का धर्म नहीं हो सकता है। ऐसी कोई जड़ वस्तु नहीं दिखाई देती जिसका निजी रूप ही ज्ञान है। जड़ भूत कभी स्वयं ही स्वयं को प्रकाशित नहीं कर सकता। ज्ञान ही सब जड़ों को प्रकाशित करता है। यह जो सामने हॉल दिखाई दे रहा है ज्ञान को ही इसका मूल कहना पड़ेगा, क्योंकि बिना किसी न किसी ज्ञान के सहारे उसका अस्तित्त्व हम कभी अनुभव ही नहीं कर सकते थे। यह शरीर स्वप्रकाश नहीं है–यदि वैसा ही होता तो मृत–शरीर भी स्वप्रकाशित होता। मन अथवा आध्यात्मिक शरीर भी कमी स्वप्रकाश नहीं हो सकता। वह ज्ञानस्वरूप नहीं है। 'जो स्वप्रकाश है उसका कभी ध्वंस नहीं होता। जो दूसरे के आलोक से आलोकित है उसका आलोक कभी रहता है, कभी नहीं। किन्तु जो स्वयं आलोकस्वरूप है उसके आलोक का क्या आविर्भाव–तिरोभाव, ह्रास अथवा वृद्धि कभी हो सकती है ? हम देख पाते हैं कि चन्द्रमा का क्षय होता है, फिर वह बढ़ता जाता है क्योंकि वह सूर्य के आलोक से ही आलोकित है। यदि लोहे का गोला आग में फेंक दिया जाये और उसे लाल सा बनाया जाये तो उससे आलोक निकलता रहेगा, किन्तु

वह दूसरे का आलोक है, इसलिए वह शीघ्र ही लुप्त हो जाएगा। अतएव उसी आलोक का क्षय होता है जो दूसरे से प्राप्त किया गया हो, जो स्वप्रकाश आलोक नहीं है।

अब हमने देखा है कि यह स्थूल देह स्वप्रकाश नहीं है, वह स्वयं अपने को नहीं जान सकती। मन भी स्वयं को नहीं जान सकता। क्यों ? क्योंकि मन की शक्ति में ह्रास–वृद्धि होती है, कभी उसमें बहुत जोर रहता है तो कभी वह कमजोर बन जाता है। कारण बाह्य सभी वस्तुएँ उस पर अपना–अपना प्रभाव डालकर उसे या तो शक्तिशाली बना सकती हैं, या शक्तिहीन भी। अतएव मन के भीतर से जो आलोक आ रहा है वह उसका निजी आलोक नहीं है। फिर वह किसका है ? वह ऐसे किसी का आलोक अवश्य होगा जिसके लिए वह आलोक कोई उधार लिया हुआ नहीं है, या जो दूसरे किसी आलोक का प्रतिबिम्ब भी नहीं है, किन्तु जो स्वयं ही आलोकस्वरूप है। इसीलिए वह आलोक या ज्ञान उसी पुरुष का स्वरूप होने के कारण कभी नष्ट नहीं हो सकता, कभी उसका क्षय नहीं होता, वह न तो कभी बलवान हो सकता है, न कमजोर। वह स्वप्रकाश है, वह आलोकस्वरूप है। हम यों न समझें कि 'आत्मा जानता है', वह तो ज्ञानस्वरूप है। यह नहीं कि आत्मा का अस्तित्त्व है, लेकिन वह अस्तित्त्व स्वरूप है। आत्मा सुखी है ऐसी कोई बात नहीं, परन्तु आत्मा सुखस्वरूप है। जो सुखी होता है वह उस सुख को किसी दूसरे से प्राप्त करता है– वह और किसी का प्रतिबिम्ब है। जिसका ज्ञान है उसने अवश्य ही उस ज्ञान को किसी दूसरे से प्राप्त किया है, वह प्रतिबिम्ब स्वरूप है। जिसका अस्तित्व है उसका वह अस्तित्व दूसरे किसी के अस्तित्व पर निर्भर करता है। जहाँ गुण व गुणी का भेद है वहाँ ऐसा समझना चाहिए कि वे गुण गुणी के ऊपर प्रतिबिम्बित हुए हैं। किन्तु ज्ञान, अस्तित्त्व या आनन्द–ये आत्मा के धर्म नहीं हैं, वे आत्मा के स्वरूप हैं।

फिर प्रश्न पूछा जा सकता है कि हम इस बात को क्यों स्वीकार कर लें ? क्यों हम यह स्वीकार कर लें कि आनन्द, अस्तित्त्व तथा स्वप्रकाशत्व आत्मा का स्वरूप है, आत्मा का धर्म नहीं? इसका उत्तर यह है कि हम पहले ही देख चुके हैं कि मन के प्रकाश में शरीर का प्रकाश होता है। जब तक मन रहता है तब तक उसका प्रकाश होता रहता है, जब मन लुप्त हो जाता है तब इस देह

का प्रकाश भी बन्द हो जाता है। आँखों से यदि मन चला जाये तो तुम लोगों की ओर आँखें डालने पर भी हम तुम्हें नहीं देख पायेंगे; अथवा श्रवणेन्द्रिय से वह यदि अनुपस्थित रहे तो हम जरा सी आवाज भी नहीं सुन सकते। यही हाल सभी इन्द्रियों के बारे में है। अतएव हम देख रहे हैं कि मन के प्रकाश में ही शरीर का प्रकाश है। फिर मन के विषय में वही एक सी बात। बाहरी सभी वस्तुएँ उसके ऊपर अपना–अपना प्रभाव डाल रही हैं, अति तुच्छ कारण से ही उसका परिवर्तन हो सकता है, मस्तिष्क के भीतर कोई मामूली गड़बड़ी होने से ही उसमें परिवर्तन हो जाता है। अतएव मन भी स्वप्रकाश नहीं हो सकता, क्योंकि यह तो प्राकृतिक नियम है कि जो किसी वस्तु का स्वरूप होता है उसका कभी कोई परिवर्तन नहीं हो सकता। केवल जो अन्य वस्तु का धर्म है, जो दूसरों का प्रतिबिम्ब स्वरूप है उसी का परिवर्तन हुआ करता है। किन्तु अब एक प्रश्न हमारे सामने आता है कि हम यह क्यों नहीं मान लेते कि आत्मा का प्रकाश, उसका ज्ञान व आनन्द भी उसी तरह दूसरे से लिये हुए है। इस तरह मान लेने से हमारी गलती यह होगी कि ऐसी स्वीकृति का कोई अन्त नहीं मिलेगा–फिर प्रश्न आयेगा कि उसे कहाँ से आलोक मिला है ? यदि हम कहें कि वह दूसरी किसी आत्मा से मिला है तो फिर प्रश्न होगा कि उसने कहाँ से वह आलोक प्राप्त किया। अतएव अन्त में हमें ऐसे एक स्थान पर पहुँचना होगा जिसका आलोक दूसरे से नहीं आया है। इसलिए इस विषय में न्यायसंगत सिद्धान्त यही है कि जहाँ पहले ही स्वप्रकाशत्व दिखाई देगा वहीं ठहरना होगा, और अधिक आगे जाने की जरूरत नहीं।

अतएव हमने देखा कि पहले मनुष्य की यह स्थूल देह है, उसके पीछे एक सूक्ष्म शरीर है, उसके पश्चात् मनुष्य का प्रकृत रूप छिपा हुआ है जिसे हम आत्मा कहते हैं। हमने देखा है कि स्थूल देह की सारी शक्तियाँ मन से प्राप्त होती हैं–मन फिर आत्मा के आलोक से आलोकित है।

आत्मा के स्वरूप के बारे में फिर विविध प्रश्न पूछे जा सकते हैं। आत्मा स्वप्रकाश है, सच्चिदानन्द ही आत्मा का स्वरूप है। इस युक्ति से यदि आत्मा का अस्तित्व मान लिया जाये तो स्वभावतः यह प्रमाणित होता है कि वह शून्य से पैदा नहीं हो सकता। जो स्वयं स्वप्रकाश है, जो अन्यवस्तुनिरपेक्ष है वह कभी शून्य से उत्पन्न नहीं हो सकता। हमने देखा है कि यह जड़ जगत् भी शून्य से

नहीं आया है तो फिर आत्मा कैसे आ सकता है। अतएव सर्वदा ही उसका अस्तित्त्व था। ऐसा समय कभी नहीं था जब उसका कोई अस्तित्त्व न था, क्योंकि यदि तुम कहो कि कभी आत्मा का अस्तित्त्व नहीं था तो प्रश्न यह है कि समय का कहाँ अवस्थान था ? काल तो आत्मा के भीतर ही अवस्थित है। जब मन के ऊपर आत्मा की शक्ति प्रतिबिम्बित होती है और मन चिन्तनकार्य में लग जाता है तभी काल की उत्पत्ति होती है। जब आत्मा नहीं थी तो चिन्ता भी नहीं थी। फिर चिन्ता न रहने से समय भी नहीं रह सकता है। अतएव जब समय आत्मा में अवस्थित है तब आत्मा समय में अवस्थित है यह हम कैसे कह सकते हैं ? उसका न तो जन्म है, न मृत्यु, वह केवल विभिन्न स्तरों में से आगे बढ़ती जाती है। धीरे–धीरे वह निम्नावस्था से उच्च भाव में स्वयं को प्रकाशित करती है। मन के भीतर से शरीर के ऊपर कार्य करके वह अपनी महिमा का विकास कर रही है, फिर शरीर से बहिर्जगत् का ग्रहण तथा अनुभव कर रही है। वह एक शरीर ग्रहण कर उसका उपयोग करती है; जब उस शरीर के द्वारा और कोई कार्य करने की सम्भावना नहीं रहती है तब वह दूसरे शरीर को ग्रहण कर लेती है।

अब आत्मा के पुनर्जन्म के बारे में प्रश्न आता है। पुनर्जन्म के नाम में आदमी डर जाते हैं और लोगों के कुसंस्कार ने इस तरह अपनी जड़ें जमा रखी हैं कि चिन्ताशील आदमी भी विश्वास कर लेंगे कि हम शून्य से पैदा हुए हैं, फिर महायुक्ति के साथ सिद्धान्त स्थापित कर यह निश्चय करने की कोशिश करेंगे कि यद्यपि हम शून्य से आये हैं तथापि हम चिरकाल तक रहेंगे। जो शून्य से आया है वह जरूर शून्य में ही मिल जायेगा। हम में कोई भी शून्य से नहीं आया है इसलिए हम कभी शून्य में नहीं मिट जायेंगे। अनादिकाल से हमारी उपस्थिति है व चिरकाल तक हम रहेंगे और जगत्ब्रह्मांड में ऐसी कोई शक्ति नहीं है जो हम लोगों का अस्तित्त्व मिटा दे। इस पुनर्जन्मवाद से हमें किसी तरह डरना नहीं चाहिए, क्योंकि वही मानवों की नैतिक उन्नति का प्रधान सहायक है। चिन्ताशील व्यक्तियों के मतानुसार यही न्यायसंगत सिद्धान्त है। यदि भविष्य में चिरकाल के लिए तुम्हारा अस्तित्त्व रहना सम्भव हो तो यह भी सच है कि अनादिकाल से तुम्हारा अस्तित्त्व था। इस बात को कोई अस्वीकार नहीं कर सकता है। इस मत के विरुद्ध कई आपत्तियाँ उठाई गयी हैं इनका निराकरण करने की चेष्टा

करूँगा। यद्यपि ये आपत्तियाँ कुछ साधारण–सी ही हैं तथापि हमें इनका उत्तर देना ही पड़ेगा; क्योंकि हम जानते हैं कि बड़े–बड़े चिन्ताशील व्यक्ति भी कभी–कभी बालकोचित बातें किया करते हैं। लोग जो कहते हैं कि ऐसा कोई असंगत मत नहीं है जिसका समर्थन करने के लिए कोई दार्शनिक आगे नहीं बढ़ता है। यह बिलकुल सच है। पहली शंका यह है कि हमें अपने जन्म–जन्मान्तर की बातें क्यों याद नहीं रहती हैं ? इस पर यह पूछा जा सकता है कि क्या इसी जन्म की सब बीती घटनाओं को हम याद कर सकते हैं। तुम लोगों में से कितने बचपन की घटनाओं को स्मरण कर सकते हैं ? बचपन की कोई बात तुम नहीं याद कर सकते, फिर यदि स्मृति–शक्तियों' के ऊपर अस्तित्त्व निर्भर रहें तो यह कहना पड़ेगा कि बचपन में तुम्हारा अस्तित्त्व ही नहीं था, क्योंकि उस समय की कोई बात तुम याद नहीं कर सकते हो। यह कहना बेकार है कि यदि हम स्मरण कर सके तभी हम पूर्वजन्म का अस्तित्त्व स्वीकार करने को तैयार हैं। क्या इसका कोई कारण है कि पूर्वजन्म की बातें हमारे स्मरण में रहेंगी ही उस समय का मस्तिष्क भी बिलकुल नष्ट हो गया है एवं एक नये मस्तिष्क की रचना हुई है। अतीतकाल के संस्कारों का जो समष्टिभूत फल है वही हमारे मस्तिष्क में आया है– उसी को लेकर मन हमारे इस शरीर में अवस्थित है।

मैं अब जिस दशा में हूँ वह मेरे अनन्त अतीतकाल के कर्म के परिणाम का फल है; किन्तु मुझे उस अतीत का स्मरण करने से क्या प्रयोजन ? कुसंस्कारों का ऐसा प्रभाव है कि जो लोग पुनर्जन्मवाद नहीं मानते वे ही फिर कहते हैं कि एक समय हम बन्दर थे; किन्तु फिर उन्हें उस मर्कट–जन्म का स्मरण क्यों नहीं है ? इसके कारणों की खोज करने का उन्हें साहस नहीं होता है। जब हम सुनते हैं कि प्राचीन काल के किसी साधु या ऋषि ने सत्य को प्रत्यक्ष किया है तो हम कह देते हैं कि वह सब भूल है; परन्तु यदि कोई कहे कि हक्सले का मत है या टींडाल ने बताया है तो हम तुरन्त सारी बातें मान लेते हैं। ' प्राचीन कुसंस्कारों की जगह हम आधुनिक कुसंस्कार लाये हैं, धर्म के प्राचीन पोप के बदले हमने विज्ञान के आधुनिक पोप का स्वागत किया है। अतएव हमें मालूम हो गया कि स्मृति–सम्बन्धी शंका खोखली है। और पुनर्जन्म के बारे में जिन आपत्तियों की अवतारणा की गयी है उनमें यही एक है जिसे विज्ञ लोग सामने

ला सकते हैं।

हमने यह देखा है कि पुनर्जन्मवाद सिद्ध करने के लिए साथ ही साथ स्मृति भी रहे—यह प्रमाणित करने की कोई आवश्यकता नहीं है। फिर भी हम दावे के साथ यह कह सकते हैं कि अनेकों में ऐसी स्मृति आयी है और जिस जन्म में तुम लोगों को मुक्तिलाभ होगा उस जन्म में तुम लोग भी ऐसी स्मृति के अधिकारी बनोगे। तभी तुम्हें मालूम होगा कि जगत् स्वप्न—सा है तभी तुम अन्तस्तल से अनुभव कर सकोगे कि तुम इस जगत् में नट मात्र हो और यह जगत् रंग भूमि है, तभी प्रचंड अनासक्ति का भाव तुम्हारे भीतर उदित होगा—तभी सब भोगवासनाएँ, जीवन से इतना प्रेम—यह संसार आदि, सब चिरकाल के लिए लुप्त हो जायेंगे। तब तुम्हें स्पष्ट मालूम हो जायेगा कि जगत् में तुम कितने बार आये हो कितने लाखों बार तुमने पिता, माता, पुत्र, कन्या, स्वामी, स्त्री, बन्धु, ऐश्वर्य, शक्ति लेकर इसी जगत् में जीवन बिताया है। यह सब कितने बार हुआ था, फिर कितने बार चला गया था। कितने बार संसार—तरंग के सर्वोच्च शिखर पर तुम चढ़े थे और कितने ही बार नैराश्य के अतल गर्त में तुम गिर गये। जब स्मृति यह सब तुम्हारे मन में ला देगी केवल तभी तुम वीर से खड़े हो सकोगे तथा संसार के कटाक्ष तुम हँसकर उड़ा दे सकोगे। तभी वीर की तरह खड़े होकर तुम कह सकोगे, "मृत्यो, तुझसे मैं जरा भी नहीं डरता, तुम व्यर्थ क्यों मुझे डराने की चेष्टा कर रहे हो ?" जब तुम जान जाओगे कि तुम पर मृत्यु का कोई प्रभाव नहीं है, तभी तुम मृत्यु पर विजय प्राप्त कर सकोगे एवं धीरे—धीरे हम सभी इस मृत्युजयी अवस्था में पहुँचेंगे।

आत्मा का पुनर्जन्म होता है इसका कौन सा युक्तियुक्त प्रमाण है ? अब तक हम शंका का समाधान कर रहे थे। हमने देखा कि पुनर्जन्मवाद अप्रमाणित करने के लिए जो युक्तियाँ उठाई जाती हैं वे खोखली हैं। अब पुनर्जन्मवाद के पक्ष में जितनी युक्तियाँ हैं उनकी हम आलोचना करेंगे। पुनर्जन्मवाद के बिना ज्ञान असम्भव है। मानों मैंने रास्ते पर एक कुत्ता देखा। मैं कैसे जान पाया कि वह कुत्ता ही है ! जैसे ही मेरे मन पर उसकी छाप पड़ी वैसे ही उसे मैं अपने मन के पूर्वसंस्कारों के साथ मिलाने लगा। मैंने देखा कि वहाँ मेरे समस्त पूर्व संस्कार स्तर —स्तर में अवस्थित हैं। ज्यों ही कोई नया विषय आया त्यों ही मैंने प्राचीन

संस्कारों से उसकी तुलना की। जैसे ही मैंने अनुभव किया कि उसी की भाँति और भी कई संस्कार वहाँ विद्यमान हैं, वैसे ही उसकी तुलना करने लगा–तभी मैं तृप्त हुआ। मैंने तब उसे कुत्ते के नाम से जान पाया, क्योंकि पहले के कई संस्कारों के साथ वह मिल गया। जब हम उस जैसे संस्कार को अपने भीतर नहीं देख पाते हैं तभी हममें असन्तोष पैदा होता है। इसी को अज्ञान कहते हैं। और सन्तोष मिल जाने से ही ज्ञान कहलाता है। जब एक सेब गिरा तो मनुष्य को असन्तोष हुआ। इसके बाद मनुष्य ने क्रमशः इसी प्रकार की कई घटनाएँ देखीं। शृंखला की तरह ये घटनाएँ एक–दूसरे से बंधी हुई थी। यह शृंखला क्या थी ? वह शृंखला यह थी कि सभी सेब गिरते हैं। और इसी को उसने 'माध्योंकर्षण' का नाम दिया। अतएव हमने देखा कि पहले की अनुभूतियाँ न रहने से कोई नयी अनुभूति प्राप्त करना असम्भव है, क्योंकि उस नयी अनुभूति से तुलना करने के लिए कुछ भी नहीं मिल सकेगा। इसलिए कई यूरोपियन दार्शनिकों का जो मत है कि 'पैदा होते समय बच्चा संसारशून्य मन लेकर आता है, यदि सच हो तो संसार से उसे संस्कारशून्य मन लेकर जाना पड़ेगा क्योंकि नयी अनुभूति के साथ मिलने के लिए उसमें कोई संस्कार ही नहीं हैं। अतएव हमने देखा कि इस पूर्वसंचित ज्ञान भंडार के बिना कोई नया ज्ञान प्राप्त करना असम्भव है। वस्तुतः हम सभी को पूर्वसंचित ज्ञान–भंडार अपने साथ लेकर आना पड़ा है। ऐसे ज्ञान के बिना जानने का और कोई दूसरा उपाय नहीं है। यदि हमें यहाँ पर वह ज्ञान नहीं मिला हो तो अवश्य ही हमने अन्य कहीं से उसे प्राप्त किया होगा। मृत्यु से हम सर्वदा ड़र जाते हैं, लेकिन क्यों ? मुर्गी का एक बच्चा जो अभी पैदा हुआ है, एक चील को आते देखकर भाग गया। उसने कहाँ से तथा कैसे सीखा कि चील मुर्गी के बच्चों को खा जाती है। इसका एक पुराना विश्लेषण है, किन्तु उसे हम सिर्फ विश्लेषण ही नहीं कह सकते। वह स्वाभाविक संस्कार (Instinct) कहा जाता है। मुर्गी के उस छोटे बच्चे में कहाँ से मरने का डर आया ? अंडे से अभी–अभी निकली बतख पानी के निकट आते ही क्यों कूद पड़ती है तथा तैरने लगती है ? वह तो पहले कभी तैरना नहीं जानती थी, न तो पहले उसने किसी को तैरते देखा है। लोग कहते हैं कि वह स्वाभाविक ज्ञान है ! स्वाभाविक ज्ञान कहने से हमने एक लम्बे–चौड़े शब्द का प्रयोग किया है इतना ही, किन्तु उसने

हमें नयी कोई वस्तु नहीं सिखाई। अब आलोचना की जाये कि यह स्वाभाविक ज्ञान है क्या। हमारे भीतर ही अनेक प्रकार के स्वाभाविक ज्ञान वर्तमान हैं। मानो एक व्यक्ति ने पियानो पर गाना–बजाना सीखना शुरू किया। पहले 'सरगम' की ओर गहरा ध्यान देकर ऊँगलियों को चलाना पड़ता है, किन्तु कई महीनों तथा सालों अभ्यास हो जाने पर ऊँगलियाँ आप ही आप ठीक–ठीक स्थानों पर चलती फिरती हैं और वह स्वाभाविक हो जाता है। किसी समय जिनमें ज्ञानपूर्वक इच्छा का प्रयोजन होता था, उसमें और उसकी कोई जरूरत न रह गयी, एवं ज्ञानपूर्वक इच्छा के बिना ही वह अब सम्पन्न हो सकता है और उसी को स्वाभाविक ज्ञान कहते हैं। पहले वह इच्छा के साथ था, अन्त में उसमें इच्छा का कोई प्रयोजन न रहा। किन्तु स्वाभाविक ज्ञान का तत्त्व अभी पूरा नहीं कहा गया है, अब भी आधा रह गया है। वह यह है कि जो सब कार्य अब हमारे लिए स्वाभाविक हैं, प्रायः उन सभी को हम अपनी इच्छा के वश में ला सकते हैं। शरीर की प्रति पेशी को ही हम अपने वश में ला सकते हैं। आजकल यह विषय हम सभी को अच्छी तरह से ज्ञात है। अतएव अन्वयी व न्यतिरेकी इन दोनों उपायों से ही प्रमाणित किया गया है कि जिसे हम स्वाभाविक ज्ञान कहते हैं वह इच्छाकृत कार्य के अवनत भाव के अतिरिक्त और कुछ नहीं है। अतएव जब सारी प्रकृति में एक ही नियम का राज्य है तो समग्र सृष्टि में 'उपमान–प्रमाण का प्रयोग करके इस सिद्धान्त पर हम पहुँच सकते हैं कि तिर्यग् जाति व मनुष्य में जो स्वाभाविक ज्ञान के रूप में प्रकट होता है वह केवल इच्छा का अवनत भाव है।

बहिर्जगत् में हमें जो नियम मिला था, अर्थात् "प्रत्येक क्रमविकास–प्रक्रिया के पहले एक क्रम–संकोच–प्रक्रिया रहती है और क्रमसंकोच के साथ–साथ क्रमविकास भी रहता है ''इस नियम से हम स्वाभाविक ज्ञान का कौन सा तात्पर्य निकाल सकते हैं। यही कि स्वाभाविक ज्ञान विचारपूर्वक कार्य का क्रम–संकुचित भाव है। अतएव मनुष्य अथवा पशु में जिसे हम स्वाभाविक ज्ञान कहते हैं वह अवश्य ही पूर्ववर्ती इच्छाकृत कार्य का क्रम–संकोच भाव होगा। और 'इच्छाकृत कार्य' कहने से पहले यह अपने आप ही स्वीकृत हो जाता है कि हमने अभिन्नता या अनुभव का लाभ किया था। पूर्वकृतकार्य से वह संस्कार आया था और वह संस्कार अब भी विद्यमान है। मरने का भय, जन्म से ही तैरने लगना तथा मनुष्य

में जितने अनिच्छाकृत स्वाभाविक कार्य पाये जाते हैं वे सभी पूर्व–कार्य व पूर्व–अनुभूति के फल हैं– वे ही अब स्वाभाविक ज्ञान के रूप में परिणत हुए हैं। अब तक इस विचार में हम आसानी से आगे बढ़ सके हैं और यहाँ तक आधुनिक विज्ञान भी हमारा सहायक रहा। आधुनिक वैज्ञानिक धीरे–धीरे प्राचीन ऋषियों से सहमत हो रहे हैं एवं प्राचीन ऋषियों के मत को वैज्ञानिक जहाँ तक मान लेते हैं वहाँ तक कोई गड़बड़ नहीं है। वैज्ञानिक मानते हैं कि प्रत्येक मनुष्य एवं प्रत्येक पशु कई अनुभूतियों की समष्टि लेकर जन्म लेते हैं, वे यह भी मानते हैं कि मन के ये सब कार्य पूर्व अनुभूति के फल हैं। किन्तु यहाँ पर वे लोग और एक प्रश्न पूछते हैं: उन लोगों का कहना है कि यह बात कहने की क्या आवश्यकता है कि ये अनुभूतियाँ आत्मा की हैं ? ऐसा कहना ही ठीक है कि वे सब शरीर के धर्म हैं। इसे आनुवंशिक संचार (Hereditary Transmission) ही कह सकते हैं। यही शेष प्रश्न है। जिन सब संस्कारों को लेकर मैंने जन्म लिया है वे हमारे पूर्वजों के संचित संस्कार हैं, ऐसा हम क्यों न कहें ? छोटे जीवाणु से लेकर सर्वश्रेष्ठ मनुष्य तक सभी के कर्मसंस्कार मुझमें मिले हुए हैं, किन्तु आनुवंशिक संचार के कारण ही मुझमें वे आकर मिल गये हैं। यदि हम ऐसा कहते तो कौन सी बाधा होती ? यह प्रश्न बहुत ही सूक्ष्म है। हाँ, इस आनुवंशिक संचार को कुछ अंश तक हम मानते हैं। लेकिन हम इतना ही मानते हैं कि इससे आत्मा को रहने के लिए एक स्थान मिल जाता है। हम अपने पूर्व कर्मों के द्वारा शरीरविशेष का आश्रय लेते हैं। और जिन्होंने उस आत्मा को सन्तान के रूप में प्राप्त करने को स्वयं को उपयुक्त किया है, उनसे ही वह आत्मा उपयुक्त उपादान ग्रहण करती है। आनुवंशिक संचारवाद (Doctrine of Heredity) किसी प्रमाण के बिना ही एक अद्भुत बात मानता है कि मन के संस्कारों की छाप जड़ में रह सकती है। जब मैं तुम्हारी ओर देखता हूँ तब मेरे चिन्ता–ह्रद में तरंग उठती है। वह तरंग थोड़े ही समय में लुप्त हो जाती है, किन्तु सूक्ष्म रूप में वह तरंग के रूप में ही वर्तमान रहती है। हम यह समझ सकते हैं। हम यह भी समझ सकते हैं कि भौतिक संस्कार शरीर में रह सकते हैं। किन्तु इसका क्या प्रमाण है कि शरीर के भंग होने पर मानसिक संस्कार शरीर में रहते हैं ? किसके द्वारा ये संस्कार संचारित होते हैं ? मानो, मन के प्रत्येक संस्कार का शरीर में रहना सम्भव है;

मानों आनुवंशिकता के अनुसार आदिम मनुष्य से लेकर सब पूर्वजों के संस्कार मेरे पिता के शरीर में वर्तमान है एवं पिता के शरीर से में उन्हें प्राप्त कर रहा हूँ। कैसे ? तुम शायद कहोगे जीवाणुकोष (Bio plasmic cell) के द्वारा। किन्तु यह कैसे सम्भव हो सकता है क्योंकि पिता का शरीर तो संतान में सम्पूर्ण रूप से नहीं आता है। एक ही पिता–माता की कई सन्तान हो सकती हैं। इसलिए यदि हम यह आनुवंशिक संचारवाद मान लें तो यह भी हमें अवश्य स्वीकार करना पड़ेगा कि प्रत्येक संतान के जन्म के साथ–ही–साथ पिता–माता को भी अपनी निजी मनोवृत्ति का कुछ अंश खोना पड़ेगा, (चूँकि उन लोगों के मत से संचारक व संचार्य एक अर्थात् भौतिक है) एवं यदि तुम कहोगे कि उनकी सारी मनोवृत्तियाँ ही संचारित होती हैं तो यह बात माननी पड़ेगी कि प्रथम सन्तान के जन्म के बाद ही उन लोगों का मन पूर्ण रूप से शून्य हो जायेगा। फिर यदि जीवाणुकोष में चिरकाल के अनन्त संस्कार रह जायें तो पूछा जायेगा कि ये कहाँ रहते हैं और किस रूप से ? यह पक्ष बिलकुल असम्भव है। जब तक ये जड़वादी प्रमाणित न कर सकें कि कैसे वे संस्कार उस कोष में रह सकते हैं तथा कहाँ रह सकते हैं एवं "भौतिक कोष में ये मनोवृत्तियाँ निद्रित रहती हैं" इसका तात्पर्य वे जब तक समझा नहीं सकते तव तक उनका सिद्धान्त मान लेना असम्भव है। इतना तो हम अच्छी तरह समझ जाते हैं कि ये संस्कार मन के भीतर ही निवास करते हैं। मन ही बार–बार जन्म ग्रहण करता आता है, मन ही अपने उपयोगी उपादान ग्रहण करता है और इस मन ने जिस शरीर विशेष के धारण करने के उपयुक्त कर्म किये हैं, तन्निर्माणोपयोगी उपादान जब तक वह नहीं पाता, तब तक उसे राह देखनी पड़ती है। यह हम अनुभव करते हैं। अतएव आत्मा के लिए देहगठनोपयोगी उपादान प्रस्तुत करने तक ही आनुवंशिक संचारवाद स्वीकृत किया जा सकता है। परन्तु आत्मा देह के बाद देह ग्रहण करती है, शरीर के बाद शरीर प्रस्तुत करती है; और हम जो कुछ चिन्ता करते हैं, हम जो कुछ कार्य करते हैं वही सूक्ष्म भाव में रह जाता है और समय आने पर वे ही स्थूल रूप में व्यक्त भाव धारण करके आत्मप्रकाश के लिए उन्मुख होते हैं। मैं अपना अभिप्राय तुम्हें और भी अधिक स्पष्ट रूप से कह दूँ। जब कभी मैं तुम लोगों की ओर देखता हूँ तो मेरे मन में एक तरंग उठती है। वह मानो मेंरे चिन्ताह्रद के भीतर डूब जाती है, सूक्ष्म

से सूक्ष्मतर होती जाती है, परन्तु वह बिलकुल ही नष्ट नहीं हो जाती। मन में वह किसी भी मुहूर्त में स्मृति–तरंग के रूप में प्रकट होने को प्रस्तुत रहती है। इसी तरह मेरे मन के भीतर ही यह समस्त संस्कारसमष्टि विद्यमान है जो मृत्यु के समय पर साथ ही बाहर हो जायेगी। मानों, इस कमरे में कहीं एक गेंद पड़ी है और हम सब एक–एक छड़ी से सब ओर से उसे मारने लगें। गेंद कमरे के एक कोने से दूसरे कोने में दौड़ने लगी, दरवाजे के नजदीक जाते ही वह बाहर चली गयी। वह किस शक्ति से बाहर चली जाती है ?–जितनी छड़ियाँ उसे मारी गयीं थी उनकी सम्मिलित शक्ति से। किस ओर उसकी गति होगी, यह भी इन सभी के समवेत फल से निर्णित होगा। इसी प्रकार, शरीर का पतन होने पर आत्मा की गति का निर्णायक क्या होगा ? उसने जैसे कर्म किये हैं, जैसी चिन्ताएँ की हैं, वे ही उसे किसी विशेष दिशा में परिचालित करेंगी ! अपने भीतर उन सबों की छाप लेकर वह आत्मा अपने गन्तव्य की ओर अग्रसर होगी। यदि समवेत कर्मफल इस प्रकार हो कि भोग के लिए उसे पुनः एक नया शरीर गढ़ना होगा तो वह ऐसे पिता–माता के पास जायेगी जिनसे वैसे शरीर गठन करने के उपयुक्त उपादान प्राप्त कर सके और उन्हीं उपादानों के द्वारा वह एक नया शरीर धारण कर लेगी। इसी तरह वह आत्मा एक देह से दूसरी देह में जाती रहेगी, कभी स्वर्ग में जायेगी तो कभी पृथ्वी पर आकर मानव देह धारण करेगी अथवा अन्य कोई उच्चतर या निम्नतर जीव–शरीर धारण करेगी। और इस प्रकार वह तब तक आगे बढ़ती जायेगी तब तक उसका भोग समाप्त होकर वह अपने निजी स्थान पर लौट न आयेगी। तभी वह अपना स्वरूप जान सकती है, जान सकती है कि वह यथार्थतः क्या है। तब समस्त अज्ञान दूर हो जाता है और उसकी सारी शक्तियाँ प्रकाशित हो जाती हैं। वह तब सिद्ध हो जाती है, पूर्णता प्राप्त कर लेती है, तब उसके लिए स्थूल शरीर की सहायता से कार्य करने की कोई आवश्यकता नहीं रह जाती। सूक्ष्म शरीर के द्वारा कार्य करने की भी आवश्यकता नहीं रहती। वह तब स्वयंज्योति व मुक्त हो जाती है, उसका फिर जन्म या मृत्यु कुछ भी नहीं होता।

अब इस विषय पर हम और अधिक कुछ आलोचना नहीं करेंगे। पुनर्जन्म के बारे में केवल एक और बात की ओर आप लोगों का ध्यान आकर्षित

कर हम यह आलोचना समाप्त करेंगे। यही मत केवल जीवात्मा की स्वाधीनता की घोषणा करता है। केवल यही एक मत है जो हमारी सारी दुर्बलताओं का दोष दूसरे के मत्थे नहीं मढ़ता। अपने निज के दोष दूसरे के मत्थे मढ़ना मनुष्य की स्वाभाविक दुर्बलता है। हम अपने दोष नहीं देखते हैं। क्या आँखें कभी अपने को देख पाती हैं ? किन्तु वे दूसरे सभी की आँखें देख सकती हैं। हम मनुष्य हैं, अपनी दुर्बलताएँ, अपनी गलतियाँ मानने को हम तब तक राजी नहीं होते जब तक हम दूसरों पर ये सब लाद सकते हैं। साधारणतः मनुष्य अपने दोषों तथा अपनी भूलों को पड़ोसियों पर लादना चाहता है। और यदि यह न बन सके तो ईश्वर को इसके लिए उत्तरदायी बनाने की चेष्टा करता है और यदि इसमें भी सफल न हुआ तो भाग्य नामक एक भूत की कल्पना करता है और उसी को इसके लिए उत्तरदायी करके निश्चिन्त रहता है। परन्तु प्रश्न यह है कि 'भाग्य' नाम की यह वस्तु है क्या और रहती कहाँ है। हम तो जो कुछ बोते हैं उसी को पाते हैं।

हमने स्वयं ही अपने–अपने भाग्यों की सृष्टि की है। यद्यपि 'हमारा भाग खोटा हो तब भी हम किसी को उत्तरदायी नहीं बना सकते और यदि हमारे भाग्य अच्छे हों तो भी किसी की प्रशंसा करने की आवश्यकता नहीं है। वायु सर्वदा बह रही है। जिन सब जहाजों के पाल उठे रहते हैं उन्हीं का वायु साथ देती है और वे ही उसके सहारे आगे बढ़ते हैं। किन्तु जिनके पाल लगाये नहीं गये उन पर वायु का कोई असर नहीं होता। किन्तु यह क्या वायु का दोष है ? हममें कोई सुखी है तो कोई दुःखी। क्या यह भी उन करुणामय पिता के कारण है जिनकी कृपा–रूपी वायु दिनरात बहती रहती है, जिनकी दया का अन्त नहीं है ? हम स्वयं ही अपने भाग्यों के निर्माता हैं। उनका सूर्य सभी के लिए उगता है चाहे वे दुर्बल हो या बलवान। साधु, पापी सभी के लिए उनकी वायु बह रही है। वे सभी के प्रभु हैं, पिता हैं, वे दयामय तथा समदर्शी हैं। क्या तुम लोगों की यह धारणा है कि हम छोटी–छोटी चीजों को जिस दृष्टि से देखते हैं, वे भी उसी दृष्टि से देखते हैं ? भगवान के सम्बन्ध में हमारी यह कितनी क्षुद्र धारणा है। कुत्ते के पिल्लों की तरह हम नाना विषयों के लिए प्राणपण से चेष्टा कर रहे हैं और मूर्ख की तरह हम समझ रहे हैं कि भगवान भी उन विषयों को ठीक उसी तरह सत्य

समझकर ही ग्रहण करेंगे। इन पिल्लों के इस खेल का क्या अर्थ है, वे अच्छी तरह जानते हैं। उन पर सब दोष लाद देना या यह कहना कि वे ही दंड–पुरस्कार देने के मालिक हैं, मूर्खता की बातें हैं। वे किसी को दंड नहीं देते, पुरस्कार भी किसी को नहीं देते। प्रत्येक देश में, प्रत्येक काल में और प्रत्येक दशा में प्रत्येक जीव उनकी अनन्त दया प्राप्त करने का अधिकारी है। किस तरह उसका व्यवहार किया जायेगा यह हम पर निर्भर रहता है। मनुष्य, ईश्वर या और किसी पर दोष लादने की चेष्टा न करो। जब तुम स्वयं कष्ट पाते हो तो अपने को ही उसके लिए दोषी समझो एवं जिससे अपना कल्याण हो सके उसी की चेष्टा करो।

पूर्वोक्त समस्या का यही समाधान है। जो लोग अपने दुःखों या कष्टों के लिए दूसरों को दोषी बनाते हैं (दुःख इस बात का है कि ऐसे लोगों की संख्या दिनों दिन बढ़ती जा रही है) साधारणतया वे लोग दुर्बल मस्तिष्क हैं; अपने कर्म–दोष से वे ऐसी परिस्थिति में आ पड़े हैं, किन्तु अब वे इसलिए दूसरों को उत्तरदायी बना रहे हैं–इससे उनकी दशा में तनिक भी परिवर्तन नहीं होता वरन् दूसरों पर दोष लादने की चेष्टा करने के कारण वे और भी दुर्बल बन जाते हैं। अतएव अपने दोष के लिए तुम किसी को उत्तरदायी न समझो; अपने ही पैरों पर खड़े होने की चेष्टा करो, सब कामों के लिए अपने को ही उत्तरदायी समझो। कहो कि जिन कष्टों को हम अभी झेल रहे हैं वे हमारे ही कृत कर्मों के फल हैं। यदि यह मान लिया जाये तो यह भी प्रमाणित हो जायेगा कि वे फिर हमारे ही द्वारा नष्ट भी किये जा सकेंगे। हमने जो कुछ सृष्ट किया है उस सभी का ध्वंस भी हमीं कर सकते हैं, जो कुछ दूसरों ने बनाया है उसका नाश हमसे कभी नहीं हो सकता। अतएव उठो, साहसी बनो, वीर्यवान होओ। सब उत्तरदायित्व अपने ऊपर ले लो–यह याद रखो कि तुम स्वयं ही अपने भाग्य के निर्माता हो। तुम जो कुछ बल या सहायता माँगते हो वह तुम्हारे भीतर ही विद्यमान है। इसलिए इसी ज्ञानरूपी शक्ति के सहारे तुम बल प्राप्त करो और अपना भविष्य अपने हाथों बनाओ। 'गतस्य शोचना नास्ति'–अब समस्त भविष्य तुम्हारे सामने पड़ा हुआ है। सर्वदा तुम इस बात का स्मरण रखो कि तुम्हारी प्रत्येक चिन्ता, प्रत्येक कार्य संचित रहेगा, और यह भी याद रखो कि जैसे तुम्हारी प्रत्येक असत् चिन्ता या

असत् कार्य शेरों की तरह तुम पर कूद पड़ने की चेष्टा करेगा वैसे ही सत् चिन्ताएँ एवं सत् कार्य भी हजारों देवताओं की शक्ति लेकर सर्वदा तुम्हारी रक्षा के लिए उद्यत रहेंगे।

10. बहुत्व में एकत्व

पराच्चि खानि व्यतृणत् स्वयम्भूस्तस्मात् परान् पश्यति नान्तरात्मन्।
कश्चिद्धीर...प्रत्यगात्मानमैक्षदावृत्तचक्षुरमृतत्त्वभिच्छन्।।
—कठोपनिषद्, द्वितीय अध्याय, प्रथम वल्ली।

"स्वयंभू ने इन्द्रियों को बहिर्मुख होने का विधान बनाया है, इसीलिए मनुष्य सामने की ओर (विषयों की ओर) देखता है, अन्तरात्मा को नहीं देखता। कोई–कोई ज्ञानी व्यक्ति जो विषयों की ओर से निवृत्तदृष्टि है और अमृतत्त्वें प्राप्ति की इच्छा रखता है, अन्तरस्थ आत्मा को देखा करता है।" हम देख चुके हैं कि वेदों के संहिता भाग में तथा अन्य ग्रन्थों में भी जगत् के तत्त्व का जो अनुसन्धान हो रहा था उससे बाहरी प्रकृति की तत्त्वालोचना द्वारा ही जगत् के कारण का अनुसन्धान करने की चेष्टा की गयी थी, उसके बाद इन सभी सत्यों की खोज करने वालों के हृदय में एक नवीन प्रकाश आलोकित हुआ; उन्होंने समझ लिया कि बहिर्जगत् के अनुसन्धान द्वारा वस्तु का वास्तविक स्वरूप जानना असम्भव है। फिर किस प्रकार उसको जानना होगा ? बाहर की ओर से दृष्टि को फिरा कर अर्थात् भीतर की ओर दृष्टि करके जानना होगा। और यहाँ पर आत्मा का विशेषण स्वरूप जो 'प्रत्येक्' शब्द प्रयुक्त हुआ है वह भी एक विशेष भाव का द्योतक है। प्रत्येक अर्थात् जो भीतर की ओर गया है—हमारी अन्तरतम वस्तु हृदय केन्द्र, वही परम वस्तु जिससे मानो सब बाहर आया है, वही मध्यवर्ती सूर्य जिसकी किरणें हैं मन, शरीर, इन्द्रियाँ और जो कुछ हमारा है वह सब।

'पराचः कामाननुयन्ति बालास्ते मृत्योर्यन्ति विततस्य पाशम्।
अथ धीराः अमृतत्त्वों विदित्वा ध्रुवमध्रुवेरिवह न प्रार्थयन्ते।।

(कठ–पूर्वोक्त)

"बालबुद्धि मनुष्य बाहरी काम्य वस्तुओं के पीछे दौड़ते–फिरते हैं। इसीलिए सब ओर व्याप्त मृत्यु के पाश में बँध जाते हैं, किन्तु ज्ञानी पुरुष अमृतत्त्व को जानकर अनित्य वस्तुओं में नित्य वस्तु की खोज नहीं करते।" यहाँ पर भी यही भाव प्रकट होता है कि सीमित वस्तुओं से पूर्ण बाह्य जगत् में असीम और अनन्त वस्तु की खोज व्यर्थ है–अनन्त की खोज अनन्त में ही करनी होगी और हमारी अन्तर्वर्ती आत्मा ही एकमात्र अनन्त वस्तु है। शरीर, मन आदि जितना भी जगत्प्रपंच हम देखते हैं अथवा जो हमारी चिन्ताएँ अथवा विचार हैं कुछ भी अनन्त नहीं हो सकता। इन सभी की उत्पत्ति काल में है और लय भी काल में है। जो द्रष्टा साक्षी पुरुष इन सबको देख रहा है, अर्थात् मनुष्य की आत्मा, जो सदा जाग्रत है वही एकमात्र अनन्त है, वही जगत् का कारणस्वरूप है; अनन्त की खोज करने के लिए हमें अनन्त में ही जाना पड़ेगा–उस अनन्त आत्मा में ही हम जगत् के कारण को देख पायेंगे।

'यदेवेह तदमुत्र यदमुत्र तदन्हि।
मृत्योः स मृत्युमाप्नोति य इह नानेव पश्चति'

(कठ–पूर्वोक्त)

'जो यहाँ है वही वहाँ भी है; जो वहाँ है वही यहाँ भी है। जो यहाँ नाना रूप देखते हैं वे बार–बार मृत्यु को प्राप्त होते हैं।' संहिता भाग में हम देखते हैं कि आर्यों में स्वर्ग जाने की विशेष रूप से इच्छा रहती थी। जब वे जगत्प्रपंच से विरक्त हो उठे तो स्वभावतः ही उनके मन में एक ऐसे स्थान में जाने की इच्छा हुई जहाँ दुःख से बिलकुल रहित केवल सुख ही सुख हो। 'ऐसे स्थानों का ही नाम स्वर्ग है–जहाँ केवल आनन्द' ही होगा, जहाँ शरीर अजर अमर हो जायेगा, मन भी वैसा ही हो जायेगा और वे वहाँ पितृगणों के साथ सदा वास करेंगे। किन्तु दार्शनिक विचारों की उत्पत्ति होने के बाद इस प्रकार के स्वर्ग की धारणा असंगत और असम्भव मालूम पड़ने लगी। 'अनन्त– किसी एक देश में है. यह वाक्य ही स्वविरोधी है। किसी भी स्थानविशेष की उत्पत्ति और नाश दोनों ही

काल में होते हैं। अतः उन्हें स्वर्गविषयक धारणा का त्याग कर देना पड़ा। वे धीरे–धीरे समझ गये कि ये सब स्वर्ग में रहने वाले देवता लोग एक समय इसी जगत् के मनुष्य थे, बाद में किसी सत्कर्म के फलस्वरूप वे देवता बन गये हैं। अतः यह देवत्व केवल विभिन्न पदों का नाममात्र है। वेद का कोई भी देवता किसी व्यक्तिविशेष का नाम नहीं है।

इन्द्र या वरुण किसी व्यक्ति के नाम नहीं हैं। ये सब विभिन्न पदों के नाम हैं। उनके मत के अनुसार जो पहले इन्द्र थे वे अब इन्द्र नहीं हैं उनका इन्द्रत्व अब नहीं है एक अन्य व्यक्ति यहाँ से जाकर उस पद पर आरूढ़ हो गया है। सभी देवताओं के सम्बन्ध में इसी प्रकार समझना चाहिए। जो मन मनुष्य कर्म के बल से देवत्व प्राप्ति के योग्य अवस्था को प्राप्त कर चुके हैं वे ही सब इन पदों पर समय–समय पर प्रतिष्ठित होते हैं। किन्तु इनका भी विनाश होता है। प्राचीन ऋग्वेद में देवताओं के सम्बन्ध में हम इस अमरत्व शब्द का व्यवहार देखते हैं अवश्य, किन्तु बाद के काल में इसका एकदम परित्याग कर दिया गया है; कारण, उन्होंने देखा कि यह अमरत्व देश–काल से अतीत होने के कारण किसी भौतिक वस्तु के सम्बन्ध में प्रयुक्त नहीं हो सकता, चाहे वह वस्तु कितनी ही सूक्ष्म क्यों न हो। वह कितनी ही सूक्ष्म क्यों न हो, उसकी उत्पत्ति देश–काल में ही है, कारण, आकार की उत्पत्ति का प्रधान उपादान देश है। देश को छोड़कर आकार के विषय की कल्पना करके देखो, यह असम्भव है। देश ही आकार के निर्माण का एक विशिष्ट उपादान है–इस आकृति का निरन्तर परिवर्तन हो रहा है। देश और काल माया के भीतर है। और स्वर्ग भी इसी पृथ्वी के समान देश–काल की सीमा से बद्ध है यह भाव उपनिषदों के निम्नलिखित श्लोकांश में व्यक्त किया गया है–'यदेवेह तदमुत्र यदमुत्र तदन्विह'–'जो कुछ यहाँ है वह वहाँ है, जो कुछ वहाँ है वही यहाँ भी है।' यदि ये ही देवता हैं तो जो नियम यहाँ है वही वहाँ भी लागू होते हैं, और सभी नियमों का चरम उद्देश्य है–विनाश, और बाद में फिर नये–नये रूप धारण करना। इसी नियम के द्वारा सभी जड़ पदार्थ विभिन्न रूपों में परिवर्तित हो रहे हैं, और टूटकर, चूर–चूर होकर फिर उन्हीं जड़ कणों में परिणत हो रहे हैं। जिस किसी वस्तु की उत्पत्ति है, उसका विनाश होता ही है। अतएव यदि स्वर्ग है तो वह भी इसी नियम के अधीन होगा।

हम देखते हैं कि इस जगत् में सभी प्रकार के सुखों की छाया के रूप में कोई न कोई दुःख रहता है। जीवन के पीछे उसकी छाया के रूप में मृत्यु रहती है। वे दोनों सदा एक साथ ही रहते हैं। कारण, वे परस्पर विरोधी नहीं हैं; वे दोनों पूर्ण पृथक् सत्ताएँ नहीं हैं, वे एक ही वस्तु के दो विभिन्न रूप हैं, वह एक ही वस्तु जीवन–मृत्यु, सुख–दुःख, अच्छे–बुरे आदि रूप में प्रकाशित हो रही हैं। अच्छी और बुरी ये दोनों सम्पूर्ण रूप से पृथक् वस्तुएँ हैं और वे अनन्त काल से चली आ रही हैं, यह धारणा नितान्त असंगत है। वे वास्तव में एक ही वस्तु के विभिन्न रुप हैं–जो कभी अच्छे रूप में और कभी बुरे रूप में प्रतिभात हो रही है, बस ! यह विभिन्नता प्रकारगत नहीं परिमाणगत है। उनका भेद वास्तव में मात्रा के तारतम्य में है। हम देखते हैं कि एक ही स्नायुप्रणाली अच्छे–बुरे दोनों प्रकार के प्रवाह को ले जाती है। किन्तु यदि स्नायुमंडली किसी प्रकार से बिगड़ जाये तो किसी प्रकार की अनुभूति ही न होगी। मान लो, एक स्नायु में पक्षाघात हो गया, उस समय उसमें से होकर जो सुखकर अनुभूति आती थी वह नहीं आयेगी, और दुःखकर अनुभूति भी नहीं आयेगी। वे सुख दुःख कभी भी पृथक् नहीं होते, वे मानो सर्वदा एकत्र ही रहते हैं और एक ही वस्तु जीवन में कभी सुख, कभी दुःख का उत्पादन करती है। एक ही वस्तु किसी को सुख और किसी को दुःख देती है। मांसाहार से खाने वाले को सुख अवश्य मिलता है किन्तु जिसका मांस खाया जाता है उसे तो भयानक कष्ट है। ऐसा कोई विषय ही नहीं जो सबको समान रूप से सुख देता हो। कुछ लोग सुखी हो रहे हैं और कुछ दुःखी। इसी प्रकार चलेगा। अतः अब यह स्पष्ट हो गया कि यह द्वैतभाव वास्तव में मिथ्या है। इससे क्या प्राप्त हुआ ? मैं पहले व्याख्यान में ही यह कह चुका हूँ कि जगत् में ऐसी अवस्था कभी आ ही नहीं सकती जब सभी कुछ अच्छा हो जायेगा और बुरा कुछ भी नहीं रहेगा। इससे अनेक व्यक्तियों की चिर घोषित आशा अवश्य पूर्ण हो जायेगी, अनेक इससे भयभीत भी होंगे किन्तु इसे स्वीकार करने के अतिरिक्त मैं अन्य उपाय नहीं देखता। यदि मुझे कोई समझा दे कि वह सत्य है तो मैं समझने को तैयार हूँ, परन्तु जब तक मेरी समझ में नहीं आता तब तक कैसे मान सकता हूँ ?

मेरे इस कथन के विरुद्ध कुछ युक्तियुक्त मालूम पड़ने वाला 'एक तर्क

है कि क्रमविकास की गति के क्रम से समयानुसार जो कुछ अशुभ हम देखते हैं सभी चला जायेगा–इसका फल यह होगा कि इसी प्रकार कम होते–होते लाखों वर्ष के बाद एक ऐसा समय आयेगा जब सभी अशुभ नष्ट होकर केवल शुभ ही शुभ शेष रह जायेगा। ऊपर से देखने पर यह युक्ति एकदम अखंडनीय मालूम पड़ सकती है। ईश्वरेच्छा से यदि यह सत्य होती तो बड़ा ही आनद होता, किन्तु इस युक्ति में एक दोष है। वह यह कि यह शुभ और अशुभ दोनों को निर्दिष्ट परिमाण में लेती है। यह स्वीकार करती है कि एक निर्दिष्ट परिमाण में अशुभ है; मान लो कि वह 100 है, और इसी प्रकार निश्चित परिमाण में शुभ भी है और यह अशुभ कम होता जा रहा है और केवल शुभ बचता जा रहा है। किन्तु क्या वास्तव में ऐसा ही है ? जगत् का इतिहास साक्षी है कि शुभ के समान अशुभ भी क्रमशः बढ़ ही रहा है। समाज के अत्यन्त निम्न स्तर के व्यक्ति को लीजिए। वह जंगल में रहता है, उसके भोगसुखों की संख्या कम है, इसलिए उसके दुःख भी कम हैं। उसके दुःख केवल इन्द्रियविषयों तक ही सीमित हैं। यदि उसे पर्याप्त मात्रा में भोजन न मिले तो वह दुःखी हो जाता है। उसे खूब भोजन दो, उसे स्वच्छन्द होकर घूमने–फिरने और शिकार करने दो, वह पूरी तरह सुखी हो जायेगा। उसका सुख–दुःख सभी केवल इन्द्रियों में ही आबद्ध है। मान लो कि उसका ज्ञान बढ़ने लगा। उसका सुख बढ़ रहा है, उसकी बुद्धि खुल रही है, वह जो सुख पहले इन्द्रियों में पाता था अब वही सुख उसे बुद्धि की वृत्तियों को चलाने में मिलता है। यह एक सुन्दर कविता पाठ करके अपूर्व सुख का स्वाद लेता है। गणित की किसी समस्या की मीमांसा करने में ही उसका सम्पूर्ण जीवन कट जाये, इसी में उसको परम सुख प्राप्त है। किन्तु इसके साथ–साथ असभ्य अवस्था में जिस तीव्र यन्त्रणा का उसने अनुभव नहीं किया, अब उसके स्नायु उसी तीव्र यन्त्रणा का अनुभव करने के भी क्रमशः अभ्यासी हो जाते हैं, अत उसे तीव्र मानसिक कष्ट होता है। एक बहुत ही साधारण उदाहरण लीजिए। तिब्बत देश में विवाह नहीं होता, अतः वहाँ प्रेम की ईर्ष्या भी नहीं पाई जाती, फिर भी हम जानते ही हैं कि विवाह अपेक्षाकृत उन्नत समाज का परिचायक है। तिब्बती लोग निष्कलंक स्वामी और निष्कलंक स्त्री के विशुद्ध दाम्पत्य–प्रेम का सुख नहीं जानते। किन्तु साथ ही किसी पुरुष या स्त्री के पतन हो जाने से दूसरे के मन

में कितनी भयानक ईर्ष्या, कितना अन्तर्दाह उपस्थित हो जाता है वे यह भी नहीं जानते। एक ओर उच्च धारणा से सुख में वृद्धि हुई अवश्य, किन्तु दूसरी ओर इससे दुःख की भी वृद्धि हुई।

आप अपने देश की ही बात लीजिए–पृथ्वी पर इसके समान धनिकों का देश दूसरा नहीं है–और दुःख, कष्ट यहाँ किस प्रबल रूप में विराजमान है वह भी देखिए। अन्यान्य देशों की अपेक्षा यहाँ पागलों की संख्या कितनी अधिक है, इसका कारण है, यहाँ के लोगों की वासनाएँ अति तीव्र, अत्यन्त प्रबल हैं। यहाँ के लोगों को जीवन का स्तर सर्वदा ऊँचा ही रखना होता है। आप लोग एक वर्ष में जितना खर्च कर देते हैं, वह एक भारतीय के लिए जीवन भर की सम्पत्ति के बराबर है। और आप लोग दूसरों को उपदेश भी नहीं दे सकते कि खर्च कम करो, कारण, यहाँ चारों ओर की अवस्था ही ऐसी है कि किसी विशेष स्थान में इतने से कम में खर्च ही नहीं चलेगा–नहीं तो सामाजिक चक्र में आपको पिस जाना पड़ेगा। यह सामाजिक चक्र दिन–रात घूम रहा है–वह विधवा के आँसुओं पर और अनाथ बालक–बालिकाओं के चीत्कार पर तनिक भी कान नहीं देता। आपको भी इसी समाज में आगे बढ़कर चलना होगा, नहीं तो इसी चक्र के नीचे पिस जाना होगा। यहाँ सभी जगह यही अवस्था है। आप लोगों की भोग सम्बन्धी धारणा भी अत्यधिक परिमाण में विकासप्राप्त हो गयी है, आपका समाज भी अन्यान्य समाजों की अपेक्षा लोगों को अधिक आकर्षित करता है। आपके भोगों के भी नाना प्रकार के उपाय हैं। किन्तु जिनके पास आपके समान भोगों की सामग्री नहीं है या कम है उनके लिए आपकी अपेक्षा दुःख भी कम हैं। इसी प्रकार आप सभी जगह देखेंगे। आपके मन में जितनी दूर तक उच्च अभिलाषाएँ रहेंगी आपको सुख भी उतना ही अधिक मिलेगा और उसी परिमाण में दुःख भी। एक मानो दूसरे की छाया स्वरूप है। अशुभ कम होता जा रहा है यह बात सत्य हो सकती है, किन्तु उसके साथ ही शुभ भी कम हो रहा है यह भी कहना पड़ेगा। किन्तु वास्तव में एक ओर जैसा दुःख कम हो रहा है दूसरी ओर वैसा ही क्या करोड़ों गुना बढ़ नहीं रहा है। बात यही है कि सुख यदि समयुक्तान्तर श्रेणी (Arithmetical progresasion) के नियम से बढ़ रहा है तो दुःख समगुणितान्तर श्रेणी अर्थात् (Geometrical progresasion) के नियम से बढ़ रहा है ऐसा

कहना पड़ेगा। इसी का नाम माया है। यह न केवल सुखवाद है, न केवल दुःखवाद। वेदान्त यह नहीं कहता कि जगत् केवल दुःखमय है। ऐसा कहना ही भूल है। और जगत् सुख से परिपूर्ण है, यह कहना भी ठीक नहीं है। बालकों के लिए यह जगत् केवल मधुमय है–यहाँ केवल सुख है, केवल फूल हैं, केवल सौन्दर्य हैं, केवल मधु है–इस प्रकार की शिक्षा देना भूल है। हम सारे जीवन इन्हीं फूलों का स्वप्न देखते हैं। और कोई एक व्यक्ति अन्य की अपेक्षा अधिक दुःख भोगता है, इसीलिए सब दुःखमय है यह कहना भी भूल है। जगत् इसी द्वैत भाव से पूर्ण अच्छे–बुरे का खेल है। वेदान्त इसके अतिरिक्त एक और बात कहता है। यह मत सोचो कि अच्छा और बुरा दो सम्पूर्ण पृथक् वस्तुएँ हैं। वास्तव में वह एक ही वस्तु है। एक ही वस्तु भिन्न–भिन्न रूप से भिन्न–भिन्न आकार में आविर्भूत होकर एक ही व्यक्ति के मन में भिन्न–भिन्न भाव उत्पन्न करती है। अतएव वेदान्त का प्रथम कार्य है इस ऊपर से भिन्न प्रतीत होने वाले बाह्य जगत् में एकत्व का आविष्कार करना। पारसीयों का मत है कि दो देवताओं ने मिलकर जगत् की सृष्टि की है। यह मत अवश्य ही बहुत कम उन्नत मन का परिचायक है। उनके मत से जो अच्छा देवता है वह सभी सुखों का विधान कर रहा है और बुरा देवता सभी बुरे विषयों का विधान कर रहा है। यह स्पष्ट है कि ऐसा होना असम्भव है; कारण, वास्तव में यदि इसी नियम से सभी कार्य हों तो प्रत्येक प्राकृतिक नियम के दो अंश हो जायेंगे–कभी तो एक देवता उसे चलाता है, वह चला गया, उसकी जगह और एक आया। किन्तु वास्तव में हम देखते हैं कि जो शक्ति हमें खाना–पीना देती है वही दैवदुर्विपाक द्वारा अनेकों का संहार भी करती है। यह मत स्वीकार करने में एक और गड़बड़ यह है कि एक ही समय दो देवता कार्य कर रहे हैं। एक स्थान पर एक किसी का उपकार कर रहा है, दूसरे स्थान पर दूसरा किसी का अपकार कर रहा है। फिर भी दोनों के बीच सामंजस्य बना रहता है–यह किस प्रकार सम्भव है ? अवश्य ही यह मत जगत् के द्वैत तत्त्व को प्रकाश करने की एक बहुत ही स्थूल प्रणाली मात्र है–इसमें कोई सन्देह नहीं।

अब हम उच्चतर दर्शनों में इस विषय में क्या सिद्धान्त माना गया है इस पर विचार करेंगे। इनमें स्थूल तत्त्व की बात छोड़कर सूक्ष्म भाव की दृष्टि से कहा जाता है कि जगत् कुछ तो अच्छा है, कुछ बुरा। पहले जो युक्तिपरम्परा

हमने ग्रहण की, उसके अनुसार. यह भी असम्भव है।

अतएव हम देखते हैं कि केवल सुखवाद अथवा केवल दुःखवाद–किसी भी मत के द्वारा जगत् की यथार्थ व्याख्या या वर्णन नहीं होता। कुछ घटनाएँ सुखवाद की पोषक हैं, कुछ दुःखवाद की समर्थक। किन्तु क्रमशः हम देखेंगे कि वेदान्त में सभी दोष प्रकृति के कन्धों से हटाकर हमारे अपने ऊपर दिया गया है। और इसी से हमें विशेष आशा भी दी गयी है। वेदान्त वास्तव में अमंगल अस्वीकार नहीं करता। वह जगत् की सभी घटनाओं के सभी अंशों का विश्लेषण करता है किसी भी विषय को छिपाकर रखना नहीं चाहता। वह मनुष्य को एकदम निराशा के सागर में नहीं बहा देता। वह अज्ञेयवादी भी नहीं है। उसने इस सुख–दुःख के प्रतीकार के उपाय का आविष्कार किया है, और यह प्रतीकार का उपाय वज्र के समान दृढ भित्ति पर प्रतिष्ठित है। वह ऐसा उपाय नहीं बताता जिससे कि केवल बच्चे का मुँह बन्द कर दिया जाये एवं जिसे वह सहज में ही समझ ले, ऐसे स्पष्ट असत्य के द्वारा उसकी दृष्टि को अन्धा कर दिया जाये। मुझे याद है, जब मैं बालक था उस समय किसी युवक के पिता मर गये जिससे वह बड़ा गरीब हो गया, एक बड़े परिवार का भार उसके गले पड़ गया। उसने देखा कि उसके पिता के मित्र लोग ही उसके प्रधान शत्रु हैं। एक दिन एक धर्माचार्य के साथ साक्षात् होने पर वह अपने दुःख की कहानी कहने लगा और वे उसको सान्त्वना देने के लिए कहने लगे,– "जो होता है अच्छा ही होता है, जो कुछ होता है अच्छे के लिए ही होता है।" पुराने घाव को जिस प्रकार मखमल के कपड़े से ढक रखना होता है, धर्माचार्य की उपर्युक्त बात भी ठीक वैसी ही थी। यह हमारी अपनी दुर्बलता और अज्ञान का परिचय मात्र है। छः मास के बाद उसी धर्माचार्य के घर एक सन्तान हुई, उसके उपलक्ष्य में जो उत्सव हुआ उसमें वह युवक भी निमन्त्रित था। धर्माचार्य महोदय भगवान् की पूजा आरम्भ करके बोले–'ईश्वर की कृपा के लिए उसे धन्यवाद है।' तब युवक उठकर बोला– यह क्या कह रहे हैं ? उसकी कृपा कहाँ है ? यह तो घोर अभिशाप है। धर्माचार्य ने पूछा– 'वह कैसे ?' युवक ने उत्तर दिया–'जब मेरे पिता की मृत्यु हुई तब ऊपर–ऊपर अमंगल होने पर भी उसे आपने मंगल कहा था। इस समय आपकी सन्तान का जन्म भी यद्यपि ऊपर–ऊपर आपको मंगल सा लग रहा है किन्तु

वास्तव में मेरी दृष्टि से यह महा अमंगलकारी मालूम होता है। इसी प्रकार जगत् के दुःख–अमंगल को ढ़क रखना ही क्या जगत् का दुःख दूर करने का उपाय हो सकता है ? स्वयं अच्छे बनो और जो कष्ट पा रहे हैं उनके ऊपर दया करो। जोड़–जाड़ करके रखने की चेष्टा मत करो, उससे भवरोग दूर नहीं होगा। वास्तव में हमें जगत् के बाहर जाना पड़ेगा।

यह जगत् सदा ही भले और बुरे का मिश्रण है। जहाँ भलाई देखो, समझ लो कि उसके पीछे बुराई भी छिपी है। किन्तु इन सभी व्यक्त भावों के पीछे–इन सब विरोधी भावों के पीछे वेदान्त उसी एकत्व को देखता है। वेदान्त कहता है, बुराई छोड़ो, और भलाई भी छोड़ो। ऐसा होने पर शेष क्या रहा ? वेदान्त कहता है कि केवल अच्छे बुरे का ही अस्तित्त्व है यह बात नहीं। इनके पीछे एक ऐसी वस्तु रहती है जो वास्तव में तुम्हारी है, जो वास्तव में तुम्हीं हो, जो सब प्रकार के शुभ और सब प्रकार के अशुभ के बाहर है। वही वस्तु शुभ और अशुभ रूप में प्रकाशित हो रही है। पहले इसको जान लो–तभी, और केवल तभी तुम पूर्ण सुखवादी हो सकते हो। इसके पूर्व नहीं। ऐसा होने पर ही तुम सभी पर विजय प्राप्त कर सकते हो। इन्हीं आपातप्रतीयमान व्यक्त भावों को अपने आधीन करो, तब तुम उस सत्य वस्तु को इच्छानुसार जैसा चाहो प्रकाशित कर सकोगे। तभी तुम उन्हें चाहे शुभ रूप में, चाहे अशुभ रूप में जैसी इच्छा हो प्रकाशित कर सकोगे। किन्तु पहले तुम्हें स्वयं अपना ही प्रभु बनना पड़ेगा। उठो, अपने को मुक्त करो, इस समस्त नियमों के राज्य के बाहर जाओ, कारण ये नियम प्रकृति के सभी अंशों में व्यापक नहीं है, वे तुम्हारे वास्तविक स्वरूप को बहुत कम प्रकाशित करते हैं। पहले अपने को समझो कि तुम प्रकृति के दास नहीं हो, न कभी थे, न कमी होओगे–प्रकृति यों तो अनन्त मालूम पड़ती है अवश्य, किन्तु वास्तव में वह ससीम है। वह समुद्र का एक बिन्दु मात्र है, और तुम्हीं वास्तव में समुद्र रूप हो, तुम चन्द्र, सूर्य, तारे सभी के अतीत हो। तुम्हारे अनन्त स्वरूप की तुलना में वे केवल बुदबुदों के समान हैं। यह जान लेने पर तुम अच्छे और बुरे दोनों पर विजय पा जाओगे। तभी तुम्हारी दृष्टि एकदम परिवर्तित हो जायेगी, तब तुम खड़े होकर कह सकोगे, 'मंगल कितना सुन्दर है और अमंगल कितना अद्भुत है !'

वेदान्त यही करने को कहता है। वेदान्त यह नहीं कहता कि स्वर्णपत्र

से घाव के स्थान को ढाँककर रखो, और घाव जितना ही पकता जाये उसे और भी स्वर्णपत्रों से मढ़ दो। जीवन एक कठिन समस्या है इसमें सन्देह नहीं। यद्यपि वह बज्र के समान दुर्भेद्य प्रतीत होता है, तथापि यदि हो सके तो इसके बाहर जाने की चेष्टा करो– आत्मा इस देह की अपेक्षा अनन्त गुना शक्तिमान है। वेदान्त तुम्हारे कर्म–फल के लिए दूसरे देवता पर दायित्व नहीं डालता, वह कहता है, तुम स्वयं ही अपने अदृष्ट के निर्माता हो। तुम अपने कर्म–फल से अच्छे और बुरे दोनों ही फल भोग करते हो, तुम अपने ही हाथों से अपनी आँख मूँदकर कहते हो–अन्धकार है। हाथ हटाओ–तुम्हें प्रकाश दिखेगा। तुम ज्योतिस्वरूप हो–तुम पहले से ही सिद्ध हो। अब हम–'मृत्यो स मृत्युमाप्नोति य इह नानेव पश्यति' 'इस श्रुति का अर्थ समझ पा रहे हैं।

किस प्रकार हम इस तत्त्व को जान सकते हैं ? यह मन जो इतना भ्रान्त और दुर्बल है, जो इतने सहज में विभिन्न दिशाओं में दौड़ जाता है, इस मन को भी सबल किया जा सकता है–जिससे वह उस ज्ञान का–उसी एकत्व का आभास पा सके। उस समय वही ज्ञान पुनः–पुनः मृत्यु के हाथों से हमारी रक्षा करता है।

"यथोदकं दुर्गे वृष्टं पर्वतेषु विधावति। एवं
धर्मान् पृथक् पश्यंस्तानेवानुविधावति।"
(कठ० अ० 2, वल्ली 1, श्लोक 14)

"जल उच्च दुर्गम भूमि में बरस कर जिस प्रकार पर्वतों में से होकर विकीर्ण हो दौड़ता है, उसी प्रकार जो व्यक्ति गुणों को पृथक् करके देखता है वह उन्हीं का अनुवर्तन करता है। "वास्तविक शक्ति एक है, केवल माया में पड़कर अनेक हो गयी है। अनेक के पीछे मत दौड़ो, बस उसी एक की ओर अग्रसर होओ।

"हंसः शुचिषद्वसुरन्तरिक्षसद्धोता वेदिपदतिथि दुर्रोणसत्।
नृषवरसहतसषयोमसदव्जा गोजा ऋतजा अद्रिजा ऋतं बृहत्।"
(कठ० अ० 2, वल्ली 2, श्लोक 2)

"वह (वही आत्मा) आकाशवासी सूर्य, अन्तरिक्षवासी वायु, वेदिवासी अग्नि और कलशवासी सोमरस है। वही मनुष्य, देवता, यज्ञ और आकाश में है,

वही जल में, पृथ्वी पर, यज्ञ में और पर्वत पर उत्पन्न होता है; वह सत्य है, वह महान् है।"

"अग्निर्यथैको भुवन प्रविष्टो रूपं रूपं प्रतिरूपो वभूव।
एकस्तथा सर्वभूतान्तरात्मा रूप प्रतिरूपो बहिश्च !"
"वायुर्यथैको भुवन प्रविष्टो रूपं रूपं प्रतिरूपो वभूव।
एकस्तथा सर्व भूतान्तरात्मा रूपं रूपं प्रतिरूपो वहिश्च।"
(कठ० अ० 2, बल्ली 2, श्लोक 9–10)

"जिस प्रकार एक ही अग्नि जगत् में प्रविष्ट होकर दाह्य वस्तु के रूपभेद' से भिन्न–भिन्न रूप धारण करती है उसी प्रकार सब भूतों का एक अन्तरात्मा नाना वस्तुओं के भेद से उस वस्तु का रूप धारण कर लेता है, और सबके बाहर भी रहता है। जिस प्रकार एक ही वायु जगत् में प्रविष्ट होकर नाना वस्तुओं के भेद से तत्तद्रूप हो गयी है उसी प्रकार वही एक सब भूतों का अन्तरात्मा नाना वस्तुओं के भेद से उस–उस रूप का हो गया है और उनके बाहर भी है।" जब तुम इस एकत्व की उपलब्धि करोगे तभी यह अवस्था होगी, उससे पूर्व नहीं। यही वास्तविक सुखवाद है–सभी जगह उसका दर्शन करना। अब प्रश्न यही है कि यदि यह सत्य है, यदि वह शुद्ध स्वरूप अनन्त आत्मा इन सबके भीतर प्रवेश करके रहता है तब यह क्यों सुख–दुःख भोग करता है ? क्यों वह अपवित्र होकर दुःख भोग करता है। उपनिषद् कहते हैं कि वह दुःखानुभव नहीं करता।

"सूर्यो यथा सर्वलोकस्य चक्षुर्न लिप्यते चाभुषैः बाह्यदौषै।
एकस्तथा सर्वभूतान्तरात्मा न लिप्यते लोकदुःखेन "वाहयः।"
(कठ० अ०2, वल्ली 2, श्लोक 11)

"सभी लोकों का चक्षुरूप सूर्य जिस प्रकार चक्षुग्राह्य वाह्य अपवित्र वस्तु के साथ लिप्त नहीं होता उसी प्रकार एकमात्र सब प्राणियों का अन्तरात्मा जगत् सम्बन्धी दुःख के साथ लिप्त नहीं होता, कारण वह फिर भी जगत् के अतीत है।" हमें एक रोग ऐसा हो सकता है जिसके कारण हमें सभी कुछ पीले रंग का दिखाई दे, किन्तु इससे सूर्य पर कोई प्रभाव नहीं पड़ता।

"एको वशी सर्वभूतान्तरात्मा एकं रूप बहुधा यः करोति।

तमान्मस्य येऽनुपश्यन्ति धीरास्तेषां सुखं शाश्वतं नेतरेपाम्।"

(कठ० अ० 2, वल्ली 2, श्लोक 12)

"जो एक है, सबका नियन्ता एवं सब प्राणियों का अन्तरात्मा, जो अपने एक रूप को अनेक प्रकार का कर लेता है. उसका दर्शन जो ज्ञानी पुरुष अपने में करते हैं, वे ही नित्य सुखी हैं, अन्य नहीं।

"नित्योऽनित्यानां चेतनश्चेतनानामको वहूनां यो विदधाति कामान्।

तमात्मस्थं येऽनुपश्यन्ति धीरास्तेषां शान्तिः शाश्वती नेतरेपाम्।"

(कठ० अ० 2, वल्ली 2, श्लोक 13)

"जो अनित्य वस्तुओं में नित्य है, जो चेतना वालों में चेतन है, जो एकाकी अनेकों की सभी काम्य वस्तुओं का विधान करता है उसका जो ज्ञानी लोग अपने अन्दर दर्शन करते हैं, उन्हीं को नित्य शान्ति मिलती है, औरों को नहीं।" बाह्य जगत् में वह कहाँ मिल सकता है ? सूर्य, चन्द्र अथवा तारे उसको कैसे पा सकते हैं ?

"न तत्र सूर्यो भान्ति, न चन्द्रतारक,
नेमा विद्युतो भान्ति कुतोऽयमग्नि',
तमेव भान्तमनुभाति सर्वं,
तस्य भासा सर्वमिद विभाति।"

(कठ० अ० 2, वल्ली 2, श्लोक 15)

"वहाँ सूर्य प्रकाश नहीं देता, चन्द्र–तारे आदि नहीं चमकते, ये बिजलियाँ भी नहीं चमकतीं, फिर अग्नि की क्या बात ? सभी वस्तुएँ उस प्रकाशमान से ही प्रकाशित होती हैं, उसी की दीप्ति से सब दीप्त होते हैं।"

"ऊर्ध्वमूलोऽवाक्शाखः एषोऽश्वत्थ सनातनः।
तदेव शुक्र तद्ब्रह्म तदेवामृतमुच्यते।
तस्मिल्लोकाः श्रिताः सर्बे तदु नात्येति कश्चन।
एतद्वैतत्।"

(कठ० अ० 2, वल्ली 3, श्लोक 1)

"ऊपर की ओर जिसका मूल और नीचे की ओर जिसकी शाखाएँ हैं ऐसा यह चिरन्तन अश्वत्थ वृक्ष (संसार वृक्ष) है। वही उज्ज्वल है, वही ब्रह्म है,

उसी को अमृत कहते हैं। समस्त संसार उसी में आश्रित है। कोई उसको अतिक्रमण नहीं कर सकता। यही वह आत्मा है।''

वेद के ब्राह्मण भाग में नाना प्रकार के स्वर्गों की कथाएँ हैं। उपनिषद् का यही कहना है कि स्वर्ग जाने की इस वासना का त्याग करना होगा। इन्द्रलोक या वरुणलोक जाने से ही ब्रह्मदर्शन होगा यह बात नहीं है, वरंच इस आत्मा के अन्दर ही ब्रह्म का दर्शन स्पष्ट रूप से होता है।

''यथादर्शे तथात्मनि यथा स्वप्ने तथा पितृलोके।
यथाप्सु परीव ददृशे तथा गन्धर्वलोके छायातपयोरिव ब्रह्मलोके।
(कठ० अ० 2, बल्ली 3, श्लोक 5)

'जिस प्रकार आरसी में लोग अपना प्रतिबिम्ब स्पष्ट रूप से देखते हैं, उसी प्रकार आत्मा में ब्रह्म का दर्शन होता है। जिस प्रकार स्वप्न में हम अपने को अस्पष्ट रूप से देखते हैं उसी प्रकार पितृलोक में ब्रह्मदर्शन होता है। जिस प्रकार जल में लोग अपना रूप देखते हैं उसी प्रकार गन्धर्वलोक में ब्रह्मदर्शन होता है। जिस प्रकार प्रकाश और छाया परस्पर पृथक् हैं उसी प्रकार ब्रह्मलोक में ब्रह्म और जगत् स्पष्ट रूप से पृथक् मालूम पड़ते हैं।'' किन्तु फिर भी पूर्ण रूप से ब्रह्मदर्शन नहीं होता। अतएव वेदान्त कहता है कि हमारा अपना आत्मा ही सर्वोच्च स्वर्ग है, मानवात्मा ही पूजा के लिए सर्वश्रेष्ठ मन्दिर है, वह सभी स्वर्गों से श्रेष्ठ है। कारण इस आत्मा में उस सत्य का जैसा स्पष्ट अनुभव होता है और कहीं भी उतने स्पष्ट रूप से अनुभव नहीं होता। एक स्थान से अन्य स्थान में जाने से ही आत्मदर्शन के सम्बन्ध में कुछ विशेष सहायता होती हो सो बात नहीं। जब मैं भारतवर्ष में था तो सोचता था कि किसी गुफा में बैठकर शायद खूब स्पष्ट रूप से ब्रह्म की अनुभूति होगी, परन्तु उसके बाद देखा कि यह बात नहीं है। फिर सोचा, जंगल में जाकर बैठने से शायद सुविधा होगी। काशी की बात भी मन में आई। सभी स्थान एक प्रकार के हैं, कारण हम स्वयं ही अपना जगत् तैयार कर लेते हैं। यदि मैं बुरा बन जाऊँ तो सभी जगत् मुझे बुरा दीख पड़ेगा। उपनिषद यही कहते हैं और वही एक नियम सब जगह लागू होगा। यदि मेरी यहाँ मृत्यु हो जाती है एवं यदि मैं स्वर्ग जाता हूँ तो वहाँ भी मैं सब कुछ यही के समान देखूँगा। जब तक आप पवित्र नहीं हो जाते तब तक गुफा, जंगल, काशी अथवा

स्वर्ग जाने से कोई विशेष लाभ नहीं। और यदि आप अपने चित्त रूपी दर्पण को निर्मल कर सकें तब आप चाहे कहीं भी रहें, आप वास्तविक सत्य का अनुभव करेंगे। अतएव इधर उधर भटकना शक्ति का व्यर्थ ही भय करना मात्र है–उसी शक्ति को यदि चित्तदर्पण को निर्मल बनाने में लय किया जाये तभी ठीक होता है। निम्नलिखित श्लोक में इसी भाव का वर्णन है–

न सन्दृशे तिष्ठति रूपमस्य
न चक्षुषा पश्यति कश्चनैनम्।
हृदा मनीषा मनसाभिक्लृप्तो
य एतद्विदुरमृतास्ते भवन्ति।

(कठ० अ० 2, वल्ली 3, श्लोक 9)

उसका रूप देखने की वस्तु नहीं। कोई उसको आँख से नहीं देख सकता। हृदय, संशयरहित बुद्धि एवं मनन के द्वारा वह प्रकाशित होता है। जो इस आत्मा को जानते हैं वे अमर हो जाते हैं। जिन लोगों ने राजयोग सम्बन्धी मेरे व्याख्यान सुने हैं उनके 'लिए मैं कहता हूँ कि वह योग ज्ञानयोग से कुछ भिन्न प्रकार का है। ज्ञानयोग का लक्षण इस प्रकार कहा गया है। जैसेः–

यदा पञ्चावतिष्ठन्ते ज्ञानानि मनसा सह।
बुद्धिश्च न विचेष्टति तामाहुः परमां गतिम्।।

(कठ० अ० 2, बल्ली 3, श्लोक 10)

अर्थात् जब सभी इन्द्रियाँ संयत हो जाती हैं, जब मनुष्य इनको अपना दास बनाकर रखता है, जब वे मन को चंचल नहीं कर पातीं, तभी योगी चरम गति को प्राप्त होता है।

यदा सर्बे प्रमुच्चन्ते कामा येऽस्य हृदि श्रिता।
अथ मर्त्योऽमृतो भवत्यत्र ब्रह्म सश्नुते।।
यदा सर्वे प्रभिद्यन्ते हृदयस्येह ग्रन्थयः।
अथ मर्त्योऽमृतो भवत्येतावद्धयनुशासनम्।।

(कठ. अ.2, बल्ली 2, श्लोक 14, 15)

"जो सब कामनाएँ मर्त्य जीव के हृदय का आश्रय लेकर रहती हैं वे सब जब नष्ट हो जाती हैं तब मनुष्य अमर हो जाता है और यही ब्रह्म को प्राप्त

होता है। जब इस संसार में हृदय की सभी ग्रन्थियाँ कट जाती हैं तब मनुष्य अमर हो जाता है, यही उपदेश है।"

साधारणतः लोग कहते हैं कि वेदान्त, केवल वेदान्त ही क्यों, भारतीय सभी दर्शन और धर्म इस जगत् को छोड़कर इसके बाहर जाने का उपदेश देते हैं। किन्तु ऊपर कहे हुए दोनों श्लोकों से प्रमाणित होता है कि वे स्वर्ग अथवा अन्य कहीं जाना नहीं चाहते, प्रत्युत वे कहते हैं कि स्वर्ग के भोग, सुख, दुःख सब क्षणस्थायी है। जब तक हम दुर्बल रहेंगे तब तक हमें स्वर्ग–नरक आदि में घूमना पड़ेगा, किन्तु आत्मा ही एकमात्र वास्तविक सत्य है। वे यह भी कहते हैं कि आत्महत्या द्वारा जन्म–मृत्यु के इस प्रवाह को अतिक्रमण नहीं किया जा सकता। हाँ– वास्तविक मार्ग पाना अन्यन्त कठिन अवश्य है। पाश्चात्य लोगों के समान हिन्दू भी क्रियात्मक रूप चाहते हैं, परन्तु दोनों का दृष्टिकोण भिन्न है। पश्चिमी लोग कहते हैं, एक अच्छा–सा मकान बनाओ, उत्तम भोजन करो, उत्तम वस्त्र पहिनो, विज्ञान की चर्चा करो, बुद्धि की उन्नति करो। ये सब करने के समय वे अत्यन्त उपयोगी सिद्ध होते हैं। किन्तु हिन्दू लोग कहते हैं, आत्मज्ञान ही जगत् का ज्ञान हैं। वे उसी आत्मज्ञान के आनन्द में विभोर होकर रहना चाहते हैं। अमेरिका में एक प्रसिद्ध अज्ञेयवादी वक्ता हैं, वे अत्यन्त सृजन और एक बड़े सुन्दर वक्ता भी हैं। वे धर्म के सम्बन्ध में एक व्याख्यान देते और कहते हैं कि धर्म की कोई आवश्यकता नहीं है, परलोक को लेकर अपना मस्तिष्क खराब, करने की हमें तनिक भी आवश्यकता नहीं है। अपने मत को समझाने के लिए उन्होंने इस उदाहरण को लेकर कहा है–जगत् रूप यह सन्तरा हमारे सामने है; हम उसका सब रस बाहर निकाल लेना चाहते हैं। मेरी एक बार उनसे भेंट हुई। मेंने उनसे कहा–"मेरा आपके साथ एकमत है, मेरे पास भी यही फल है, मैं भी इसका सब रस लेना चाहता हूँ। किन्तु आपसे मेरा मतभेद है केवल इस विषय को लेकर कि यह फल है क्या। आप उसे सन्तरा समझते हैं और मैं कहता हूँ यह आम है। आप समझते हैं कि जगत् में आकर खूब खा–पीकर, पहिनकर और कुछ वैज्ञानिक तत्त्व जानकर ही बस चूड़ान्त हो गया, किन्तु आपको यह कहने का कोई अधिकार नहीं है कि उसे छोड़कर मनुष्य का और कोई कर्तव्य ही नहीं है। मेरे लिए तो यह धारणा बिलकुल ही छोटी है।"

यदि जीवन का एकमात्र कार्य यह जानना ही हो कि सेब किस प्रकार भूमि पर गिरता है अथवा विद्युत का प्रवाह किस प्रकार स्नायुओं को उत्तेजित करता है तब तो मैं इसी क्षण आत्महत्या कर लूँ। मेरा संकल्प है कि मैं सभी वस्तुओं के मर्म की खोज करूँगा और जीवन का वास्तविक रहस्य क्या है यह जानूँगा। आप प्राण के विभिन्न विकासों की आलोचना कीजिए, मैं तो प्राण का स्वरूप जानना चाहता हूँ। मैं इस जीवन का समस्त रस सोख लेना चाहता हूँ। मेरा दर्शन कहता है कि जगत् और जीवन का समस्त रहस्य जानना होगा, स्वर्ग–नरक आदि का सभी कुसंस्कार छोड़ देना होगा, चाहे उनकी सत्ता ठीक इसी पृथ्वी के समान क्यों न हो। मैं इस आत्मा की अन्तरात्मा को जानूँगा–उसका वास्तविक स्वरूप जानूँगा, वह क्या है, यह जानूँगा, केवल वह किस प्रकार कार्य करता है 'एवं उसका प्रकाश क्या है यह जानकर ही मेरी तृप्ति नहीं होगी। सभी वस्तुओं का 'क्या' जानना चाहता हूँ– कैसे होती है, यह खोज बालक करते रहें। विज्ञान और क्या है ? आपके ही किसी बड़े आदमी ने कहा है–'सिगरेट पीते समय जो–जो होता है वही यदि मैं लिखकर रखूँ तो वही सिगरेट का विज्ञान होगा।' अवश्य ही वैज्ञानिक होना अच्छा है और गौरव की बात है–ईश्वर उनके अनुसन्धान में सहायता और आशीर्वाद दे; किन्तु जब कोई कहता है कि यह विज्ञान–चर्चा ही सर्वस्व है, इसके अतिरिक्त जीवन का और कोई उद्देश्य नहीं है, तब समझ लेना चाहिए कि वह निर्बोध के समान बात कह रहा है। समझ लो कि उसने जीवन के मूल रहस्य को जानने की कभी चेष्टा नहीं की; वास्तविकता क्या है, इसकी उसने कभी आलोचना ही नहीं की। मैं यों ही केवल तर्क के द्वारा ही समझा दे सकता हूँ कि तुम्हारा जो कुछ भी ज्ञान है सब भित्तिहीन, आधारहीन है। तुम प्राण के विभिन्न विकासों को लेकर आलोचना कर रहे हो, किन्तु यदि तुमसे पूछूँ कि प्राण क्या है, तो तुम कहोगे, हम नहीं जानते। यह ठीक है कि तुम्हें जो अच्छा लगे करो, कोई इसमें बाधा नहीं देता, किन्तु मुझे अपने ही भाव में रहने दो।

और यह भी लक्ष्य करना कि मेरा जो भाव है उसमें कार्य रूप में परिणत करता रहता हूँ। अतएव यह कहना व्यर्थ है कि अमुक मनुष्य क्रियात्मक (Practical) है, अमुक नहीं। तुम एक ढंग से क्रियात्मक हो, मैं दूसरे ढंग से।

एक ऐसे भी लोग हैं कि. जिनसे कहो कि एक पैर से खड़े रहने से सत्य मिलेगा, तो वे एक पैर से खड़े रहेंगे। और एक इस प्रकार के लोग हैं–उन्होंने सुना कि अमुक जगह सोने की खान है, किन्तु उसके चारों ओर असभ्य जातियाँ रहती हैं। तीन आदमियों ने यात्रा की। उनमें दो शायद मर गये–एक सफल हुआ। उस व्यक्ति ने सुना है कि आत्मा नाम की कोई वस्तु है, किन्तु वह पुरोहितों के ऊपर ही इसकी मीमांसा का भार देकर निश्चिन्त हो जाता है। किन्तु पूर्वोक्त व्यक्ति स्वर्ण के लिए असभ्यों के बीच जाने के लिए राजी नहीं है। वह कहता है कि इस कार्य में विपत्ति की आशंका है। किन्तु यदि उससे कहा जाये कि एवरेस्ट पर्वत के ऊपर, समुद्र की सतह से 30000 फुट ऊपर एक ऐसा आश्चर्यजनक साधु रहता है जो उसे आत्मज्ञान दे सकता है, तो वह तुरन्त ही बिना कपड़ा आदि लिये ही जाने को प्रस्तुत हो जाता है। इसी चेष्टा में शायद 40000 लोग मर जा सकते हैं, किन्तु एक व्यक्ति को सत्य की प्राप्ति हुई। वह भी एक दृष्टि से क्रियात्मक व्यक्ति है–किन्तु लोगों की भूल इसी में है कि तुम जितने को जगत् कहते हो वही सब कुछ है, यह समझना। तुम्हारा जीवन क्षणस्थायी इन्द्रियों का भोग मात्र है–उसमें नित्य कुछ भी नहीं है, प्रत्युत उसमें दुःख क्रमशः बढ़ता ही जाता है। हमारे मार्ग में अनन्त शान्ति है, तुम्हारे मार्ग में अनन्त दुःख है।

मैं यह नहीं कहता जिसे तुम वास्तविक क्रियात्मक मार्ग कहते हो वह भ्रम है। तुमने जिस रूप में समझा है वही करो। उससे परम मंगल होगा– लोगों का बड़ा हित होगा, किन्तु यह कहकर हमारे पक्ष पर दोषारोप मत करना। हमारा मार्ग भी हमारे विचार से हमारे लिए क्रियात्मक मार्ग है। आओ, हम सब अपने–अपने ढंग से कार्य करें। ईश्वर की इच्छा से यदि हम दोनों ही ओर कार्यात्मक होते तो बड़ा अच्छा होता। मैंने ऐसे अनेक वैज्ञानिक देखे हैं जो विज्ञान और अध्यात्मतत्त्व दोनों ओर से क्रियात्मक है और मैं आशा करता हूँ कि एक समय आयेगा जब समस्त मानवजाति इसी ढंग की क्रियात्मक हो जायेगी। मान लो एक कढ़ाई में जल गरम हो रहा है– उस समय क्या होता है इस बात को यदि तुम लभ्य करो तो देखोगे 'कि एक कोने में एक बुद्‌बुद उठ रहा है, दूसरे कोने में एक और उठ रहा है। ये बुद्‌बुद क्रमशः बढ़ते जाते हैं–चार–पाँच एकत्र हुए और बाद में सब एकत्र होकर एक प्रबल गति आरम्भ हो गयी। यह जगत्

भी ऐसा ही है। प्रत्येक व्यक्ति मानो एक बुद्‌बुद है, और विभिन्न जातियाँ मानो कई एक बुद्‌बुद–समष्टि रूप है। क्रमशः जातियों में परस्पर मिलन होता है–मेरी निश्चय धारणा है कि एक दिन ऐसा आयेगा जब जाति नामक कोई वस्तु नहीं रहेगी–जाति और जाति का भेद चला जायेगा। हम चाहे इच्छा करें या न करें, हम जिस एकत्व की ओर अग्रसर होकर चल रहे हैं वह एक दिन प्रकाशित होगा ही। वास्तव में हम सबके बीच भ्रातृसम्बन्ध स्वाभाविक ही है–किन्तु हम सब इस समय पृथक् हो गये हैं। ऐसा समय अवश्य आयेगा जब ये सब विभिन्न भाव एकत्र मिल जायेंगे। प्रत्येक व्यक्ति जिस प्रकार वैज्ञानिक विषय में उसी प्रकार आध्यात्मिक विषय में भी क्रियात्मक हो जायेगा। उस समय वही एकत्व, वही सम्मिलन जगत् में व्यक्त होगा। तब सभी जगत् जीवन्मुक्त हो जायेगा। अपनी ईर्ष्या, घृणा, मेल और विरोध में से होकर हम उसी एक दिशा में चल रहे हैं। एक वेगवती नदी समुद्र की ओर जा रही है। छोटे–छोटे कागज के टुकड़े–तिनके आदि इसमें बह रहे हैं, वे इधर–उधर जाने की चेष्टा कर सकते हैं, किन्तु अन्त में उन्हें अवश्य ही समुद्र में जाना पड़ेगा। इसी प्रकार तुम और मैं तो क्या, समस्त प्रकृति ही क्षुद्र–क्षुद्र कागज के टुकड़ों की भाँति उस अनन्त पूर्णता के सागर ईश्वर की ओर अग्रसर हो रही है–हम भी इधर–उधर जाने की चेष्टा कर सकते हैं, परन्तु अन्त में हम भी उस जीवन और आनन्द के अनन्त समुद्र में पहुँचेंगे।

11. सभी वस्तुओं में ब्रह्मदर्शन

हमने देखा कि हम अपने दुःख दूर करने की कितनी ही चेष्टा क्यों न करें, परन्तु फिर भी हमारे जीवन का अधिकांश अवश्य ही दुःखपूर्ण रहेगा। और यह दुःखराशि वास्तव में हमारे लिए एक प्रकार से अनन्त है। हम अनादि काल से इसी दुःख के प्रतिकार की चेष्टाएँ करते आ रहे है, किन्तु यह जैसा था वैसा ही अब भी है। हम जितने ही उपाय इस दुःख को दूर करने के लिए निकालते हैं। उतना ही हम देखते हैं कि जगत् में और भी कितना दुःख गुप्त भाव से विद्यमान है। और भी हमने देखा कि सभी धर्म कहते हैं कि इस दुःखचक्र से बाहर जाने का एकमात्र उपाय ईश्वर है। सभी धर्म कहते हैं कि आजकल के प्रत्यक्षवादियों के मतानुसार जगत् जिस रूप में देखने में आता है उसी रूप में यदि लिया जाये तो इसमें दुःख को छोड़कर और कुछ भी शेष नहीं रहेगा। किन्तु सभी धर्म कहते हैं–इस जगत् के अतीत और भी कुछ हैं। यह पंचेद्रियग्राह्य जीवन, यह भौतिक जीवन, केवल यही पर्याप्त नहीं है–वह तो वास्तविक जीवन का अत्यन्त सामान्य अंश मात्र है, वास्तव में वह अति स्थूल कार्य मात्र है। इसके पीछे, इसके अतीत प्रदेश में वही अनन्त रहता है, जहाँ दुःख का लेशमात्र भी नहीं है, उसे कोई गॉड, कोई अल्लाह, कोई जिहोवा, कोई जोव और कोई और कुछ कहता है। वेदान्ती इसे ब्रह्म कहते हैं। किन्तु जगत् के अतीत में जाना पड़ेगा यह बात सत्य होने पर भी हमें इसी जगत् में जीवनधारण तो करना पड़ेगा। अब इसकी मीमांसा कहाँ है ?

जगत् के बाहर जाना होगा, सभी धर्मों के इस उपदेश से ऊपर–ऊपर सोचने पर मन में यही भावना उदित होती है कि शायद आत्महत्या करना ही श्रेयस्कर है। प्रश्न यही है कि जीवन के दुःखों का प्रतिकार क्या है, और इसका

जो उत्तर दिया जाता है उससे तो आपाततः यही बोध होता है कि जीवन का त्याग करना ही इसका एकमात्र उपाय है। इस उत्तर से मेरे मन में एक प्राचीन कथा याद पड़ती है। एक मच्छर किसी के मुँह पर बैठा था। उसके एक मित्र ने उस मच्छर को मारने के लिए इतने जोर से मारा कि वह मनुष्य मर गया, और मच्छर भी मर गया! पूर्वोक्त प्रतिकार का उपाय मानो ठीक इसी प्रणाली का उपदेश देता है।

जीवन दुःखपूर्ण है, यह जगत् दुःखपूर्ण है, यह बात कोई भी व्यक्ति जिसने जगत् को अच्छी तरह जान लिया है, अस्वीकार नहीं कर सकता। किन्तु सभी धर्म इसका क्या प्रतिकार बताते हैं ? वे कहते हैं, जगत् कुछ भी नहीं है। इस जगत् के बाहर ऐसा कुछ है जो वास्तविक सत्य है। इसी स्थान पर वास्तव में विवाद प्रारम्भ होता है। इस उपाय से मानो हमारा जो कुछ भी है सभी कुछ नष्ट करके फेंक देने का उपदेश देते हैं। तब फिर यह प्रतिकार का उपाय कैसे होगा ? तब क्या कोई उपाय नहीं है ? एक उपाय और भी कहा जाता है। वह यह है– वेदान्त कहता है–विभिन्न धर्म जो कुछ कहते हैं सब सत्य है, किन्तु इसका ठीक–ठीक अर्थ क्या है, यह समझना होगा। प्रायः लोग विभिन्न धर्मों के उपदेशों को ठीक उलटा ही समझते हैं, और वे धर्म भी इस विषय में एकदम स्पष्ट करके कुछ भी नहीं कहते। मस्तिष्क एवं हृदय दोनों की ही हमें आवश्यकता है। हृदय अवश्य ही बहुत श्रेष्ठ है–हृदय के भीतर से ही जीवन को उच्च पथ पर ले जाने वाले महान् भावों का स्फुरण होता है। हृदयशून्य केवल मस्तिष्क की अपेक्षा यदि मेरे पास कुछ भी मस्तिष्क न हो, किन्तु थोड़ा सा भी हृदय रहे तो मैं उसे सैकड़ों बार पसन्द करूँगा। जिसके पास हृदय है उसी का जीवन सम्भव है, उसी की उन्नति सम्भव है, किन्तु जिसके पास तनिक भी हृदय नहीं है, केवल मस्तिष्क है, वह सूखकर मर जाता है।

किन्तु हम यह भी जानते हैं कि जो केवल अपने हृदय के द्वारा परिचालित होते हैं उन्हें अनेक कष्ट भोग करने पड़ते हैं, कारण उनकी प्रायः ही भ्रम में पड़ने की सम्भावना रहती है। हमको चाहिए हृदय और मस्तिष्क का सम्मिलन। मेरे कहने का अर्थ यह नहीं है कि कुछ हृदय और कुछ मस्तिष्क लेकर हम दोनों का सामंजस्य करें, किन्तु प्रत्येक व्यक्ति का अनन्त हृदय हो और

उसके साथ–साथ अनन्त परिमाण में विचारबुद्धि भी रहें।

इस जगत् में हम जो कुछ चाहते हैं उसकी क्या कोई सीमा है ? क्या जगत् अनन्त नहीं है ? जगत् में अनन्त परिमाण में भावों के (हृदय के) विकास का और उसके साथ–साथ अनन्त परिमाण में शिक्षा और विचार का भी अवकाश या सम्भावना है। वे दोनों ही अनन्त परिमाण में आये–वे दोनों ही समानान्तर रेखा में प्रवाहित होते रहे।

अधिकांश धर्म, 'जगत् में दुःखराशि विद्यमान है' यह बात समझते हैं और स्पष्ट भाषा में ही इसका उल्लेख करते हैं अवश्य, किन्तु मालूम होता है, सभी एक ही भ्रम में पड़ गये हैं, वे सभी हृदय के द्वारा, भावों के द्वारा परिचालित होते हैं। जगत् में दुःख है, अतएव उसका त्याग करो यह बहुत अच्छा उपदेश है, एकमात्र उपदेश है, इसमें सन्देह नहीं ! 'संसार का त्याग करो !' सत्य जानने के लिए असत्य का त्याग करना होगा–अच्छी वस्तु पाने के लिए बुरी वस्तु का त्याग करना होगा, जीवन प्राप्त करने के लिए मृत्यु का त्याग करना होगा, इस विषय में कोई दो मत नहीं हो सकते।"

किन्तु यदि इन मतों का यही तात्पर्य है कि पाँच इन्द्रियों का जीवन–हम जिसे जीवन नाम से समझते हैं, उसका त्याग करना होगा तब फिर हमारे पास क्या शेष रहता है। यदि हम उसे त्याग करें तो हमारे पास कुछ भी नहीं रहता।

जब हम वेदान्त के दार्शनिक अंश की आलोचना करेंगे तब हम इस तत्त्व को और भी अच्छी तरह समझेंगे, किन्तु आपाततः मैं केवल यही कहना चाहता हूँ कि केवल वेदान्त में इस समस्या की युक्तिसंगत मीमांसा मिलती है, इस समय केवल वेदान्त का वास्तव में उपदेश क्या है, वही कहूँगा–वेदान्त शिक्षा देता है, जगत् को ब्रह्म स्वरूप देखो।

वेदान्त वास्तव में जगत् को एकदम उड़ा देना नहीं चाहता। बेदान्त में जिस प्रकार चूड़ान्त वैराग्य का उपदेश है, और कहीं भी वैसा नहीं है, किन्तु इस वैराग्य का अर्थ आत्महत्या नहीं है– स्वयं को सुखा डालता नहीं है। वेदान्त में वैराग्य का अर्थ है जगत् का ब्रह्म–भाव–जगत् को हम जिस भाव से देखते हैं, उसे हम जैसा जानते हैं. वह जैसा हमें प्रतिभात होता है उसका त्याग करो, और उसके वास्तविक रूप को पहचानो। उसे ब्रह्म रूप में देखो वास्तव में वह ब्रह्म के

अतिरिक्त और कुछ भी नहीं है, इसी कारण सबसे प्राचीन उपनिषद् में वेदान्त के सम्बन्ध में जो कुछ भी लिखा गया था उसकी प्रथम पुस्तक में—हम देखते हैं, 'ईशावास्यमिदं—सर्व यत्किंच जगत्त्या जगत्' (ईश० श्लोक 1)। 'जगत् में जो कुछ भी है, उसको ईश्वर के द्वारा आच्छादित करना होगा।'

समस्त जगत् को ईश्वर के द्वारा आच्छादित करना होगा; जगत् में जो अशुभ दुःख है, उसकी ओर न देखकर, सभी मंगलमय है, सभी कुछ सुखमय है अथवा सभी भविष्य में मंगल के लिए है इस प्रकार के भ्रान्त सुखवाद का अवलम्बन करके नहीं, किन्तु वास्तविक रूप से प्रत्येक वस्तु के भीतर ईश्वर का दर्शन करके। इसी रूप से हमें संसार का त्याग करना होगा और जब संसार का त्याग कर दिया तो शेष क्या रहा ? ईश्वर। इस उपदेश का तात्पर्य क्या है ? तात्पर्य यही है, तुम्हारी स्त्री भी रहे, उससे कोई हानि नहीं है, उसको छोड़कर जाना होगा इसका कोई अर्थ नहीं, किन्तु इसी स्त्री में तुम्हें ईश्वर—दर्शन करना होगा। सन्तति का त्याग करो— इसका अर्थ क्या है ? क्या बाल—बच्चों को लेकर रास्ते में फेंक देना होगा—जैसा कि सभी देशों में नर—पशु किया करते हैं ? कभी नहीं— यह तो पैशाचिक कांड है—यह तो धर्म नहीं है। फिर क्या करो ? सन्तान आदि में ही ईश्वर का दर्शन करो। इसी प्रकार सभी वस्तुओं में, जीवन में, मरण में, सुख में, दुःख में—सभी अवस्थाओं में समस्त जगत् ईश्वर से पूर्ण है। केवल आँखें खोलकर उसका दर्शन करो। वेदान्त यही कहता है; तुम जगत् को जिस रूप में अनुमान करते हो उसे छोड़ो, कारण तुम्हारा अनुमान अत्यन्त कम अनुभूति के ऊपर—बिलकुल सामान्य युक्ति के ऊपर स्पष्ट शब्दों में, तुम्हारी अपनी दुर्बलता के ऊपर स्थापित है। यह आनुमानिक ज्ञान छोड़ो—हम इतने दिन जगत् को जिस रूप में समझते थे, इतने दिन जिसमें अत्यन्त आसक्त थे वह हमारे द्वारा ही सृष्ट मिथ्या जगत् मात्र है। इसको छोड़ो। आँखें खोलकर देखो, हम अब तक जिस रूप में जगत् को देखते थे, वास्तव में उसका अस्तित्त्व वैसा कभी नहीं था। हम स्वप्न में इस प्रकार देखते थे— माया से आच्छन्न होने के कारण यह भ्रम हमें होता था। अनन्त काल से लेकर वे ही एकमात्र प्रभु विद्यमान थे। वे ही सन्तान के भीतर, वे ही स्त्री में, वे ही स्वामी में, वे ही अच्छे में, वे ही बुरे में, वे ही पाप में, वे ही पापी में, वे ही हत्याकारी में, वे ही जीवन में एवं वे ही मरण में वर्तमान

हैं।

प्रस्ताव तो अवश्य कठिन है।

किन्तु वेदान्त इसी को प्रमाणित करना, शिक्षा देना और प्रचार करना चाहता है। यही विषय लेकर वेदान्त का आरम्भ होता है।

हम इसी प्रकार सर्वत्र ब्रह्म–दर्शन करके जीवन की विपत्तियों और दुःखों को हटा सकते हैं। कुछ इच्छा मत करो। कौन हमें दुःखी करता है ? हम जो कुछ भी दुःख भोग करते हैं, वासना से ही उसकी उत्पत्ति होती है। तुम्हें कुछ अभाव है, वह पूरा नहीं होता, फल दुःख। अभाव यदि न रहे तो दुःख भी नहीं होगा। जब हम सब हैं। वासनाओं का त्याग कर देंगे तब क्या होगा ? दीवार में कोई वासना नहीं है, उसे कोई दुःख नहीं भोगना होता। ठीक है, परन्तु वह कभी उन्नति भी नहीं करती। इस कुर्सी में कोई वासना नहीं है, कोई कष्ट भी उसे नहीं है, परन्तु यह जो कुर्सी है, कुर्सी ही रहेगी। सुखभोगों के भीतर भी एक महानता है और दुःखभोगों के भीतर भी। यदि साहस करके कहा जाये तो यह भी कह सकते हैं कि दुःख की भी उपकारिता है। हम सभी जानते हैं कि दुःख से कितनी बड़ी शिक्षा मिलती है। हमने जीवन में ऐसे सैकड़ों कार्य किये हैं जिनके विषय में बाद में लगता है कि वे न किये जाते तो अच्छा होता, किन्तु यह होने पर भी ये सब कार्य हमारे लिए महान् शिक्षक का कार्य करते हैं। मैं अपने सम्बन्ध में कह सकता हूँ कि मैंने कुछ अच्छे कार्य किये हैं यह सोचकर भी मैं आनन्दित हूँ और अनेक बुरे कार्य किये हैं यह सोच कर भी आनन्दित हूँ। मैंने कुछ सत्कार्य किया है इसलिए भी सुखी हूँ और अनेक भ्रमों में भी मैं पड़ा हूँ इसलिए भी सुखी हूँ; कारण उनमें से प्रत्येक ने ही मुझे कुछ न कुछ उच्च शिक्षा दी है।

मैं इस समय जो कुछ भी हूँ वह अपने पूर्व कर्मों और विचारों के फलस्वरूप हूँ। प्रत्येक कार्य और चिन्ता का एक न एक फल अवश्य ही है और मोटे तौर से मैंने यही उन्नति की है कि मैं बड़े सुख से समय काट रहा हूँ। तब भी इस समय समस्या कठिन आ पड़ी है। हम सभी जानते हैं कि वासना बड़ी बुरी चीज है किन्तु वासना त्याग का अर्थ क्या है ? शरीर–रक्षा किस प्रकार होगी? इसका उत्तर भी पहले की भाँति आपाततः यही मिलेगा कि आत्महत्या करो। वासना का संहार करो और उसके साथ ही वासनायुक्त मनुष्य को भी मार

डालो। किन्तु इसका उत्तर यही है,—तुम विषयों को ही न रखो, यह बात नहीं है; आवश्यक वस्तुएँ, यहाँ तक कि विलास की सामग्री भी न रखो, यह बात नहीं है। तुम्हारी जो भी आवश्यक वस्तुएँ, यहाँ तक कि उनसे अतिरिक्त वस्तुएँ भी तुम रख सकते हो इससे कुछ भी क्षति नहीं है। किन्तु तुम्हारा प्रथम और प्रधान कर्तव्य यही है कि तुम्हें सत्य को जानना पड़ेगा, उसको प्रत्यक्ष करना होगा। यह जो धन है—यह किसी का नहीं है। किसी भी पदार्थ से स्वामित्व का भाव मत रखो। तुम तो कोई नहीं हो, मैं भी कोई नहीं हूँ, कोई भी कोई नहीं है। सब उसी प्रभु की वस्तुएँ हैं। ईशोपनिषद् के प्रथम श्लोक में सभी जगह ईश्वर का स्थापन करने के लिए कहा गया है। ईश्वर तुम्हारे भोग्य धन में है, तुम्हारे मन में जो सब वासनाएँ उठती है उनमें है, अपनी वासना में रहकर तुम जो—जो द्रव्य खरीदते हो उसमें वह है, तुम्हारे सुन्दर वस्त्रों में भी वह है, तुम्हारे सुन्दर अलङ्कारों में भी वह है। इसी प्रकार से विचार करना पड़ेगा। इसी प्रकार सब वस्तुओं को देखना आरम्भ करने पर तुम्हारी दृष्टि में सभी कुछ परिवर्तित हो जायेगा। यदि तुम अपनी प्रत्येक गति में, अपने वस्त्रों में, अपनी बोलचाल में, अपने शरीर में, अपने चेहरे में सभी वस्तुओं में भगवान् की स्थापना कर लो तो तुम्हारी आँखों में सम्पूर्ण दृश्य बदल जायेगा और जगत् दुःखमय न लगकर स्वर्ग में परिणत हो जायेगा।

"स्वर्ग का राज्य तुम्हारे भीतर है"। वेदान्त कहता है कि वह पहले से ही तुम्हारे भीतर मौजूद है। और सभी धर्म यही बात कहते हैं, सभी महापुरुष यह बात कहते हैं। जिसके पास देखने के लिए आँख है वह देखे; जिसके पास सुनने के लिए कान है वह सुने।' वह पहले से ही तुम्हारे अन्दर मौजूद है और वेदान्त उसका केवल उल्लेख मात्र करता हो यह बात नहीं है, वह उसे युक्तियों द्वारा प्रमाणित भी करने को प्रस्तुत है। अज्ञान के कारण हम सोचते थे कि हमने उसे खो दिया है और समस्त जगत् में उसको पाने के लिए केवल रोते, कष्ट भोगते घूमते—फिरते रहे, किन्तु वह सदा ही हमारे अन्तर के अन्तस्तल में वर्तमान था। इसी तत्त्वदृष्टि की सहायता से जगत् में जीवन काटना पड़ेगा। यदि 'संसार त्याग करो। यह उपदेश सत्य हो और इसको यदि उस प्राचीन स्थूल अर्थ में ग्रहण किया जाये तो यही फल निकलता है कि हमें कोई कार्य करने की

आवश्यकता नहीं है, आलसी होकर मिट्टी के ढ़ेले की भाँति बैठे रहना ही ठीक होगा, कोई चिन्ता करने की या कोई कार्य करने की तनिक भी आवश्यकता नहीं है, अदृष्टवादी होकर, घटनाचक्र से ताड़ित होकर, प्राकृतिक नियमों के द्वारा परिचालित होकर इधर–उधर घूमते रहने से ही काम चल जायेगा; यही फल निकलता है। किन्तु पूर्वोक्त उपदेश का अर्थ वास्तव में यह नहीं है। हम लोगों को कार्य अवश्य ही करना पड़ेगा। साधारण मनुष्य जो व्यर्थ की वासनाओं के चक्र में पड़कर इधर–उधर भटकते फिरते हैं, वे कार्य के सम्बन्ध में क्या जानते हैं जो व्यक्ति अपने भावों और इन्द्रियों के द्वारा परिचालित है वह कार्य को क्या समझता है ? कार्य वही कर सकता है जो किसी वासना के द्वारा, किसी स्वार्थपरता के द्वारा परिचालित नहीं है। वे ही कार्य कर सकते हैं जिनकी कोई कामना नहीं है। वे ही कार्य कर सकते हैं जो कार्य से किसी लाभ की प्रत्याशा नहीं करते।

एक चित्र का अधिक भोग कौन करता है ? चित्र को बेचने वाला अथवा देखने वाला। विक्रेता तो उसके हिसाब–किताब में ही व्यस्त रहता है, उसको कितना लाभ होगा इत्यादि चिन्ताओं में ही वह मग्न रहता है। ये ही सब विषय उसके मस्तिष्क में सदा घूमते रहते हैं। वह केवल नीलाम के हथौड़े की ओर लक्ष्य रखता है और, क्या भाव पड़ा यही सुनता रहता है। भाव किस तरह बढ़ता जा रहा है यही सुनने में वह व्यस्त है। चित्र देख कर आनन्द का उपभोग वह कब करेगा ? वे ही चित्र का सम्भोग कर सकते हैं जिनको उस चित्र की बिक्री–खरीद से कोई मतलब नहीं है। वे चित्र की ओर ताकते रहते हैं और असीम आनन्द का उपभोग करते हैं। इसी प्रकार समस्त ब्रह्मांड एक चित्र के समान है, जब वासना बिलकुल चली जायेगी तभी लोग जगत् का सम्भोग कर सकेंगे, तब यह बेचने खरीदने का भाव, यह भ्रमात्मक स्वामित्व का भाव नहीं रहेगा। उस समय न ऋण देने वाला है, न खरीदने वाला है, न बेचने वाला है, और जगत् उस समय एक सुन्दर चित्र के समान हो जाता है। ईश्वर के सम्बन्ध में नीचे लिखी हुई बात से अधिक सुन्दर बात मैंने नहीं देखी–वही महान कवि है, प्राचीन कवि है, समस्त जगत् उसकी कविता है, वह अनन्त आनन्दोच्छ्वास में लिखी हुई और नाना प्रकार के श्लोकों, छन्दों और तालों में प्रकाशित है, वासना का त्याग कर लेने पर ही हम ईश्वर की इस विश्वकविता का पाठ और

सम्भोग कर पायेंगे। उस समय सब वस्तुएँ ब्रह्मभाव धारण कर लेंगी। संसार का प्रत्येक कोना, प्रत्येक अंधेरी गली, बीहड़ मार्ग और सभी छिपे हुए स्थान जिन्हें हमने पहले इतना अपवित्र समझा था, जिन सबके ऊपर का दाग हमें इतना काला दीखता था, सब कुछ ब्रह्मभाव धारण कर लेगा। वे सभी अपने प्रकृत स्वरूप को प्रकाशित करेंगे। तब हम अपने आप ही हँसेंगे और सोचेंगे, यह सब रोदन और चीत्कार केवल बच्चों का खेल है, और हम जननी रूप में खड़े होकर बराबर यह खेल देख रहे थे।

वेदान्त कहता है कि इस प्रकार के भाव को आश्रय करने से ही हम ठीक–ठीक कार्य करने में समर्थ होंगे। वेदान्त हमें कार्य करने का निषेध नहीं करता, परन्तु यह भी कहता है कि पहले संसार का त्याग करना होगा, इस आपातप्रतीयमान माया के जगत् का त्याग करना होगा। इस त्याग का अर्थ क्या है ? पहले ही कहा जा चुका है कि त्याग का प्रकृत अर्थ है सब जगह ईश्वरदर्शन, सब जगह ईश्वरबुद्धि कर लेने पर ही हम वास्तविक कार्य करने में समर्थ होंगे। यदि इच्छा हो तो सौ वर्ष जीने की इच्छा करो, जितनी भी सांसारिक वासनाएँ हैं, सब भोग कर लो, केवल उन सबको ब्रह्मस्वरूप में दर्शन करो, उनको स्वर्गीय भावना में परिणत कर लो, उसके बाद चाहे सौ वर्ष जीवन धारण करो। इस जगत् में दीर्घ काल तक आनन्दपूर्ण होकर कार्य करते हुए सम्भोग करने की इच्छा करो। इसी प्रकार कार्य करने पर तुम्हें वास्तविक मार्ग मिल जायेगा। इसे छोड़ कर अन्य कोई मार्ग नहीं है। जो व्यक्ति सत्य को न जानकर अबोध की भाँति संसार के विलास–विभ्रम में निमग्न होता है, समझ लो कि उसे प्रकृत मार्ग मिला नहीं, उसका पैर फिसल गया है। दूसरी ओर जो व्यक्ति जगत् को त्यागकर वन में जाकर अपने शरीर को कष्ट देता है, धीरे–धीरे सुखाकर अपने को मार ड़ालता है, अपने हृदय को शुष्क मरुभूमि बना डालता है, अपने सभी भावों को मार ड़ालता है, और कठोर, बीभत्स और रूखा हो जाता है, समझ लो कि वह भी मार्ग भूल गया है। ये दोनों दो सिरे की बातें हैं, दोनों ही भ्रम हैं, एक इस ओर; दूसरा दूसरी ओर। दोनों ही लक्ष्यभ्रष्ट हैं, दोनों ही पथभ्रष्ट हैं।

वेदान्त कहता है, इस प्रकार कार्य करो–सभी वस्तुओं में ईश्वरबुद्धि करो, समझो कि वह सब में है, अपने जीवन को भी ईश्वर से अनुप्राणित, यहाँ

तक कि उसे ईश्वररूप ही समझो—यह जान लो कि यही हमारा एकमात्र कर्तव्य है, केवल यही हमारे लिए जानने की एक मात्र वस्तु है—कारण ईश्वर सभी वस्तुओं में विद्यमान है, उसे प्राप्त करने के लिए और कहाँ जाओगे ? प्रत्येक कार्य में, प्रत्येक भाव में, प्रत्येक चिन्ता में वह पहले से ही स्थित है। इसी प्रकार समझकर हमें अवश्य ही कार्य करते जाना होगा। यही एकमात्र पथ है, अन्य नहीं। इस प्रकार करने पर कर्मफल तुमको लगेगा नहीं। कर्मफल तुम्हारा कोई अनिष्ट नहीं कर पायेगा। हम देख ही चुके हैं कि हम जो कुछ भी कष्ट भोग करते हैं उसका कारण ये ही सब व्यर्थ की वासनाएँ है। परन्तु जब इन वासनाओं में ईश्वरबुद्धि के द्वारा वे पवित्र भाव धारण कर लेती हैं, ईश्वरस्वरूप हो जाती है, तब उनके आने से भी फिर कोई अनिष्ट नहीं होता। जिन्होंने इस रहस्य को नहीं जाना है, उनको इसे जानने से पहले तक इसी आसुरी जगत् में रहना पड़ेगा।' लोग नहीं जानते कि यहाँ उनके चारों ओर सर्वत्र कितने अनन्त आनन्द की खान पड़ी हुई है, किन्तु वे उसको खोज निकाल नहीं पाते। आसुरी जगत् का अर्थ क्या है ? वेदान्त कहता है— अज्ञान।

वेदान्त कहता है कि हम अनन्त जल से पूर्ण नदी के तट पर रहकर भी प्यास से मर रहे हैं। ढ़ेरों खाद्य सामने रखा है, फिर भी भूखों मर रहे हैं। यह आनन्दमय जगत् यहीं विद्यमान है। परन्तु हम उसे खोज नहीं पाते। हम उसी में रह रहे हैं। वह सर्वदा ही हमारे चारों ओर रहता है परन्तु हम उसे सदा ही कुछ और समझकर भ्रम में पड़ जाते हैं। विभिन्न सभी धर्म हमारे सामने उस आनन्दमय जगत् को दिखाने को आगे आते हैं। सभी ह्रदय इस आनन्द की खोज कर रहे हैं। सभी जातियों ने इसकी खोज की है,धर्मों का यही एकमात्र लक्ष्य है, और यही आदर्श विभिन्न भाषाओं में भी प्रकाशित हुआ है; भिन्न—भिन्न धर्मों में जो सब छोटे—छोटे मतभेद हैं, वे सब केवल कहने के दाँवपेच हैं, वास्तव में कुछ भी नहीं है। एक व्यक्ति एक भाव को एक प्रकार से प्रकट करता है, दूसरा दूसरी प्रकार, किन्तु मैं जो कुछ कहता हूँ, शायद तुम वही बात दूसरे प्रकार की भाषा में व्यक्त कर रहे हो। फिर भी में शायद अकेले ही प्रसिद्ध होने की आशा में, अथवा अपने मन के अनुसार चलना पसन्द करता हूँ और इसलिए कहता हूँ—'यह मेरा मौलिक मत है।' इन्हीं कारणों से हमारे जीवन में परस्पर ईर्ष्या, द्वेष आदि

की उत्पत्ति होती है।

इस सम्बन्ध में अब और भी प्रश्न आते हैं। जो ऊपर कहा गया है वह मुख से कह देना तो अत्यन्त सरल है। बचपन से ही सुनता आ रहा हूँ–सर्वत्र ब्रह्मबुद्धि करो–सब ब्रह्ममय हो जायेगा तब सभी विषयों का वास्तविक सम्भोग कर पाओगे, किन्तु जैसे ही हम संसार क्षेत्र में उतरकर कुछ धक्के खाते हैं वैसे ही हमारी सब ब्रह्मबुद्धि उड़ जाती है। मैं मार्ग में सोचता जा रहा हूँ, सभी मनुष्यों में ईश्वर विराजमान है–एक बलवान् मनुष्य ने आकर मुझे धक्का दिया, बस मैं चित होकर गिर पड़ा। झट उठा, रक्त मस्तक में चढ़ गया–मुट्ठी बँध गयी–विचारशक्ति नष्ट हो गयी। बिलकुल उन्मत्त हो उठा, स्मृति लुप्त हो गई उस व्यक्ति के अन्दर ईश्वर को न देखकर मैंने भूत देखा। जन्म के साथ ही साथ उपदेश मिलता है, सर्वत्र ईश्वरदर्शन करो, सभी धर्म यही सिखाते हैं–सभी वस्तुओं में, सब प्राणियों के अन्दर, सर्वत्र ईश्वरदर्शन करो। न्यू टेस्टामेंट में ईसामसीह ने भी इस विषय में स्पष्ट उपदेश दिया है। हम सभी ने यह उपदेश पाया है किन्तु काम के समय ही हमारा गोलमाल प्रारम्भ हो जाता है। ईसप् की कहानियों में एक कथा है। एक विशालकाय सुन्दर हरिण तालाब में अपना प्रतिबिम्ब देखकर अपने बच्चे से कहने लगा, "देखो, मैं कितना बलवान हूँ, मेरा मस्तक देखो कैसा भव्य है, मेरे हाथ पाँव देखो कैसे दृढ़ और मांसल है, में कितना तेज दौड़ सकता हूँ।" यह बात कहते ही उसने दूर से कुत्तों के भौंकने का शब्द सुना। सुनते ही वह जोर से भागा। बहुत दूर दौड़ने के बाद हँफते–हाँफते फिर बच्चे के पास आया। बच्चा बोला, 'अभी तो तुम कह रहे थे, मैं बड़ा बलवान् हूँ, फिर कुत्तों का शब्द सुनकर भागे क्यों ? 'हरिण बोला–यही तो बात है, कुत्तों की भों–भों सुनकर ही मेरा सब ज्ञान लुप्त हो जाता है। हम लोग भी जीवन भर यही करते रहते हैं। हम इस दुर्बल मनुष्य जाति के सम्बन्ध में कितनी आशाएँ बाँधते रहते हैं, किन्तु कुत्तों के भौंकते ही हरिण की भाँति भाग खड़े होते हैं ! यदि ऐसा है तो यह सब शिक्षा देने की क्या आवश्यकता है ? अत्यधिक आवश्यकता है। समझ रखना चाहिए, एक दिन में कुछ नहीं हो जाता।

'आत्मा वा अरे द्रष्टव्य श्रोतव्यो मन्तव्यो निदिध्यासितव्यः।'

आत्मा के सम्बन्ध में पहले सुनना होगा, उसके बाद मनन अर्थात् चिन्ता

करनी होगी, उसके बाद लगातार ध्यान करना होगा। सभी आकाश देख पाते हैं, और तो क्या, जो छोटे कीड़े भूमि पर फिरते रहते हैं वे भी ऊपर की ओर देखने पर नील वर्ण आकाश को देखते हैं, किन्तु वह हमारे पास से कितनी–कितनी दूर है–बोलो तो ! इच्छा करने पर तो मन सभी जगह जा सकता है, किन्तु इस शरीर को प्रयत्न करके चलना सीखने में ही कितना समय बीत जाता है। हमारे सभी आदर्शों के सम्बन्ध में भी यही बात है। आदर्श हमसे बहुत दूर हैं, और हम उनसे बहुत नीचे पड़े हुए हैं, तथापि हम जानते हैं कि हमें एक आदर्श मानकर रखना आवश्यक है। इतना ही नहीं, हमें सर्वोच्च आदर्श रखना ही आवश्यक है। अधिकांश व्यक्ति इस जगत् में कोई आदर्श लिये बिना ही जीवन के इस अन्धकारमय पथ पर भटकते फिरते हैं। जिसका एक निश्चित आदर्श है वह यदि एक हजार भूलों में पड़ सकता है तो जिसका कोई भी आदर्श नहीं है वह दस हजार भूल करेगा यह निश्चय है। अतएव एक आदर्श रखना ही अच्छा है। इस आदर्श के सम्बन्ध में जितना हो सके सुनना होगा; उतने दिन सुनना होगा जितने दिन वह हमारे अन्तर में प्रवेश नहीं करता, हमारे मस्तिष्क में प्रवेश नहीं करता, जब तक वह हमारे रक्त के भीतर प्रवेश नहीं करता, जब तक वह हमारे रक्त के प्रत्येक बिन्दु में, कण–कण में प्रवेश नहीं करता, जब तक वह हमारे शरीर के अणु–परमाणु में व्याप्त नहीं हो जाता। अतएव यह आत्मतत्त्व पहले हमें सुनना होगा। कहा गया है कि 'हृदय भावोच्छ्वासों से पूर्ण होने पर ही मुख वाक्य का उच्चारण करता है।' इसी प्रकार हृदय पूर्ण होने पर हाथ भी कार्य करता है।

चिन्ता ही हमारी कार्यप्रवृत्ति की नियामक है। मन को सर्वोच्च चिन्ता द्वारा पूर्ण करके रखो, दिनानुदिन ये सभी भाव सुनते रहो, मास–प्रतिमास इसका चिन्तन करो। पहले पहल सफलता न मिले; कोई हानि नहीं, यह विफलता तो स्वाभाविक ही है, यह तो मानव–जीवन का सौन्दर्य स्वरूप है। इस प्रकार की विफलता न होती तो जीवन क्या होता है ? यदि जीवन में इस विफलता को जय करने की चेष्टा न रहती, तो जीवन धारण करने का कोई प्रयोजन ही न रह जाता। उसके न रहने पर जीवन की कविता कहाँ रहती ? यह विफलता, यह भ्रम रहने से भी क्या हर्ज है ? गाय कभी झूठ बोलते नहीं सुनी जाती, किन्तु वह सदा गाय ही रहती है, मनुष्य कभी नहीं हो जाती। अतएव बार–बार असफल हो

जाओ तो भी कोई हानि नहीं है, सहस्रों बार, बार–बार इस आदर्श को हृदय में धारण करो, किन्तु सहस्र बार असफल होने पर फिर एक बार प्रयत्न करो। सब जीवों में ब्रह्मदर्शन ही मनुष्य का आदर्श है। यदि सब वस्तुओं में उसको देखने में तुम सफल न हो तो कम से कम एक ऐसे व्यक्ति में कि जिसको तुम सबसे अधिक प्रेम करते हो, उसका दर्शन करने की चेष्टा करो–उसके बाद एक अन्य व्यक्ति में दर्शन करने की चेष्टा करो–इसी प्रकार तुम आगे बढ़ सकते हो। आत्मा के सम्मुख तो अनन्त जीवन पड़ा हुआ है–अध्यवसाय के साथ चेष्टा करने पर तुम्हारी वासना अवश्य पूर्ण होगी।

"अनेजदेकं मनसो जवीयो नैनहेवा आप्नुवन् पूर्वमर्षत्।
तद्धावतोऽन्यानत्येति तिष्ठत् तस्मिन्नपो मातरिश्वा दधाति।।
तदेजति तन्नैजति तद्‌दूरे तद्वन्तिके।
तदन्तरस्य सर्वस्य तदु सर्वस्यास्य बाह्यतः।।
यस्तु सर्वाणि भूतानि आत्मन्येवानुपश्यति।
सर्वभूतेषु चात्मान ततो न विजुगुप्सते।।
यस्मिन्सर्वाणि भूतानि आत्मैवाभूद्विजानत।
तत्र को मोह कः शोक एकत्वमनुपश्यतः।।

(ईशोपनिषद् , 4–7 श्लोक)

"वह अचल है, एक है, मन से भी अधिक द्रुतगति वाला है। इन्द्रियाँ उसके पूर्व चलकर भी उसको प्राप्त नहीं होती। वह स्थिर रहकर भी अन्यान्य द्रुतगामी पदार्थों से आगे जाने वाला है। उसमें रहकर ही हिरण्यगर्भ सबके कर्मफलों का विधान करते हैं। वह चंचल है, वह स्थिर है, वह दूर है, वह निकट है, इस सब के भीतर है, फिर भी वह इस सबके बाहर भी है। जो आत्मा के अन्दर सब भूतों का दर्शन करते हैं, और सब भूतों में आत्मा का दर्शन करते हैं वे कुछ भी छिपाने की इच्छा नहीं करते। जिस अवस्था में ज्ञानी व्यक्ति के लिए समस्त भूत आत्मस्वरूप हो जाते हैं, उस अवस्था में उस एकत्वदर्शी पुरुष को शोक अथवा मोह कहाँ रह सकता है ?"

सब पदार्थों का यह एकत्व वेदान्त का और एक प्रधान विषय है। हम आगे चल कर देखेंगे कि किस प्रकार वेदान्त सिद्ध करता है कि हमारा समस्त

दुःख अज्ञान से उत्पन्न है; वह अज्ञान और कुछ नहीं–यही बहुत्व की धारणा है–यह धारणा कि मनुष्य, मनुष्य से भिन्न है, पुरुष और स्त्री भिन्न है, युवा और शिशु भिन्न है, जाति, जाति से भिन्न है, पृथ्वी चन्द्र से पृथक् है, एक परमाणु दूसरे परमाणु से पृथक् है यह ज्ञान ही वास्तव में सब दुःखों का कारण है। वेदान्त कहता है कि यह भेद' वास्तविक नहीं है। यह भेद केवल भासित होता है, ऊपर से दीख पड़ता है। वस्तुओं के अन्तस्तल में वही एकत्व विराजमान है। यदि तुम भीतर जाकर देखो तो इस एकत्व को देखोगे–मनुष्य मनुष्य का एकत्व, नर नारी का एकत्व, जाति जाति का एकत्व, ऊँच नीच का एकत्व, धनी और दरिद्र का एकत्व, देवता और मनुष्य का एकत्व। सभी तो एक हैं–और यदि और भी भीतर प्रवेश करो तो देखोगे–अन्य प्राणी भी एक ही है। जो इस प्रकार एकत्वदर्शी हो चुके हैं उनको फिर मोह नहीं रहता। वे अब उसी एकत्व में पहुँच गये हैं, जिसको धर्मविज्ञान में ईश्वर कहते हैं। उनको अब मोह कैसे रह सकता है ? मोह उसको उत्पन्न ही कैसे होगा। उन्होंने सभी वस्तुओं का आभ्यन्तरिक सत्य जान लिया है, सभी का रहस्य जान लिया है। उनके लिए अब दुःख कैसे रह सकता है ? वे अब क्या वासना–कामना करेंगे? वे सभी वस्तुओं के अन्दर वास्तविक सत्य की खोज करके ईश्वर तक पहुँच गये हैं, जो जगत् का केन्द्रस्वरूप है, जो सभी वस्तुओं का एकत्व स्वरूप है। यही अनन्त सत्ता है, यही अनन्त ज्ञान है, यही अनन्त आनन्द है। वहाँ मृत्यु नहीं, रोग नहीं, दुःख नहीं, शोक नहीं, अशान्ति नहीं। है केवल पूर्ण एकत्वपूर्ण आनन्द। तब वे किसके लिए शोक करेंगे। वास्तव में उस केन्द्र में, उस परम सत्य में मृत्यु नहीं है, दुःख नहीं है, किसी के लिए शोक करना नहीं है, किसी के लिए दुःख करना नहीं है।

स पर्यगाच्छुक्रमकायमव्रणमस्नाविरं शुद्धमपापविद्धम्।
कविर्मनीषी परिभूः स्वयंभूर्याथातथ्यतोऽर्थान्।
व्यदधाच्छाश्वतीभ्यः समाभ्यः।।

(ईशोपनिषद्, 8 वाँ श्लोक)

"वह चारों ओर से घेरे हुए है, वह उज्ज्वल है, देहशून्य है, व्रणशून्य है, स्नायुशून्य है, वह पवित्र और निष्पाप है, वह कवि है, मन का नियामक है, सबसे श्रेष्ठ और स्वयम्भू है; वह सर्वदा ही यथायोग्य सभी के काम्य वस्तुओं का विधान

करता है।" जो इस अविद्यामय जगत् की उपासना करता है वह अन्धकार में प्रवेश करता है। जो इस जगत् को ब्रह्म के समान सत्य समझकर उसकी उपासना करते हैं वे अन्धकार में भ्रमण करते हैं, किन्तु जो आजीवन इस संसार की उपासना करते हैं, उससे ऊपर और कुछ भी लाभ नहीं कर पाते, वे और भी घने अन्धकार में प्रवेश करते हैं। किन्तु जिन्होंने इस परम सुन्दर प्रकृति का रहस्य जान लिया है, जो प्रकृति की सहायता से दबी प्रकृति का चिन्तन करते हैं वे मृत्यु का अतिक्रमण करते हैं एवं दैवी प्रकृति की सहायता से अमरत्व का भोग करते हैं।

हिरण्मयेन पात्रेण सत्यस्यापिहित मुखम्।
तत्त्व पूषन्नपावृणु सत्यधर्माय दृष्टये।।
तेजो यत्ते रूपं कल्याणतमं तत्ते पश्यामि।
योऽसावसौ पुरुषः सोऽहमस्मि।।
(ईश० उप० 15–16)

"हे सूर्य, हिरण्मय (स्वर्ण के) पात्र द्वारा तुमने सत्य का मुख ढ़क रखा है। सत्य धर्म वाला मैं जिससे उसे देख पाऊँ, इसके लिए उसको हटा दो।–मैं तुम्हारा परम रमणीय रूप देखता हूँ–तुम्हारे अन्दर जो यह पुरुष है वह मैं ही हूँ।"

12. अपरोक्षानुभूति

मैं तुम लोगों को एक और उपनिषद से कुछ अंश पढ़कर सुनाऊँगा। यह अत्यन्त सरल एवं अतिशय कवित्वपूर्ण है। इसका नाम है कठोपनिषद्। सर एडविन अर्नाल्ड कृत इसका अनुवाद शायद तुममें से बहुतों ने पढ़ा होगा। हम लोगों ने पहले देखा ही है कि जगत् की सृष्टि कहाँ से हुई। इस प्रश्न का उत्तर बाह्य जगत् से नहीं पाया जा सकता, अतः इस प्रश्न के समाधान के लिए लोगों की दृष्टि अन्तर्जगत् की ओर आकृष्ट हुई। कठोपनिषद् में मनुष्य के स्वरूप के सम्बन्ध में यह अनुसन्धान आरम्भ हुआ है। पहले यह प्रश्न होता था कि इस बाह्य जगत् की सृष्टि किसने की। इसकी उत्पत्ति कैसे हुई ?–इत्यादि। किन्तु अब यह प्रश्न उत्पन्न हुआ कि मनुष्य के अन्दर कौन–सी ऐसी वस्तु है जो उसे जीवित रखती है और उसे चलाती है, एवं मृत्यु के बाद मनुष्य का क्या होता है ? पहले मनुष्य ने इस जड़ जगत् को लेकर क्रमशः इसके आभ्यन्तर में पहुँचने की चेष्टा की थी और इससे उसने पाया जगत् का एक जबरदस्त शासक–एक व्यक्ति–एक मनुष्य मात्र। हो सकता है कि मनुष्य के गुणसमूह को अनन्त परिमाण में बढ़ाकर, वे उसके नाम के साथ जोड़ दिये गये हों, किन्तु कार्यतः वह एक मनुष्य मात्र है। परन्तु यह मीमांसा कभी पूर्ण सत्य नहीं हो सकती। अधिक से अधिक इसे आंशिक सत्य कह सकते हैं। हम लोग इस जगत् को मानवीय दृष्टि से देखते हैं, और हम लोगों का ईश्वर इस जगत् की मानवीय व्याख्या मात्र है।

कल्पना करो, एक गाय दार्शनिक और धर्मज्ञ हुई–वह जगत् को अपनी गो–दृष्टि से देखेगी, वह जब इस समस्या की मीमांसा करेगी तो गाय के भाव से ही करेगी, और वह हमारे ही ईश्वर को देखेगी, ऐसी भी कोई बात नहीं। इसी प्रकार यदि कोई बिल्ली दार्शनिक हो तो वह बिड़ाल–जगत् को ही देखेगी, वह

यही सिद्धान्त रखेगी कि कोई बिडाल ही इस जगत् का शासन कर रहा है। अतएव हम लोग देखते हैं कि जगत् के सम्बन्ध में हम लोगों की व्याख्या पूर्ण नहीं है, और हम लोगों की धारणा भी जगत् के सर्वांश को स्पर्श करनेवाली नहीं है। मनुष्य जिस भाव से जगत् के सम्बन्ध में भयानक स्वार्थ पर मीमांसा करता है, उसे ग्रहण करने पर भ्रम में ही पड़ना होगा। बाह्य जगत् से जगत् के सम्बन्ध में जो मीमांसा प्राप्त होती है, उसमें दोष यही है कि जिस जगत् को हम लोग देखते हैं, वह हम लोगों का अपना जगत् मात्र है, सत्य के सम्बन्ध में जितनी हमारी दृष्टि है बस उतना ही है। प्रकृत सस्य वह परमार्थ वस्तु कभी इन्द्रियग्राह्य नहीं हो सकती, किन्तु हम लोग जगत् को उतना ही जानते हैं जितना पंचेन्द्रियविशिष्ट प्राणियों की दृष्टि में पड़ता है। कल्पना करो, हम लोगों की एक इन्द्रिय और हुई, उसके होने से समस्त ब्रह्मांड हम लोगों की दृष्टि में अवश्य ही और एक रूप धारण करेगा। कल्पना करो, हम लोगों को एक चौम्बक (Magnetic) इन्द्रिय प्राप्त हुई–जगत् में इस प्रकार की लाखों शक्तियाँ हैं, जिनकी उपलब्धि के लिए हम लोगों के पास कोई इन्द्रिय नहीं हैं– उस समय उन सबकी उपलब्धि हमें होने लगेगी। हम लोगों की इन्द्रियाँ सीमाबद्ध हैं, वस्तुतः अत्यन्त सीमाबद्ध हैं, और इन सीमाओं के भीतर ही हम लोगों का समस्त जगत् अवस्थित है एवं हम लोगों का ईश्वर हमारे इस क्षुद्र जगत् की समस्या का मीमांसा मात्र है। किन्तु वह कभी भी पूर्ण समस्या की मीमांसा नहीं हो सकता। यह तो असम्भव व्यापार है। यथार्थ रूप से कहा जाये तो वह कोई मीमांसा ही नहीं है। किन्तु मनुष्य तो चुप होकर रह नहीं सकता, वह तो चिन्ताशील प्राणी है, इसलिए वह ऐसी एक मीमांसा करना चाहता है जिससे जगत् की सभी समस्याओं की मीमांसा हो जाये।

पहले इस प्रकार के एक जगत् का आविष्कार करो, इस प्रकार के एक पदार्थ का आविष्कार करो जो सम्पूर्ण जगत् का एक साधारण तत्त्व स्वरूप हो–जिसे हम लोग इन्द्रिय–प्रत्यक्ष कर सकें या न कर सकें किन्तु जिसे हम युक्ति–बल से सम्पूर्ण जगत् की नींव कह सकें तथा सम्पूर्ण जगत् के भीतर मणिमालामध्यस्थित सूत्र स्वरूप कह सकें। यदि हम लोग इस प्रकार के एक पदार्थ का आविष्कार कर सकें, जो इन्द्रियगोचर न हो सकने पर भी केवल

अकाट्य युक्तिबल से सभी प्रचार के अस्तित्त्व की भित्तिभूमि कहलाकर प्रमाणित किया जा सके। ऐसा होने पर हम कहेंगे कि हम लोगों की समस्या कुछ मीमांसोन्मुख हुई। अतएव यह स्थिर सिद्धान्त है कि हमारे इस दृष्टिगोचर ज्ञात जगत् से इस मीमांसा के पाने की कोई सम्भावना नहीं, क्योंकि यह समग्र भाव का केवल अंशविशेष मात्र है।

अतएव जगत् के अन्तः प्रदेश में प्रवेश करना ही इस समस्या की मीमांसा का एकमात्र उपाय है। अति प्राचीन मननशील महात्मागण यह समझ सके थे कि वे केन्द्र से जितना दूर जाते हैं उतना ही वे उस अखंड वस्तु से दूर होते जाते हैं, और केन्द्र के जितने निकटवर्ती होते हैं उतने ही वे उसके निकट पहुँचते जाते हैं। हम लोग इस केन्द्र के जितने निकटवर्ती होते हैं उतने ही हम सब जिस साधारण भूमि पर एकत्रित हो सकते हैं उस भूमि के निकट उपस्थित होते हैं और हम लोग उससे जितना दूर जाते हैं उतना ही हम लोगों के साथ दूसरों का विशेष पार्थक्य आरम्भ हो जाता है। यह बाह्य जगत् उस केन्द्र से बहुत दूर है, अतएव इसमें कोई ऐसी साधारण भूमि नहीं हो सकती जहाँ पर सम्पूर्ण अस्तित्त्व–समष्टि की एक साधारण मीमांसा हो सके। यह जगत् सम्पूर्ण अस्तित्त्व का अधिक से अधिक एकांशमात्र है और भी कितने व्यापार हैं; जैसे मनोजगत् का व्यापार, नैतिक जगत् का व्यापार और बुद्धिराज्य का सम्पूर्ण व्यापार, आदि। इन सभों में से केवल एक को लेकर उससे समुदय जगत्–समस्या की मीमांसा करना असम्भव है। अतएव हमें प्रथमतः कहीं एक ऐसे केन्द्र का आविष्कार करना होगा, जिससे अन्यान्य समुदय विभिन्न लोकों की उत्पत्ति हुई है। फिर हम इस प्रश्न की मीमांसा की चेष्टा करेंगे। यही इस समय प्रस्तावित विषय है। वह केन्द्र कहाँ है ? वह हम लोगों के भीतर है–इस मनुष्य के भीतर जो मनुष्य रहता है, वही यह केन्द्र है। लगातार भीतर की ओर अग्रसर होते–होते महापुरुषों ने देखा कि जीवात्मा का गम्भीरतम प्रदेश ही समुदय ब्रह्मांड का केन्द्र है। जितने प्रकार के अस्तित्त्व हैं, सभी आकर उसी एक केन्द्र में एकीभूत होते हैं। वस्तुतः यही स्थान समुदय की एक साधारण भूमि है। इस स्थान पर आकर हम एक सार्वभौमिक सिद्धान्त पर पहुँच सकते हैं, अतएव किसने इस जगत् की सृष्टि की है ? –यह प्रश्न विशेष दार्शनिक युक्तिसिद्ध नहीं है, और न उसकी मीमांसा ही किसी काम

की है।

पहले जो मैंने कठोपनिषद् की चर्चा की है, उसकी भाषा बहुत अलंकारपूर्ण है। अति प्राचीन काल में एक बड़े धनी व्यक्ति थे। उन्होंने एक समय एक यज्ञ किया। उस यज्ञ में सर्वस्वदान करने का नियम था। इस यज्ञकर्ता व्यक्ति का बाहर और भीतर समान नहीं था। वह यज्ञ करके खूब मान और यश पाने की इच्छा रखता था। किन्तु यज्ञ में वह ऐसी सभी वस्तुओं का दान करता था, जो व्यवहार में पूर्णतः अनुपयुक्त थीं। उसने कितनी ही जराजीर्ण, अर्धमृत, बन्ध्या, एक आँखवाली और लँगड़ी गायें ब्राह्मणों को दान में दी। उसका एक छोटा पुत्र था, जिसका नाम था नचिकेता। उसने देखा, उसके पिता ठीक–ठीक अपना व्रत–पालन नहीं कर रहे हैं, अपितु वे व्रत को भंग कर रहे हैं, अतएव वह निश्चय नहीं कर पाया कि वह उनसे क्या कहे। भारतवर्ष में माता–पिता प्रत्यक्ष जीवन्त देवता माने जाते हैं। उनके सामने सन्तान कुछ कहने या करने का साहस नहीं करता है, केवल चुप होकर वे खड़े रहते हैं। अतएव उस बालक ने पिता के सम्मुख साक्षात् विरोध करने में असमर्थ हो, उनसे केवल यही पूछा–"पिताजी, आप मुझे किसको देंगे ? आपने तो यज्ञ में सर्वस्वदान का संकल्प किया है।" यह सुनकर पिता विरक्त हुए और बोले–"हे वत्स, तू क्या कह रहा है ? भला पिता अपने पुत्र का दान करेगा, यह कैसी बात है ?" पर बालक ने दूसरी बार, तीसरी बार–बारम्बार पिता से यही प्रश्न किया, तब पिता क्रुद्ध होकर बोले–"तुझे मैं यम को दे दूँगा।" उसके बाद आख्यायिका ऐसी है कि वह बालक यम के घर गया। आदिमानव मृत होकर यमदेवता होते हैं, वे स्वर्ग जाकर समुदय पितृगण के शासनकर्ता होते हैं। अच्छे व्यक्ति मृत्यु प्राप्त कर यम के निकट अनेक दिनों तक रहते हैं। ये यम एक अत्यन्त शुद्धस्वभाव–साधुपुरुष कहकर वर्णित है। वह बालक नचिकेता यमलोक को गया। देवता भी समय–समय पर अपने घर में नहीं रहते हैं। यमराज उस समय घर पर नहीं थे, इसलिए उस बालक को तीन दिन तक उसी तरह उनकी प्रतीक्षा में रहना पड़ा। चौथे दिन यम अपने घर आये।

यम बोले– "हे विद्वान् ! तुम पूजनीय अतिथि होकर भी तीन दिन तक बिना कुछ खाये–पिये हमारे घर में रहे। हे ब्रह्मन् ! तुम्हें प्रणाम है, हमारा कल्याण हो। मैं घर पर नहीं था, इसका मुझे बहुत दुःख है। किन्तु मैं इस अपराध के

प्रायश्चित्त स्वरूप तुम्हें प्रत्येक दिन के लिए एक–एक करके तीन वर देने को प्रस्तुत हूँ, तुम वर माँगो।" बालक ने पहला वर यह माँगा–"आप मुझे पहला वर यह दीजिए जिससे कि मेरे प्रति पिताजी का क्रोध दूर हो जाये, वे जिससे मेरे प्रति प्रसन्न हों, और जब आप मुझे प्रस्थान करने के लिए आज्ञा देंगे और जब मैं पिता के निकट जाऊँ तो उस समय वे मुझे पहचान सकें। "यम ने कहा–'तथास्तु। नचिकेता ने द्वितीय वर में स्वर्ग पहुँचाने वाले यज्ञविशेष के विषय में जानने की इच्छा की। हमने पहले ही देखा है, वेद के संहिता–भाग में हम लोग केवल स्वर्ग की बात पाते हैं। वहाँ सबका शरीर ज्योतिर्मय होता है, और वे अपने पूर्व पितरों के साथ वहाँ वास करते हैं। क्रमशः अन्यान्य भाव आये, किन्तु इन सभों से लोगों के प्राण पूर्ण तृप्त न हो सके। इस स्वर्ग से भी कुछ उच्चतर उन्हें आवश्यक ज्ञात हुआ। स्वर्ग में रहना इस जगत् में रहने की अपेक्षा कुछ भिन्न नहीं है। जिस प्रकार एक स्वस्थ धनिक नवयुवक का जीवन होता है, उसी प्रकार स्वर्गीय जीवों का भी जीवन होता है, भेद केवल इतना है कि उनकी भोग सामग्री होती है और उनका शरीर नीरोग, स्वस्थ एवं अधिक बलशाली होता है। यह सब तो जड़ जगत् की ही वस्तु ठहरी, इससे कुछ अधिक अच्छी अवश्य है बस इतना ही। और जब हमने पहले ही देखा है कि यह जड़ जगत् पूर्वोक्त समस्या की कोई मीमांसा नहीं कर सकता, तो स्वर्ग से भी उसकी क्या मीमांसा हो सकती है ? इसलिए स्वर्ग के ऊपर स्वर्ग की कितनी भी कल्पना क्यों न करो, परन्तु समस्या की उपयुक्त मीमांसा इससे नहीं हो सकती। यदि यह जगत् इस समस्या की कोई मीमांसा नहीं कर सकता, तो इस तरह के चाहे कितने भी जगत् हों वे किस तरह इसकी मीमांसा करेंगे। कारण, हमें स्मरण रखना उचित है कि स्थूल भूत प्राकृतिक समुदय व्यापारों का एक अत्यन्त सामान्य अंश मात्र है। हम लोग जिन अगण्य घटनाओं को वास्तविक देखा करते हैं, वे भौतिक नहीं हैं।

अपने जीवन के प्रति क्षण को देखिये, मालूम होगा कि हमारे चिन्तन के व्यापार कितने हैं, और बाहर की वास्तविक घटनाएँ कितनी हैं। कितनों का तुम केवल अनुभव करते हो, और कितनों का वास्तविक दर्शन तथा स्पर्श करते हो ? यह जीवन–प्रवाह कितने प्रबल वेग से चलता है– इसका कार्यक्षेत्र भी कितना विस्तृत है किन्तु इसमें मानसिक घटनाओं की तुलना में इन्द्रियग्राह्य

व्यापार 'कितना स्वल्प है 'स्वर्गवाद का भ्रम यही है कि वह कहता है कि हम लोगों का जीवन और जीवन की घटनावली केवल रूप–रस–गन्ध–स्पर्श और शब्द में ही आबद्ध है। किन्तु इस स्वर्ग से, जहाँ पर ज्योतिर्मय शरीर मिलता है, अधिकांश लोगों को तृप्ति नहीं हुई। तथापि इस जगह नचिकेता ने द्वितीय वर से स्वर्ग–प्रापक यज्ञ सम्बन्धी ज्ञान की प्रार्थना की है। वेद के प्राचीन भाग में वर्णित है कि देवतागण यज्ञ द्वारा संतुष्ट होकर लोगों को स्वर्ग ले जाते हैं। सभी धर्मों की आलोचना करने पर निश्चित रूप से यह सिद्धान्त लब्ध होता है कि जो कुछ प्राचीन होता है वही कालान्तर में पवित्र रूप में परिणत हो जाता है। हमारे पूर्वपुरुष भोजपत्र पर लिखते थे, अन्त में उन्होंने कागज बनाने की प्रणाली सीखी, परन्तु इस समय भी भोजपत्र पवित्र कहा जाता है। प्रायः 9–10 हजार वर्ष पूर्व हमारे पूर्वपुरुष लकड़ी से लकड़ी घिसकर अग्नि प्रज्वलित करते थे, वही प्रणाली आज भी वर्तमान है। यज्ञ के समय किसी दूसरी प्रणाली द्वारा अग्नि प्रज्वलित करने से काम नहीं चलेगा। एशियावासी आर्यगणों की और एक शाखा के सम्बन्ध में भी ऐसा ही है। इस समय भी उनके वर्तमान वंशधर वैद्युताग्नि संग्रह कर उसकी रक्षा करना अच्छा समझते हैं। इससे प्रमाणित होता है कि ये लोग पहले इस तरह अग्नि का संग्रह करते थे; बाद में दो लकड़ियों को घिसकर अग्नि उत्पादन करना इन्होंने सीखा, फिर जब अग्नि–उत्पादन करने के अन्यान्य उपाय उन्होंने सीखे, उस समय भी पहले के उपायों का परित्याग नहीं किया। वे सब उपाय पवित्र आचारों में परिणत हो गये।

हिब्रुओं के सम्बन्ध में भी यही हाल है। उनके पूर्वज पार्चमेंट (Parchment) पर लिखते थे। इस समय वे लोग कागज पर लिखते हैं, किन्तु पार्चमेंट पर लिखना उनकी दृष्टि से महा पवित्र आचार है। इसी तरह सभी जातियों के सम्बन्ध में है। इस समय जो आचार शुद्धाचार कहलाये जाते हैं, वे प्राचीन प्रथा मात्र हैं। यज्ञ भी इसी तरह प्राचीन प्रथा मात्र थे। कालक्रम से जब लोग पहले की अपेक्षा उत्तम रीति से जीवन–निर्वाह करने लगे, उस समय उनकी सभी धारणाएँ पूर्व की अपेक्षा अधिक उन्नत हुईं, किन्तु ये प्राचीन प्रथाएँ रह गयीं। समय–समय पर इन सभों का अनुष्ठान होता था और वे पवित्र आचार माने जाने लगे। उसके बाद कुछ व्यक्तियों ने इस यज्ञ–कार्य के निर्वाह का भार अपने ऊपर

ले लिया। यही लोग पुरोहित हुए। ये यज्ञ के सम्बन्ध में गम्भीर गवेषणा करने लगे। यज्ञ ही इन लोगों का सर्वस्व हो गया। उन लोगों की यह धारणा उस समय बद्धमूल हुई कि देवता लोग यज्ञ के गन्ध का आघ्राण करने के लिए आते हैं। यज्ञ की शक्ति से संसार में सब कुछ हो सकता है। यदि निर्दिष्ट संख्या में आहुतियाँ दी जायें, कुछ विशेष–विशेष स्तोत्रों का पाठ हो, विशेष आकार वाली कुछ वेदियों का निर्माण हो, तो देवता सब कुछ कर सकते हैं, इत्यादि मतवादों की सृष्टि हुई। नचिकेता इसीलिए दूसरे वर द्वारा जिज्ञासा करता है कि किस तरह के यज्ञ से स्वर्ग प्राप्ति हो सकती है। उसके बाद नचिकेता ने तीसरे वर की प्रार्थना की, और यहीं से प्रकृत उपनिषद का आरम्भ है। नचिकेता बोला "कोई–कोई कहते हैं– मृत्यु के बाद आत्मा रहती है, कोई–कोई कहते हैं, आत्मा मृत्यु के बाद नहीं रहती। आप मुझे इस विषय का यथार्थ तत्त्व समझा दें।"

यम भयभीत हो गये। उन्होंने परम आनन्द के साथ नचिकेता के प्रथमोक्त दोनों वरों को पूर्ण किया था। इस समय वे बोले,–"प्राचीन काल में देवतागण इस विषय में संदिग्ध थे। यह सूक्ष्म धर्म सुविज्ञेय नहीं है। हे नचिकेता! तुम कोई दूसरा वर माँगो। मुझसे इस विषय में और अधिक अनुरोध न करो, मुझे छोड़ दो।"

नचिकेता दृढ़प्रतिज्ञ था, वह बोला–"हे मृत्यो ! सुना है देवता लोगों ने भी इस विषय में संदेह किया था, और इसे समझना भी सरल बात नहीं है, यह बात सत्य है। किन्तु मैं आपके सदृश इस विषय का कोई दूसरा वक्ता भी नहीं पा सकता, और इस वर के समान दूसरा कोई वर भी नहीं है।"

यम बोले–"हे नचिकेता ! शतायु पुत्र, पौत्र, पशु, हाथी, सोना, घोड़ा आदि माँग लो। इस पृथ्वी के ऊपर राज्य करो, एवं जितने दिन तुम जीने की इच्छा करो उतने दिन तक जीवित रहो। इसके समान और कोई दूसरा वर यदि तुम्हारे मन में हो तो उसे भी माँग लो, अथवा धन और दीर्घ जीवन की प्रार्थना कर लो। अथवा हे नचिकेता ! तुम विस्तृत पृथ्वीमंडल पर राज्य करो, मैं तुम्हें सभी प्रकार की काम्यवस्तुओं से संयुक्त करूँगा। पृथ्वी में जो–जो काम्यवस्तुएँ दुर्लभ हैं, उनकी प्रार्थना करो। गीत और वाद्य में विशारद इन रथारूढ़ रमणियों को मनुष्य नहीं पा सकता। हे नचिकेता! इन सभी रमणियों को मैं तुम्हें देता हूँ,

ये तुम्हारी सेवा करेंगी, किन्तु तुम मृत्यु के सम्बन्ध में जिज्ञासा मत करो।"

नचिकेता ने कहा–"ये सभी वस्तुएँ केवल दो दिनों के लिए है, ये इन्द्रियों के तेज को हरण करती हैं। अतिदीर्घ जीवन भी अनन्त काल की तुलना में वस्तुतः अत्यन्त अल्प है। इसलिए ये हाथी, घोड़े, रथ, गीत, वाद्य आदि तुम्हारे ही पास रहें। मनुष्य धन से कभी तृप्त नहीं हो सकता। जब मैं तुम्हें देखूँगा ही, तो इस वित्त की चिरकाल के लिए किस तरह रक्षा कर सकूँगा ? तुम जितने दिन तक इच्छा करोगे, मैं उतने ही दिन तक जीवित रह सकूँगा। मैंने जिस वर की प्रार्थना की है, केवल वही वर मैं चाहता हूँ।"

यम इस समय संतुष्ट हुए। वे बोले–" परमकल्याण (श्रेय) और आपातरम्य भोग (प्रेय) इन दोनों का उद्देश्य भिन्न है, ये दोनों ही मनुष्यों को वद्ध करते हैं! जो इनमें से श्रेय को ग्रहण करते हैं, उनका कल्याण होता है, और जो आपातरम्य भोग को ग्रहण करते हैं, वे लक्ष्यभ्रष्ट होते हैं। ये श्रेय और प्रेय दोनों ही मनुष्य के समीप उपस्थित होते हैं। ज्ञानी दोनों पर विचार कर एक को दूसरे से पृथक् जानते हैं। वे श्रेय को प्रेय से श्रेष्ठ समझकर स्वीकार करते हैं, किन्तु अज्ञानी पुरुष अपने शारीरिक सुख के लिए प्रेय को ही ग्रहण करते हैं। हे नचिकेता! तुमने आपातरम्य समग्र विषयों की नश्वरता समझकर उन सभों को छोड़ दिया है। इन वचनों से नचिकेता की प्रशंसा कर अन्त में यम ने उसे परम तत्त्व का उपदेश देना आरम्भ किया।

यहाँ पर हमें वैदिक वैराग्य और नीति की अत्युन्नत धारणा प्राप्त हुई कि जितने दिन तक मनुष्य की भोगवासना का त्याग नहीं होता, उतने दिन तक उसके हृदय में सत्य–ज्योति का प्रकाश नहीं हो सकता। जितने दिन तक ये तुच्छ विषयवासनाएँ तुमुल कोलाहल करती हैं, जितने दिन तक प्रति मुहूर्त वे हम लोगों को खींचकर बाहर ले जाती हैं– ले जाकर हमें प्रत्येक बाह्य वस्तु का, एक बिन्दु रूप का, एक बिन्दु रस का, एक बिन्दु स्पर्श का दास बनाती है, उतने दिन चाहे जितना हम ज्ञान का अभिमान क्यों न करें, हम लोगों के हृदय में सत्य किस तरह प्रकाशित हो सकता है?

यम बोले–"जिस आत्मा के सम्बन्ध में, जिस परलोकतन्त्र के सम्बन्ध में तुमने प्रश्न किया है, वह वित्त–मोह से मूढ़ बालकों के हृदय में प्रतिभात नहीं हो

सकता है। इसी जगत् का अस्तित्त्व है, परलोक का नहीं, यह मानने वाले बारम्बार मेरे वश में आते हैं।"

फिर यह सत्य समझना भी कठिन है। बहुत–से तो लगातार इस विषय को सुनकर भी समझ नहीं पाते, इस विषय का वक्ता भी आश्चर्यजनक होना आवश्यक है और श्रोता भी। गुरु का भी अद्‌भुत शक्तिसम्पन्न होना आवश्यक है और शिष्य भी उसी तरह का होना जरूरी है। मन को फिर वृथा तर्क के द्वारा चंचल करना उचित नहीं है। कारण, परमार्थ तत्त्व तर्क का विषय नहीं है, वह तो प्रत्यक्ष अनुभूति का विषय है। हम लोग बराबर सुनते आ रहे हैं कि प्रत्येक धर्म विश्वास करने पर जोर देता है। हम लोगों के कानों में तो अन्धविश्वास शब्द ही भर दिया गया है।

यह अन्धविश्वास सचमुच ही बुरी वस्तु है, इसमें कोई संदेह नहीं। पर यदि इस अंध विश्वास का हम विश्लेषण करके देखें तो ज्ञात होगा कि इसके पीछे एक महान् सत्य है। जो लोग अन्धविश्वास की बात कहते हैं, उनका वास्तविक उद्देश्य यही अपरोक्षानुभूति है जिसकी हम इस समय आलोचना कर रहे हैं। मन को व्यर्थ ही तर्क के द्वारा चंचल करने से काम नहीं चलेगा, क्योंकि तर्क से कभी ईश्वर की प्राप्ति नहीं हो सकती। ईश्वर प्रत्यक्ष का विषय है, तर्क का नहीं। समुदय तर्क ही कुछ सिद्धान्तों के ऊपर स्थापित है। इन सिद्धान्तों को छोड़कर तर्क हो ही नहीं सकता। हम लोगों ने जिन्हें पहले निश्चित रूप में प्रत्यक्ष कर लिया है, उस तरह के कुछ विषयों की तुलना की प्रणाली को युक्ति कहा जाता है। इन निश्चित प्रत्यक्ष विषयों के न होने पर युक्ति चल ही नहीं सकती। और बाह्य जगत् के सम्बन्ध में यदि यह सत्य है, तो अन्तर्जगत् के सम्बन्ध में भी ऐसा ही क्यों न होगा?

हम लोग बारम्बार इस भ्रम में पड़ते हैं। हम जानते हैं कि सभी बाह्य विषय प्रत्यक्ष के ऊपर ही निर्भर रहते हैं। बाह्य विषयों पर विश्वास करने को तुमसे कोई नहीं कहता और न उनके पारस्परिक सम्बन्ध विषयक नियम किसी युक्ति पर निर्भर हैं, किन्तु प्रत्यक्ष अनुभव के द्वारा वे लब्ध होते हैं। फिर सभी तर्क कुछ प्रत्यक्षानुभूतियों के ऊपर स्थापित हैं। रसायनवेत्ता कुछ द्रव्य लेते हैं उससे और कुछ द्रव्य उत्पन्न होते हैं। यह एक घटना है। हम उसे स्पष्ट देखते हैं,

प्रत्यक्ष करते हैं, एवं उसे नींव मानकर हम रसायन शास्त्र का विचार करते हैं। पदार्थ–तत्त्ववेत्ता भी वैसा ही करते हैं तभी विज्ञान के विषय में यही हाल है। सभी प्रकार का ज्ञान प्रत्यक्ष के ऊपर स्थापित है। उसके ऊपर निर्भर रहकर ही हम लोग विचार–युक्ति किया करते हैं। किन्तु आश्चर्य का विषय है कि अधिकांश लोग, विशेषतः वर्तमान काल में, सोचा करते हैं कि धर्मतत्त्व में प्रत्यक्ष करने को कुछ नहीं है यदि कुछ धर्मतत्त्व लाभ करना होगा तो वह बाह्य वृथा तर्क के द्वारा ही होगा। किन्तु वास्तविक धर्म बातों का विषय नहीं है, यह तो प्रत्यक्ष अनुभूति का विषय है। हमें अपनी आत्मा के अन्दर अन्वेषण करके देखना होगा कि वहाँ क्या है। हम उसे समझना होगा और जिसे हम समझेंगे उसका साक्षात्कार करना होगा। यही धर्म है। चाहे कितना ही चीत्कार क्यों न करो, परन्तु वह धर्म नहीं हो सकता। अतएव एक कोई ईश्वर है या नहीं, यह व्यर्थ तर्कों के द्वारा प्रमाणित नहीं हो सकता, क्योंकि युक्ति दोनों ओर समान है। किन्तु यदि कोई ईश्वर है, तो वह हमारे अन्तर में ही है। तुमने क्या कभी उसे देखा है ? यही प्रश्न है। जिस तरह जगत् का अस्तित्त्व है या नहीं इस प्रश्न की मीमांसा अभी तक नहीं हो सकी इसी प्रकार प्रत्यक्षवाद और विज्ञानवाद (Idealism) का तर्क अनन्त काल से चला आ रहा है। इस प्रकार का तर्क निश्चय ही चलता है, परन्तु हम जानते हैं कि जगत् है और वह चल रहा है। हम लोग केवल एक शब्द का भिन्न–भिन्न अर्थ करके यह तर्क किया करते हैं। हमारे जीवन के अन्यान्य सभी प्रश्नों के सम्बन्ध में भी ऐसा ही है हमें प्रत्यक्षानुभूति प्राप्त करनी होगी। जैसे बाह्य विज्ञान में–उसी तरह परमार्थ विज्ञान में भी हमें कुछ पारमार्थिक व्यापार को प्रत्यक्ष करना होगा। उसी पर धर्म स्थापित होगा। अवश्य ही किसी भी धर्म के किसी भी मत में विश्वास रखना होगा, इस युक्तिहीन दावे में कोई आस्था नहीं की जा सकती। उससे मनुष्य के मन की अवनति होती है। जो व्यक्ति तुम्हें सभी विषयों में विश्वास करने को कहता है, वह अपने को भी नीचे गिराता है, और यदि तुम उसके वचनों पर विश्वास करते हो तो वह तुम्हें भी नीचे गिराता है। जगत् के साधुगणों को हम से केवल यही कहने का अधिकार है कि उन्होंने अपने मन का विश्लेषण किया है तथा उन्होंने कुछ सत्य पाया भी है, हम भी वैसा करें, फिर हम उन पर विश्वास करेंगे, उसके पहले नहीं। यहीं धर्म का सार है। किन्तु यदि वास्तविक

दृष्टि से देखा जाये तो जो धर्म के विरुद्ध तर्क करते हैं, उनमें से निन्यानबे प्रतिशत व्यक्ति अपने मन का विश्लेषण करके नहीं देखते, वे सत्य को पाने की चेष्टा नहीं करते। इसलिए धर्म के विरोध में उनकी युक्ति का कोई मूल्य नहीं है। यदि कोई अन्धा मनुष्य निश्चय करके कहे– "तुम लोग, जो कि सूर्य के अस्तित्त्व में विश्वास करने वाले हो, सभी भ्रान्त हो" तो उसके इस वाक्य का जितना मूल्य होगा, उतना ही मूल्य इनके वाक्य का होगा। इसलिए जो अपने मन का विश्लेषण नहीं करते और धर्म को एकदम उड़ा देने, और लोप करने में अग्रसर हैं, उनकी बातों में हमें थोड़ी भी आस्था करने की आवश्यकता नहीं।

इस विषय को ही विशेषतया समझना एवं अपरोक्षानुभूति का भाव मन में सर्वदा जागरूक रखना उचित है। धर्म लेकर ये सब झगड़े, मारामारी, विवाद–विसंवाद उसी समय चले जायेंगे, जब कि हम समझेंगे कि धर्म किसी ग्रन्थविशेष या मन्दिरविशेष में बँधा हुआ नहीं है, अथवा इन्द्रिय द्वारा भी उसका अनुभव सम्भव नहीं है। यह अतीन्द्रिय तत्त्व की अपरोक्षानुभूति है। जिन व्यक्तियों ने वास्तविक ईश्वर एव आत्मा की उपलब्धि की है, वे ही प्रकृत धार्मिक हैं और यह प्रत्यानुभूति न होने पर उच्चतम धर्मशास्त्रवेत्ता जो धाराप्रवाह धर्म वक्तृता दे सकते हैं उनमें तथा अत्यन्त सामान्य अज्ञ जड़वादी में कोई भेद नहीं है। हम सब नास्तिक हैं, इसे हम लोग क्यों नहीं मान लेते ? केवल विचारपूर्वक धर्म के समग्र सत्य में सम्मति देने मात्र से हम धार्मिक नहीं हो सकते। एक ईसाई या मुसलमान अथवा अन्य किसी दूसरे धर्मानुयायी की बात लो। ईसा के उस पर्वत पर के धर्मोपदेश का स्मरण करो। जो कोई व्यक्ति इस उपदेश को कार्य रूप में परिणत कर सके, वह उसी क्षण देवता हो सकता है, सिद्ध हो सकता है। तथापि कहा गया है कि पृथ्वी में इतने करोड़ ईसाई हैं। क्या तुम कहना चाहते हो, ये सभी ईसाई हैं ? वास्तविक इसका अर्थ यह है कि ये किसी न किसी समय इस उपदेश के अनुसार कार्य करने की चेष्टा कर सकते हैं। दो करोड़ लोगों में एक भी सच्चा ईसाई है या नहीं, इसमें सन्देह है।

भारतवर्ष में भी इस तरह कहा गया है कि तीस कोटि वेदान्ती हैं। यदि प्रत्यक्षानुभति–सम्पन्न व्यक्ति हजार में एक भी होते, तो यह जगत् पाँच मिनट में कुछ दूसरा ही हो जाता। हम सभी नास्तिक हैं, परन्तु जो व्यक्ति उसे स्पष्ट

स्वीकार करता है, उससे हम विवाद करने को प्रस्तुत होते हैं। हम लोग सभी अन्धकार में पड़े हुए हैं। धर्म हम लोगों के समीप मानो कुछ नहीं है, केवल विचारलब्ध कुछ मतों का अनुमोदन मात्र है, केवल मुँह की बात है–अमुक व्यक्ति खूब अच्छी तरह से बोल सकता है, अमुक व्यक्ति नहीं बोल सकता, यही हम लोगों का धर्म है–शब्द योजना करने की सुन्दर कुशलता, अलंकारिक शब्दों में वर्णन करने की क्षमता, शास्त्रों के श्लोकों की अनेक प्रकार से व्याख्या, ये सभी केवल पंडितों के आमोद के निमित्त हैं– मुक्ति के लिए नहीं। आत्मा की जब यह प्रत्यक्षानुभूति आरम्भ होगी, तभी धर्म आरम्भ होगा। उसी समय तुम धार्मिक होंगे, एवं उसी समय, केवल उसी समय नैतिक जीवन भी प्रारम्भ होगा। इस समय हम रास्ते के पशुओं की अपेक्षा भी कोई विशेष अधिक नीतिपरायण नहीं हैं। हम लोग इस समय केवल समाज के शासन के भय से ही कुछ गड़बड़ नहीं करते। यदि समाज आज कहे–चोरी करने से अब दंड नहीं मिलेगा तो हम लोग इसी समय दूसरे की सम्पत्ति लूटने के लिए व्यग्र होकर दौड़ पड़ेंगे। हम लोगों के सच्चरित्र होने में एकमात्र कारण पुलिस है। सामाजिक प्रतिष्ठा–लोप की आशंका ही हम लोगों के नीतिपरायण होने में बहुधा कारण है, और वस्तुस्थिति तो यह है कि हम पशुओं से बिलकुल थोड़ा सा ही उन्नत हैं। हम लोग जब अपने–अपने घर के एकान्त कोने में बैठकर अपने हृदय के भीतर अनुसंधान करेंगे तभी समझ सकेंगे कि यह बात कितनी सत्य है। अतएव आओ, हम लोग इस कपटता का त्याग करें। आओ, स्वीकार करें कि हम लोग धार्मिक नहीं हैं और दूसरों के प्रति घृणा करने का हमारा कोई अधिकार नहीं है। हम सभों के बीच वास्तव में भ्रातृ सम्बन्ध है, और हमें धर्म की जब प्रत्यक्षानुभूति होगी तभी हम नीतिपरायण होने की आशा कर सकते हैं।

कल्पना करो तुमने कोई देश देखा है। कोई व्यक्ति तुम्हें काटकर टुकड़े–टुकड़े कर फेंक दे सकता है। परन्तु तुम अपने हृदय के भीतर कभी भी ऐसी बात नहीं सोच सकते कि मैंने उस देश को देखा है। अवश्य ऐसा हो सकता है कि शारीरिक बल–प्रयोग के कारण तुम कह दो–मैंने उस देश को नहीं देखा है, किन्तु तुम अपने मन में जानते हो कि तुमने उस देश को देखा है। बाह्य जगत् को तुम जिस तरह प्रत्यक्ष करते हो, जिस समय इससे भी अधिक उज्ज्वल भाव

से धर्म और ईश्वर का साक्षात्कार होगा, तब कुछ भी तुम्हारे विश्वास को नष्ट नहीं कर सकता। उसी समय प्रकृत विश्वास का आरम्भ होगा। "जिसे एक सरसों मात्र भी विश्वास है, वह पहाड़ के पास जाकर कहे कि तुम हट जाओ तो पहाड़ भी उसकी बात सुनेगा।" बाइबिल की इस कथा का तात्पर्य यही है। उस समय स्वयं सत्यस्वरूप हो जाने के कारण तुम सत्य को जान सकोगे। केवल विचारपूर्वक सत्य के विषय में सम्मति देने से कोई लाभ नहीं है।

एकमात्र बात यही है कि क्या तुम्हें प्रत्यभानुभूति हुई है ? वेदान्त की मूल बात यही है–धर्म का साक्षात्कार करो– केवल कहने से कुछ न होगा, किन्तु साक्षात्कार करना बहुत कठिन है। जो परमाणु के अन्दर अति गुह्य रूप से रहते हैं, वही पुराण पुरुष, वही प्रत्येक मानव–हृदय के गुह्यतम प्रदेश में निवास करते हैं, साधु पुरुषों ने उन्हें अन्तर्दृष्टि द्वारा उपलब्ध किया है और तभी वे सुख–दुःख दोनों से पार हो गये हैं, हम लोग जिसे धर्म कहते हैं, और जिसे अधर्म कहते हैं, और शुभाशुभ सब कर्म, एवं सत्–असत् इन सभों से वे पार हो गये हैं, जिन्होंने उन्हें देखा है, उन्होंने ही यथार्थ सत्य का दर्शन किया है। किन्तु फिर स्वर्ग का क्या हुआ ? स्वर्ग के सम्बन्ध में हम लोगों की ऐसी धारणा है कि वह दुःखशून्य सुख है; अर्थात् हम संसार के सभी सुख चाहते हैं, और उसके दुःखों को केवल छोड़ देना चाहते हैं। अवश्य यह अत्यन्त सुन्दर धारणा है, यह स्वाभाविक भाव से ही आती है, किन्तु यह धारणा सम्पूर्ण भ्रमात्मक है, कारण, पूर्ण सुख या पूर्ण दुःख नाम का कोई पदार्थ नहीं है।

रोम में एक व्यक्ति बड़ा धनी था। उसने एक दिन सुना कि उसकी सम्पत्ति में केवल दस लाख पौंड शेष हैं। सुनते ही उसने कहा–तब मैं कल क्या करूँगा? और यह कहकर उसी समय उसने आत्महत्या कर ली ! दस लाख पौंड उसके लिए द्रारिद्रयसूचक था, किन्तु हम लोगों के लिए वैसा नहीं है। वह तो हमारे सम्पूर्ण जीवन की आवश्यकता से भी अधिक है। वास्तविक सुख ही क्या है, और दुःख ही क्या ? वे लगातार विभिन्न रूप धारण करते रहते हैं। मैं जब छोटा था, तो सोचता था–जब मैं गाड़ी चलाने लगूँगा तो सुख की पराकाष्ठा को प्राप्त करूँगा। इस समय में ऐसा नहीं समझता। अब तुम कौन से सुख को पकड़े रहोगे ? यही हमें विशेषकर समझने की चेष्टा करना उचित है। और हमारा यह

कुसंस्कार नष्ट होने में बहुत विलम्ब लगता है। प्रत्येक के सुख की धारणा अलग–अलग है। हमने एक आदमी को देखा है, जो प्रतिदिन प्रचुर अफीम खाये बिना सुखी नहीं होता था। वह शायद सोचता होगा, स्वर्ग की मिट्टी अफीम की ही बनी होगी! किन्तु हमारी दृष्टि में वह स्वर्ग सुविधाजनक न होगा। हम लोग बार–बार अरबी कविता में पढ़ते हैं, स्वर्ग अनेक प्रकार के मनोहर उद्यानों से पूर्ण है, उसमें अनेक नदियाँ बहती हैं। मैंने अपना अधिकांश जीवन एक ऐसे स्थान में बिताया है, जहाँ जल प्रचुर मात्रा में है, कितने ही गाँव और हजारो लोग प्रतिवर्ष बाढ़ में मृत्यु के मुख में चले जाते हैं। अतएव मेरा स्वर्ग नदीप्रवाहयुक्त एवं उद्यानपूर्ण नहीं हो सकता; मेरा स्वर्ग तो शुष्कभूमिपूर्ण तथा अधिक वर्षारहित होना आवश्यक है। हमारे जीवन के सम्बन्ध में भी ऐसा ही है, सुख की हमारी धारणा क्रमशः बदलती रहती है। युवक यदि स्वर्ग की कल्पना करे तो उसका स्वर्ग परम सुन्दर रमणीयों से परिपूर्ण होना आवश्यक है। वही व्यक्ति आगे चलकर वृद्ध होने पर उसे स्त्री की आवश्यकता फिर न रहेगी। हमारा प्रयोजन ही हमारे स्वर्ग का निर्माता है, और हमारे प्रयोजन के परिवर्तन के साथ–साथ हमारा स्वर्ग भी भिन्न–भिन्न रूप धारण करता है। यदि हम इस प्रकार के एक स्वर्ग में जायें जहाँ अनन्त इन्द्रिय–सुख का लाभ होगा तो उस जगह हमारी कोई विशेष उन्नति नहीं हो सकती। जो विषयभोग को ही जीवन का एकमात्र उद्देश्य मानते हैं वे ही इस प्रकार के स्वर्ग की प्रार्थना किया करते हैं। यह वास्तविक मंगलकारी न होकर महा अमंगलकारी होगा। यही क्या हमारी अन्तिम गति है ? थोड़ा हँसना–रोना, उसके बाद कुत्ते के सामान मृत्यु ! जिस समय तुम लोग इन सब विषय–भोगों की प्रार्थना करते हो, उस समय तुम यह नहीं जानते कि मानव जाति के लिए जो अत्यंत अमंगलकारक है, उसकी तुम कामना करते हो– वास्तविक ऐहिक सुखभोग की कामना करके तुम वैसा ही करते हो, क्योंकि तुम यह नहीं जानते कि प्रकृत आनन्द क्या है। वस्तुतः दर्शनशास्त्र में आनन्दत्याग करने का उपदेश नहीं दिया गया है। प्रकृत आनन्द क्या है इसी का उपदेश दिया गया है। नार्वेवासियों की स्वर्ग के सम्बन्ध में धारणा ऐसी है कि वह एक भयानक युद्धक्षेत्र है, वहाँ सभी लोग जाकर वोडन (woden) देवता के सम्मुख बैठते हैं। कुछ समय के बाद जंगली सूअरों का शिकार आरम्भ होता है। बाद में

वे आपस में ही युद्ध करते हैं और एक–दूसरे को खंड–विखंड कर डालते हैं। किन्तु इस प्रकार के युद्ध के थोड़ी देर बाद ही किसी न किसी रूप से उन लोगों के घाव ठीक हो जाते हैं, उस समय वे एक हॉल में जाकर उसी सूअर के मांस को पकाकर खाते तथा आमोद–प्रमोद करते हैं। उसके दूसरे दिन वह सूअर जीवित हो जाता है और फिर उसी तरह शिकार आदि होता है। यह हमारी धारणा के अनुरूप ही है, अन्तर इतना ही है कि हमारी धारणा कुछ अधिक परिष्कृत है। इस प्रकार हम सभी सूअर का शिकार करना चाहते हैं हम एक ऐसे स्थान में जाना चाहते हैं, यहाँ ये भोग पूर्ण. मात्रा में लगातार चलते रहे–ठीक उसी प्रकार जैसे नार्वेवासी सूअर की कल्पना करते हैं।

दर्शनशास्त्र के मत में निरपेक्ष अपरिणामी आनन्द नामक पदार्थ है, अतएव हम साधारणतया जो ऐहिक सुखोपभोग करते हैं, उसके साथ इस सुख का कोई सम्बन्ध नहीं है। किन्तु फिर वेदान्त ही केवल प्रमाणित करता है कि इस जगत् में जो कुछ आनन्दकारी है, वह उसी प्रकृत आनन्द का अंश मात्र है, क्योंकि उस ब्रह्मानन्द का ही वास्तविक अस्तित्त्व है। हम प्रतिक्षण उसी ब्रह्मानन्द का उपभोग करते हैं, किन्तु यह नहीं जानते कि वह ब्रह्मानन्द है। जहाँ कहीं किसी प्रकार का आनन्द देखोगे, यहाँ तक कि चोरों को चोरी में जो आनन्द मिलता है, वह भी वस्तुतः वही पूर्णानन्द है; अन्तर यही है कि वह कुछ बाह्य वस्तुओं के संपर्क से मलीन हो गया है। किन्तु उसकी प्राप्ति के लिए पहले हमें समस्त ऐहिक सुखभोग का त्याग करना होगा। उसका त्याग करने पर ही प्रकृत आनन्द की साक्षात् उपलब्धि होगी। पहले अज्ञान, मिथ्या का त्याग करना होगा, तभी सत्य का प्रकाश होगा। जब हम सत्य को दृढ़तापूर्वक पकड़ सकेंगे, तब पहले हमने जो कुछ भी त्याग किया था वही फिर एक दूसरा रूप धारण करेगा, एक नवीन आकार में प्रतिभात होगा, उस समय समस्त ब्रह्मांड ही ब्रह्ममय हो जायेगा, उस समय सभी कुछ उन्नत भाव को धारण करेगा, उस समय हम सभी पदार्थों को नवीन आलोक से देखेंगे। किन्तु पहले हमें उन्हीं सबका त्याग करना होगा; बाद में सत्य का अन्ततः एक बिन्दु आभास पाने पर फिर हम उन सभी को ग्रहण कर लेंगे, किन्तु अन्य रूप में–ब्रह्माकार में परिणत रूप में। अतएव हमें सुख–दुःख सभी का त्याग करना होगा। ये सब उस प्रकृत वस्तु का, उसे

चाहे सुख कहो या दुःख, विभिन्न क्रम मात्र है। 'सभी वेद जिसकी घोषणा करते हैं, सभी प्रकार की तपस्याएँ जिसकी प्राप्ति के लिए की जाती हैं, जिसे पाने की इच्छा से लोग ब्रह्मचर्य का अनुष्ठान करते हैं, हम संक्षेप में उसी के सम्बन्ध में तुम्हें बतायेंगे, वह ऊँ है।' वेद में इस ऊँकार की अतिशय महिमा और पवित्रता वर्णित है।

इस समय यम नचिकेता के प्रश्न का– मृत्यु के बाद मनुष्य की क्या दशा होती है–उत्तर देते हैं। "सदा चैतन्यवान आत्मा कभी नहीं मरती, न कभी जन्म लेती है, यह किसी से भी उत्पन्न नहीं होती है, यह नित्य है, अज है, शाश्वत है और पुराण है। देह के नष्ट हो जाने पर भी यह नष्ट नहीं होती। मारनेवाला यदि सोचे मैं किसी को मार सकता हूँ, अथवा मरनेवाला व्यक्ति यदि सोचे मैं मरा हूँ, तो दोनों को ही सत्य से अनभिज्ञ समझना चाहिए; क्योंकि आत्मा न किसी को मारती है, न स्वयं मृत होती है। "यह तो बड़ी भयानक बात हुई। प्रथम श्लोक में आत्मा का विशेषण जो 'सदा चैतन्यवान' शब्द है उसी के ऊपर विशेष लक्ष्य करो। क्रमशः देखोगे, वेदान्त का प्रकृत मत यही है कि समुदय ज्ञान, समुदय पवित्रता, पहले से ही आत्मा में अवस्थित है, उसका कहीं पर अधिक प्रकाश होता है और कहीं पर कम। इतना ही भेद है। मनुष्य के साथ मनुष्य का अथवा इस ब्रह्मांड के किसी भी पदार्थ का पार्थक्य प्रकारगत नहीं है, परिमाणगत है। प्रत्येक के भीतर अवस्थित सत्य–वही एकमात्र अनन्त नित्यानन्दमय, नित्यशुद्ध, नित्यपूर्ण ब्रह्म है। वही यह आत्मा है–वह पुण्यशील, पापी, सुखी, दुःखी, सुन्दर, कुरूप, मनुष्य, पशु, सब में समान है। वही ज्योतिर्मय है। उसके प्रकाश के तारतम्य से ही नाना प्रकार का प्रभेद है। किसी के भीतर वह अधिक प्रकाशित है और किसी के भीतर कम, किन्तु उस आत्मा के समीप इस भेद का कोई अर्थ नहीं है। एक व्यक्ति की पोशाक के भीतर से उसके शरीर का अधिकांश देखा जाता है, पर दूसरे व्यक्ति की पोशाक के भीतर से उसके शरीर का अल्पांश देखा जाता है– पर इससे शरीर में किसी प्रकार का भेद नहीं होता। केवल शरीर के अधिकांश या अल्पांश को आवृत करने वाली पोशाक का ही भेद देखा जाता है। आवरण अर्थात् देह और मन के तारतम्यानुसार ही आत्मा की शक्ति और पवित्रता प्रकाशित होती है। अतएव यहाँ पर यह बात समझ लेना ठीक है कि वेदान्तदर्शन

में अच्छी और बुरी नामक दो पृथक् वस्तुएँ नहीं हैं। वहीं एक पदार्थ अच्छा और बुरा दोनों होता है और उनके बीच विभिन्नता केवल परिमाणगत है, एवं वास्तविक कार्यक्षेत्र में भी हम यही देखते हैं। आज जिस वस्तु को हम सुखकर कहते हैं, कल कुछ अच्छी अवस्था प्राप्त होने पर उसी को दुःखकर अवस्था कहकर उससे घृणा करेंगे। अतएव वास्तविक वस्तु के विकास की विभिन्न मात्रा के कारण ही भेद उपलब्ध होता है, उस पदार्थ में तो वास्तविक कोई भेद नहीं है। वस्तुतः अच्छा–बुरा नामक कोई पदार्थ ही नहीं है। जो अग्नि हमें सर्दी से बचाती है, वही किसी बच्चे को भस्म भी कर सकती है, तो यह क्या अग्नि का दोष हुआ ? अतएव यदि आत्मा शुद्धस्वरूप और पवित्र हो, तो जो व्यक्ति असत्कार्य करने जाता है, वह अपने स्वरूप के विपरीत आचरण करता है वह अपने स्वरूप को नहीं जानता। एक खूनी के भीतर भी शुद्ध स्वरूप आत्मा रहती है। वह भ्रान्ति से उसको ढाँके रहता है, उसकी ज्योति को प्रकाशित नहीं होने देता। और जो व्यक्ति सोचता है कि वह मारा गया, उसकी भी आत्मा मरती नहीं। आत्मा नित्य है–कभी भी उसका ध्वंस नहीं हो पाता। "अणु से भी अणु, बृहत् से भी बृहत् , वही सभी के प्रभु प्रत्येक मनुष्य–हृदय के गुह्यप्रदेश में वास करते हैं। निष्पाप व्यक्ति विधाता की कृपा से उसे देखकर सभी प्रकार के शोक से रहित हो जाता है। जो देहशून्य होकर देह में रहते हैं, जो देशविहीन होकर भी देश में रहनेवालों के समान हैं, उस अनन्त और सर्वव्यापी आत्मा को इस प्रकार जानकर ज्ञानी व्यक्ति का दुःख सम्पूर्ण रूप से दूर हो जाता है। इस आत्मा को वक्तृताशक्ति, तीक्ष्ण मेधा अथवा वेदाध्ययन के द्वारा नहीं पाया जा सकता।

यह 'वेदों के द्वारा लाभ नहीं की जा सकती' ऐसा कहना ऋषियों के लिए परम साहस का कार्य था। पहले ही कहा है, ऋषि चिन्ता–जगत् में बड़े साहसी थे, वे किसी के द्वारा भी रोके जानेवाले नहीं थे। हिन्दू लोग वेद को जिस सम्मान की दृष्टि से देखते हैं, उस भाव से ईसाई लोग बाइबिल को कभी नहीं देखते। ईसाइयों की ईश्वर–वाणी के विषय में ऐसी धारणा है कि किसी मनुष्य ने ईश्वरानुप्राणित होकर उसे लिखा है, किन्तु हिन्दुओं की धारणा है–जगत् में जो सभी विभिन्न पदार्थ हैं, उसका कारण यह है कि वेद में इन–इन पदार्थों का नाम उल्लिखित है। उनका विश्वास है कि वेद के द्वारा ही जगत् की सृष्टि हुई

है। ज्ञान नाम से जो कुछ समझा जाता है, वह वेद में ही है। जिस प्रकार आत्मा अनादि अनन्त है उसी प्रकार वेद का प्रत्येक शब्द भी पवित्र एवं अनन्त है। सृष्टिकर्ता के समस्त मन का भाव ही मानो इस ग्रन्थ में प्रकाशित है। वे इस भाव से वेद को देखते हैं। यह कार्य नीतिसंगत क्यों है ?–क्योंकि इसे वेद कहता है। यह कार्य अन्याय क्यों है ?–क्योंकि इसे वेद कहता है। वेद के प्रति प्राचीनों की ऐसी श्रद्धा रहने पर भी इन ऋषियों का सत्यानुसन्धान में कितना साहस है, देखो। उन्होंने यह कहा कि 'नहीं, बारम्बार वेदपाठ करने पर भी सत्यलाभ की कोई सम्भावना नहीं है। अतएव वही आत्मा जिसके प्रति प्रसन्न होती है, उसी को वह अपना स्वरूप दिखलाती है। किन्तु इससे एक और आशंका उठ सकती है कि इसमें भी उस पर पक्षपात का दोष हुआ, इसलिए निम्नलिखित वाक्य भी इसके साथ कहे गये हैं। 'जो असत्कार्य करनेवाले हैं और जिनका मन शान्त नहीं है, वे कभी भी इसे नहीं पा सकते। केवल जिनका हृदय पवित्र है, जिनका कार्य पवित्र है, जिनकी इन्द्रियाँ संयत हैं, उन्हीं के निकट यह आत्मा प्रकाशित होती है।'

आत्मा के सम्बन्ध में एक सुन्दर उपमा दी गयी है। आत्मा को रथी, शरीर को रथ, बुद्धि को सारथी, मन को लगाम और इन्द्रियों को अश्व की उपमा दी गयी है। जिस रथ के घोड़े अच्छी तरह संयत हैं, जिस रथ की लगाम खूब मजबूत है और सारथी के द्वारा दृढ़रूप से पकड़ा हुआ है, वही रथ विष्णु के उस परम पद को पहुँच सकता है, किन्तु जिस रथ के इन्द्रिय रूपी घोड़े दृढ़भाव से संयत नहीं हैं तथा मनरूपी लगाम दृढ़भाव से संयत नहीं रहती वही रथ अन्त में विनाश की दशा को प्राप्त होता है। सभी प्राणियों के मध्य में अवस्थित आत्मा चक्षु अथवा किसी दूसरी इन्द्रिय के समक्ष प्रकाशित नहीं होती, किन्तु जिनका मन पवित्र हुआ है, वे ही उसे देख पाते हैं। जो शब्द, स्पर्श, रूप, रस और गन्ध से अतीत है, जो अव्यय है, जिसका आदि–अन्त नहीं है, जो प्रकृति के अतीत है, अपरिणामी है, उसे वे प्राप्त करते हैं, वे मृत्यु–मुख से मुक्त होते हैं। किन्तु उसे पाना बहुत कठिन है, यह मार्ग तेज क्षुरधारा के समान अत्यन्त दुर्गम है। मार्ग बहुत लम्बा एवं विपद्व्याप्त है, किन्तु निराश मत होना, दृढ़तापूर्वक चले जाओ, 'उठो, जागो, जिसकी कोई सीमा नहीं है, उसी चरमलक्ष्य पर पहुँचो, वहाँ तक

पहुँचे बिना निवृत्त मत होओ।'

हम देखते हैं, समस्त उपनिषद के भीतर प्रधान बात यह अपरोक्षानुभूति ही है। इसके सम्बन्ध में मन में समय–समय पर अनेक प्रकार के प्रश्न उठेंगे–विशेषतः आधुनिक लोगों के लिए इसकी उपकारिता के सम्बन्ध में प्रश्न उपस्थित होंगे तथा और भी अनेक प्रकार के संदेह उठेंगे, परन्तु हम देखेंगे कि सभी में हम अपने पूर्व संस्कारों के द्वारा संचालित होते हैं। हमारे मन पर इन पूर्व संस्कारों का अतिशय प्रभाव है। जो बाल्यकाल से केवल सगुण ईश्वर की और मन के व्यक्तिगत तत्त्व (The personality of the mind) की बात सुनते हैं,उनके लिए पूर्वोक्त बातें अवश्य ही अति कर्कश मालूम पड़ेंगी, किन्तु यदि हम उन्हें सुनें और यदि दीर्घकाल तक उनकी चिन्ता करें, तो वे बातें हमारे प्राणों में भिद जायेंगी, हम फिर इस तरह की बातें सुनकर भयभीत न होंगे। हाँ, दर्शन की उपकारिता अर्थात् कार्यकारिता के सम्बन्ध में मुख्य प्रश्न अवश्य है। उसका केवल एक ही उत्तर दिया जा सकता है। यदि प्रयोजनवादियों के मत में सुख का अन्वेषण करना मनुष्य के लिए कर्तव्य है, तो आध्यात्मिक चिन्ता में जिन्हें सुख मिलता है, वे क्यों न आध्यात्मिक चिन्ता में सुख का अन्वेषण करें ? अनेक लोग विषयभोग में सुख पाने के कारण विषयसुख का अन्वेषण करते हैं, किन्तु ऐसे अनेक व्यक्ति हो सकते हैं जो उच्चतर भोग का अन्वेषण करते हैं। कुत्ता केवल खाने–पीने से सुखी होता है। किन्तु वैज्ञानिक विषयसुख को तिलांजलि दे, केवल कुछ ही तारों की स्थिति जानने के लिए ही शायद किसी पर्वत के शिखर पर वास करते हैं। वे जिस अपूर्व सुख का आस्वाद पाते हैं, कुत्ता उसे समझने में अक्षम है। कुत्ता उन्हें देखकर हँस सकता है और उन्हें पागल कह सकता है। हो सकता है बिचारे वैज्ञानिक को विवाह भी करने की सुविधा न मिली हो। हो सकता है, वे केवल रोटी के कुछ टुकड़े और थोड़े से पानी के आधार पर ही पर्वत के शिखर पर रहते हैं। किन्तु वैज्ञानिक कहेंगे, "भाई कुत्ते ! तुम्हारा सुख केवल इन्द्रियों में आबद्ध है; तुम इस सुख का भोग कर रहे हो। तुम उसे छोड़कर उच्चतर कोई भी सुख नहीं जानते, किन्तु हमारे लिए यही सबसे बढ़कर सुखकर है। और यदि तुम्हें अपने मनोनुकूल सुखान्वेषण का अधिकार है, तो हमें भी है।" हमारा यही भ्रम है कि हम समस्त जगत् को अपने ही भाव से चलाना चाहते हैं। हम अपने ही मन

को समस्त जगत् का मापदंड बनाना चाहते हैं। तुम्हारी दृष्टि में इन्द्रियविषयों में ही सर्वापेक्षा अधिक सुख है। किन्तु हमें भी उन्हीं से सुख मिलेगा, इसका कोई अर्थ नहीं है। जिस समय तुम इस मत को लेकर जिद करते हो, तभी हमारा तुमसे मतभेद होता है। सांसारिक हितवादी (Worldly Utilitarian) के साथ धर्मवादी का यही प्रभेद है। सांसारिक हितवादी कहते हैं–"देखो, हम कितने सुखी हैं !

हम तुम्हारे धर्म–तत्त्वों को लेकर माथापच्ची नहीं करते। वे तो अनुसन्धानातीत हैं। उन सभी का अन्वेषण न कर हम बड़े सुख में हैं। "बहुत अच्छा, अच्छी बात है। हे हितवादियों! तुम लोग जिससे सुखी होते हो, वह ठीक है। किन्तु यह संसार बड़ा भयानक है। यदि कोई व्यक्ति अपने भाई का कोई अनिष्ट करके सुख प्राप्त कर सके, तो ईश्वर उसकी उन्नति करता है। किन्तु जब वही व्यक्ति आकर हमें अपने मत के अनुसार कार्य करने का परामर्श देता है और कहता है, यदि तुम इस तरह नहीं करते हो तो तुम मूर्ख हो तो उससे हम कहते हैं, तुम भ्रान्त हो, क्योंकि तुम्हारे लिए जो सुखकर है, उसे यदि हम करें, तो हम प्राण रखने में भी समर्थ न हो सकेंगे। यदि हमें सोने के कुछ टुकड़ों के लिए दौड़ना पड़े, तो हमारा जीना ही निरर्थक होगा। धार्मिक व्यक्ति हितवादी को यही उत्तर देगा। और वास्तविक बात भी ऐसी ही है। जिसने निम्नतर भोगवासनाओं का अन्त कर लिया है, वही धर्माचरण कर सकता है। हम लोगों को भोग भोगकर आघातों द्वारा सीखना होगा, जहाँ तक हमारी दौड़ है, वहाँ तक दौड़ लेना होगा। जब इस संसार में हमारी दौड़ निवृत्त होती है, तभी हम लोगों की दृष्टि के समक्ष परलोक प्रतिभात होता है।

इस विषय में और एक विशेष समस्या हमारे मन में उत्पन्न हुई। सुनने में बात तो बड़ी कर्कश है, परन्तु है वह वास्तविक सत्य कथा। यह विषय–भोगवासना किसी–किसी समय और एक रूप धारण करके उदित होती है–उसमें बड़ी विपदाशंका है, फिर भी वह आपाततः रमणीय है। यह बात तुम सर्वदा सुनते हो। अत्यन्त प्राचीन काल में भी वह धारणा थी–वह प्रत्येक धर्म–विश्वास के अन्तर्गत है और वह यह है कि एक ऐसा समय आयेगा जब संसार का समस्त दुःख समाप्त हो जायेगा, केवल सुखांश ही अवशिष्ट रह जायेगा और पृथ्वी स्वर्गराज्य

में परिणत हो जायेगी। पर मेरा इस बात पर विश्वास नहीं है। हमारी पृथ्वी जैसी है, वैसी ही रहेगी। अवश्य ही यह बात कहना बहुत भयानक है, किन्तु यह न कहकर और कोई मार्ग देखता ही नहीं हूँ। यह बात रोग के समान है। मस्तक से उतारो तो पैर में जायेगा। एक स्थान से हटा देने से दूसरे स्थान में चला जायेगा। कुछ भी क्यों न करो, वह किसी भी तरह पूर्णरूपेण दूर नहीं हो सकता। दुःख भी इसी तरह है। अति प्राचीन काल में लोग जंगल में रहा करते थे और एक–दूसरे को मारकर खा लेते थे। वर्तमान काल में मनुष्य एक–दूसरे मनुष्य का मांस नहीं खाता, परन्तु एक–दूसरे को ठगा खूब करता है। मनुष्य प्रतारणा करके नगर का नगर, देश का देश ध्वंस कर डालता है। निश्चय ही यह किसी बहुत बड़ी उन्नति का परिचायक नहीं है। और तुम लोग जिसे उन्नति कहते हो, उसे भी मैं बड़ा नहीं समझता–वह तो 'वासना की लगातार वृद्धि मात्र है। यदि मुझे कोई विषय अति स्पष्ट रूप से ज्ञात होता है, तो वह यही है कि वासना से केवल दुःख का ही आगमन होता है–वह तो याचक की अवस्था मात्र है। सर्वदा ही कुछ न कुछ के लिए याचना करना–किसी दुकान आदि में जाकर किसी न किसी वस्तु के पाने की इच्छा रहती ही है। बस चाहना, चाहना, चाहना ! सारा जीवन ही केवल तृष्णाग्रस्त याचक की अवस्था है–वासना की दुर्निवार तृष्णा है। यदि वासना पूर्ण करने की शक्ति समयुक्तान्तर श्रेणी (Arithmetical progresasion) के नियम अनुसार बढ़े, तो वासना की शक्ति समगुणितान्तर श्रेणी (Geometrical progresasion) के नियमानुसार बढ़ती हैं। अनन्त जगत् के समस्त सुख–दुःख की समष्टि सर्वदा ही समान है। समुद्र में यदि एक तंरग कहीं से उठती है, तो निश्चय कहीं पर एक गर्त उत्पन्न होगी। यदि किसी मनुष्य को सुख प्राप्त हुआ है, तो निश्चय ही किसी दूसरे मनुष्य या पशु को दुःख हुआ है। मनुष्य की संख्या बढ़ रही है, पशु की संख्या घट रही है। हम उनका विनाश करके उनकी भूमि छीन रहे हैं, हम उनका समस्त खाद्यद्रव्य छीन रहे हैं। तब हम किस तरह कहें कि सुख लगातार बढ़ रहा है ? 'प्रबल जाति दुर्बल जाति का ह्रास कर रही है, किन्तु तुम लोग क्या समझते हो कि प्रबल जाति कुछ सुखी होगी ? नहीं, वे एक–दूसरे का संहार ही करेंगी, मेरी समझ में नहीं आता कि सुख का युग किस तरह आयेगा। यह तो 'प्रत्यक्ष करने का विषय है। आनुमानिक विचार के द्वारा भी

मैं देखता हूँ कि यह कभी सम्भव नहीं है।

पूर्णता सर्वदा ही अनन्त है। हम वस्तुतः वही अनन्त स्वरूप हैं, अपने उसी अनन्त स्वरूप को अभिव्यक्त करने की चेष्टा मात्र हम कर रहे हैं। तुम और मैं, सभी उसी अपने–अपने अनन्त स्वरूप को अभिव्यक्त करने की चेष्टा मात्र करते हैं। यहाँ तक तो ठीक है, किन्तु कुछ जर्मन दार्शनिकों ने इससे एक अत्यन्त अद्‌भुत दार्शनिक सिद्धान्त निकालने की चेष्टा की है–वह यही है कि इस तरह अनन्त क्रमशः अधिकाधिक व्यक्त होता रहेगा, जब तक कि हम पूर्ण व्यक्त नहीं होते हैं, जब तक कि हम सब पूर्ण पुरुष नहीं हो सकते हैं। पूर्ण अभिव्यक्ति का अर्थ क्या है ? पूर्णता का अर्थ अनन्त है, और अभिव्यक्ति का अर्थ है सीमा–अतएव इसका यह तात्पर्य हुआ कि हम असीम भाव से ससीम होंगे, परन्तु यह तो असम्बद्ध प्रलाप मात्र है। बालकगण इस मत से सन्तुष्ट हो सकते हैं। बच्चों को सन्तुष्ट करने के लिए उन लोगों को शौक के तौर पर धर्म देने के लिए यह अवश्य उपयोगी है, किन्तु इससे उन लोगों को मिथ्या के विष से जर्जरित करना होता है और धर्म के लिए तो यह बड़ा ही हानिकारक है। हमें यह समझ लेना उचित है कि जगत् और मानव ईश्वर का अवनत भाव मात्र है; तुम्हारी बाइबिल में भी यह है कि आदम पहले पूर्ण मानव थे, बाद में भ्रष्ट हुए। इस तरह का कोई धर्म ही नहीं है जो यह न कहता हो कि मनुष्य पहले की अवस्था से हीन अवस्था में गिर गया है। हम हीन होकर पशु हो गये हैं। इस समय हम फिर से उन्नति के मार्ग पर चल रहे हैं, और इस बन्धन से बाहर होने की चेष्टा कर रहे हैं, किन्तु हम अनन्त को कभी भी यहाँ अभिव्यक्त करने में समर्थ नहीं हो सकते। हम प्राणपण से चेष्टा कर सकते हैं, परन्तु देखेंगे कि यह असम्भव है। अन्त में एक समय ऐसा आयेगा जब हम देखेंगे कि जब तक हम इन्द्रियों से आबद्ध है, तब तक पूर्णता का लाभ असम्भव है। तब हम जिस ओर अग्रसर हो रहे थे, उसी ओर से पीछे लौटना आरम्भ करेंगे।

इसी लौट आने का नाम त्याग है। तब हम जिस जाल के भीतर पड़े थे, उसमें से हमें निकलना होगा–तभी नीति और दया–धर्म आरम्भ होगा। समस्त नैतिक अनुशासन का मूलमंत्र क्या है ? 'नाहं, नाहं, त्वमसि त्वमसि (तूही, तूही,)। हमारे पीछे जो अनन्त विद्यमान है, उन्होंने अपने को बहिर्जगत् में व्यक्त करने के

लिए इस 'अहं' का आकार धारण किया है। उन्हीं से इस क्षुद्र 'मैं' और 'तुम' की उत्पत्ति हुई है। अभिव्यक्ति की चेष्टा में इसी फल की उत्पत्ति हुई है,– अब इस 'मैं' को फिर पीछे हटकर अपने अनन्त स्वरूप में मिल जाना होगा। उन्हें मालूम होगा कि वे इतने दिन तक व्यर्थ की चेष्टा कर रहे थे। उन्होंने अपने को भँवर में डाला है– उन्हें इस भँवर से बाहर निकलना होगा। प्रत्येक दिन यही हमें प्रत्यक्ष हो रहा है। जितने बार तुम कहते हो 'नाहं नाहं, त्वमसि त्वमसि' उतने ही बार तुम लौटने की चेष्टा करते हो, और जितने बार तुम अनन्त को यहाँ अनिव्यक्त करने में सचेष्ट होते हो, उतने ही बार तुम्हें कहना होगा 'अहं, अहं, न त्वम्'। इसी से संसार में प्रतिद्वन्द्विता, संघर्ष और अनिष्ट की उत्पत्ति होती है, किन्तु अन्त में त्याग, अनन्त त्याग का आरम्भ होगा ही। 'मैं' मर जायेगा। अपने जीवन के लिए उस समय कौन यत्न करेगा ? यहाँ रहकर इस जीवन का उपभोग करने की व्यर्थ वासना और फिर इसके आगे स्वर्ग जाकर उसी तरह रहने की वासना–अर्थात् सर्वदा इन्द्रिय और इन्द्रियसुख में लिप्त रहने की वासना ही मृत्यु को लाती है।

यदि हम पशुओं की उन्नत अवस्था मात्र हैं, तो जिस विचार से यह सिद्धान्त लब्ध हुआ उसी विचार से यह सिद्धान्त भी हो सकता है कि पशुगण मनुष्य की अवनत अवस्था मात्र हैं। तुमने यह कैसे समझा कि वैसा नहीं है ? तुम जानते हो–क्रमविकासवाद का प्रमाण केवल यही है कि निम्नतम प्राणी से लेकर उच्चतम प्राणी तक सभी शरीर परस्पर–सदृश हैं, किन्तु उससे तुमने किस प्रकार यह सिद्धान्त निकाला कि निम्नतम प्राणी से क्रमशः उच्चतम प्राणी जन्मा है, न कि यह कि उच्चतम से क्रमशः निम्नतम प्राणी उत्पन्न हुआ है ? दोनों ही ओर समान युक्ति है–और यदि इस मतवाद में वास्तविक कुछ सत्य है, तो हमारा यह विश्वास है कि एक बार नीचे से ऊपर, फिर ऊपर से नीचे गति होती है–अर्थात् लगातार इस देहश्रेणी का आवर्तन हो रहा है। क्रमसंकोचवाद स्वीकार न करने पर क्रमविकासवाद किस तरह सत्य हो सकता है ? जो कुछ भी हो, मैं जो कह रहा था कि मनुष्य की लगातार अनन्त उन्नति नहीं हो सकती यह इससे अच्छी तरह स्पष्ट हो जाता है।

'अनन्त' जगत् में अवश्य अभिव्यक्त हो सकता है, इसे यदि मुझे कोई

समझा सके तो मैं उसे समझने को प्रस्तुत हूँ, किन्तु हम लगातार सरल रेखा में उन्नति करते जा रहे हैं, इस बात पर मेरा बिलकुल विश्वास नहीं है। यह तो एक असम्बद्ध प्रलाप मात्र है। सरल रेखा में किसी प्रकार की गति हो ही नहीं सकती। यदि तुम अपने सामने ही सामने एक पत्थर फेंको, तो अनन्त काल के बाद एक समय ऐसा आयेगा, जब वह घूमकर गोलाकार में तुम्हारे निकट फिर आ जायेगा। तुम लोगों ने क्या गणित के इस स्वतः सिद्ध सिद्धान्त को नहीं पढ़ा है कि सरल रेखा अनन्त रूप में बढ़ाने पर वर्तुलाकार धारण करती है ? अवश्य ही यह ऐसा ही होगा, परन्तु सम्भव है, मार्ग पर अग्रसर होते–होते कुछ इधर–उधर हो जाये। इसी कारण मैं सर्वदा ही प्राचीन धर्मों का मत लेता हूँ–क्या ईसा, क्या बुद्ध, क्या वेदान्त, क्या बाइबिल, सभी कहते हैं– इस अपूर्ण जगत् को छोड़कर ही समय पर हम पूर्णता प्राप्त करेंगे। यह जगत् कुछ भी नहीं है–अधिक से अधिक उस सत्य की एक भयानक विसदृशं अनुकृति अर्थात् छाया मात्र है। सभी अज्ञानी मनुष्य इन इन्द्रिय सुखों का उपभोग करने के लिए दौड़ते हैं।

इन्द्रियों में आसक्त होना अत्यन्त सहज है। और भी सहज यह है कि हम अपने प्राचीन अभ्यास के वशीभूत होकर केवल आहार–पान में मत्त रहें। किन्तु हमारे आधुनिक दार्शनिक इन सभी सुखकर भावों को लेकर उनके ऊपर धर्म की छाप देने की चेष्टा करते हैं। किन्तु यह मत सत्य नहीं है। इन्द्रियों की मृत्यु अटल है। हमें मृत्यु से अतीत होना होगा। मृत्यु कभी भी सत्य नहीं है। त्याग ही हमें सत्य में पहुँचायेगा। नीति का अर्थ ही त्याग है। हमारे प्रकृत जीवन का प्रत्येक अंग ही त्याग है। हम जीवन के उन्हीं क्षणों में वास्तविक साधुता से युक्त होते हैं और प्रकृत जीवन का सम्भोग करते हैं, जब हम 'मैं' की चिन्ता से विरत होते हैं। 'मैं' का जब नाश होता है–हमारे अन्तर के प्राचीन मनुष्य (Old man) की मृत्यु होती है, उसी समय हम सत्य में पहुँचते हैं। और वेदान्त कहता है– वह सत्य ही ईश्वर है, वही हमारा प्रकृत स्वरूप है–वह सर्वदा ही तुम्हारे साथ रहता है और केवल यही नहीं, तुममें ही रहता है। उसी में सर्वदा वास करो। यद्यपि यह बहुत कठिन प्रतीत होता है, तथापि क्रमशः यह सहज हो जायेगा। तब तुम देखोगे, उसमें रहना ही एकमात्र आनन्दपूर्ण अवस्था है, अन्य सभी अवस्थाएँ मृत्यु हैं। आत्म–भाव में पूर्ण होना ही जीवन है, और सभी भाव

मृत्यु है। हमारे वर्तमान समस्त जीवन को ही केवल शिक्षा के लिए विश्वविद्यालय कहा जा सकता है। प्रकृत जीवन लाभ करने के लिए हमें इसके बाहर जाना होगा।

13. आत्मा का मुक्त स्वभाव

हम पहले जिस कठोपनिषद् की आलोचना करते थे, वह छान्दोग्योपनिषद् के, जिसकी हम आलोचना करेंगे, बहुत समय बाद रचा गया था। कठोपनिषद की भाषा अपेक्षाकृत आधुनिक है, उसकी चिन्तनशैली भी सबसे अधिक प्रणालीबद्ध है। प्राचीनतर उपनिषदों की भाषा कुछ अन्य प्रकार की थी। वह अति प्राचीन एवं बहुत कुछ वेद के संहिता–भाग की तरह थी। फिर उनमें अनेक बार अनेक अनावश्यक विषयों में से घूम फिर कर तब कही उनका सार मत प्राप्त होता है। इस प्राचीन उपनिषद में कर्मकाण्डात्मक वेदांश का काफी प्रभाव है। इसीलिए इसका आधे से अधिक भाग अब भी कर्मकाण्डात्मक है। किन्तु अति प्राचीन उपनिषदों के अध्ययन से एक महान लाभ होता है। वह लाभ यह है कि उनके अध्ययन से आध्यात्मिक भावों का ऐतिहासिक विकास जाना जा सकता है। अपेक्षाकृत आधुनिक उपनिपदों में ये आध्यात्मिक तत्त्वों सब एकत्र संग्रहीत एवं संजित पाये जाते हैं। उदाहरण रूप भगवद्गीता को ही ले लीजिए। श्रीमद्भगवद्गीता को अन्तिम उपनिषद कहा जा सकता है, क्योंकि उसमें कर्म काण्ड का लेशमात्र भी नहीं है। गीता का प्रत्येक श्लोक किसी न किसी उपनिषद' से संग्रहीत है, मानो अनेक पुष्पों के संचयन से एक सुन्दर गुच्छ निर्मित हुआ हो, किन्तु उनमें इन सब तत्त्वों का क्रम विकास देखने में नहीं आता। अनेक लोगों के मतानुसार इन आध्यात्मिक तत्त्वों के क्रम–विकास को जानने की सुविधा ही वेद के अध्ययन की एक विशेष उपकारिता है। वास्तव में यह सत्य भी है, क्योंकि वेद को लोग इतनी पवित्रता की दृष्टि से देखते हैं कि संसार के अन्यान्य धर्मशास्त्रों में जिस तरह नाना प्रकार की मिलावट हुई है, वेद में वैसी नहीं होने पाई। वेद में अति उच्च विचार और निम्नतम विचारों का भी समावेश

है। सार, असार, अति उन्नत विचार, और साथ ही सामान्य छोटी–छोटी बातें भी उसमें सन्निविष्ट है। किसी ने भी उसमें परिवर्तन या परिवर्धन करने का साहस नहीं किया। हाँ, टीकाकारों ने अवश्य ही व्याख्या के बल से अति प्राचीन विषयों से अद्‌भुत–अद्‌भुत नये भाव निकालना आरम्भ क्रिया, अनेक साधारण वर्णनों के भीतर वे आध्यात्मिक तत्त्व देखने लगे, किन्तु मूल जैसे का तैसा ही रहा–इसी मूल में ऐतिहासिक गवेषणा के अनेक विषय हैं। हम जानते हैं कि मनुष्य की चिन्तन शक्ति जितनी ही उन्नत होती है उतना ही वे धर्म के पूर्व भावों को परिवर्तित कर उनमें नवीन–नवीन ऊँचे भावों को मिलाते हैं। यहाँ एक, वहाँ एक–इस प्रकार नयी–नयी बातें जोड़ी जाती हैं, कहीं–कहीं एकाध बात निकाल भी दी जाती है। टीकाकार की ही तो कला ठहरी ! सम्भवत वैदिक साहित्य में ऐसा नहीं किया गया। और यदि हुआ हो तो प्रथमतः उसका पता ही नहीं चलता। हमें इससे लाभ यह है कि हम विचार के मूल उत्पत्तिस्थान में पहुँच सकते हैं–देख सकते हैं कि किस प्रकार क्रमशः उच्च से उच्चतर विचारों का, किस प्रकार से स्थूल आधिभौतिक धारणाओं से लेकर सूक्ष्मतर आध्यात्मिक धारणाओं का विकास हो रहा है और अन्त में किस प्रकार वेदान्त में उन सभों की चरम परिणति हुई है। वैदिक साहित्य में अनेक प्राचीन आचार–व्यवहारों का भी आभास पाया जाता है। पर उपनिषद में उन सभी का वर्णन अधिक नहीं है। वह एक ऐसी भाषा में लिखा गया है जो अत्यन्त संक्षिप्त है और सरलता से याद रखी जा सकती है।

प्रतीत ऐसा होता है कि इस ग्रन्थ के लेखक मानो केवल कई घटनाओं को स्मरण रखने के उपाय लिख रहे हैं। मानो उनकी ऐसी 'धारणा है कि ये सब बातें सभी जानते हैं। इससे असुविधा यह होती है कि हम उपनिषद में लिखी कथाओं के वास्तविक तात्पर्य को ग्रहण नहीं कर सकते। इसका कारण यह है–यह सब जिन लोगों के समय में लिखा गया था वे लोग उन घटनाओं को जानते थे, किन्तु आज उनकी किंवदन्ती भी वर्तमान नहीं है,–और जो एकाध है भी, वह भी अतिरंजित हो गयी है। उनकी ऐसी नयी व्याख्या हो गयी है कि जब हम पुराणों में उनके विवरण पढ़ते हैं तो देखते हैं कि वे उच्छ्‌वसात्मक काव्य बन गये हैं।

पाश्चात्य देशों में जैसे हम पाश्चात्य जाति की राजनीतिक उन्नति के विषय में एक विशेष भाव देख पाते हैं कि वे किसी प्रकार अनियन्त्रित शासन सहन नहीं कर सकते, वे किसी प्रकार के बन्धन को–जैसे कोई उनके ऊपर शासन करे–सहन नहीं कर सकते, वे जैसे क्रमशः उच्च से उच्चतर प्रजातन्त्र–शासन–प्रणाली की उच्च–उच्चतर धारणा तथा बाह्य स्वाधीनता की उच्च से उच्चतर धारणा प्राप्त कर रहे हैं ठीक वैसी ही घटना दर्शन में घटती है। किन्तु भेद यही है कि यह आध्यात्मिक जीवन की स्वाधीनता है। अनेक देववाद' से क्रमशः लोग एकेश्वरवाद' में पहुँचते हैं–उपनिषद् में फिर मानो इसी एकेश्वरवाद के विरुद्ध युद्धघोषणा हुई है। जगत् के अनेक शासनकर्ता अपने भाग्य को नियन्त्रित कर रहे हैं केवल यही धारणा उन्हें असह्य होती हो सो नहीं, बल्कि एकजन उनके अदृष्ट का विधाता होगा–यह धारणा भी उन्हें सह्य न हो सकी। उपनिषद् की आलोचना करने पर यही सबसे पहले हमारे सामने आता है। यही धारणा धीरे–धीरे बढ़कर अन्त में उसकी चरम परिणति हुई। प्रायः सभी उपनिषदों में अन्त में हम यही परिणति पाते हैं। वह है जगदीश्वर को सिंहासनच्युत करना। ईश्वर की सगुण धारणा जाकर निर्गुण धारणा उपस्थित होती है। तब ईश्वर जगत् का शासनकर्ता एक व्यक्ति नहीं रह जाता, वह फिर एक अनन्तगुणसम्पन्न मनुष्य धर्मविशिष्ट नहीं रहता, प्रत्युत वह एक भाव मात्र, एक परम तत्त्व मात्र रूप में ज्ञात होता है। हममें, जगत् के सभी प्राणियों में, यहाँ तक कि समस्त जगत् में वही तत्त्व ओत–प्रोत भाव से विराजमान है। और यह निश्चित है कि जब ईश्वर की सगुण धारणा निर्गुण धारणा में पहुँच गयी तब मनुष्य भी सगुण नहीं रह सकता। अतएव मनुष्य का सगुणत्व भी उड़ गया–मनुष्य भी एक तत्त्व–मात्र हुआ। सगुण व्यक्ति बाह्य प्रदेश में विराजित है। –प्रकृत तत्त्व अन्तर्देश में पश्चात्। इसी तरह दोनों ओर से ही क्रमशः सगुणत्व चला जाता है और निर्गुणत्व का आविर्भाव होता रहता है।

सगुण ईश्वर की क्रमशः निर्गुण धारणा होती है एवं सगुण मनुष्य का भी निर्गुण मनुष्यमात्र आता रहता है–तब इन दो दिशाओं में विभिन्न भाव से प्रवाहित इन दो धाराओं का विभिन्न वर्णन पाया जाता है। ये दो धाराएँ जिस क्रम से क्रमशः आगे होकर मिले जाती हैं, उसके वर्णन से उपनिषद् पूर्ण है एवं प्रत्येक

उपनिषद् की शेष कथा है–तत्वमसि। केवल एकमात्र नित्य आनन्दमय पुरुष ही है, और वही परम तत्त्व इस जगत् रूप में अनेक प्रकार से प्रकाशित होता है।

अब दार्शनिक आये। उपनिषद् का कार्य यहीं समाप्त हुआ–दार्शनिक लोगों ने उसके बाद अन्यान्य प्रश्नों पर विचार आरम्भ किया। उपनिषद् में मुख्य बात मिली–अब विस्तारपूर्वक व्याख्या करना, विचार करना दार्शनिक लोगों के लिए ही रहा।

यह स्वाभाविक है कि पूर्वोक्त सिद्धान्त से अनेक प्रश्न उठते हैं। यदि यही स्वीकार किया जाये कि एक निर्गुणतत्त्व ही परिदृश्यमान नाना रूपों में प्रकाशित होता है, तो यही जिज्ञासा होती है कि एक क्यों अनेक हुआ ? यह वही प्राचीन प्रश्न है जो मनुष्य की अमार्जित बुद्धि में स्थूल मात्र से उत्पन्न होता है। जगत् में दुःख अशुभ क्यों है ? उसी प्रश्न ने स्थूल भाव त्यागकर सूक्ष्म रूप धारण किया है। अब फिर हमारी बाह्य दृष्टि ऐन्द्रियिक दृष्टि से वह प्रश्न नहीं पूछा जा रहा है, बल्कि भीतर से दार्शनिक दृष्टि से इस प्रश्न का विचार हो रहा है। क्या वह एक तत्त्व अनेक हुआ? इसका उत्तर –सर्वोत्तम उत्तर भारतवर्ष में मिला। इसका उत्तर–मायावाद–वास्तव में वह अनेक नहीं हुआ, वास्तव में उसके प्रकृत स्वरूप को लेशमात्र भी हानि नहीं हुई। यह अनेकत्व केवल आपातप्रतीयमान मात्र है, मनुष्य आपात दृष्टि से व्यक्ति रूप से प्रतीयमान हो रहा है, किन्तु वास्तव में वह निर्गुण है। ईश्वर भी आपाततः सगुण या व्यक्ति रूप से प्रतीयमान हो रहा है, यद्यपि वास्तव में वह इसी समस्त ब्रह्मांड में अवस्थित निर्गुण पुरुष है।

यह उत्तर भी एकदम ही प्राप्त नहीं हुआ। उसके भी विभिन्न सोपान हैं। इस उत्तर के सम्बन्ध में दार्शनिकों में मतभेद हैं। मायावाद भारत के सभी दार्शनिकों को मान्य नहीं है। सम्भवतः उनमें से अधिकांश दार्शनिकों ने इस मत को स्वीकार नहीं किया। कुछ तो द्वैतवादी हैं, उनका मत द्वैतवाद है–निश्चय ही उनका यह मत विशेष उन्नत तथा मार्जित नहीं है। वे इस प्रश्न की जिज्ञासा ही नहीं होने देंगे–वे इस प्रश्न के उत्पन्न होते ही इसे दबा देते हैं। वे कहते हैं–"तुमको इस प्रश्न के पूछने का अधिकार नहीं है क्यों इस तरह हुआ, इसकी व्याख्या पूछने का तुम्हें कुछ भी अधिकार नहीं। वह तो ईश्वर की इच्छा है हमें शान्त भाव से उसे सहन करना होगा। जीवात्मा को कुछ भी स्वाधीनता नहीं है।

सब कुछ पहले से ही निर्दिष्ट है—हम क्या करेंगे, हमें क्या—क्या अधिकार हैं, हम क्या—क्या सुख—दुःख भोगेंगे, सभी कुछ पहले से ही निर्दिष्ट है। हमारा कर्तव्य है—धैर्य से उन सभों का भोग करते जाना। यदि हम ऐसा न करें तो और भी अधिक कष्ट पायेंगे। किस तरह से हमने इसको जाना है ?—क्योंकि वेद ऐसा कहते हैं।" वे भी वेद के श्लोक उद्धृत करते हैं, उनके मतसम्मत वेद का अर्थ भी है; वे इन सभों को प्रमाण कहकर सभी को उन्हें मानने के लिए कहते हैं और तदनुसार चलने का उपदेश देते हैं।

फिर अनेक ऐसे भी दार्शनिक हैं जो मायावाद स्वीकार नहीं करते, पर उनका मत मायावाद और द्वैतवाद के बीच का है। वे हैं परिणामवादी। वे कहते हैं, जीवात्मा की उन्नति तथा अवनति—विभिन्न परिणाम ही—जगत् की प्रकृत व्याख्या है। वे रूपक भाव से वर्णन करते हैं कि समस्त आत्मा एक बार संकोच को और फिर विकास को प्राप्त होते हैं। समस्त जगत् ही जैसे भगवान का शरीर है। ईश्वर समस्त प्रकृति एव आत्माओं के आत्मा स्वरूप है।

सृष्टि का अर्थ है ईश्वर के स्वरूप का विकास—कुछ समय तक यह विकास जारी रहकर फिर संकुचित होने लगता है। प्रत्येक जीवात्मा के लिए इस संकोच का कारण है—असत् कर्म। मनुष्य के असत् कर्म करने से उसकी आत्मा की शक्ति क्रमशः संकुचित होने लगती है—जितने दिनों तक वह सत्कर्म आरभ नहीं करता। तब फिर उसका विकास होने लगता है। इन भारतीय विभिन्न मतों में—एवं मेरे विचार में, जान में या अनजान में जगत् के सभी मतों में—एक साधारण भाव दिखाई देता है, मैं उसे "मनुष्य का देवत्व" या ईश्वरत्व कहना चाहता हूँ। जगत् में ऐसा कोई मत नहीं है, प्रकृत धर्म नाम के उपयुक्त ऐसा कोई धर्म नहीं है जो किसी न किसी तरह पौराणिक या रूपक भाव से ही हो अथवा दर्शनों की परिमार्जित स्पष्ट भाषा में हो, यह भाव प्रकाशित न करता हो कि जीवात्मा जो कुछ भी हो, अथवा ईश्वर के साथ उसका जो भी सम्बन्ध हो, वह स्वरूपतः शुद्ध स्वभाव एवं पूर्ण है। पूर्णानन्द और ऐश्वर्य उसके प्रकृतिगत हैं। दुःख या अनैश्चर्य उसकी प्रकृति नहीं है। यही दुःख किसी रूप में उसमें आ गया है। सभी अमार्जित मतों में इस अशुभ के व्यक्तित्व (Personified Evil) की कल्पना कर शैतान या अहींमन को इन अशुभों का सृष्टिकर्ता कहकर अशुभों के अस्तित्त्व की व्याख्या की

जा सकती है।

दूसरे मतों के अनुसार एक ही आधार में ईश्वर और शैतान दोनों का भाव आरोपित किया जा सकता है, एवं किसी प्रकार की युक्ति दिये बिना ही वे कहते हैं कि वह चाहे जिसे सुखी या दुःखी करता है। फिर कुछ अधिक चिन्ताशील व्यक्तिगण मायावाद आदि के द्वारा अशुभ की व्याख्या करने की चेष्टा कर सकते हैं। किन्तु एक विषय सभी मतों में अत्यन्त स्पष्ट रूप से प्रकाशित है और वह है हमारा प्रस्तावित विषय–आत्मा का मुक्त स्वभाव। ये सभी दार्शनिक मत और प्रणालियाँ केवल मन के व्यायाम और बुद्धि की कसरत मात्र हैं। एक महान उज्ज्वल धारणा है जो मुझे विशेष स्पष्ट प्रतीत होती है, एवं जो सभी देश तथा धर्म के कुसंस्कारों के बीच प्रकाश पाती है, और वह यही है कि मनुष्य देवस्वभाव है–देवभाव ही हमारा स्वभाव है, हम ब्रह्मस्वरूप हैं।

वेदान्त कहता है, और जो अन्य कुछ है, वह उसका उपाधिस्वरूप मात्र है। कुछ मानो उसके ऊपर आरोपित हुआ है, किन्तु उसके देवस्वभाव का किसी से भी विनाश नहीं होता। वह जैसा अतिशय साधुप्रकृति व्यक्ति में है, वैसा ही एक बड़े पतित व्यक्ति में भी वर्तमान है। इस देवस्वभाव को जगाना पड़ेगा, तभी उसका कार्य होगा। हमें उसका आह्वान करना होगा, तभी वह प्रकाशित होगा। पुराने लोग समझते थे, चकमक पत्थर में आग रहती है, उसी आग को बाहर निकालने के लिए केवल इस्पात का घर्षण आवश्यक है। आग सूखी लकड़ी के दो टुकड़ों में वास करती है, घर्षण केवल उसे प्रकाशित करने के लिए आवश्यक है। अतएव यह अग्नि–यह स्वाभाविक मुक्तभाव और पवित्रता प्रत्येक आत्मा का स्वभाव है, आत्मा का गुण नहीं, क्योंकि गुण तो उपार्जित किया जा सकता है, अतएव वह फिर नष्ट भी हो सकता है। मुक्ति या मुक्त स्वभाव कहकर जो समझा जाता है, आत्मा कहने से भी उसी का बोध होता है–इस प्रकार सत्ता या अस्तित्त्व एवं ज्ञान भी आत्मा का स्वरूप है–आत्मा के साथ अभिन्न है। यह सत्–चित्–आनन्द आत्मा का स्वभाव है, आत्मा का जन्मजात अधिकार स्वरूप है, हम जो इन सभी अभिव्यक्तियों को देखते हैं, वे आत्मा के स्वरूप के विभिन्न प्रकार मात्र हैं–वह किसी समय अपने को मृदुभाव से और किसी समय उज्ज्वल भाव से प्रकाशित करती है। यहाँ तक कि मृत्यु अथवा विनाश भी उसी प्रकृत सत्ता का प्रकाश मात्र

है। जन्म–मृत्यु, क्षय–वृद्धि, उन्नति–अवनति, सभी उस एक अखंड सत्ता के विभिन्न प्रकाशमात्र हैं। इसी प्रकार हमारा साधारण ज्ञान भी, वह चाहे विद्या अथवा अविद्या किसी भी रूप से प्रकाशित क्यों न हो, उसी चित् का, उसी ज्ञान स्वरूप का प्रकाश है, उसकी विभिन्नता प्रकारगत नहीं है, अपितु परिमाणगत है। छोटे कीड़े जो तुम्हारे पैर के पास घूमते हैं, उनके ज्ञान में और स्वर्ग के श्रेष्ठतम देवता के ज्ञान में भिन्नता प्रकारगत नहीं है, किन्तु परिमाणगत है। इसी कारण वेदान्ती मनीषी निर्भय होकर कहते हैं कि हम अपने जीवन में जो सब सुखोपभोग करते हैं, यहाँ तक कि अतिघृणित आनन्द भी–वे आत्मा के ही स्वरूपभूत, उसी एक ब्रह्मानन्द के प्रकाश हैं।

यही भाव वेदान्त का सर्वप्रधान भाव ज्ञात होता है, और जैसा मैंने पहले ही कहा है, मुझे मालूम होता है कि सभी धर्मों का यही मत है। मैं इस प्रकार का कोई धर्म नहीं जानता, जिसके मूल में यह मत नहीं है। सभी धर्मों के भीतर यह सार्वभौमिक भाव रहा है। उदाहरण के तौर पर बाइबिल की कथा ले लीजिए–उसमें रूपक के ढंग से कथा वर्णित है, आदिमानव आदम अत्यन्त पवित्र स्वभाव के थे, अन्त में उनके असत्कार्यों से उनकी पवित्रता नष्ट हुई। इस रूपक से यह प्रमाणित होता है कि इस ग्रन्थ के लेखक विश्वास करते थे कि आदिम मानव का (अथवा वे उसका अन्य किसी भी भाव से वर्णन क्यों न करें) या प्रकृत मानव का स्वरूप आदि से ही पूर्ण था। हमें जो तरह–तरह की दुर्बलताएँ अथवा अपवित्रता दिखाई देती है, वह सब उसके ऊपर आरोपित आवरण या उपाधि मात्र है, एवं उसी धर्म का परवर्ती इतिहास यह बतलाता है कि उसके अनुयायी केवल उसी पूर्व अवस्था को पुनः प्राप्त करने की सम्भावना में ही नहीं, वरन् उसकी निश्चितता में भी विश्वास करते हैं। यही समस्त बाइबिल का–प्राचीन तथा नवीन टेस्टामेंट का इतिहास है।

मुसलमानों के सम्बन्ध में भी ऐसा ही है। वे भी आदम तथा उसकी जन्मजात पवित्रता पर विश्वास करते हैं। और उनकी यह धारणा है कि हजरत मुहम्मद के आगमन से उस लुप्त पवित्रता के पुनरुद्धार का उपाय प्राप्त हो चुका है।

बौद्धों के विषय में भी यही है। वे भी निर्वाण नामक अवस्था विशेष पर

विश्वास रखते हैं। यह अवस्था द्वैत जगत् से अतीत अवस्था है। वेदान्ती लोग जिसे ब्रह्म कहते हैं, यह निर्वाण अवस्था भी ठीक वही है। और बौद्ध धर्म के सम्पूर्ण उपदेश का यही धर्म है कि उस विनष्ट निर्वाण अवस्था को फिर से प्राप्त करना होगा।

इस तरह देखा जाता है कि सभी धर्मों में यही एक तत्त्व पाया जाता है कि जो तुम्हारा नहीं है उसे तुम कभी नहीं पा सकते। इस विश्वब्रह्मांड में तुम किसी के भी निकट ऋणी नहीं हो। तुम्हें अपना जन्मप्राप्त अधिकार ही प्राप्त करना है। एक प्रसिद्ध वेदान्ताचार्य ने यही भाव अपने किसी ग्रन्थ के नाम में ही बड़े सुन्दर भाव से प्रकट किया है। ग्रन्थ का नाम है 'स्वराज्यसिद्धि' अर्थात् हमारा अपना राज्य, जो खो गया था, उसकी पुनःप्राप्ति। वही राज्य हमारा है, हमने उसे खो दिया है, फिर हमें उसे प्राप्त करना होगा। किन्तु मायावादी कहते हैं–यह राज्यनाश केवल हमारा भ्रम मात्र है, हमारे राज्य का नाश तो कभी हुआ ही नहीं बस यही दोनों में भेद है।

यद्यपि इस विषय में कि हमारा जो राज्य था, उसे हमने खो दिया है, सभी धर्म–प्रणालियाँ एकमत हैं तथापि वे उसे फिर से पाने के उपाय के बारे में विभिन्न उपदेश दिया करती हैं। कोई कहते हैं कुछ विशिष्ट क्रियाकलाप, प्रतिमा आदि की पूजा–अर्चना करने से और स्वयं कुछ विशेष नियमानुसार जीवनयापन करने से वह स्वराज्य मिल सकता है। कुछ और लोग कहते हैं–यदि तुम प्रकृति से अतीत पुरुष के सम्मुख अपने को नतकर रोते–रोते उसके निकट क्षमा प्रार्थना करो, तो तुम पुनश्च उस राज्य को प्राप्त कर लोगे। दूसरे कोई कहते हैं–यदि तुम इस पुरुष से अन्तःकरणपूर्वक प्रेम कर सको, तो तुम फिर से इस राज्य को प्राप्त कर सकोगे। उपनिषद् में ये सभी उपदेश पाये जाते हैं। क्रमशः हम तुम्हें जितना उपनिषद् समझाएँगे, उतना ही तुम यह समझते जाओगे। किन्तु सर्वश्रेष्ठ अन्तिम उपदेश यह है कि तुम्हारे रोने का कुछ भी प्रयोजन नहीं है। तुम्हारे इन क्रियाकलापों की किंचिन्मात्र भी आवश्यकता नहीं है। क्या–क्या करने से राज्य की पुनः प्राप्ति होगी, इस चिन्ता की तुम्हें कोई आवश्यकता नहीं है, क्योंकि तुम्हारा राज्य तो कभी नष्ट हुआ ही नहीं। जिसे तुमने कभी खोया ही नहीं, उसे पाने के लिए इस प्रकार की चेष्टा की आवश्यकता ही क्या ? तुम

स्वभावतः मुक्त हो, तुम स्वभावतः शुद्ध स्वभाव हो। यदि तुम अपने को मुक्त समझकर भावना कर सको, तो तुम इसी मुहूर्त में मुक्त हो जाओगे, और यदि तुम अपने को बद्ध समझकर भावना करो, तो तुम बद्ध ही रहोगे। केवल इतना ही नहीं; इस बार अवश्य ही जो कुछ हम कहेंगे, उसे हम अत्यन्त साहस के साथ कहेंगे यह बात मैंने इन वक्तृताओं के आरम्भ करने के पूर्व ही कही थी। तुम्हें यह सुनकर इस क्षण भय हो सकता है, किन्तु तुम जितना चिन्तन करोगे, एवं प्राण–प्राण में अनुभव करोगे, उतना ही देखोगे कि मेरी बात सत्य है। कारण, कल्पना करो कि मुक्त भाव तुम्हारा स्वभावसिद्ध नहीं है, तब तुम किसी भी प्रकार मुक्त नहीं हो सकोगे। कल्पना करो कि तुम मुक्त थे, इस समय किसी कारण से उस मुक्त स्वभाव को खोकर बद्ध हुए हो तो ऐसा होने पर प्रमाणित होता है कि तुम पहले से ही मुक्त नहीं थे। यदि तुम मुक्त थे तो किसने तुम्हें बद्ध किया ? जो स्वतन्त्र है, वह कभी भी परतन्त्र नहीं हो सकता; और यदि हो सकता है तो प्रमाणित हुआ कि वह कभी भी स्वतन्त्र नहीं था यह स्वातन्त्र्य–प्रतीति भ्रम मात्र थी।

अब तुम इन दोनों पक्षों में कौन सा पक्ष ग्रहण करोगे ? दोनों पक्षों की युक्ति–परम्परा को स्पष्ट करने पर हमें निम्नलिखित बातें दिखाई देती हैं। यदि कहो कि आत्मा स्वभावतः शुद्धस्वरूप एवं मुक्त है, तो अवश्यमेव यह सिद्धान्त स्थिर करना होगा कि जगत् में ऐसी कोई वस्तु नहीं है जो उसे बाँध सके। किन्तु जगत् में यदि इस प्रकार की कोई वस्तु हो, जिससे उसे बद्ध किया जा सके, तो अवश्य यह कहना होगा कि आत्मा मुक्तस्वभाव थी ही नहीं, अतएव तुमने उसे जो मुक्तस्वभाव कहा था वह तुम्हारा भ्रम मात्र है। अतएव तुम्हें यह सिद्धान्त अवश्य ही स्वीकार करना होगा कि आत्मा स्वभाव से ही मुक्तस्वरूप है। इसके अतिरिक्त और कुछ हो ही नहीं सकती। मुक्त स्वभाव का अर्थ है–किसी बाह्य्य वस्तु के अधीन न होना– अर्थात् उसके अतिरिक्त कोई भी दूसरी वस्तु उसके ऊपर हेतु रूप में कोई कार्य नहीं कर सकती।

आत्मा कार्य–कारण–सम्बन्ध से अतीत है, और इसी से आत्मा के सम्बन्ध में हमारी उच्च–उच्च धारणाएँ उत्पन्न होती हैं। यदि यह अस्वीकार किया जाये कि आत्मा स्वभावतः मुक्त है अर्थात् बाहर की कोई भी वस्तु उसके

ऊपर कार्य नहीं कर सकती तो आत्मा के अमरत्व की कोई धारणा प्रस्थापित नहीं की जा सकती। क्योंकि, मृत्यु हमारे बर्हिस्थित किसी वस्तु के द्वारा किया हुआ कार्य है। इससे ज्ञात होता है कि हमारे शरीर के ऊपर बाहरी कोई दूसरा पदार्थ कार्य कर सकता है, मान लो मैंने थोड़ा सा विष खाया, उससे मेरी मृत्यु हुई–इससे जाना जाता है कि हमारे शरीर के ऊपर विष नामक बाहरी कोई पदार्थ कार्य कर सकता है। यदि आत्मा के सम्बन्ध में यह सत्य हो, तो आत्मा भी बद्ध है। किन्तु यदि यह सत्य है कि आत्मा मुक्तस्वभाव है, तो यह भी स्वभावतः , ज्ञात होता है कि बाहरी कोई भी पदार्थ उसके ऊपर कार्य नहीं कर सकता है और न कर ही सकेगा। ऐसा होने पर आत्मा कभी मर नहीं सकती, एवं आत्मा कार्य–कारण–सम्बन्ध में अतीत भी होगी। आत्मा का मुक्त स्वभाव, उसका अमरत्व एवं उसका आनन्द स्वभाव, सभी इस बात के ऊपर निर्भर है कि आत्मा कार्य–कारण–सम्बन्ध एवं इस माया से अतीत है। अब यदि इस समय तुम कहो कि आत्मा का स्वभाव पहले पूर्ण मुक्त था, इस समय वह बद्ध हो गयी है, तो इससे यही जाना जाता है कि वस्तुतः वह मुक्तस्वभाव थी ही नहीं। तुम जो कहते हो कि वह मुक्तस्वभाव थी, वह असत्य है। किन्तु दूसरी ओर हम देखते हैं कि हम वास्तविक मुक्तस्वभाव हैं; यह जो हम बद्ध हुए हैं ऐसा ज्ञात हो रहा है यह हमारी केवल भ्रान्ति है। अब इन दोनों पक्षों में कौन सा पक्ष लोगे? या तो पहले पक्ष को भ्रान्ति कहो या दूसरे पक्ष को भ्रान्ति कहकर स्वीकार करो। मैं तो निश्चय ही द्वितीय पक्ष को भ्रान्ति कहूँगा। यही हमारे समुदय भाव और अनुभूति के साथ संगत है। मैं अच्छी तरह जानता हूँ कि मैं स्वभावतः मुक्त हूँ। बद्ध भाव सत्य एवं मुक्त भाव भ्रमात्मक हो, यह ठीक नहीं।

सभी दर्शनों में स्थूल भाव से यही विचार चलता है। यहाँ तक देखा जाता है कि अत्यन्त आधुनिक दर्शन में भी यह विचार प्रविष्ट हुआ है। इस सम्बन्ध में दो दल हैं; एक दल कहता है, आत्मा नामक कोई वस्तु नहीं है, वह तो केवल भ्रान्ति है। इस भ्रान्ति का कारण सभी जड़कणों का बारम्बार स्थान–परिवर्तन है; यह समवाय– जिसे तुम शरीर, मस्तिष्क आदि नामों से पुकारते हो, उसी के स्पन्दन से, उसी की गतिविशेष से एवं उसके सभी अंशों के लगातार स्थान–परिवर्तन से यह मुक्त स्वभाव की धारणा आती है। कुछ बौद्ध सम्प्रदाय भी थे, उनका

कहना था कि एक मशाल लो, और उसे चारों ओर लगातार जोर से घुमाओ, तो एक वर्तुलाकार प्रकाश दिखाई पड़ेगा। वस्तुतः इस गोलाकार प्रकाश का कोई अस्तित्त्व नहीं है, क्योंकि यह मशाल प्रत्येक क्षण में स्थान परिवर्तन करती है। उसी तरह हम भी छोटे–छोटे परमाणुओं की समष्टि मात्र हैं, उन परमाणुओं के जोर से घूमने से यह 'अहं' भ्रान्ति उत्पन्न होती है। अतएव एक मत यह हुआ कि शरीर सत्य है, आत्मा का कोई अस्तित्त्व ही नहीं है। दूसरा मत यह है कि चिन्ताशक्ति के द्रुत स्पन्दन से जड़ रूप एक भ्रान्ति की उत्पत्ति होती है, वस्तुतः जड़ का कोई अस्तित्त्व ही नहीं है। यह तर्क आज तक चल रहा है, एक दल कहता है–आत्मा भ्रम मात्र' है, दूसरा इसी तरह जड़ को भ्रम कहता है। तुम कौन–सा मत लोगे ?

हम तो निश्चय ही आत्मास्तित्त्ववाद को स्वीकार कर जड़ को भ्रमात्मक कहेंगे। युक्ति दोनों ओर बराबर है, केवल आत्मा के निरपेक्ष अस्तित्त्वों की ओर वाली युक्ति अपेक्षाकृत प्रबल है; क्योंकि जड़ क्या है इसे किसी ने कभी देखा नहीं। हम केवल स्वयं को ही अनुभव कर सकते हैं, मैंने ऐसा मनुष्य नहीं देखा, जिसने स्वयं के बाहर जाकर जड़ का अनुभव किया हो। कोई कभी कूदकर अपनी आत्मा के बाहर नहीं जा सकता। अतएव आत्मा के पक्ष में यह एक दृढ़तर युक्ति हुई। द्वितीयतः आत्मवाद जगत् की सुन्दर व्याख्या हो सकता है, किन्तु जड़वाद नहीं। अतएव जड़वाद के द्वारा जगत् की व्याख्या अयौक्तिक है।

पहले जो आत्मा के स्वाभाविक मुक्त और बद्ध भाव सम्बन्धी विचार का प्रसंग उठा था, जड़वाद और आत्मवाद का तर्क उसी का केवल स्थूल भाव है। दर्शनसमूह का सूक्ष्म भाव में विश्लेषण करने पर तुम देखोगे कि उनमें भी इन दोनों मतों का संघर्ष है। अति आधुनिक दर्शनसमूह में भी हम किसी दूसरे रूप में उसी प्राचीन विचार को ही देखते हैं। एक दल कहता है–मनुष्य का तथाकथित पवित्र और मुक्त स्वभाव भ्रममात्र है–दूसरे इसी प्रकार बद्धभाव को ही भ्रमात्मक कहते हैं। इस जगह भी हम दूसरे दल के साथ ही सहमत हैं–हमारा बद्धभाव ही भ्रमात्मक है।

अतएव वेदान्त का सिद्धान्त यह है कि हम बद्ध नहीं हैं, अपितु नित्यमुक्त हैं। इतना ही नहीं बल्कि यह सोचना भी कि हम बद्ध हैं, अनिष्टकर है,

भ्रम है, अपने आपको मोह में डालकर अभिभूत करना है। जहाँ तुमने कहा कि मैं बद्ध हूँ, दुर्बल हूँ, असहाय हूँ, तभी तुम्हारा दुर्भाग्य आरम्भ हो गया, तुमने अपने पैरों में और एक श्रृंखला डाल ली। इसलिए ऐसी बात कभी न कहना और न इस प्रकार कभी सोचना ही। मैंने एक आदमी की कहानी सुनी है, वह वन में रहता था, एवं दिन–रात 'शिवोऽहं, शिवोऽहं' उच्चारण करता था। एक दिन एक बाघ ने उसके ऊपर आक्रमण किया और उसे पकड़कर ले चला। नदी के दूसरे तट पर कुछ लोग यह सब दृश्य देख रहे थे। परन्तु उस व्यक्ति की 'शिवोऽहं, शिवोऽहं की ध्वनि लगातार जारी थी। जितनी देर तक उसमें बोलने की शक्ति थी, बाघ के मुख में पड़कर भी वह 'शिवोऽह, शिवोऽहं' कहता ही रहा, चुप नहीं हुआ। इस प्रकार और भी अनेक व्यक्तियों की बात सुनी गयी है। कई व्यक्तियों के शत्रुओं ने उनके टुकड़े–टुकड़े कर डाले, परन्तु वे उन्हें आशीर्वाद ही देते रहें। 'सोऽहं सोऽहं, मैं ही वह, मैं ही वह, तुम भी वही'। मैं निश्चित पूर्णस्वरूप हूँ, मेरे सभी शत्रु भी पूर्णस्वरूप हैं। तुम भी वही हो, और मैं भी वही हूँ। यही वीर की बात है।

फिर भी द्वैतवादियों के धर्म में भी अनेक अपूर्व उत्तम–उत्तम भाव हैं प्रकृति से पृथक् हमारे उपास्य और प्रेमास्पद सगुण ईश्वर हैं–ऐसा सगुण ईश्वरवाद अत्यन्त अपूर्व है। अनेक समय इससे प्राण शीतल हो जाता है–किन्तु वेदान्त कहता है, प्राण की यह शीतलता अफीम खानेवालों की नशा के समान अस्वाभाविक है। और इससे दुर्बलता आती है और जगत् में पहले बलसंचार की जितनी आवश्यकता नहीं थी, आज जगत् में उसी बलसंचार–शक्तिसंचार की उतनी ही अधिक आवश्यकता है। वेदान्त कहता है–दुर्बलता ही संसार में समस्त दुःख का कारण है, इसी से सारे दुःख–भोग पैदा होते हैं। हम दुर्बल हैं इसीलिए इतने दुःख को भोगते हैं। हम दुर्बलता के कारण ही चोरी–डकैती, झूठ–ठगी तथा इसी प्रकार के अनेकानेक अन्य दुष्कर्म करते हैं। दुर्बल होने के कारण ही हम मृत्यु के मुख में गिरते हैं। जहाँ हमें दुर्बल बनाने वाला कोई नहीं है, वहाँ मृत्यु अथवा दूसरा किसी प्रकार का दुःख नहीं रह सकता। हम लोग केवल भ्रान्तिवश ही दुःख भोगते हैं। इस भ्रान्ति को उन्मूलित करो, सभी दुःख चले जायेंगे। यह तो बहुत सरल बात है। इन सभी दार्शनिक विचारों और कठोर मानसिक व्यायाम के भीतर से होकर हम समस्त संसार के सर्वापेक्षा सहज एवं सरल आध्यात्मिक

सिद्धान्त पर पहुँच जायेंगे।

अद्वैत वेदान्त जिस रूप में आध्यात्मिक सिद्धान्त स्थापित करता है, वही सबसे अधिक सहज तथा सरल है। भारत तथा अन्य सभी स्थानों में इस विषय में एक बड़ा भ्रम उत्पन्न हुआ था। वेदान्त के आचार्यों ने स्थिर किया था कि यह शिक्षा सार्वजनीन नहीं बनाई जा सकती, कारण वे जिन सिद्धान्तों पर पहुँचे थे उन्हें लक्ष्य न कर उन्होंने उस प्रणाली पर ही अधिक ध्यान दिया जिसके द्वारा वे इन सब सिद्धान्तों तक पहुँचे थे– और वह प्रणाली सचमुच बड़ी जटिल थी। उस भयानक दार्शनिक तथा उन नैयायिक प्रक्रियाओं को देखकर वे भय पाते थे। वे सर्वदा सोचते थे, कि इन सभों की शिक्षा प्रतिदिन के कर्मजीवन में नहीं दी जा सकती, और इस प्रकार के दर्शन की आड़ से लोग अतिशय अधर्मपरायण हो जायेंगे।

किन्तु मैं तो यह बिलकुल विश्वास ही नहीं करता कि संसार में अद्वैत तत्त्व के प्रचार से दुर्नीति या दुर्बलता की उत्पत्ति होगी। अपितु मुझे इस बात पर अधिक विश्वास है कि दुर्नीति और दुर्बलता के निवारण की वही एकमात्र औषधि है। यही यदि सत्य है, तो जब कि पास ही में अमृत–स्रोत बहता है, तो लोगों को कीचड़ का जल क्यों पीने देते हो ? यदि यही सत्य है, कि सभी शुद्धस्वरूप हैं तो इसी मुहूर्त सब संसार को यह शिक्षा क्यों नहीं देते ? साधु–असाधु, स्त्री–पुरुष, बालक–बालिका, छोटे–बड़े, सभी को डंके की चोट पर यह शिक्षा क्यों नहीं देते ? जिस किसी व्यक्ति ने संसार में देह धारण की है, जो कोई देह धारण करेगा, जो व्यक्ति सिंहासन पर बैठा हुआ है अथवा रास्ते में झाडू लगा रहा है, जो धनी है, जो निर्धन है, उन सभी को यह शिक्षा क्यों नहीं देते ? मैं राजाओं का भी राजा हूँ, मुझसे बढ़कर बड़ा राजा कोई नहीं है। मैं देवताओं का भी देवता हूँ, मुझसे बढ़कर कोई देवता नहीं है।

इस समय यह बहुत कठिन कार्य मालूम पड़ता है, बहुतों को तो यह विस्मयजनक ज्ञात होता है, किन्तु यह सब कुसंस्कार के ही कारण है, इसका और दूसरा कोई कारण नहीं। सभी प्रकार के कदन्न और दुष्पाच्य खाद्य खाकर और निरन्तर उपवास करके हमने अपने को सुखाद्य खाने के अनुपयुक्त कर रखा है। हमने बचपन से ही दुर्बलता की बातें सुनी हैं। यह दुर्बलता भूत में विश्वास

करने के समान ही है। लोग सर्वदा कहते हैं कि मैं भूत को नहीं मानता– किन्तु ऐसे बहुत कम लोग मिलेंगे, जिनका शरीर अँधेरे में थोड़ा कम्पित न हो जाये। यह केवल कुसंस्कार है। ठीक इसी तरह लोग कहा करते हैं कि हम इसे नहीं मानते, उसे नहीं मानते इत्यादि– किन्तु समय आने पर अवस्थाविशेष में अनेक व्यक्ति मन ही मन कहने लगते हैं, यदि कोई देवता या ईश्वर हो तो मेरी रक्षा करें। वेदान्त से यही एक प्रधान तत्त्व मिलता है, और एकमात्र यही सनातनत्व का दावा कर सकता है।

वेदान्त ग्रन्थ कल ही नष्ट हो सकते हैं। यह तत्त्व चाहे पहले हिब्रुओं के मस्तिष्क में उदित हुआ हो या उत्तर मेंरु के निवासियों के मस्तिष्क में, इससे कोई प्रयोजन नहीं; किन्तु यह सत्य है, और जो सत्य है वह सनातन है, तथा सत्य हमें यही शिक्षा देता है कि वह किसी व्यक्तिविशेष की सम्पत्ति नहीं है। मनुष्य, पशु, देवता, ये सभी इस एक सत्य के अधिकारी हैं। उन्हें यही सिखाओ, जीवन को दु:खमय बनाने की क्या आवश्यकता है ? लोगों को अनेक प्रकार के कुसंस्कारों में क्यों पड़ने देते हो ? केवल यहाँ (इंग्लैंड में) ही नहीं, इस तत्त्व की जन्मभूमि में भी तुम यदि इस तत्त्व का उपदेश करो तो वहाँ के लोग भी भयभीत होंगे। और कहेंगे ये बातें तो संन्यासियों के लिए हैं जो संसार को त्यागकर जंगल में निवास करते हैं। किन्तु हम लोग तो सामान्य गृहस्थ हैं; धर्म करने के लिए हमें किसी न किसी प्रकार के भय या क्रियाकांड की आवश्यकता रहती ही है, इत्यादि।

द्वैतवाद ने संसार पर बहुत दिनों तक शासन किया है, और यह उसी का फल है। अच्छा, एक नयी परीक्षा क्यों न करो ? सम्भव है, सभी मनुष्यों को ऐसी धारणा करने में लाखों वर्ष लग जायें, किन्तु इसी समय इसे क्यों न आरम्भ कर दो। यदि हम अपने जीवन में बीस मनुष्यों को भी यह बात बतला सकें, तो समझो कि हमने बहुत बड़ा काम किया।

भारतवर्ष में और एक बड़ी शिक्षा प्रचलित है, जो पूर्वोक्त तत्त्व प्रचार की विरोधी मालूम होती है। वह शिक्षा यह है कि–'मैं शुद्ध हूँ, आनन्द स्वरूप हूँ' इस प्रकार मौखिक कहना तो ठीक है, किन्तु जीवन में तो हम इसे सर्वदा नहीं दिखला सकते। मैं इस बात को मानता हूँ आदर्श सभी समय अत्यन्त कठिन

होता है। प्रत्येक बालक आकाश को अपने सिर से बहुत ऊँचाई पर देखता है, किन्तु उस कारण से क्या हम आकाश की ओर देखने की चेष्टा भी न करें ? कुसंस्कार की ओर जाने से क्या सब अच्छा हो जायेगा ? यदि अमृत का लाभ न कर सके तो क्या विषपान करने से ही कल्याण होगा ? हम इसी समय सत्य का अनुभव नहीं कर सकते, इसलिए अन्धकार, दुर्बलता और कुसंस्कार की ओर जाने से ही क्या कल्याण होगा?

विभिन्न प्रकार के द्वैतवाद के सम्बन्ध में हमें कोई आपत्ति नहीं है, किन्तु जो कोई उपदेश दुर्बलता की शिक्षा देता है, उसी पर हमें विशेष आपत्ति है। स्त्री–पुरुष, बालक–बालिका, जिस समय दैहिक, मानसिक अथवा आध्यात्मिक शिक्षा पाते हैं, उस समय मैं उनसे एकमात्र यही प्रश्न करता हूँ–"क्या तुम इससे बल पाते हो?" क्योंकि मैं जानता हूँ एकमात्र सत्य ही बल प्रदान करता है। मैं जानता हूँ, सत्य ही एकमात्र प्राणप्रद है। सत्य की ओर गये बिना हम किसी से भी वीर्यलाभ नहीं कर सकते और वीर हुए बिना सत्य के समीप भी नहीं पहुँच सकते। इसी हेतु जो कोई मत, जो शिक्षाप्रणालियाँ मन और मस्तिष्क को दुर्बल कर दें और मनुष्य को कुसंस्काराविष्ट कर डाले, जिनसे मनुष्य अन्धकार में टटोलता रहे, जिनसे मनुष्य सदैव ही सब प्रकार के विकृतमस्तिष्क–प्रसूत असम्भव, अजीब और कुसंस्कारपूर्ण विषयों के अन्वेषण में लग जाये, मैं उन सब प्रणालियों को पसन्द नहीं करता, क्योंकि मनुष्यों के ऊपर उन सबका परिणाम बड़ा भयानक होता है, और उनसे कुछ भी उपकार नहीं होता, वे सब व्यर्थ हैं।

जो इन बातों से अभिज्ञ हैं, वे हमारे साथ इस विषय में एकमत होंगे कि ये सब मनुष्य को विकृत और दुर्बल बना डालती हैं–इतना दुर्बल कि क्रमशः उसके लिए सत्यलाभ करना और उस सत्य के आलोक में चलकर जीवनयापन करना एक प्रकार से असम्भव हो जाता है। अतएव हमारे लिए आवश्यक है एकमात्र बल या शक्ति में शक्ति–संचार ही इस भव–व्याधि की एकमात्र महौषधि है। धनहीन व्यक्ति जब धनियों द्वारा पददलित होते हैं, उस समय शक्तिसंचार ही उनके लिए एकमात्र औषधि है। जब मूर्ख विद्वानों द्वारा उत्पीड़ित होता है उस समय भी बल ही एकमात्र औषधि है। और जिस समय पापीगण अन्य पापियों से उत्पीड़ित होते हैं, उस समय भी यही एकमात्र अव्यर्थ महौषधि

है। और अद्वैतवाद जिस प्रकार का बल और जैसी शक्ति देता है, उस प्रकार का बल और शक्ति किसी से भी नहीं मिल सकती। अद्वैतवाद हमें जिस प्रकार नीति–परायण बनाता है, उस प्रकार कोई भी हमें नीति–परायण नहीं बना सकता। जिस समय समस्त दायित्व हमारे कन्धों पर आ पड़ता है, उस समय हम जितने उच्च भाव से कार्य कर पाते हैं, उतना और किसी भी अवस्था में उस तरह नहीं कर पाते।

मैं तुम लोगों से यह पूछना चाहता हूँ कि यदि एक नन्हे बच्चे को तुम्हारे हाथ सौंप दूँ तो तुम उसके प्रति कैसा व्यवहार करोगे ? उस क्षण के लिए तुम लोगों का जीवन बदल जायेगा। तुम्हारा स्वभाव किसी भी प्रकार का क्यों न हो, अन्ततः उन क्षणों के लिए तुम सम्पूर्ण निःस्वार्थी बन जाओगे। यदि तुम्हें उत्तरदायी बनाया जाये तो तुम्हारी सारी पापप्रवृत्तियाँ दूर हो जायेंगी, तुम्हारे चरित्र में परिवर्तन हो जायेगा। इस प्रकार जब सारे उत्तरदायित्व का बोझ हम पर पड़ता है तभी हम अपने सर्वोच्च भाव में आरोहण करते हैं। जब हमारे सारे दोष और किसी के मत्थे नहीं मढ़े जाते, जब शैतान या भगवान किसी को भी हम अपने दोषों के लिए उत्तरदायी नहीं समझते तभी हम सर्वोच्च भाव में पहुँच जाते हैं। अपने भाग्य के लिए मैं स्वयं ही उत्तरदायी हूँ। मैं स्वयं ही शुभाशुभ दोनों का कर्ता हूँ। किन्तु मेरा स्वरूप शुद्ध तथा आनन्द मात्र है।

न मृत्युर्न शंका न में जातिभेदः
पिता नैव में नैव माता न जन्म।
न बन्धुर्न मित्रं गुरु व शिष्य
श्चिदानंदरूपः शिवोऽहं शिवोऽहम्।।
न पुण्यं न पापं न सौख्य न दुःखम्।
न मंत्र न तीर्थं न वेदार्न यज्ञाः।
अहं भोजनं नैव भोज्य न भोक्ता
चिदानन्दरूप. शिवोऽहं शिवोऽहम्।।

वेदान्त कहता है कि साधारण मनुष्य के लिए यह सत्य ही एकमात्र अवलम्बनीय है ! उस अन्तिम लक्ष्य पर पहुँचने के लिए यही एकमात्र उपाय है–सभी से यही कहना है कि हमीं वह है। बार–बार ऐसा कहने से बल आयेगा।

शिवोऽहं रूपी यह अभय–वाणी क्रमशः अधिकाधिक पुष्ट होकर हमारे हृदय में, हमारे सभी भावों में भिद जायेगी, अन्त में हमारी नस–नस में, शरीर के प्रत्येक भाग में यह समा जायेगी। ज्ञानसूर्य की किरणें जितनी अधिक उज्ज्वल होने लगती हैं, मोह उतना ही दूर भाग जाता है, अज्ञानराशि ध्वंस होती है और धीरे–धीरे एक समय ऐसा आता है जब कि सारा अज्ञान बिलकुल लुप्त हो जाता है एवं एकमात्र ज्ञानसूर्य ही अवशिष्ट रह जाता है। अवश्य ही अनेकों को यह वेदान्त–तत्त्व भयानक मालूम हो सकता है, किन्तु उसका कारण कुसंस्कार है, यह मैंने पहले ही कहा है। इसी देश में (इंग्लैंड में) ऐसे बहुत लोग हैं जिनसे मैं यदि कहूँ कि इस दुनिया में शैतान नाम की कोई चीज नहीं है तो वे समझेंगे कि धर्म का सत्यानाश हो गया। अनेकों ने मुझसे कहा है कि शैतान के न रहने से धर्म किस तरह कायम रह सकता है ? उन लोगों का कहना है कि हमें परिचालित करने के लिए कोई न रहने से धर्म का क्या अर्थ है ? शासन करने को यदि कोई न रहे तो हम अपना जीवन किस तरह बिता सकते हैं ? सच बात तो यह है कि हमें इस प्रकार का व्यवहार अच्छा लगता है। इस भाव से रहना हमारा अभ्यास हो गया है और इसीलिए हम ऐसे जीवन को पंसद करते हैं। प्रतिदिन यदि हमें किसी ने नहीं डाँटा तो हमें सुख नहीं मिलता। यह वही कुसंस्कार है। किन्तु अब यह बात कितनी ही भयानक क्यों न मालूम हो, ऐसा एक समय अवश्य ही आयेगा जब अतीत की सारी बातों का स्मरण कर, जिन कुसंस्कारों ने शुद्ध अनन्त आत्मा पर आच्छादन फैला दिया था, हम उन प्रत्येक की हँसी उड़ायेंगे और आनन्द, सत्य व दृढ़ता के साथ कहेंगे कि मैं ही 'वह' हूँ, चिरकाल वही था और सर्वदा वही रहूँगा।

14. अमरत्व

(अमेरिका में दिया हुआ भाषण)

जीवात्मा के अमरत्व के सम्बन्ध में मनुष्य ने जितनी बार प्रश्न किया है, इस तत्त्व के रहस्य का उद्‌घाटन करने के लिए उसने जगत् में जितनी खोज की है, यह प्रश्न मनुष्य के हृदय को जितना प्रिय और उसके जितना निकट है, यह प्रश्न हमारे अस्तित्त्व के साथ जितना अच्छे भाव से सम्बन्धित है उतना और कौन–सा प्रश्न है ? यह कवियों की कल्पना का विषय रहा है, साधु, महात्मा, ज्ञानी सभी की चिन्ता का यह विषय रहा है, सिंहासन पर बैठे हुए राजाओं ने इस पर विचार किया है, पथ के भिखारियों ने भी इसका स्वप्न देखा है। श्रेष्ठतम मानवों ने इसका उत्तर पाया है, और अतिनिकृष्ट मनुष्यों ने भी इसकी आशा की है। इस विषय में लोगों का आग्रह अभी नष्ट नहीं हुआ है, और जब तक मानव प्रकृति विद्यमान है तब तक होगा भी नहीं। विभिन्न विचारक मस्तिष्कों ने इसके विभिन्न उत्तर दिये हैं। दूसरी ओर इतिहास के प्रत्येक युग में हजारों व्यक्तियों ने इस प्रश्न को बिलकुल अनावश्यक कहकर छोड़ दिया है, फिर भी यह प्रश्न ज्यों का त्यों नवीन ही बना हुआ है। जीवन–संग्राम के शोरगुल में हम प्रायः इस प्रश्न को भूल से जाते हैं, परन्तु जब अचानक कोई मर जाता है, एक ऐसा व्यक्ति जिससे हम प्रेम करते हैं, जो हमारे हृदय के अति निकट और अत्यन्त प्रिय है अचानक हमसे छीन लिया जाता है तब हमारे चारों का संघर्ष और शोरगुल क्षण भर के लिए मानो रुक जाता है, सब कुछ मानो निस्तब्ध हो जाता है और हमारी आत्मा के गंभीरतम प्रदेश से वही प्राचीन प्रश्न उठता है कि इसके बाद क्या है ? "देहान्त के बाद आत्मा की क्या गति होती है ? "समस्त मानवीय ज्ञान अनुभवजन्य हैं, बिना अनुभव के हम कुछ भी नहीं जान सकते। हमारा तर्क,

हमारा ज्ञान सभी कुछ सामंजस्य प्राप्त अनुभवों के ऊपर–उनके साधारण भाव (Generalisation) के ऊपर निर्भर है। हम अपने चारों ओर क्या देखते हैं ? सतत परिवर्तन। बीज से वृक्ष बनता है और वह फिर बीजरूप में परिणत हो जाता है। एक जीव उत्पन्न हुआ, कुछ दिन जीवित रहा, फिर मर गया, इस प्रकार मानो एक वृत्त पूरा हुआ। मनुष्य के सम्बन्ध में भी यही बात है। और तो क्या, पर्वतसमूह तक धीरे–धीरे परन्तु निश्चित रूप से घिसकर चूर्ण हो रहे हैं। नदियाँ धीरे–धीरे पर निश्चित रूप से सूखती जाती हैं, समुद्र से बादल उठते हैं और वर्षा करके फिर समुद्र में ही मिल जाते हैं। सर्वत्र ही एक–एक वृत्त पूरा हो रहा है; जन्म, वृद्धि और क्षय गणित के समान ठीक एक के बाद एक आ–जा रहे हैं। यह हमारा प्रतिदिन का अनुभव है। इस सबके अन्दर, क्षुद्रतम परमाणु से आरम्भ करके उच्चतम सिद्ध पुरुष पर्यन्त लाखों प्रकार के विभिन्न नाम–रूपयुक्त वस्तुराशि के अन्दर एवं अन्तराल में हम एक अखंड भाव देखते हैं। हम प्रतिदिन ही देखते हैं कि वह दुर्भेद्य दीवार जो एक वस्तु को दूसरी वस्तु से पृथक् करती प्रतीत होती थी, तोड़ी जा रही है और आधुनिक विज्ञान समस्त भूतों को एक ही ऐसा पदार्थ मानने लगा है जो विभिन्न प्रकार से विभिन्न रूपों में अभिव्यक्त हो रहा है, वह एक प्राणशक्ति ही मानो नाना रूपों में नाना प्रकार से प्रकाशित हो रही है– मानो वह सबको जोड़ने वाली एक श्रृंखला के समान है– और ये सब विभिन्न रूप मानो इस श्रृंखला के ही एक–एक अंश है, अनन्त रूपों में विस्तृत किन्तु फिर भी उसी एक श्रृंखला के अंश हैं। इसी को क्रमोन्नतिवाद कहते हैं। यह एक अत्यन्त प्राचीन धारणा है, उतनी ही प्राचीन जितना कि मानव समाज केवल मानवीय ज्ञान की वृद्धि और उन्नति के साथ–साथ वह मानो हमारी आँखों के सम्मुख अधिकाधिक उज्ज्वल रूप से प्रतीत हो रही है। एक बात और है जो प्राचीन लोगों ने विशेष रूप से समझी थी, परन्तु जो आधुनिक विचारकों ने अभी ठीक–ठीक नहीं समझ पाई है, और वह है क्रमसंकोच। बीज का ही वृक्ष होता है, बालू के कंण का नहीं। पिता ही पुत्र में परिणत होता है, मिट्टी का ढ़ेला नहीं। अब प्रश्न यह है कि यह क्रमविकास–प्रक्रिया आरम्भ होने से पूर्व क्या अवस्था थी ? बीज पहले क्या था ? वह वृक्ष रूप में था। भविष्य में होने वाले वृक्ष की सभी सम्भावनाएँ बीज में निहित हैं। छोटे बच्चे में भावी मनुष्य की समस्त शक्ति

अन्तर्निहित है। सब प्रकार का भावी जीवन ही अव्यक्त भाव से उसके बीज में विद्यमान है। इसका तात्पर्य क्या है ? भारतवर्ष के प्राचीन दार्शनिक इसी को क्रमसंकोच कहते थे ! इस प्रकार हम देखते हैं कि प्रत्येक क्रमविकास के पहले क्रमसंकोच का होना अनिवार्य है। किसी ऐसी वस्तु का क्रमविकास नहीं हो सकता जो पूर्व से ही वर्तमान नहीं है। यहाँ पर फिर आधुनिक विज्ञान हमें सहायता देता है। गणित–शास्त्र के तर्क से आप जानते हैं कि जगत् में दृश्यमान शक्ति का समष्टि–योग (Sum total) सदा एक सा ही रहता है। आप एक बिन्दु जड़ अथवा एक बिन्दु शक्ति को घटा या बढ़ा नहीं सकते। अतएव शून्य से कभी क्रमविकास नहीं हो सकता। तब फिर वह कहाँ से आता है ? अवश्य ही इससे पूर्व के क्रमसंकोच से। बालक क्रमसंकुचित मनुष्य है और मनुष्य क्रमविकसित बालक है। क्रमसंकुचित वृक्ष ही बीज है और क्रमविकसित बीज ही वृक्ष। सभी प्रकार के जीवन की उत्पत्ति की सम्भावना उन्हीं के बीज में है। अब यह समस्या कुछ सरल हो जाती है। अब इसी तत्त्व के साथ पूर्वोक्त समुदय जीवन की अखंडता की आलोचना करो। क्षुद्रतम जीवाणु से लेकर पूर्णतम मानव पर्यन्त वस्तुतः एक ही सत्ता है–एक ही जीवन वर्तमान है। जिस प्रकार एक ही जीवन में हम शैशव, यौवन, वार्धक्य आदि विविध अवस्थाएँ देखते हैं उसी प्रकार शैशव अवस्था के पीछे क्या है यह देखने के लिए विपरीत दिशा में अग्रसर होकर देखो, देखते जाओ जब तक कि तुम जीवाणु तक न पहुँच जाओ। इसी प्रकार इस जीवाणु से लेकर पूर्णतम मानवपर्यन्त मानो एक ही जीवन–सूत्र विराजमान है। इसी को क्रमविकास कहते हैं और यह हम पहले ही देख चुके हैं कि प्रत्येक क्रमविकास से पूर्व ही एक क्रमसंकोच रहता है। जो जीवनीशक्ति क्षुद्रतम जीवाणु से लेकर धीरे–धीरे पूर्णतम मानव अथवा पृथ्वी पर आविर्भूत ईश्वरावतार रूप में क्रमविकसित होती है वह सम्पूर्ण शक्ति अवश्य ही सूक्ष्म रूप से जीवाणु में अवस्थित थी। यह समस्त श्रेणी उसी एक जीवन की ही अभिव्यक्ति मात्र है, और यह समुदय व्यक्त जगत् उसी एक जीवाणु में अव्यक्त भाव से निहित था। यह समस्त जीवनी शक्ति, और तो क्या, मर्त्य लोक में अवतीर्ण ईश्वर तक इसमें अन्तर्निहित थे। अवतार श्रेणी के मानव तक इसके अन्दर निहित थे; केवल धीरे–धीरे–बहुत धीरे क्रमशः उन सबकी अभिव्यक्ति हुई है। जो सर्वोच्च चरम

अभिव्यक्ति है वह भी अवश्य ही बीज भाव से सूक्ष्माकार में उसके अन्दर मौजूद थी–फिर ऐसा होने पर यह जो एक शक्ति से सभी श्रेणियाँ या शृंखलाएँ आती हैं, वह किसका क्रमसंकोच है ? यह उसी सर्वव्यापिनी जगन्मयी जीवनीशक्ति का क्रमसंकोच था, और यह जो क्षुद्रतम जीवाणु नाना प्रकार के जटिल यन्त्रों से युक्त उच्चतम बुद्धिशक्ति के आधाररूप मनुष्य के आकार में अभिव्यक्त हो रहा है, कौन–सी वस्तु क्रमसंकुचित होकर इस जीवाणु के आकार में स्थित थी ? वह सर्वव्यापी जगन्मय चैतन्य ही है–वही उस जीवाणु में क्रमसंकुचित होकर वर्तमान था। वह सम्पूर्ण पहले से ही पूर्ण भाव से वर्तमान था। वह थोडा–थोड़ा करके बढ़ रहा था यह बात नहीं है। बढ़ने की बात को मन से एकदम निकाल दीजिए। वृद्धि कहने से ही मालूम होता है कि कोई वस्तु बाहर से आ रही है। वृद्धि मानने पर पूर्वोक्त गणित के सिद्धान्त को अर्थात् जगत् की शक्तिसमष्टि सर्वदा सर्वत्र समान है, इसे अस्वीकार करना होगा। इस जागतिक रार्वव्यापी चैतन्य की कभी वृद्धि नहीं होती, यह तो सदा ही पूर्ण भाव से विद्यमान था, केवल अभिव्यक्ति यहाँ पर हुई। विनाश का अर्थ क्या है ? यह एक गिलास है। मैंने इसको भूमि पर फेंक दिया और वह चूर–चूर हो गया। अब प्रश्न है कि गिलास क्या हुआ ? वह केवल सूक्ष्म रूप में परिणत हो गया बस। तो विनाश का अर्थ हुआ स्थूल की सूक्ष्म भाव में परिणति। उसके उपादानभूत परमाणु एकत्र होकर गिलास नामक कार्य में परिणत हुए थे। वे अब अपने कारण में चले गये और इसी का नाम विनाश है अर्थात् कारण में लय हो जाना। कार्य क्या है ? कारण का व्यक्त भाव। अन्यथा कार्य और कारण में स्वरूपतः कोई भेद नहीं है। फिर इसी गिलास की बात लीजिए। यह अपने उपादानों और अपने निर्माता की इच्छा के सहयोग से बना है। ये दोनों ही उसके कारण हैं और उसमें वर्तमान हैं निर्माता की इच्छाशक्ति अब उसमें किस रूप में विद्यमान है ? संहतिशक्ति (Adhesaion) के रूप में।

यह शक्ति न रहने पर इसका परमाणु अलग–अलग हो जाता। तो कार्य क्या हुआ ? वह कारण के साथ अभेद है, केवल उसने एक दूसरा रूप धारण कर लिया है। जिस समय कारण निर्दिष्ट समय के लिए अथवा निर्दिष्ट स्थान के अन्दर परिणत, घनीभूत और सीमाबद्ध भाव से रहता है उस समय वही कारण कार्य कहलाता है। इस बात को हमें ध्यान में रखना चाहिए। इसी तत्त्व को हमारी

जीवन सम्बन्धी जो धारणा है उसमें प्रयुक्त करने पर हम देखते हैं कि जीवाणु से लेकर पूर्णतम मानव पर्यन्त सभी श्रेणियाँ अवश्य ही उसी विश्वव्यापिनी प्राणशक्ति के साथ अभिन्न हैं। किन्तु अमृतत्त्व के सम्बन्ध में जो प्रश्न था वह अभी मिटा नहीं। हमने क्या देखा ? पूर्वोक्त विचार द्वारा हमने इतना ही देखा कि जगत् का कोई पदार्थ ध्वस्त नहीं होता। नूतन कुछ भी नहीं है, होगा भी नहीं। वही एक ही प्रकार की वस्तुएँ पहिये के समान बार–बार उपस्थित हो रही हैं। जगत् में जितनी गति है वह सभी तरंग के आकार में एक बार उठती है, फिर गिरती है। कोटि–कोटि ब्रह्मांड सूक्ष्मतर रूप से प्रसूत हो रहे हैं–स्थूल रूप धारण कर रहे हैं। फिर लय होकर सूक्ष्म भाव धारण कर रहे हैं। फिर इसी सूक्ष्मभाव से उनका स्थूल भाव में आना–कुछ दिनों तक उसी अवस्था में रहना और फिर धीरे–धीरे उसी कारण में आना। जाता क्या है ? केवल रूप, आकृति। वह रूप नष्ट हो जाता है किन्तु फिर आता है। एक हिसाब से समझा जाये तो यह शरीर तक अविनाशी है। एक हिसाब से सभी शरीर और सभी रूप नित्य हैं। मान लो कि मैं पासा खेल रहा हूँ। मान लो कि 6–5–3–4 आये। मैं और खेलने लगा। खेलते–खेलते एक समय ऐसा अवश्य आयेगा जब ये 6–5–3–4 इसी क्रम से आयेंगे। और खेलो, फिर ये आयेंगे किन्तु देर में। मैं जगत् के प्रत्येक परमाणु की एक–एक पासे से तुलना करता हूँ। उन्हीं को बार–बार फेंका जा रहा है, और वे बार–बार नाना प्रकार से गिरते हैं। आपके सम्मुख जो समस्त पदार्थ है वे सब परमाणुओं के एक विशिष्ट प्रकार के सन्निवेश से उत्पन्न हैं। यह गिलास, यह मेज, यह जलघट, ये सभी वस्तुएँ परमाणुओं का समवायविशेष है– क्षण भर के बाद शायद यह समुदाय– विशेष नष्ट हो जा सकता है। किन्तु एक समय ऐसा अवश्य आयेगा जब ठीक यही समवाय आकर उपस्थित होगा– जब आप सब इसी तरह बैठे होंगे और यह जलघट अथवा अन्य वस्तुएँ जो कुछ भी हैं वे सभी यथास्थान रहेंगी और ठीक इसी विषय की आलोचना होगी। अनन्त बार इसी प्रकार हुआ है और अनन्त बार इसी प्रकार होगा। यहाँ तक हमने स्थूल जगत् की–बाह्य वस्तुओं की आलोचना की। हमने क्यों देखा ? यही कि इन भौतिक पदार्थ समूहों की विभिन्न समवाय में पुनरावृत्ति अनन्त काल तक होती रहती है।

इसके साथ ही साथ और एक प्रश्न उठ खड़ा होता है–भविष्य को

जानना सम्भव है या नहीं। आप लोगों ने शायद ऐसे आदमी को देखा है जो मनुष्य के अतीत व भविष्य की सारी बातें बतला देता है। यदि भविष्य किसी नियम के अधीन न हो तो किस प्रकार भविष्य के सम्बन्ध में हम कह सकते हैं ? परन्तु हमने पहले ही देखा है कि भविष्य में बीती घटनाओं की ही पुनरावृत्ति होती है। जो भी हो इससे आत्मा का कुछ बनता बिगड़ता नहीं। हिंडोले की बात याद करो। वह लगातार घूमता रहता है। कई आदमी आते हैं और उसके एक–एक पालने में बैठ जाते हैं। झूला घूमकर फिर पलट आता है। वे जब उतर गये तो दूसरा एक दल आ बैठा। क्षुद्रतम जन्तु से लेकर उच्चतम मानव तक प्रकृति का प्रत्येक रूप ही मानो ऐसे एक–एक दल हैं, और प्रकृति एक बड़ा झूला है तथा प्रत्येक शरीर या रूप इस झूले के एक–एक पालना जैसा है। नयी आत्माओं का एक–एक दल उन पर चढ़ रहा है और जब तक उनको पूर्णता प्राप्त नहीं होती तब तक अधिकाधिक उच्च पथ में उनकी गति है और अन्त में झूले से वे बाहर आती हैं किन्तु झूला निरन्तर चलता रहता है–हमेशा दूसरे लोगों को ग्रहण करने के लिए तैयार है। एवं जब तक शरीर इस चक्र के भीतर, इस झूले के भीतर अवस्थित है तब तक निश्चित रूप से तथा गणित के हिसाब से ये बातें बतला दी जा सकती हैं कि अब वह किस ओर जायेगा। किन्तु आत्मा के बारे में ये सब बातें नहीं कही जा सकती। अतएव प्रकृति के भूत तथा भविष्य निश्चित रूप से गणित की तरह ठीक–ठीक बतलाना असम्भव नहीं है। अब के हमने देखा है कि जड़ परमाणु इस समय जिस प्रकार एकीभूत (संहत) है, विशिष्ट समय पर वे फिर ठीक उसी रूप में संहत होते हैं। अनादिकाल से ऐसे ही प्रवाह के रूप में जगत् की नित्यता चल रही हैं। किन्तु इससे तो आत्मा का अमरत्व प्रमाणित नहीं हुआ। हमने यह भी देखा है कि किसी भी शक्ति का नाश नहीं होता, किसी जड़ वस्तु को भी कभी शून्य में परिणत नहीं किया जा सकता। तब उनका क्या होता है? उनके विभिन्न परिणाम होते हैं, अन्त में जहाँ से उनकी उत्पत्ति हुई थी, वहीं वे पुनरावृत्त होते हैं। सरल रेखा में कोई गति नहीं हो सकती। प्रत्येक वस्तु को ही घूम–फिरकर अपने पूर्व स्थान पर लौट आना पड़ता है, क्योंकि सरल रेखा अनन्त भाव से बढ़ाने पर वृत्त से परिणत होती है। यदि ऐसा ही हुआ तो अनन्त काल तक किसी आत्मा की अवनति हो ही नहीं

सकती–यह किसी तरह हो ही नहीं सकता। इस जगत् में प्रत्येक वस्तु, शीघ्र हो या विलम्ब से ही हो, अपनी–अपनी वर्तुलाकार गति को सम्पूर्ण कर फिर अपनी उत्पत्ति के स्थान पर पहुँचती है। तुम, मैं अथवा ये सब आत्माएँ क्या हैं ? पहले क्रमसंकोच तथा क्रमविकास तत्त्व की आलोचना करते हुए हमने देखा है तुम, हम, उसी विराट विश्वव्यापी चैतन्य या प्राण या मन के अंशविशेष हैं; हम उसी के संकोचस्वरूप है। अतएव घूमकर हम क्रमविकास की प्रक्रिया के अनुसार उस विश्वव्यापी चैतन्य में लौट जायेंगे–वह विश्वव्यापी चैतन्य ही ईश्वर है। लोग उसी विश्वव्यापी चैतन्य को प्रभु, भगवान, ईसा, बुद्ध या ब्रह्म कहते हैं–जड़वादी उसी की शक्ति के रूप में उपलब्धि करते हैं एवं अज्ञेयवादी उसी की उस अनन्त अनिर्वचनीय सर्वातीत पदार्थ के रूप में धारणा करते हैं। वही वह विश्वव्यापी प्राण है, वही विश्वव्यापी चैतन्य है–वही विश्वव्यापिनी शक्ति है और हम सब उसी के अंश हैं।

किन्तु आत्मा के अमरत्व को प्रमाणित करने के लिए इतना ही पर्याप्त नहीं है। अभी भी अनेक संशय और आशंकाएँ रह गयी। किसी शक्ति का नाश नहीं है, यह बात सुनने में बड़ी अच्छी लगती है, किन्तु वास्तविक बात यह है कि हम जितनी भी शक्तियाँ देखते हैं सभी मिश्रंगोपन्न हैं, जितने भी रूप देखते हैं सभी मिश्रण से उत्पन्न हैं। यदि आप शक्ति के सम्बन्ध में विज्ञान का मत ग्रहण कर उसे कतिपय शक्तियों की समष्टि मात्र मानते हैं तो फिर आपका 'मैपन' कहाँ रहा ? जो कुछ भी मिश्रण से उत्पन्न है वह शीघ्र अथवा विलम्ब से अपने कारणीभूत पदार्थ में लय हो जाता है। जो कुछ भी कतिपय कारणों के समवाय से उत्पन्न है उसी की मृत्यु, उसी का विनाश अवश्यम्भावी है। शीघ्र या विलम्ब से वह विश्लिष्ट हो जायेगा, भग्न हो जायेगा और अपने कारणीभूत पदार्थ में परिणत हो जायेगा। आत्मा कोई भौतिक शक्ति अथवा चिन्ता–शक्ति नहीं है। वह चिन्ता–शक्ति का स्रष्टा है, स्वयं चिन्ता–शक्ति नहीं। वह शरीर का गठनकर्ता है किन्तु वह स्वयं शरीर नहीं है। क्यों ? शरीर कभी आत्मा नहीं हो सकता, क्योंकि वह चैतन्यवान् नहीं है। मृत व्यक्ति अथवा कसाई की दुकान का मांसखंड कभी चैतन्यवान् नहीं होता। हम चैतन्य शब्द से क्या समझते हैं ? प्रतिक्रिया शक्ति और गम्भीर भाव से इस तत्त्व की आलोचना कीजिए। हमारे सम्मुख यह एक जलघट

है, मैं उसे देख रहा हूँ। होता क्या है ? इस घट से कुछ प्रकाश–किरणें निकल कर मेरी आँख में प्रवेश करती हैं। वे मेरे अक्षिजाल (Retina) के ऊपर एक चित्र अंकित करती हैं। और यह चित्र जाकर मेरे मस्तिष्क में पहुँचता है। शरीरविज्ञानवेत्तागण जिसको अनुभवात्मक स्नायु (Sensory nerves) कहते हैं उन्हीं के द्वारा यह चित्र भीतर मस्तिष्क में ले जाया जाता है। किन्तु अभी देखने की क्रिया पूरी नहीं हुई, क्योंकि अभी तक भीतर की ओर से कोई प्रतिक्रिया नहीं आई। मस्तिष्क के अन्दर स्थित जो स्नायु–केन्द्र है वह इसे मन के पास ले जायेगा, और मन उसके ऊपर प्रतिक्रिया करेगा। इस प्रतिक्रिया के होते ही घट मेरे सम्मुख प्रकाशित हो जायेगा। एक सरल उदाहरण से यह बात भली प्रकार समझ में आ जायेगी। मान लीजिए आप खूब एकाग्र होकर मेरी बात सुन रहे हैं और इसी समय एक मच्छर आपकी नाक पर काट रहा है, किन्तु आप मेरी बात सुनने में इतने तन्मय हैं कि उसका काटना आपको अनुभव नहीं होता। ऐसा क्यों ? मच्छर आपके चमड़े को काट रहा है; उस स्थान पर कितने ही स्नायु हैं, और ये स्नायु इस संवाद को मस्तिष्क के पास पहुँचा भी रही है। इसका चित्र भी मस्तिष्क में मौजूद है। किन्तु मन दूसरी ओर लगा है इसलिए वह प्रतिक्रिया नहीं करता, अतएव आप उसके काटने का अनुभव नहीं करते। हमारे सामने एक नया चित्र आया किन्तु मन ने प्रतिक्रिया नहीं की–ऐसा होने पर हम उसे अनुभव नहीं कर सकते, किन्तु प्रतिक्रिया होते ही उसका ज्ञान होगा और तभी हम देखेंगे, सुनेंगे और अनुभव आदि करने में समर्थ होंगे। इस प्रतिक्रिया के साथ–साथ ज्ञान का प्रकाश होता है। अतएव हमने समझ लिया कि शरीर कभी ज्ञान का प्रकाश नहीं कर सकता, कारण, हम देखते हैं कि जिस समय मनोयोग नहीं रहता उस समय हम अनुभव नहीं करते। ऐसी घटनाएँ सुनी गयी हैं कि किसी–किसी विशेष अवस्था में कोई–कोई व्यक्ति जो भाषा उसने कभी नहीं सीखी है वह बोलने में समर्थ हुआ है। बाद में खोजने पर पता लगा है कि वह व्यक्ति कभी बचपन में ऐसी जाति में रहा है जो उस भाषा को बोलती थी, और वही संस्कार उसके मस्तिष्क में वर्तमान था। वह सब वहाँ पर संचित था, बाद में किसी कारण से उसके मन में प्रतिक्रिया हुई और तभी ज्ञान आ गया और वह व्यक्ति उस भाषा को बोलने में समर्थ हुआ। इसी से फिर सिद्ध होता है कि केवल मन ही पर्याप्त

नहीं है, मन भी किसी के हाथ में यन्त्र मात्र है; उस व्यक्ति की बाल्यावस्था में उसके मन के अन्दर वह भाषा गूढ़ भाव से संचित थी–किन्तु वह उसे नहीं जानता था, किन्तु बाद में एक ऐसा समय आया जब वह उसे जान सका। इससे यही प्रमाणित होता है कि मन के अतिरिक्त और भी कोई है–उस व्यक्ति के बाल्यकाल में इसी 'और कोई' ने उस शक्ति का व्यवहार नहीं किया, किन्तु जब वह बड़ा हुआ तब उसने उस शक्ति का व्यवहार किया। पहले यह शरीर, उसके मन, अर्थात् विचार का यन्त्र, उसके बाद इस मन के पीछे रहने वाला वही आत्मा। आधुनिक दार्शनिक लोग चिन्ता को मस्तिष्क में स्थित परमाणुओं के विभिन्न प्रकार के परिवर्तन के साथ अभेद मानते हैं, अतएव वे ऊपर कही हुई घटनावली की व्याख्या नहीं कर पाते, इसीलिए वे साधारणतः इन सब बातों को बिलकुल अस्वीकार कर देते हैं।

जो हो, मन के साथ मस्तिष्क का विशेष सम्बन्ध है और शरीर का विनाश होने पर वह कार्य नहीं कर सकता। आत्मा ही एकमात्र प्रकाशक है–मन उसके हाथ में यन्त्र के समान है। बाहर के चक्षु आदि यन्त्रों में विषय का चित्र गिरता है, और वे उसको भीतर मस्तिष्क–केंद्र में ले जाते हैं–कारण, आपको यह याद रखना चाहिए कि चक्षु आदि केवल इन चित्रों को ग्रहण करने वाले हैं; भीतर का यन्त्र अर्थात् मस्तिष्क का केन्द्रसमूह ही कार्य करता है। संस्कृत भाषा में मस्तिष्क के इन सब केन्द्रों को इन्द्रिय कहते हैं ये इन्द्रियाँ इन चित्रों को लेकर मन के पास अर्पित कर देती हैं, फिर मन इनको बुद्धि के निकट और बुद्धि उन्हें अपने सिंहासन पर बैठे हुए महामहिमाशाली राजाओं के राजा आत्मा को प्रदान करती है। आत्मा उन्हें देखकर जो आवश्यक है वह आदेश करता है। उसके बाद मन इन्हीं मस्तिष्क केन्द्रों अर्थात् इन्द्रियों के ऊपर कार्य करता है और फिर वे स्थूल शरीर के ऊपर कार्य करती हैं। मनुष्य का आत्मा ही इन सबका वास्तविक अनुभवकर्ता, शास्ता, स्रष्टा, सब कुछ है। हमने देखा कि आत्मा शरीर भी नहीं है, मन भी नहीं। आत्मा कोई यौगिक पदार्थ (Compound) भी नहीं हो सकता। क्यों ? कारण, जो कुछ भी यौगिक पदार्थ है वही हमारे दर्शन या कल्पना का विषय होता है। जिस विषय का हम दर्शन या कल्पना कुछ भी नहीं कर सकते, जिसे हम पकड़ नहीं सकते, जो न भूत है, न शक्ति, जो कार्य, कारण अथवा

कार्य–कारण सम्बन्ध कुछ भी नहीं है, वह यौगिक अथवा मिश्र नहीं हो सकता। अन्तर्जगत्पर्यन्त ही मिश्रित पदार्थ का अधिकार है–उसके बाहर और नहीं। सभी मिश्रित पदार्थ नियम के राज्य के अन्दर हैं–नियम के राज्य के बाहर वे रह ही नहीं सकते। इसको और भी स्पष्ट रूप से कहा जा सकता है। यह गिलास एक योग से उत्पन्न पदार्थ है–अपने कारणों के मिलन से ही यह कार्यरूप में परिणत हुआ है। अतः इन कारणों की समष्टि रूप गिलास नामक यौगिक पदार्थ कार्य–कारण के नियम के अन्तर्गत है। इसी प्रकार जहाँ–जहाँ कार्य–कारण सम्बन्ध देखा जायेगा वहाँ–वहाँ यौगिक पदार्थों का अस्तित्त्व स्वीकार करना पड़ेगा। इसके बाहर उसके अस्तित्त्व की बात कहना कोरा पागलपन है।–इनके बाहर कार्य–कारण सम्बन्ध रह ही नहीं सकता। हम जिस जगत् के सम्बन्ध में चिन्ता अथवा कल्पना कर सकते हैं अथवा जो देख या सुन सकते हैं उसी के भीतर नियम कार्य कर सकता है। हम यह भी देखते हैं कि अपनी इन्द्रियों के द्वारा जो कुछ अनुभव या कल्पना कर पाते हैं वही हमारा जगत् है–बाह्य वस्तुओं को हम इन्द्रियों के द्वारा प्रत्यक्ष कर सकते हैं और भीतर की वस्तु को हम मानस–प्रत्यक्ष अथवा कल्पना कर सकते हैं। अतएव जो कुछ हमारे शरीर के बाहर है वह इन्द्रियों के भी बाहर है और जो हमारी कल्पना के बाहर है वह हमारे मन के बाहर है और इसीलिए हमारे जगत् के बाहर है। अतएव कार्य–कारण सम्बन्ध के बहिर्देश में स्वाधीन शास्ता आत्मा रहता है। ऐसा होने से ही वह नियमों के अन्तर्गत सभी वस्तुओं का नियमन करता है। आत्मा नियम से अतीत है, इसीलिये निश्चय ही मुक्तस्वभाव है; वह किसी प्रकार भी मिश्रणोत्पन्न पदार्थ नहीं हो सकता–अथवा किसी कारण का कार्य नहीं हो सकता। उसका कभी विनाश नहीं हो सकता, कारण विनाश का अर्थ है किसी यौगिक पदार्थ का अपने उपादानों में परिणत हो जाना। अतएव जो कभी संयोग से उत्पन्न नहीं हुआ उसका विनाश किस प्रकार होगा ? उसकी मृत्यु होती है या विनाश होता है ऐसा कहना केवल एक असम्बद्ध प्रलाप है।

किन्तु यहीं पर इस प्रश्न का निश्चित सिद्धान्त नहीं मिला। अब हम और भी सूक्ष्मता की ओर बढ़ रहे हैं और आप में से कुछ लोग शायद भयभीत भी हो रहे होंगे। हमने देखा कि यह आत्मा भूत, शक्ति एवं चिन्ता रूप क्षुद्र जगत्

के अतीत एक मौलिक (Simple) पदार्थ है, अतः इसका विनाश असम्भव है। इसी प्रकार उसका जीवन भी असम्भव है। कारण, जिसका विनाश नहीं उसका जीवन भी कैसे हो सकता है ? मृत्यु क्या है ? मृत्यु एक पृष्ठ या पहलू है, और जीवन उसी का एक दूसरा पृष्ठ या पहलू है। मृत्यु का और एक नाम है जीवन, और जीवन का और एक नाम है मृत्यु। अभिव्यक्ति के विशिष्ट रूप को हम जीवन कहते हैं, और उसी के अन्य रूपविशेष को मृत्यु कहते हैं। जब तरंग ऊपर की ओर उठती है तो मानो जीवन है और फिर जब वह गिर जाती है तो मृत्यु है। जो वस्तु मृत्यु के अतीत है वह निश्चय ही जन्म के भी अतीत है। मैं आपको फिर उसी सिद्धान्त की याद दिलाता हूँ कि मानवात्मा उसी सर्वव्यापी जगन्मयी शक्ति अथवा ईश्वर का प्रकाश मात्र है। तो हम देखते हैं कि वह जीवन और मृत्यु दोनों के परे है। आप न कभी उत्पन्न हुए थे, न कभी मरेंगे। हमारे चारों ओर जो जन्म और मृत्यु दीखती है वह क्या है ? यह तो केवल शरीर की है, कारण आत्मा तो सदा सर्वदा वर्तमान है। आप कहेंगे, "यह कैसे ? हम इतने लोग यहाँ पर बैठे हुए हैं और आप कहते हैं, आत्मा सर्वव्यापी है ! "मैं पूछता हूँ, जो पदार्थ नियम के, कार्य–कारण–सम्बन्ध के बाहर है उसे सीमित करने की शक्ति किसमें है ? यह गिलास एक सीमित पदार्थ है; यह सर्वव्यापक नहीं है, क्योंकि इसके चारों ओर की जड़राशि इसको इसी रूप में रहने को बाध्य करती है, इसे सर्वव्यापी होने नहीं देती। यह अपने आस–पास के प्रत्येक पदार्थ के द्वारा नियन्त्रित है, अतएव यह सीमित है। किन्तु जो वस्तु नियम के बाहर है, जिसके ऊपर कोई पदार्थ क्रिया नहीं करता वह कैसे सीमित हो सकती है ? वह सर्वव्यापक होगी ही। आप सर्वत्र विद्यमान हैं। फिर यह कैसे हो रहा है कि मैं जन्म लेता हूँ, मरने वाला हूँ आदि–आदि। यही अज्ञान है, मन का भ्रम है। आपका न कमी जन्म हुआ था, न आप कभी मरेंगे। आपका जन्म भी नहीं हुआ, न पुनर्जन्म होगा। आवागमन का क्या अर्थ है ? कुछ नहीं। यह सब मूर्खता है। आप सब जगह मौजूद हैं। आवागमन जिसे कहते हैं वह इस सूक्ष्म शरीर अर्थात् मन के परिवर्तन के कारण उत्पन्न हुई एक मृगमरीचिका मात्र है। यह बराबर चल रहा है। यह आकाश पर तैरते हुए बादल के एक टुकड़े के समान है। जैसे–जैसे यह चलता जाता है वैसे ही एक भ्रम उत्पन्न हो सकता है कि आकाश चल रहा है। कभी–कभी जब

चन्द्रमा ही के ऊपर से बादल निकलते हैं तो भ्रम होता है कि चन्द्रमा ही चल रहा है। जब आप गाड़ी में बैठे रहते हैं तो मालूम होता है कि पृथ्वी चल रही है और नाव पर बैठने वाले को पानी चलता हुआ–सा मालूम होता है। वास्तव में न आप जा रहे हैं, न आ रहे हैं, न आप ने जन्म लिया है, न फिर जन्म लेंगे। आप अनन्त हैं, सर्वव्यापी हैं , सभी कार्य–कारण–सम्बन्ध से अतीत, नित्य मुक्त, अज और अविनाशी। जन्म और मृत्यु का प्रश्न ही गलत है, महामूर्खतापूर्ण है। मृत्यु हो ही कैसे सकती है जब जन्म ही नहीं हुआ।

किन्तु तर्कसंगत सिद्धान्त लाभ करने के लिए हमें अभी एक पग और बढ़ाना पड़ेगा। मार्ग के बीच में रुकना नहीं है। आप "दार्शनिक हैं, आपके लिए बीच में रुकना शोभा नहीं देता। तो यदि हम नियम के बाहर हैं तो निश्चय ही सर्वज्ञ भी हैं और नित्यानन्द स्वरूप भी। सभी ज्ञान हमारे अन्दर और सभी शक्ति तथा आनन्द भी हमारे अन्दर ही हैं। हाँ, अवश्य ही हैं। आप ही जगत् के सर्वव्यापक सर्वज्ञ आत्मा हैं। परन्तु इस प्रकार की सत्ता या पुरुष क्या एक से अधिक हो सकते हैं ? क्या लाखों–करोड़ों पुरुष सर्वव्यापक हो सकते हैं ? कभी नहीं। तब फिर हम सबका क्या होगा? हम सब एक ही हैं। इस प्रकार का आत्मा एक ही है और वह एक आत्मा ही आप सब हैं। इस तुच्छ प्रकृति के पीछे वही है, जिसे हम आत्मा कहते हैं। एक ही पुरुष है जो एकमात्र सत्ता है, सदानन्द स्वरूप, सर्वव्यापक सर्वशक्तिमान, जन्मरहित, मृत्युहीन। उसी की आज्ञा से आकाश विस्तृत हुआ है, उसी की आज्ञा से वायु बहती है, सूर्य चमकता है, सब जीवित रहते हैं। प्रकृति का वास्तविक रूप वही है। प्रकृति उसी सत्य स्वरूप के ऊपर प्रतिष्ठित है, इसीलिए सत्य प्रतीत होती है। वही आपकी आत्मा का आत्मा है, नहीं, और भी अधिक, आप ही वह हैं, आप और वह एक ही हैं, जहाँ कहीं भी दो हैं वहीं भय है, वहीं खतरा है, वहीं द्वन्द्व है, वहीं संघर्ष है। जब सब एक ही हैं तो किससे घृणा, किससे संघर्ष जब सब कुछ वही है, तो आप किससे लड़ेंगे? जीवन समस्या की वास्तविक मीमांसा यही है। इसी से वस्तु के स्वरूप की व्याख्या हो जाती है, यही सिद्धि या पूर्णत्व है, यही ईश्वर है। जब तक आप अनेक देखते हैं तभी तक आप अज्ञान में हैं। "इस बहुत्वपूर्ण जगत् में जो एक को देखता है, इस परिवर्तनशील जगत् में जो उस अपरिवर्तनशील को देखता है

और जो उसे, अपने आत्मा के रूप में देखता है, अपना स्वरूप जानता है, वही मुक्त है, वही आनन्दमय है, वही लक्ष्य पर पहुँच गया है।" इसलिए समझेंगे कि तुम ही वही हो, तुम ही जगत् के ईश्वर हो, 'तत्त्वमसि'। ये धारणाएँ कि मैं पुरुष हूँ, मैं स्त्री हूँ, मैं रोगी हूँ, मैं स्वस्थ हूँ, मैं बलवान् हूँ, मैं निर्बल हूँ, अथवा यह कि मैं घृणा करता हूँ, मैं प्रेम करता हूँ अथवा मेरे पास इतनी शक्ति है, यह सब भ्रम मात्र है। इसको छोड़ो। तुम्हें दुर्बल कौन बना सकता है ? तुम्हें कौन भयभीत कर सकता है ? जगत् में तुम्हीं तो एकमात्र सत्ता हो। तुम्हें किसका भय है ? खड़े हो जाओ, मुक्त हो जाओ। समझ लो कि जो कोई विचार या शब्द तुम्हें दुर्बल बनाता है वही एकमात्र अशुभ है। मनुष्य को दुर्बल और भयभीत बनाने वाला संसार में जो कुछ भी है वही पाप है और उसी से बचना चाहिए। तुम्हें कौन भयभीत कर सकता है ? यदि सैकड़ों सूर्य पृथ्वी पर गिर पड़ें, सैकड़ों चन्द्र चूर हो जायें, एक के बाद एक ब्रह्मांड विनष्ट होते चले जायें तो भी तुम्हारे लिए क्या है ? शिला की भाँति अटल रहो; तुम अविनाशी हो। तुम आत्मा हो, तुम्ही जगत् के ईश्वर हो। कहो "शिवोऽहं, शिवोऽहं" मैं पूर्ण सच्चिदानन्द हूँ।" और एक सिंह की भाँति पिंजड़ा तोड़ दो, अपनी शृंखलाएँ तोड़कर सदा के लिए मुक्त हो जाओ। तुम्हें किसका भय है, तुम्हें कौन रोक सकता है ?–केवल अज्ञान और भ्रम; और कोई तुम्हें पकड़ नहीं सकता। तुम शुद्ध स्वरूप हो, तुम नित्यानन्दमय हो।

यह मूर्खों का उपदेश है कि 'तुम पापी हो, अतएव एक कोने में बैठकर हाय–हाय करते रहो।' यह उपदेश देना मूर्खता ही नहीं, दुष्टता भी है। तुम सभी ईश्वर हो। ईश्वर को न देखकर मनुष्य को देखते हो। अतएव यदि तुममें साहस है तो इसी विश्वास पर खड़े होकर उसी के अनुसार अपने जीवन को बनाओ। यदि कोई व्यक्ति तुम्हारा गला काटे तो उसको मना मत करना, क्योंकि तुम तो स्वयं ही अपना गला काट रहे हो। किसी गरीब का यदि कुछ उपकार करो तो उसके लिए तनिक भी अहंकार मत करना। कारण, वह तो तुम्हारे लिए उपासना मात्र है, उसमें अहंकार की कोई बात नहीं है। क्या तुम्हीं समस्त जगत् नहीं हो ? ऐसी कौन–सी वस्तु है और कहाँ है कि जो तुम नहीं हो ? तुम जगत् की आत्मा हो। तुम्हीं सूर्य, चन्द्र, तारा हो। समस्त जगत् तुम्हीं हो। किससे घृणा करोगे और किससे झगड़ा करोगे ? अतएव यह समझ लो कि तुम्हीं वह हो और

इसी के अनुसार समस्त जीवन को बनाओ। जो व्यक्ति इस तत्त्व को जानकर समस्त जीवन का उसी के अनुसार गठन करता है वह फिर कभी अन्धकार में मारा–मारा नहीं फिरेगा।